O Princípio da Legalidade Penal no Estado Democrático de Direito

S343p   Schmidt, Andrei Zenkner
        O princípio da legalidade penal no estado democrático de direito/
        Andrei Zenkner Schmidt. — Porto Alegre: Livraria do Advogado,
        2001.
        392p.; 16x23 cm.

        ISBN 85-7348-199-4

        1. Direito Penal: Princípio da legalidade. 2. Estado de Direito.
        I. Título.

                          CDU - 343.2

        Índices para o catálogo sistemático

        Direito Penal: Princípio da legalidade
        Estado de Direito

        (Bibliotecária responsável: Marta Roberto, CRB - 10/652)

ANDREI ZENKNER SCHMIDT

O Princípio da Legalidade Penal no
ESTADO DEMOCRÁTICO DE DIREITO

livraria
DO ADVOGADO
editora

Porto Alegre 2001

© Andrei Zenkner Schmidt, 2001

Capa, projeto gráfico e diagramação de
Livraria do Advogado Editora

Revisão de
Rosane Marques Borba

Pintura da capa de
Goya, Francisco de. *The Shootings of May Third*, 1808

Direitos desta edição reservados por
Livraria do Advogado Ltda.
Rua Riachuelo, 1338
90010-273 Porto Alegre RS
Fone/fax: 0800-51-7522
livraria@doadvogado.com.br
www.doadvogado.com.br

Impresso no Brasil / Printed in Brazil

Aos meus alunos e a todos aqueles que se considerem apaixonados pelas ciências penais.

Agradeço o auxílio sempre prestimoso de meu orientador,
Prof. Dr. Alberto Rufino Rosa Rodrigues de Souza, que,
com sua sabedoria, sempre me aclareou o pensamento.

Agradeço à minha esposa, Bethania, pelo carinho e pela compreensão
despendidos nos dias em que nosso convívio restou prejudicado
pelo desenvolvimento desta pesquisa.

Agradeço a meus pais e irmãos, pelo simples fato de existirem.

Agradeço aos meus colegas de mestrado pelo companheirismo sem
o qual a conclusão desse curso não teria sido possível.

Agradeço, por fim, aos colegas e amigos do Instituto Transdisciplinar
de Estudos Criminais pelo exemplo dado daquilo que se pode
considerar amor por uma ciência.

"Pois é egoísmo sentir seu juízo como lei universal: e um cego, mesquinho e despretensioso egoísmo, ainda por cima, porque denuncia que ainda não descobriste a ti mesmo, que ainda não criaste para ti mesmo nenhum ideal próprio, bem próprio. Quem ainda julga: 'assim teria de agir cada um neste caso', ainda não avançou cinco passos no autoconhecimento: senão saberia que não há nem pode haver ações iguais – que cada ação que foi feita, foi feita de um modo totalmente único e irrecuperável, e que assim será com todas as ações futuras, que todas as prescrições do agir só se referem ao grosseiro lado de fora. Limitemo-nos, pois, à depuração de nossas opiniões e estimativas à criação de novas e próprias tábuas de valores: sobre o valor moral de nossas ações, porém, não queiramos mais cismar! Sim, meus amigos! Em vista de toda a tagarelice moral de uns sobre os outros, estamos no tempo do nojo"

Friedrich Nietzsche

Prefácio

Da legalidade estrita à legalidade substancializada: o garantismo penal e a (re)afirmação do homem como valor

SALO DE CARVALHO*

(§ 1º) O direito e o processo penal enfrentam, na atualidade, uma profunda crise. A assertiva proposta advém da tradição criminológica crítica, cujo momento de afirmação científica nos remete ao processo contracultural da teoria do Direito Penal da década de sessenta/setenta.

Todavia, se esta é uma premissa fundante, até mesmo trivializada no discurso criminológico-acadêmico, a percepção da crise, invariavelmente, não se faz presente na prática forense (discurso dogmático), ou seja, na atuação do operador do direito. O efeito, pois, é irremediável: se o sujeito (re)produtor e instrumentalizador do conhecimento jurídico não reconhece a crise do seu sistema de idéias, esta crise não existe, visto que aquilo que não nominamos está ausente no nosso horizonte cognitivo.

Mister ressaltar, de imediato, que discordamos da banalizada ruptura entre teoria e prática: toda atuação está estruturada em um modelo teórico (mesmo que não tenhamos consciência deste modelo) e toda teoria advém de uma constatação fática produzida.

---

* Advogado e Presidente do Conselho Penitenciário do RS. Mestre (UFSC) e Doutor (UFPR) em Direito. Professor dos cursos de mestrado da UNISINOS e da PUC/RS. Professor integrante do programa de Doutorado *Derechos Humanos y Desarrollo* da Universidad Pablo de Olavide (UPO) – Sevilla. Autor dos livros: *A Política Criminal de drogas no Brasil* (2ª edição. RJ: LUAM, 1997), *Pena e Garantias: uma leitura do garantismo de Luigi Ferrajoli no Brasil* (RJ: Lumen Juris, 2001) e, em co-autoria com Amilton Bueno de Carvalho, *Aplicação da Pena e Garantismo* (2ª edição. RJ: Lumen Juris, 2001).

O problema é que o direito e o processo penal contemporâneos padecem de um enorme déficit de legitimidade que, em decorrência da falsa cisão (teoria *versus* prática), acaba sendo visualizado, quando muito, nos locais de produção do saber e/ou em focos isolados de produção jurisprudencial crítica. Assim, a crise, apesar de percebida na ciência jurídica, acaba sendo potencializada pela acéptica atividade cotidiana.

Partimos do pressuposto de que inexiste um único e homogêneo modelo de conhecimento. Partilhamos da hipótese de Thomas Khun na qual a realização, produção e reprodução da 'ciência' está sempre restrita aos consensos teóricos deflagrados por uma estrutura científica. Somente existe ciência, desde esta perspectiva, quando se partilha de um sistema de idéias dirigidas para determinados fins.

Estruturado o modelo de produção (academia) e reprodução (operatividade) do saber, este passa a ser irrefletidamente aceito pelo universo de sujeitos interligados por aquela ciência, no caso o direito e, mais especificamente, o Direito Penal. Logo, o modelo oficial indica os fins a partir das expectativas predeterminadas pelos detentores do local da fala.

A crise ocorre, pois, quando o saber oficial não possibilita respostas razoáveis às (novas) questões formuladas, nascendo um saber sedicioso (alternativo) que intenta (re)construir o sistema, estabelecendo novo horizonte prático-teórico.

A dissertação de mestrado de Andrei Zenkner Schmidt, intitulada *"O princípio da legalidade penal no Estado Democrático de Direito"*, socializada neste momento de publicação, parte das premissas aqui desenvolvidas, ou seja, visualiza, explicita e tem como pressuposto a crise e, como toda produção teórica de qualidade, trilha caminhos para sua superação.

(§ 2º) Os focos de crise levantados por Schmidt são inúmeros, o que torna, de imediato, obrigatória a leitura da obra por todos aqueles preocupados com a evolução do Direito Penal brasileiro.

A premissa que parte o autor é precisa: "a pesquisa procura demonstrar que o Estado Democrático de Direito, estabelecido pela Constituição da República Federativa do Brasil de 1988, acarreta uma ampliação do princípio da legalidade". Diante disso a problematização - "o Direito Penal brasileiro estaria estruturado sobre um princípio capaz de vincular a atividade interventiva estatal (legiferante, judicante e administrativa) tão-só em seu sentido formal, e não também quanto ao seu conteúdo" -, e a diretriz: "por essa razão é que se fez necessária a criação de um quinto desdobramento para a garantia da reserva legal, como forma de adequação deste princípio mestre do Direito Penal à atual conjuntura política brasileira" (p. 15).

Para o processo de anamnese da crise do Direito Penal brasileiro e a tentativa de encontrar um prognóstico satisfatório, Schmidt encontra na doutrina do garantismo penal de Ferrajoli um referencial. Logicamente, o autor tem plena consciência de que a eleição do marco teórico não significa transportar o pensamento alienígena, no caso europeu, para a realidade latina. A propósito, talvez esta seja uma das grandes virtudes do pesquisador aqui demonstradas, qual seja, não recair na fácil (e falsa) tendência de crer que um sistema (jurídico, político, social *et coetera*) possa (a) ter aceitabilidade universal, sem que procuremos adaptá-lo à realidade que nos circunscreve, e (b) que a perspectiva puramente jurídica ofereça mecanismos suficientes para compreensão da realidade. Desta maneira, o autor não só prima pela transdisciplinariedade, como também reivindica, numa espécie de realismo marginal zaffaroniano, a adaptação, dentro dos limites do possível, da teoria eurocentrista. Daí por que podemos, ao conjugar duas assertivas do autor, ter ciência do conteúdo do trabalho: (1ª) "as normas penais devem ser expostas à permanente revisão crítica a partir da realidade social, e isso não deve ser alheio ao Direito Penal, particularmente às informações propiciadas pela Criminologia. Deve haver, por conseqüência, uma permanente interação entre a Criminologia, a Política Criminal e a Dogmática Penal" (p. 259); e (2ª) "[a proposta teórica] *não se restringe apenas a uma ideologia, a um tema de Filosofia do Direito, mas sim, verdadeiramente, a uma **Teoria do Direito Penal brasileiro**, visto que os valores aqui defendidos foram contemplados expressamente em nossa Constituição*" (p. 261/2 – g. n.).

A visualização do enfoque transdisciplinar é perceptível num breve passar d'olhos nas referências bibliográficas. Mas quem conhece o Andrei, ou tem com ele um mínimo de contato, seja profissional ou pessoal, sabe que sua história nos oferece condições para constatar a preocupação com a integração dos saberes. Sua formação no mestrado em Ciências Criminais da PUCRS e seu trabalho como conselheiro do Instituto Transdisciplinar de Estudos Criminais (!TEC) são causa-efeito de um árduo processo de (des)construção do saber. Nesta trajetória, que não é só dele, mas de todos aqueles que de alguma forma passaram pelo mestrado em

Ciências Criminais da PUCRS e pelo !TEC, inúmeras vozes têm contribuído para uma verdadeira revisão crítica das Ciências Penais no Rio Grande do Sul. Aqui, pois, fundamental é a referência à luta cotidiana da profa. Dra. Ruth Gauer, nossa (eterna) coordenadora, e à pessoa do prof. Dr. Cezar Roberto Bitencourt, idealizador, juntamente com Ruth e Lenio Streck, do projeto que hoje é um marco pela abordagem que se propõe.

E se este é o local no qual se construiu a fala de Schmidt, explicada está a qualidade do material que ora se apresenta ao público e sua inarredável convicção de buscar alternativas à nossa genocida realidade marginal.

(§ 3º) Sem deixar de aceitar a provocação do autor de abordar, neste local, o tema do livro, identificamos duas questões que entendemos serem fundamentais para avaliação da crise do Direito Penal contemporâneo: (1ª) a modificação da *questão criminal*, gerando uma nova *questão penal*; e (2ª) o baixo grau de eficácia do direito com limite regulador da política, no caso concreto às tendências político-econômicas (e político-criminais) que se apresentam sob o rótulo da globalização.

Da deformação gradual do Processo Penal, revificando novas formas de inquisitorialismo, e com a assunção por parte do Direito Penal da esquizofrenia legislativa, o sistema penal padece, atualmente, de gradual e substantiva perda de legitimidade.

Com o advento do Estado intervencionista - no caso brasileiro, apenas sua estruturação formal, o Direito Penal assistiu ao espantoso processo de intensificação normativa. Assim, se o programa de intervenção criminal liberal se caracterizava pela abstenção, caracterizando um modelo de Direito Penal mínimo, o Estado intervencionista propõe um programa político comissivo, inclusive em matéria penal, que deflagrará uma estrutura legal hipertrofiada, propícia à ineficácia – solo ideal para a crise de legitimidade.

Ensina Ferrajoli que no desenvolvimento do Estado social percebemos uma produção caótica e aluvisional de leis, regulamentos, institutos e práticas políticas e burocráticas que foram sendo sobrepostas às velhas e elementares estruturas do Estado liberal, deformando-as. Assim, diversamente do modelo penal restritivo do Estado Liberal, o sistema punitivo dos novecentos se amplia, intentando alcançar novas condutas. O problema é que as novas demandas criminalizadoras ocorrem em relação a determinadas condutas cuja matriz originária do Direito Penal não reconhece, acarretando o comprometimento de toda sua funcionabilidade. A verificabilidade da tese é claramente perceptível em relação ao que Hassemer denominada *criminalidade contemporânea*.

Da nova *questão criminal* (Ferrajoli), representada pela *criminalidade contemporânea* (Hassemer), exsurge uma nova *questão penal*. A atual questão criminal decorre da transformação da natureza econômica, social e política do delito. A alteração na forma (*modus operandi*) do crime tem como conseqüência a reestruturação maximizante do Direito e do Processo Penal (questão penal).

Não obstante, a ampliação do espectro criminalizador, intentando alcançar o novo tipo de criminalidade, corrompe, como é percebido por Schmidt, as bases do garantismo penal clássico.

Poderíamos, inclusive, propor a seguinte ordem, não exaustiva, de efeitos: (a) na *esfera da teoria da norma penal e do delito*: lesão aos princípios da *legalidade em sentido amplo* (exaustiva utilização de leis penais em branco), da *legalidade em sentido estrito* (prevalência de tipos penais abertos), da *lesividade* (criminalização de autolesões e de delitos sem vítima) e da *culpabilidade* (criação de normas de perigo abstrato), acarretando gradual superposição da responsabilidade objetiva à subjetiva; (b) na *esfera processual penal*: relegitimação de sistemas inquisitoriais com supressão dos direitos de ampla defesa através da diminuição das garantias de *presunção de inocência* e *contraditório* (gradual inversão do ônus da prova e inserção de juízos de periculosidade), de *individualização* (taxação cada vez maior das penas), de *oralidade* (ampliação das formas escritas), de *imparcialidade do juiz* (gestão da prova pelo órgão julgador) e de *idoneidade da prova* (admissibilidade de provas anteriormente consideradas ilícitas); e (c) na *esfera penalógica*: o aumento desproporcional do tempo das penas, a diminuição da idade para a responsabilidade penal, o aumento abusivo das hipóteses de prisões cautelares, o incremento de sistema de execução provisória da pena e abolição do regime progressivo.

Temos, pois, com a modificação na estrutura do Direito Penal clássico, uma sobrecarga no sistema e a decorrente quebra da estrutura garantista, visto que, como nota Schmidt, "*a moderna mitigação das garantias penais acaba repercutindo não só na 'criminalidade organizada', mas, também, na 'tradicional' criminalidade, no furto, no roubo, no homicídio etc*" (p. 336).

O impasse, e o decorrente efeito na estrutura da legalidade, é percebido pelo autor, visto que, em suas palavras, "a prevenção da 'moderna criminalidade' é incompatível com o princípio da legalidade material (...)" (p. 345). E da visualização do problema, sua saída nos é apresentada quase como aporia: "é chegada a hora, portanto, de uma nova opção: ou se retorna ao direito penal clássico (confirmando, mais uma vez, a evolução espiraliforme da ciência penal), ou se acaba definitivamente com o Direito Penal como instrumento de proteção da sociedade contra a vingança desregrada, incondicional, ilimitada e informal" (p. 338).

Indiscutivelmente encontrará o leitor uma profunda revisão bibliográfica dos mais autorizados autores do Direito Penal contemporâneo (Hassemer, Ferrajoli, Muñoz Conde, Silva Sanchéz, entre outros) que propuseram saídas ao paradoxo. Não cabe ao signatário, no entanto, antecipar as conclusões do autor, que somente serão compreendidas em sua completude após a leitura integral do texto. Apesar disso, fazemos coro, desde já, com sua prescrição, lembrando as sempre esclarecedoras palavras de Ferrajoli (independentemente do nosso otimismo ou pessimismo, à crise do direito não existe outra alternativa senão o próprio direito) e Zaffaroni (poderíamos hoje, a 200 anos, recuperar o velho discurso do penalismo liberal. Reivindicar o velho discurso dos mestres liberais no sentido de que na realidade foi o momento de maior conteúdo pensante, de maior nível de pensamento pelo qual passou o discurso jurídico-penal).

Não obstante, se em matéria de garantias penais e processuais (direitos de primeira geração) notamos que o processo de avalanche legislativa cria profunda desregulamentação, em relação às garantias sociais (direitos de segunda geração) temos que o primado da razão mercadológica sobre a racionalidade jurídica determina "novas formas de exclusão" que também demandam atuação autoritária do Direito Penal.

Entendemos que a conjuntura político-econômica estruturada sob a égide da liberdade irrestrita de mercado tem produzido um modelo "neo-absolutista", com nítidas "tentações autoritárias", segundo Ralf Dahrendorf.

O caráter ilimitado da liberdade de mercado (produtor de uma confusão entre as esferas do público e do privado), agregado com as novas técnicas de produção do consenso – produzindo "analfabetos lobotomizados pelo *mass media*" (Humberto Eco) –, bem como a afirmação do poder absoluto das maiorias, são as principais querelas que ameaçam o Estado Democrático de Direito, não podendo, pois, passar ao largo da discussão proposta, visto sua profunda conexão com a questão da legalidade (penal).

O efeito de tal processo, nitidamente totalitário em suas raízes, é a *descartabilidade da pessoa humana como valor*.

A ausência de restrições ao poder empresarial, determinado pela absoluta liberdade econômica, coloca o mercado como nova *grundnorm*, acima do Direito e da Política, resultando no desmantelamento do Estado social e de seus sistemas de limites, garantias e controles não apenas sobre o Estado, mas também sobre o próprio mercado (Ferrajoli).

Cremos que uma das melhores análises do fenômeno foi de Ralf Dahrendorf, no ensaio *Economic opportunity, civil society, and political liberty*, de 1995. Como contextualiza Jacinto Coutinho, Dahrendorf é o responsável pela política européia na Câmara dos Lordes. Em diagnóstico extremamente realista, percebe como dever dos países centrais, nos próximos dez anos, "enquadrar o círculo" entre as incompatibilidades de bem-estar econômico, coesão social e liberdade política. O custo do enquadramento do círculo é medido pelo fato de que alguns países subdesenvolvidos (como o Brasil) não conseguiriam acompanhar o processo mas, mesmo assim, dividiriam os ônus e as dificuldades dos países centrais.

O primeiro passo para o processo de globalização econômica é dado pela flexibilização, isto é, pela desregulamentação e pela limitação das interferências governamentais, principalmente no que diz respeito aos tributos e ao mercado de trabalho. Dahrendorf percebe o processo como irreversível e alerta sobre a conseqüência: a globalização econômica parece estar associada a novos tipos de exclusão social.

As renovadas formas de exclusão seriam caracterizadas pela perda do *status* de cidadão por algumas pessoas, não somente em razão das restrições econômicas, mas por qualquer característica que as possa diferenciar (raça, nacionalidade, religião *et coetera*). Contudo, é mais drástico ainda em sua anamnese: certas pessoas (por mais terrível que seja colocar no papel) simplesmente não servem: a economia pode crescer sem a sua contribuição; de qualquer ponto de vista que se considere, para o resto da sociedade não representam um benefício, mas um custo (Dahrendorf).

Desumanizando o homem e tornando-o supérfluo, pois muitos representam um verdadeiro fardo, o horizonte que se visualiza é selvagem, visto que a competição acaba rompendo quaisquer laços possíveis de solidariedade. No que tange às garantias e aos direitos individuais e sociais, a perspectiva indicada parece-nos aterrorizante, fundamentalmente pelo fato de que a quebra dos limites ao poder, já não mais concentrado no Príncipe ou no princípio (Direito) mas no Mercado, não sofre quaisquer resistências pela sociedade civil. A "necessidade" desse irreversível processo é consumida, como assinala Jacinto Coutinho, com a naturalidade de um objeto que se possa degustar satisfatoriamente.

A banalização desse processo, visivelmente capitaneada pela estrutura social videocratizada, é absolutamente contrária aos pressupostos do Estado de Direito e da Democracia, ou seja, à concepção garantista. Os direitos fundamentais, centro agregador das conquistas históricas da humanidade e elevados a critérios de legitimação do Estado e do Direito, desmoronam para dar lugar à nova *grundnorm*. Assim, se sob a ótica garantista projeta-se a necessidade de minimização do poder policialesco penal e a otimização do aparato administrativo nas esferas sociais (*"direito penal mínimo, direito social máximo"*), na concepção transnacionalizada deste projeto econômico a máxima é invertida, concebendo a restrição ao máximo dos direitos sociais e à ampliação penal/carcerária, pois "algum" lugar dentro da sociedade deve ser reservado aos "inconvenientes". Gesta-se, no interior dessa ideologia, uma saída plausível para aqueles que nunca chegaram a ser cidadãos: a marginalização social potencializada pelo incremento da máquina de controle penal, sobretudo carcerária.

Como percebe Eduardo Faria, com o processo de globalização e a gradual simbiose entre marginalidade social e marginalidade econômica, as instituições jurídicas dos Estados são obrigadas a concentrar sua atuação na preservação da ordem e da segurança, assumindo papéis eminentemente punitivo-repressivos. Os "não-cidadãos" porém, apesar de destituídos de seus direitos subjetivos públicos, não são dispensados de suas obrigações estabelecidas nas leis penais. Dessa forma, enquanto no âmbito dos direitos sociais e econômicos o Estado vive hoje um período de refluxo, no Direito Penal a situação é oposta. O que aí se tem é a definição de novos tipos penais, a criminalização de novas atividades em inúmeros setores da vida social, o enfraquecimento dos princípios da legalidade e da tipicidade por meio do recurso a regras sem conceitos precisos, o encurtamento das fases de investigação criminal e instrução processual e a inversão do ônus da prova (Faria).

É de se notar, ainda, que a proposta garantista da redução dos serviços do Estado em matéria penal em nada corresponde, como afirmam alguns afoitos, ao projeto autoritário exposto acima. Pelo contrário, o minimalismo penal é o contraponto ótimo do modelo jurídico-político que concebe o Estado em função exclusivamente repressiva. Impõe-se, pois, entre os pensadores críticos, a noção de que este sistema de economia global é um sistema de violência internacional organizada, sendo que a única saída para tal é o Direito, sobretudo o constitucional, percebido como racionalidade dirigida à minimização do estado de guerra e à preservação do homem.

E, neste sentido, tem claro Schmidt o escopo do Direito Penal no Estado Democrático de Direito, reafirmando a necessidade do resgate dos direitos fundamentais como limite e objeto da intervenção penal (Baratta). Assim, já no encaminhamento de sua obra, nota como função da legalidade penal (a) a *limitação da intervenção penal*, reestruturando o princípio do *nullum crimen, nulla poena sine lege necessariae* (direitos fundamentais como limite do Direito Penal), e (b) a *fundamentação* [antropológica, acrescentaríamos) *da ordem jurídico-penal*, pois os valores tutelados não dizem respeito ao Estado, mas ao homem.

Emblemáticas são suas considerações: "ainda que exercida indiretamente, toda democracia demanda uma atividade estatal voltada não para a satisfação dos direitos do soberano, mas sim para o asseguramento da liberdade individual e, além disso, para a realização das necessidades sociais. Inaugura-se, com isso, uma nova forma de governar, em que o Estado passa a ser um ente que se desenvolve a partir de um epicentro indisponível: o homem. Toda atuação estatal deve respeitar e buscar a satisfação dos direitos fundamentais do homem, formados não só pelos direitos de liberdade como, também, pelos direitos sociais" (p. 363).

Com isso, Schmidt reafirma a vocação e o plano político do pensamento garantista (*Direito Penal mínimo, direito social máximo*), negando a descartabilidade do homem, relocando-o à condição de sujeito insubstituível da história.

(§ 4º) Muito embora estruturado na demonstração da crise da legalidade, que é a crise do próprio Estado Democrático de Direito, o texto ousa, e aqui está sua virtude, estabelecer uma nova forma de ação jurídica e, quiçá, forjar um novo sentido teórico. Para tanto, centrado no princípio da secularização do Direito, exige uma diferenciada postura do operador, voltada, sempre, à incorporação dos direitos fundamentais consagrados constitucionalmente.

"Antes, portanto – advoga Schmidt –, de se tratar de interpretação em matéria penal, é fundamental que se concretize o total rompimento do intérprete com as regras e classificações interpretativas oriundas da dogmática tradicional, sob pena de escrevermos não aquilo que nos parece razoável, mas sim aquilo que aos "detentores" do discurso jurídico (professores, tribunais, juízes, Ministério Público, advogados etc.) parece apropriado para a conservação de seu próprio discurso" (p. 169/70).

É que a consolidação do modelo dogmático-legalista no direito (penal) induziu a ignorância da força normativa da Constituição e, em conseqüência, a manutenção do estado de coisas moldado pela racionalidade jurídica meramente formal-legalista (dessubstancializada, i.é, isenta de conteúdo constitucional). Neste aspecto, é comum percebermos não um processo gradativo de constitucionalização das leis penais, mas, ao contrário, de interpretações jurídicas que "penalizam" a Carta Fundamental. Percebe-se, pois, que é totalmente alheio ao Direito Penal o respeito à principiologia constitucional, não estando condicionada sua legitimidade ao necessário processo de filtragem.

Cabe reafirmar, desta forma, a tradição crítica no sentido de que a ciência do Direito Penal prescinde um novo processo secularizador, não mais voltado apenas à radical separação entre direito e moral e/ou direito e natureza (processo ainda necessário, diga-se), mas, fundamentalmente, no sentido de conferir primazia aos valores e princípios constitucionais à matéria de cunho penalístico, auferindo conteúdo às normas, proporcionando-lhes legitimidade. Centrado no fundamento antropológico do direito moldado pela Constituição, o paradigma garantista desenvolvido assumiria como única justificativa do Direito Penal tutela do mais fraco: não a defesa social, mas a irrestrita defesa do mais fraco, que no momento do crime é a parte ofendida, no momento do processo o réu, e no momento da execução penal o condenado (Ferrajoli).

(§ 5º) Para finalizar, até porque já privamos em demasia o leitor do conteúdo do livro, mister ressaltar a honra com que foi recebido o convite de prefaciar *O princípio da legalidade no Estado Democrático de Direito*, de Schmidt.

O intenso convívio com o autor – dos profícuos debates nas aulas de Criminologia do mestrado em Ciências Criminais da PUCRS, da ação conjunta no Instituto Transdisciplinar de Estudos Criminais (!TEC), à militância no Conselho Penitenciário do Rio Grande do Sul – fez com que a admiração aumentasse diuturnamente.

Schmidt, além de ser um profissional de alta qualidade técnica, demonstra aqui ser também um pesquisador maduro, consciente do seu papel em nossa sociedade e atento ao próprio saber.

O leitor pode perceber a assertiva se atentar à apresentação do livro, na qual Schmidt historiografa o processo de construção científica. Não é qualquer pesquisador – aliás, apenas os verdadeiros pesquisadores – que é capaz de explicitar suas frustrações, "zerar" o trabalho pela constatação de suas próprias falhas, prosseguir na jornada e, ao invés de nos apresentar uma obra "pronta", perceber que o trabalho jamais estará "acabado".

Tem o leitor em mãos uma excelente obra, necessária para que possamos um dia resgatar a erudição no ensino, na pesquisa e na prática do Direito Penal. Schmidt, juntamente com um cada vez maior grupo de juristas "sediciosos", engrossa a linha de frente nesta grande "cruzada" constitucional (Lenio Streck) contra a mitificação legalista do direito e a banalização da repressão penal.

Sumário

Apresentação 25

Introdução 29

1. Um método de Direito Penal 33

  1.1. Norma, Direito e Moral 33

  1.2. A Separação entre Direito e Moral 41

  1.2.1. O método Jusnaturalista 43

  1.2.2. O método Historicista 50

  1.2.3. O método Juspositivista 53

  1.2.4. O método Neokantista 58

  1.2.5. O método Constitucionalista 63

  1.2.6. Da metodologia indutiva à tópica jurídica: uma apreciação crítica . . 73

  1.3. Sistematização secularizada do Direito Penal 85

2. Uma ideologia de Direito Penal 91

  2.1. Sociedade, Estado e Direito Penal 91

  2.2. Por que proibir? 104

  2.2.1. O utilitarismo reformado de Luigi Ferrajoli 111

  2.3. Como proibir? 114

  2.3.1. O Princípio da Separação dos Poderes 117

  2.3.2. O Princípio da Taxatividade das Proibições 121

  2.4. O que proibir? 125

  2.4.1. O Princípio da Culpabilidade 126

  2.4.2. O Princípio da Necessidade 131

  2.4.3. O Princípio da Lesividade. 133

3. O Princípio da Legalidade (formal) no Estado de Direito 135

  3.1. Origens 135

  3.2. Destinatários e Abrangência 144

  3.3. *Nullum crimen nulla poena sine lege stricta* 146

  3.3.1. Limitação legislativa: o procedimento legislativo em matéria penal. A crise das fontes do Direito Penal 147

  3.3.1.1. A impossibilidade de federalização do Direito Penal brasileiro . . . 148

  3.3.1.2. A observância (?) do Princípio da Separação dos Poderes 149

3.3.1.3. A inconstitucionalidade das leis penais em branco 156

3.3.2. Limitação judicial: hermenêutica, analogia e interpretação analógica 160

3.3.2.1. Hermenêutica constitucional 160

3.3.2.2. O rompimento do paradigma da filosofia da consciência 176

3.3.2.3. A analogia no Direito Penal 182

3.3.2.4. A interpretação analógica e sua diferenciação com a analogia
segundo o paradigma da filosofia da consciência 186

3.3.2.5. Apreciação crítica da diferenciação entre analogia e interpretação
analógica: uma questão lingüística 188

3.4. *Nullum crimen, nulla poena sine lege scripta* 198

3.4.1. Direito consuetudinário *contra legem* e *praeter legem* 201

3.4.2. Direito consuetudinário *secundum legem* 205

3.5. *Nullum crimen, nulla poena sine lege praevia* 206

3.5.1. Princípio da legalidade e normas processuais 209

3.5.2. Princípio da legalidade e execução penal 214

3.5.3. Princípio da legalidade e medidas de segurança 217

3.5.4. Critérios de determinação das leis penal e processual material mais
favoráveis. A constitucionalidade da *lex tertia* 219

3.5.5. Princípio da legalidade e normas penais híbridas 224

3.5.6. Princípio da legalidade e leis excepcionais ou temporárias 228

3.5.7. Princípio da legalidade e jurisprudência 232

3.6. *Nullum crimen, nulla poena sine lege certa* 236

3.6.1. Taxatividade e técnica legislativa 238

3.6.2. O limite da (in)constitucionalidade e a (in)consciência jurídica 249

3.6.3. Taxatividade e construção do núcleo da conduta frente à moderna
criminalidade. A crise da teoria geral do delito 255

3.6.4. Taxatividade e elementares normativas 260

3.6.5. Taxatividade e sanção penal 263

4. O Princípio da Legalidade (material) no Estado Democrático de Direito . 269

4.1. Destinatários e abrangência 269

4.2. O princípio da legalidade material como corolário do princípio da
proporcionalidade 274

4.3. Definição do delito: *mala in se* ou *mala prohibita*? 277

4.4. *Nullum crimen, nulla poena sine lege necessariae* 281

4.4.1. A (crise da) culpabilidade como limite da proibição e da
repressão penais 283

4.4.1.1. Limitação legislativa: a intranscendência, a responsabilidade pelo
fato e a responsabilidade objetiva na legislação penal brasileira . . 285

4.4.1.2. Limitação legislativa: a proporcionalidade e a igualdade como
parâmetros operativos do legislador na determinação da medida
da culpabilidade 291

4.4.1.3. Limitação judicial: a culpabilidade como fundamento da pena e o
desconhecimento da lei 296

4.4.1.4. Limitação judicial: a culpabilidade e a flexibilização do limite mínimo da pena 301

4.4.2. A norma penal e o bem jurídico 307

4.4.3. Intervenção penal mínima 316

4.4.3.1. A fragmentariedade do Direito Penal 318

4.4.3.2. A subsidiariedade do Direito Penal 325

4.4.3.3. Subsidiariedade: um problema de legitimação interna ou externa do Direito Penal? 329

4.4.3.4. Direito Penal Mínimo x Direito Penal Máximo: tendências frente à "moderna criminalidade" 337

4.4.3.5. A postura da política criminal frente à "moderna criminalidade" e à "criminalidade de massa": as respostas de Hassemer e Silva Sánchez 348

4.4.3.6. Uma proposta para a conciliação entre a política criminal moderna e o princípio da legalidade material 354

4.4.4. As funções do Princípio da Legalidade 361

Considerações finais 365

Obras consultadas 383

Apresentação

O presente livro é fruto de pesquisa realizada entre os anos de 1998 e 2000, cujo resultado que aqui se apresenta, em linhas gerais, foi submetido à banca examinadora, composta pelo Prof. Dr. Alberto Rufino Rosa Rodrigues de Souza (Orientador), pelo Prof. Dr. Luiz Luisi e pelo Prof. Dr. Aury Lopes Jr., como condição para a obtenção do título de Mestre em Ciências Criminais pela Pontifícia Universidade Católica do Rio Grande do Sul.

O problema central do trabalho foi a verificação de que o princípio da legalidade, nos moldes traçados pela doutrina penal brasileira (com os seus quatro desdobramentos já conhecidos), é o resultado de uma garantia própria de um Estado Liberal, sem que, contudo, se atentasse para o fato de que o nosso regime político atual não é equivalente ao resultante daquele estabelecido pela Revolução Francesa em 1789. A pesquisa, nesse sentido, possui uma conotação política, ou seja, procura demonstrar que o Estado Democrático de Direito, estabelecido pela Constituição da República Federativa do Brasil de 1988, acarreta uma ampliação do princípio da legalidade.

Diante disso, a principal hipótese estabelecida, no projeto de pesquisa, foi a de que o Direito Penal brasileiro estaria estruturado sobre um princípio capaz de vincular a atividade interventiva estatal (legiferante, judicante e administrativa) tão-só em seu sentido formal, e não também quanto ao seu conteúdo. Por essa razão é que se fez necessária a criação de um quinto desdobramento para a garantia da *reserva legal* – situação esta já percebida, originalmente, pelo Prof. Dr. Luiz Luisi –, como forma de adequação deste princípio mestre do Direito Penal à atual conjuntura política brasileira. Daí o título do livro: o princípio da legalidade penal no Estado Democrático de Direito.

Não foram poucos, contudo, os percalços vividos para chegar-se a esta conclusão.

Uma primeira dificuldade enfrentada foi de ordem metodológica, e deve-se ao comum despreparo dos profissionais do Direito para a produção de trabalhos científicos. Com efeito, só se pode afirmar que um estudo é científico, em primeiro lugar, quando se desenvolva sobre um "objeto reconhecível e definido de tal maneira que seja reconhecível igualmente pelos outros", e, em segundo lugar, quando o estudo forneça "elementos para a verificação e a contestação das hipóteses apresentadas e, portanto, para uma continuidade pública" (Humberto Eco). Infelizmente, contudo, a grande maioria dos profissionais do Direito, talvez viciados pela sua atuação empírico-forense, não dá importância a essas características durante o desenvolvimento da sua profissão, caso em que, adentrando no meio acadêmico, as dificuldades aparecem.

Comigo não foi diferente. Isso, entretanto, só foi percebido após seis meses de pesquisa e quase duzentas páginas já escritas. Com uma simples pergunta – e, nesse aspecto, a orientação do Prof. Alberto foi essencial – veio a lume a circunstância de estar escrevendo muito mais para a satisfação pessoal do que, propriamente, para o desenvolvimento da ciência penal. O trabalho não tinha objeto delimitado e não possuía um problema concreto (apenas elucubrações), sendo que tais peculiaridades, uma vez descobertas, condenaram todo o esforço já despendido ao fracasso: a pesquisa teve de ser "zerada", e todo o trabalho, recomeçado novamente.

Sem embargo, superada a frustração, restou evidenciado que esta atitude apenas favorecia o desenvolvimento do trabalho. Com efeito, não raro diversos pesquisadores dão-se conta dessa dificuldade no meio da pesquisa sem, contudo, terem coragem de reiniciá-la. Quando optamos por essa via, percebemos que tudo aquilo que "deletamos" não foi em vão, mas nos serviu, a bem da verdade, para delimitar o objeto, solidificar os fundamentos da pesquisa e formular o festejado problema, ou seja, aquilo que imaginávamos ser a dissertação era, efetivamente, o esboço de um projeto que, em razão de nosso comum despreparo científico, deveria ter precedido a pesquisa final.

Outra grande dificuldade que, ainda hoje, torna-me difícil o convívio com minha própria consciência é a de que um trabalho jamais está acabado. Este prefácio está sendo escrito quase um ano após a apresentação da pesquisa junto à PUC/RS e, ainda hoje, cada vez que a releio, acrescento novas e novas modificações. Esta frustração somente pode ser superada quando o cientista atenta para o fato de que o conhecimento sujeita-se a uma constante evolução (e desconstrução), e isso faz com que o trabalho sempre esteja defasado pela ótica de seu autor. Nesse sentido, uma pesquisa jamais é concluída, mas sim, apenas, interrompida.

Afora isso, contudo, a maior barreira que tinha de ser superada verificou-se em relação à substância do trabalho. O caminho a ser percorrido para que fosse fornecida uma visão crítica do princípio da legalidade – superando-se, assim, o excessivo dogmatismo que impregna boa parte da doutrina penal brasileira – tornou obrigatória a incursão direita em pressupostos *filosóficos* do tema. À medida que as soluções doutrinárias "clássicas" surgem e, com isso, buscamos insaciavelmente os porquês das respostas oferecidas, acabamos, sempre, percorrendo caminhos que vão desde o clássico jusnaturalismo, passam pelo positivismo jurídico e pelo neokantismo até chegar na moderna visão relativista da filosofia argumentativa. Isso, por certo, rendeu bons meses de leitura de autores que, freqüentemente, são desprezados pelos meios acadêmico e forense, sem que, contudo, todas as dúvidas tivessem sido espancadas. É óbvio que toda a fundamentação filosófica do presente trabalho, tendo em vista as limitações temporais de sua realização, está sujeita a vícios e imperfeições que, pelos mais doutos, talvez serão percebidas, ainda que não o houvessem sido por seu autor. Contudo, uma coisa é certa: não se podem romper dogmas com outros dogmas; só se percebem as falhas da vetusta dogmática penal brasileira quando incursionamos em seus fundamentos, ou melhor, na sua completa ausência de fundamentos. Por isso é que, para o dogmata penal, a filosofia do direito será sempre uma "ciência auxiliar".

Esta experiência rendeu uma conclusão que, atualmente, é essencial: a filosofia do direito penal é o principal instrumento para a evolução da ciência penal. Estamos vivendo, atualmente, num Estado completamente desprovido de princípios éticos fundamentais. Assistimos estarrecidos a escândalos políticos – como o do grampo no BNDES, da privatização do Banespa, das fraudes na SUDAM e da violação do sigilo no painel de votação do Senado – ao mesmo tempo em que um Poder Executivo, pelo seu Chefe Maior, editou, só em seu último mandato, quase 2.500 medidas provisórias (até a presente data); um Poder Judiciário que tem a ousadia de afirmar que a CPMF não ofende princípios basilares da Constituição; um Poder Legislativo que, em meio a escândalos internos, edita a Lei nº 10.000, de 4/9/2000, que instituiu o "Dia Nacional do Choro"; um Ministério Público que se revolta contra a edição da última "lei da mordaça" (MP nº 2.088-35), principalmente em razão da ambigüidade da proibição de interposição de ações *temarárias*, ao mesmo tempo em que oferece denúncias pela prática do crime de gestão *temerária* (art. 4º, parágrafo único, da Lei nº 7.492/86); por fim, uma OAB que assiste passiva à fabricação acadêmica de advogados completamente despreparados para a profissão e, ao mesmo tempo, imagina que um Exame de Ordem (inconstitucional!) poderia resolver o problema.

Esses exemplos são elucidativos para demonstrar que, no mundo político atual, a impressão que se tem é a de que cada um desses órgãos mencionados possui a sua própria Constituição Federal. Nunca ouvimos falar em tantos argumentos "constitucionais" contraditórios ao mesmo tempo. Isso revela que só princípios éticos é que são capazes de resgatar uma moralidade (constitucional) há muito esquecida.

Com o direito penal não é diferente. É chegada a hora de a ética (não qualquer ética, frise-se) impedir que essa esquizofrênica intervenção penal brasileira continue arrasando os princípios mais fundamentais elencados na Constituição Federal. Aos penalistas que não atentam para isso, resta-nos condená-los ao desprezo. Deve-se perceber a necessidade de superação de um direito penal construído sobre fundamentos absolutos que se reputam corretos quando, na verdade, somente o seu mentor é que acredita que o são. Chega de aceitarmos passivos e desprovidos de interatividade os ensinamentos que nos são passados; só uma visão crítica dos institutos penais é que poderá proporcionar uma contribuição para a evolução da ciência penal. Nesse sentido, o mínimo que posso esperar do leitor é que também o presente trabalho seja degustado de forma crítica, até mesmo porque aguardo ser alertado para as contradições e falhas que porventura tenham ocorrido. Críticas, portanto, serão sempre bem-vindas.

Maio de 2001.

O autor

Introdução

Encontra-se hoje consolidado o entendimento não só filosófico, mas, ademais, teórico, de que "não há crime e não há pena sem lei". Surgido principalmente à época do Iluminismo, o princípio da legalidade consolidou-se como um mecanismo de proteção da sociedade contra os abusos de seus próprios integrantes e, também, do Estado. A Declaração dos Direitos do Homem e do Cidadão, de 1789, assegurou, de forma definitiva, a garantia de que "nenhum homem pode ser acusado, impedido ou detido senão nos casos determinados pela lei, e segundo as formas que ela prescreve", corroborando, pois, uma tendência ideológica já vislumbrada por inúmeros jusnaturalistas. Conseqüentemente, passou o cidadão a gozar da tranqüilidade de ser punido por seus atos somente nos casos em que um diploma legislativo vislumbrasse tal fato como um delito, afastando-se, assim, as atrocidades medievais atinentes a sanções baseadas exclusivamente em juízos de valor.

Dessa garantia legal decorrem inúmeras conseqüências. Sendo a lei um mecanismo necessário de restrição à liberdade, deve-se conferir ao cidadão a possibilidade de, antes mesmo de suas idéias serem exteriorizadas, conhecer com previedade aquilo que é permitido ou proibido. Também consignou-se que a lei capaz de prever condutas passíveis de punição haveria de ser editada por um poder superior, legalmente constituído, e que não dispusesse de atribuições de, ao mesmo tempo, administrar e julgar segundo a lei editada. Por conseguinte, impossível era, por um lado, a aplicação de uma penalidade a alguém com base em meros valores ético-sociais, e, por outro, que ao juiz não fosse dada a atribuição de criar uma lei para fundamentar uma decisão condenatória, sob pena de a garantia não restar obedecida. E mais: tudo isso só seria possível se o diploma legislativo que instituísse o delito fosse claro e determinado, a fim de possibilitar à sociedade conhecer o seu exato alcance e, também, impedir que o julgador, em virtude de uma expressão legal vaga, pudesse, retoricamente, cominar uma pena a fatos não expressos em lei.

Estas decorrências do princípio da legalidade – contempladas, inclusive, por Hobbes, Locke, Montesquieu e outros filósofos iluministas – adentram no século XX com tamanha intensidade que somente em situações políticas excepcionais restaram excluídas, mas não de forma justificada. Com efeito, a maioria dos ordenamentos jurídicos acatou, expressa ou implicitamente, o princípio da legalidade como a garantia reitora do Direito Penal. Em níveis doutrinários, a tendência não foi diversa: qualquer autor de Direito Penal há de fazer menção, ainda que sucinta, ao *nullum crimen nulla poena sine lege.*

Disso tudo resulta, pois, que o princípio da legalidade, nos moldes estabelecidos já no século XVIII, possui o mesmo conteúdo do princípio da legalidade admitido modernamente, até mesmo porque o furto, o homicídio, o estupro e tantos outros delitos que já eram, naquela época, repudiados, continuam a sê-lo.

Percebemos, contudo, que a evolução da humanidade tem-se deparado com novos focos de reprovação. O furto cede espaço à criminalidade econômica; o homicídio, aos crimes ambientais; a lesão corporal, à criminalidade genética; o sistema financeiro do Estado sobrepõe-se ao patrimônio individual. Na seara legislativa, as constantes mutações da Parte Geral do Direito Penal dão lugar, agora, às freqüentes alterações na Parte Especial do Direito Penal. A Teoria Geral do Delito é relegada a uma importância quase que, exclusivamente, acadêmica, já que o assunto "da moda" é as novas espécies de delitos. "Tício" não mais se preocupa em, valendo-se de algumas colheres de açúcar, matar "Caio", que é diabético; atualmente, "Tício", fazendo uso de um computador e de sua influência empresarial, dá origem a um dano difuso, pondo em risco, inclusive, a própria soberania estatal. Conseqüentemente, esse mesmo "Tício" é o responsável pelas disparidades sociais, impedindo, pois, que outros "Caios" e "Mévios" possam ter acesso ao mesmo computador e à mesma influência empresarial daquele, restando a estes, pois, a única possibilidade de continuarem a praticar o furto, o roubo, o homicídio, a lesão corporal etc. Atribui-se ao Direito Penal, dessarte, uma nova tarefa, qual seja, a de proteger a sociedade contra esse novo gênero de desvio social difuso.

As mesmas mutações também verificam-se em matéria política. A Revolução Francesa instituiu o Estado de Direito com a finalidade precípua de proteger a sociedade contra os abusos do

Estado absolutista, restando à lei efetivar essa proteção. Posteriormente, a classe burguesa assume o poder, e o seu interesse protetivo, geralmente destoante dos interesses das classes sociais oprimidas, passa a assegurar-se novamente pela lei, mas não mais contra o soberano, e sim contra a própria sociedade. Sob o manto do Estado Social, surge uma pretensão estatal diversa da pretensão social, assumindo o soberano uma qualidade quase que idêntica a de um pai, que sempre tem razão acerca daquilo que é melhor para seus filhos, apesar da discordância destes. Os abusos estatais novamente resplandecem, e, com eles, as Grandes Guerras.

Superada a visão eudemonística do Estado, principalmente na segunda metade do século XX, aflora uma "nova" modalidade de governo. O ser humano, integrante do povo, é colocado no centro do ordenamento jurídico, obrigando o Estado a desenvolver toda a sua atividade não mais em nome de interesses que lhes são próprios, mas sim para a satisfação da sociedade que o constituiu. Com o advento do Estado Democrático de Direito, a lei permanece com a sua eficácia garantidora da sociedade, mas não como uma simples garantia contra as lesões produzidas aos direitos de liberdade, e sim, também, como uma garantia à satisfação de suas primordiais necessidades.

Pois bem. Essa é a realidade político-criminal em que nos vemos, atualmente, inseridos. Ao mesmo tempo em que uma nova criminalidade brota no âmago da sociedade – submetendo-a, conseqüentemente, a um constante risco –, o Estado, mediante a Constituição, assegura a observância de direitos fundamentais do homem. Em termos práticos, ao menos em nosso País, esse mesmo Estado desrespeita tais direitos assegurados, e, por outro lado, não só padece vulnerável às novas formas delitivas como, ademais, aos clássicos desvios sociais. A criminalidade aumenta, os direitos sociais não são assegurados, e os direitos de liberdade são desrespeitados. Sem saber o que fazer, o Estado põe em prática políticas criminais contraditórias e equivocadas que redundam numa verdadeira *crise da moralidade político-social*. A atividade estatal brasileira, nos dias atuais, pode ser equiparada a de um cego que, a fim de atingir o seu inimigo, põe-se a desferir socos ao vento.

Esse é o novo contexto a que se vê submetido o moderno cientista penal. Continuamos, ainda hoje, estudando a criminalidade clássica e o princípio da legalidade sob a ótica do vetusto Estado Liberal do século XVIII ao mesmo tempo em que o Estado não é mais liberal, e a criminalidade não é mais clássica. Isso tudo desperta-nos inúmeras dúvidas: será que a *reserva de lei*, concebida à época do Iluminismo, continua com o mesmo conteúdo sob a égide do Estado Democrático de Direito? Será que esta garantia, dirigida à "criminalidade clássica", é compatível com uma delinqüência que outrora sequer foi cogitada? Será que o Direito Penal possui a capacidade de ministrar à sociedade a proteção de que ela necessita sem que, ao mesmo tempo, os direitos fundamentais sejam lesados? Será que não existem outros mecanismos mais eficazes de combate à criminalidade? Caso tal proteção seja necessária, justifica-se a quebra de direitos fundamentais para atingir a meta desejada? Ou será que o custo que iremos pagar por essa quebra não é muito elevado? Quem deve ser considerado titular de direitos fundamentais: a vítima e/ou o autor do delito? Seria possível o desenvolvimento de uma política criminal uniforme para o combate tanto da "moderna criminalidade" como da "criminalidade clássica"? Enfim, qual é a função e os limites do princípio da legalidade sob a égide do Estado Democrático de Direito?

Tentaremos, no presente livro, oferecer uma resposta, ainda que não exauriente, a essas indagações.

1. Um método de Direito Penal

> "A lei humana não pode castigar ou proibir todas as coisas más que se fazem, porque se quiser acabar com todos os males, com eles acabaria também com muitos bens, e impediria a utilidade do bem comum, que é necessária para a convivência humana". (Santo Agostinho)

1.1. NORMA, DIREITO E MORAL

Todo atuar humano sempre se encontra regulado por normas de diversa natureza. O indivíduo, qualquer que seja a época ou o meio social em que se encontrar, irá viver segundo diretrizes oriundas das mais diversas fontes, sejam elas naturais, sociais ou jurídicas. Nascer, crescer, respirar, tossir, pensar etc., são a observância de um comando da natureza, enquanto trabalhar, constituir uma família, brincar e escrever são ditames do meio social em que vivemos, assim como não matar e não furtar constituem normas integrantes da maioria dos ordenamentos jurídicos.

Como bem afirmara Montesquieu, "As leis, em seu significado mais extenso, são as relações necessárias que derivam da natureza das coisas; e, neste sentido, todos os seres têm suas leis; a Divindade possui suas leis, o mundo material possui suas leis, as inteligências superiores ao homem possuem suas leis, os animais possuem suas leis, o homem possui suas leis".[1]

O conceito de *norma* – tomado como sinônimo de lei – pressupõe a idéia de normalidade, ou seja, a conformidade com um padrão determinado que, "estatisticamente", é o que se repete na

---

[1] *O Espírito das Leis*. Trad. por Cristina Murachco. 2 ed. São Paulo: Martins Fontes, 1996, p. 11.

maioria das vezes,[2] ou um determinado padrão normalmente tolerado pela sociedade.

O correto é, porém, que a evolução humana acabou por originar uma diversidade de extensão de universos estatísticos capaz de perverter o conceito de normalidade obtido a partir de uma estrutura meramente natural. Assim, por exemplo, poder-se-á considerar normal que um animal mate o outro apenas para satisfazer o seu instinto famélico, mas tal padrão, contudo, não pode ser admitido como normal nas sociedades humanas evoluídas, e isso ocorre porque as ciências humanas estabelecem um ideal de normalidade que tem por fim, como diria Platão, a reconstituição da beleza perdida, a busca pelo aperfeiçoamento humano.

No "mundo humano", tal ideal, por si só, não basta. É necessário que a descoberta dos padrões de regularidade, após investigado o respectivo nexo de causalidade, seja objeto de formulação de leis. Poderão elas estar em conformidade com as leis naturais, ou, ao contrário, poderão delas destoar (sempre que isso seja possível sem, em tese, pôr em risco a própria autoconservação da espécie): bastaria o padrão social, em sua generalidade, afastar-se daquilo que sói ocorrer naturalmente – se a própria natureza permitir – para que uma nova lei tenha origem (lembre-se, por exemplo, que a natureza não concebeu a possibilidade de o homem voar, mas o homem, inconformista e ambicioso, mostra tendência para se revoltar contra a sua própria natureza). Por isso, talvez se possa admitir que há uma unidade da ordem cósmica, abrangendo igualmente os seres desprovidos de razão e os que a tem, sem que tal unidade, contudo, possa impedir a manipulação humana, em alguns casos, dos comandos da natureza sobre os quais sua vontade não impera.

Surge, portanto, uma dualidade normativa: as leis físicas e as leis sociais. As primeiras precedem ao homem, revelando-se independentemente de sua vontade, e, apesar de a pós-modernidade vir-se encarregando gradativamente de torná-las mais remotas,[3] sobre elas, o máximo que o homem poderá fazer é descobri-las. Já em relação às leis sociais a situação é diversa: sua fonte não traz em si o caráter irrevogável da perpetuidade, mas, ao contrário, está impregnada de precariedade temporal e espacial. Segundo Soares Martínez, "se se procurar definir a lei social numa base positiva,

---

[2] Sobre a concepção da natureza e da heterogeneidade das normas que será exposta nas linhas que seguem, v. MARTÍNEZ, Soares. *Filosofia do Direito*, 2 ed. Coimbra: Almedina, 1995, p. 221-231.

[3] Pense-se, p. ex., na atual discussão acerca dos alimentos transgênicos.

objetiva, ou supostamente objetiva, o investigador terá de debruçar-se sobre si próprio e sobre os seus semelhantes. Pior. Terá de tentar analisar alguns dos aspectos mais íntimos da sua personalidade e da personalidade dos outros homens que conhece, direta ou indiretamente. Tanto bastará para avaliar as condições de inferioridade relativa em que se achará aquele que queira investigar sobre a existência e a etiologia das leis sociais. Acontece ainda que a formulação, ou a simples tentativa de formulação de tais leis, vai implicar, ou poderá implicar, prejuízos e benefícios para uma multiplicidade de indivíduos. Por isso, não suscitará resistências a definição das propriedades de um triângulo, ou a formulação da lei da gravidade. Mas há-de sempre suscitá-las qualquer tentativa de definição, mesmo abstrata, de direitos e deveres, através da qual logo se farão previsões fáceis quanto aos respectivos efeitos ao nível da distribuição de riquezas e poder".[4]

Do gênero *leis sociais* é que surgem, como espécies destas, as normas religiosas, as éticas e as jurídicas. As religiosas refletem os deveres de cada um frente à divindade; as éticas impõem deveres de caridade em relação ao semelhante e de respeito por si próprio; e, por fim, as normas jurídicas poderiam ser caracterizadas, ainda que precariamente, ou pela necessidade de sua observância para o equilíbrio social, ou por se acharem garantidas por uma sanção, ou por emanarem de um poder político.[5]

Qualquer que seja a espécie de *norma social*, o correto é admitir-se, como característica fundamental de todas, a abstração e a generalidade, no sentido de que todos os indivíduos que façam parte de um gênero sejam por elas atingidos. Constituindo a norma um elemento de "normalidade", impossível será verificarmos tal fator em normas destinadas ao concreto, ao individual, ao particular. Os Dez Mandamentos, por exemplo, são verdadeiras normas sociais, já que dirigidos à generalidade dos seguidores da religião

---

[4] Op. cit., p. 225.

[5] É sabido que tais caracteres não são capazes de enunciarem uma norma jurídica. Com efeito, não raro verificam-se casos em que o equilíbrio social é perturbado justamente pela existência da norma jurídica, assim como, em algumas situações, deparamo-nos com normas desprovidas de sanção. Por fim, a origem estatal das normas jurídicas também pode ser contestada, na medida em que são admissíveis fontes de Direito que não advenham do poder político (usos e costumes, p. ex.). A precariedade dos limites de tal conceitualização é proposital, já que o presente parágrafo tem por objetivo, apenas, estabelecer o *método* através do qual o Direito deve ser concebido. O conteúdo ideológico e teórico do Direito – mais especificamente, do Direito Penal – será objeto dos próximos parágrafos (n.os 2 e 4), caso em que o tema receberá a análise que merece.

católica, assim como o dever de honestidade e o dever de cordialidade são prescrições incidentes em todo o meio social.

Sendo a generalidade uma característica comum a todas as normas sociais, qual seriam as diferenças entre elas? O que faz uma norma jurídica destoar das normas éticas e das religiosas?

Primeiramente, há de se ressaltar que, em algumas situações, o comando oriundo de uma norma jurídica, de uma norma ética e de uma norma religiosa, pode prescrever a mesma conduta humana, como é o caso, por exemplo, do "não matarás". Note-se que, neste exemplo, os três tipos de normas estabelecem o mesmo imperativo, a mesma obrigação. Tal situação verificar-se-á sempre que uma norma jurídica prescrever ou proibir uma determinada conduta, e, nesse ponto, assiste razão a Thomas Hobbes ao afirmar que "Um delito é um pecado que consiste em cometer, mediante palavras ou condutas, algo que a lei proíbe, ou em omitir o que a lei manda fazer. Assim, todo delito é um pecado, ainda que nem todo pecado possa ser considerado um delito".[6]

Disso resulta que a obrigação decorrente da norma não pode ser considerada como um fator de diferenciação entre elas, já que todas possuem tal qualidade. Tanto as normas jurídicas quanto as éticas e as religiosas (normas morais), de alguma forma ou de outra, prescrevem um comportamento. A diferença, porém, estabelece-se, por um lado, na *forma* como a obrigação atua, e, por outro, no *resultado* da inobservância da obrigação, senão vejamos.

As normas éticas e as normas religiosas geram uma obrigação principal de pensamento, mas secundária de conduta, de nada valendo a observância da segunda sem a observância da primeira. Para que se considere violada a proibição moral do adultério (sob o ponto de vista ético e religioso), por exemplo, basta a existência da intenção deliberada de praticá-lo, apesar de a conduta não haver sido levada a cabo. Em comum, portanto, ambas possuem o fato de *obrigar a consciência* do indivíduo, e, secundariamente, a sua conduta (poder-se-ia afirmar antiético ou anti-religioso o adultério praticado inconscientemente?). Porém, enquanto nas normas religiosas a *fonte da obrigação* é um determinado ente divino, nas normas éticas é a razão humana, segundo os padrões da "normalidade cultural".

Nas normas jurídicas, ao revés, o comando tem por finalidade impedir ou impor uma determinada conduta, independentemente

---

[6] *Leviatán. La materia, forma y poder de un Estado eclesiástico e civil*. Trad. por Carlos Mellizo. Madrid: Alianza Universidad, 1992, p. 235. É claro que a expressão "pecado" há de ser tomada, modernamente, como a contrariedade a princípios éticos, e não religiosos.

da adesão subjetiva de parte sujeito. A observância da norma depende, apenas, do fato de a conduta *proibida* não ter sido praticada – mesmo que o autor estivesse predisposto a fazê-la –, ou de a conduta *imposta* ter sido realizada – apesar de o autor não estar intencionado a realizá-la. Segundo Kant, "Estas leis da liberdade, ao contrário das leis da natureza, chamam-se *morais*. Se afetam somente ações meramente externas e a sua conformidade com a lei, chamam-se jurídicas; mas se exigem também que elas mesmas (as leis) devam ser os fundamentos de determinação das ações, então são éticas, e se diz, portanto, que a coincidência com as primeiras é a legalidade, enquanto que a coincidência com as segundas, a moralidade da ação".[7]

Bobbio, ao comentar o pensamento kantiano, assevera que "A ação legal é externa pelo fato de que a legislação jurídica, dita portanto legislação externa, deseja unicamente uma adesão *exterior* às suas próprias leis, ou seja, uma adesão que vale independentemente da pureza da *intenção* com o qual a ação é cumprida, enquanto a legislação moral, que é dita, portanto, interna, deseja uma adesão *íntima* às suas próprias leis, uma adesão dada com intenção pura, ou seja, com a convicção da bondade daquela lei. (...) A experiência comum nos ensina inclusive que, para ser um homem legalmente honesto, é suficiente ser um bom conformista; para ser um homem moralmente honesto, o simples conformismo não é mais suficiente".[8]

O ordenamento jurídico não tem por fim o espírito das pessoas, mas sim a sua atuação no meio social em que elas vivem. É a *tolerância* que faz com que uma norma assuma o caráter de juridicidade, e nesse aspecto assiste razão a Locke ao ressaltar que "a função das leis não é promover a verdade das opiniões, mas a segurança da comunidade civil, dos bens e das pessoas dos indivíduos".[9] Perante o ordena-

---

[7] *La Metafísica de las Costumbres*. Trad. por Adela Cortina Orts y Jesús Conill Sancho. 2 ed. Madrid: Tecnos, 1994, p. 17. Tal idéia já havia sido referida por Hobbes, embora tendo ele empregado-a com a finalidade de justificar o *Leviatan*: "não há lugar para acusações humanas quando se trata de intenções que nunca se manifestam em atos externos" (op. cit., p. 235).

[8] *Direito e Estado no Pensamento de Emanuel Kant*. Trad. por Alfredo Faith. 4 ed. Brasília: UnB, 1997, p. 56-57.

[9] Carta acerca da Tolerância. In: *Segundo Tratado sobre o Governo Civil e outros escritos*. Trad. por Magda Lopes e Marisa Lobo da Costa. Petrópolis: Vozes, 1994, p. 272. Assim também já havia afirmado, anteriormente, Thomas Hobbes: "As leis são impostas para regular ações, produto da nossa vontade, não as opiniões nem a fé, que estão fora do nosso alcance, sobretudo a fé, que não é produto da nossa vontade" (*De Cive*. Trad. por Ingeborg Soler. Petrópolis: Vozes, 1993, p. 91).

mento jurídico, é permitido a cada cidadão acreditar apenas em sua razão e pensar o que essa razão esclarecida ou enganada lhe ditar,[10] até mesmo porque, nas palavras de Beccaria, "a gravidade do pecado depende da imperscrutável malícia do coração, a qual não pode ser conhecida por seres finitos, sem uma revelação".[11]

Dessa distinção *formal* entre normas jurídicas e normas morais (éticas ou religiosas) resulta, ainda, uma segunda diferenciação, relacionada às *conseqüências* da inobservância de uma norma jurídica e de uma norma moral. Estando a moralidade circunscrita à atuação *interna* do indivíduo, poderíamos dizer que a inobservância de uma norma ética ou religiosa somente pode originar uma restrição à liberdade interna, e não também à liberdade externa. Entendida a moralidade como a relação do "eu" comigo mesmo, forçoso é concluir que toda "sanção" religiosa ou ética somente poderá (*rectius:* deverá) incidir na relação do homem com a sua própria razão ou com qualquer entidade divina, e isso, por certo, depende de a íntima convicção do sujeito aceitar a reprimenda. De nada valerá impedir que atue se não mudar ele a maneira de pensar.

Por outro lado, sendo correto afirmar que a norma jurídica resta observada com a mera adesão externa ao comando, preservando, com isso, a relação do "eu" com os demais, imperioso é reconhecer-se que qualquer punição (civil ou penal), no caso de inobservância do mesmo comando, somente poderá (*rectius:* deverá) atuar sobre a liberdade externa do sujeito, e não também sobre a sua liberdade interna. Se o Direito importa-se, somente, com o respeito externo de suas prescrições, independentemente do fato de o comando ter sido observado em contrariedade à vontade do agente, de nada interessa o fato de o sujeito, após ter cumprido a reprimenda, voltar a respeitar o ordenamento jurídico contra a sua própria vontade. Como o "pensar" não pode ser objeto de uma norma jurídica – já que o seu respeito não leva em consideração esse elemento – também não poderá sê-lo de uma punição jurídica, seja qual for a sua natureza.[12]

Dito em outras palavras, seria "correto" afirmarmos que a segunda diferença travada entre as normas jurídicas e as normas

---

[10] Cf. VOLTAIRE. *Tratado sobre a Tolerância*. Trad. por Paulo Neves. São Paulo: Martins Fontes, 1993.

[11] *Dos Delitos e das Penas*. Trad. por Lucia Guidicini e Alessandro Berti Contessa. 2 ed. São Paulo: Martins Fontes, 1997, p. 54.

[12] "Deixem-nos como somos. Nossas qualidades indiscretas, unidas à nossa pouca malícia, fazem com que as leis que perturbariam o humor sociável não sejam convenientes entre nós" (MONTESQUIEU, op. cit., p. 318).

morais verifica-se nas *relações* delas decorrentes: sendo a legislação moral uma fonte originária de *responsabilidade do homem frente a si mesmo*, e, por outro lado, sendo a legislação jurídica uma fonte de *responsabilidade do homem frente aos seus semelhantes*, poder-se-á afirmar que a primeira acarreta uma *relação intrasubjetiva*, enquanto a segunda gera uma *relação intersubjetiva*.[13] Nesse caso, a moral, ao contrário do direito, só pode ser dotada de potencialidade de gerar deveres *meus* frente a mim mesmo ou à sociedade, e não também os direitos *desta* frente aos *meus* deveres. Sendo a legislação moral um *imperativo categórico*,[14] desprovido de utilidade alheia e, ademais,

---

[13] Não se deve confundir a existência de deveres em relação a mim mesmo e em relação aos outros com a responsabilidade frente a mim mesmo e frente aos outros, já que a legislação moral pode originar tanto deveres para comigo mesmo (p. ex., deveres em relação à própria perfeição) como deveres em relação aos outros (p. ex., deveres em relação à felicidade dos outros), e, em ambos os casos, a responsabilidade pela sua observância é do próprio sujeito. Dessa conclusão resulta que a legislação moral, justamente por estabelecer-se sobre uma relação unitária, só é capaz de originar *deveres*, e não também *direitos*, o mesmo não ocorrendo com a legislação jurídica: aqui, a relação passa a ser coletiva, e, como tal, fonte de deveres e de direitos. A filosofia kantiana, nesse sentido, é elucidativa: "Mas por que damos atualmente à doutrina dos costumes (moral) o título de doutrina dos deveres (sobretudo Cícero), e não também doutrina de direitos, posto que uns se referem aos outros? A razão é a seguinte: somente conhecemos nossa própria liberdade (da qual procedem todas as leis morais, e, portanto, também todos os direitos assim como todos os deveres) através de um imperativo moral, que é uma proposição que manda o dever, e a partir da qual pode desenvolver-se depois a faculdade de obrigar os outros, ou seja, o conceito de direito" (op. cit., p. 50-51).

[14] Considera-se como *imperativo categórico*, nas palavras kantianas, o seguinte comando: "atue de tal maneira que o motivo que te levou a agir possa ser convertido em lei universal" (KANT, Immanuel. op. cit., p. 31-32). Trata-se, na verdade, de uma lei moral que, segundo Kant, estava desprovida de qualquer utilidade e realizada pela simples exigência do dever, ademais de exteriorizada em conformidade com o arbítrio externo e interno, e que somente gera uma responsabilidade interna. Assim, os imperativos categóricos são preceitos que prescrevem uma ação boa por si mesma, ao contrário dos imperativos hipotéticos, preceitos estes que prescrevem uma ação adequada para alcançar-se uma finalidade. Em comum, ambos os imperativos possuem a imposição de um dever, mas, enquanto no categórico o dever é bom por decorrer da razão, no hipotético, é bom por acarretar alguma utilidade. Estes enunciam um mandamento subordinado a determinadas condições (se queres sarar, toma remédio), enquanto o imperativo categórico é inteiramente desvinculado de qualquer condição. Segue-se do imperativo categórico que, assim como ele contém apenas a forma da razão (universalidade sem contradição), a razão pura nele implicada é por si mesmo prática, dando ao homem uma lei universal de conduta, que se chama lei moral. Em suma, o imperativo categórico afirma a autonomia da vontade como o único princípio de todas as leis morais, e essa autonomia consiste na independência em relação a

fonte de obrigações somente *internas,* segue-se que a sociedade, sob esse ponto de vista, não pode exigir de mim o cumprimento de minha obrigação, pois não detém esta o *direito* de exigi-lo. Já as normas jurídicas, ao contrário, por originarem uma *responsabilidade externa* do indivíduo em relação aos seus semelhantes, consignam não mais o simples *dever meu* de não lesar *externamente* os interesses alheios, mas sim, também, o *direito de os demais* exigirem de mim que, *externamente,* não os lese. A noção de *direitos subjetivos,* portanto, só existe no ordenamento jurídico, e não também no ordenamento moral. Por conseqüência, como bem afirma Bobbio, "a relação jurídica pode ser instituída somente entre dois seres humanos, ou seja, entre seres que se encontram numa relação de limitação recíproca da própria liberdade externa".[15]

Por fim, uma importante ressalva há de ser feita: da afirmação de que o *respeito* ao ordenamento jurídico somente depende da ausência (no caso de proibições) ou da existência (no caso de prescrições) de um atuar humano *externo,* não se deve concluir, equivocadamente, que também o *desrespeito* ao ordenamento jurídico esteja adstrito, apenas, à *exterioridade* da conduta humana. Caso admitamos correta a afirmação hobbesiana de que todo delito é um "pecado" (ou seja, uma ofensa a princípios éticos), mas nem todo "pecado" é um delito, vinculados estaremos à conclusão de que uma imoralidade-ilegal também está adstrita à análise externa e interna da conduta. Sim, pois, do contrário, poderíamos considerar ilegal, *verbi gratia,* um homicídio praticado sob coação física irresis-

---

toda a matéria da lei e na determinação do livre-arbítrio mediante a simples forma legislativa universal de que uma máxima deve ser capaz (cf. CHAUÍ, Marilena de Souza. Vida e Obra de Emanuel Kant. In: *Os Pensadores. Kant.* São Paulo: Nova Cultural, 1999, p. 15). Kant pretende, com a formulação do *imperativo categórico,* estabelecer princípios morais, baseados na razão, que devem seguir de guia para todos os atos do indivíduo, ou seja, são princípios prescritivos que, na razão prática, podem ser considerados válidos universalmente justamente pelo fato de não comportarem demonstração empírica em contrário. Assim, quando Kant afirma, por exemplo, que "a alma é imortal", está a estabelecer um princípio da razão pura que é válido universalmente, já que o mundo sensitivo não é capaz de emitir, sobre ele, um juízo de certeza ou incerteza. Aí reside, justamente, a diferença entre o conhecimento empírico – ou *a posteriori* – e o conhecimento racional – ou *a priori*: aquele é acidental, precário, atinente ao mundo do "ser"; este, universal e necessário, ligado ao mundo do "dever ser". Disso resulta que tais princípios morais podem (e devem) regular o conhecimento empírico, mas, o fato de não regularem, não é capaz de desqualificá-los. A recíproca, contudo, não é verdadeira, isto é, o conhecimento empírico não é capaz de regular o conteúdo de tais princípios morais, muito menos de deslegitimá-los.
[15] Op. cit., p. 61.

tível. Sendo a imoralidade uma *conditio sine qua non* da ilegalidade, não poderíamos atribuir a esse exemplo a característica da contrariedade ao direito, visto que o "pecado", na verdade, foi praticado pelo coator, e não pelo coagido. Esse é o sentido da afirmação de Kant de que "a legislação ética é a que não pode ser exterior (ainda que os deveres possam ser também exteriores), enquanto a jurídica é a que também pode ser exterior".[16] Ao menos em relação ao Direito Penal – e veremos adiante o porquê de tal afirmação (nº 2.4.1, *infra*) –, somente o desvalor de uma atuação humana externa poderá ser objeto de uma *proibição*, mas, ao contrário, a *punição* depende tanto do desvalor interno quanto externo da ação ou omissão.

1.2. A SEPARAÇÃO ENTRE DIREITO E MORAL

O estudo do Direito pode ser realizado de ângulos *epistemológicos* diversos. Pode-se trabalhar com o Direito num plano *ideal*, levando-se em consideração um ordenamento jurídico posto numa dada sociedade ou, até mesmo, independentemente de sua historicidade. No primeiro caso, estaríamos utilizando uma visão *política*, enquanto, no segundo, uma visão *filosófica* do Direito. Por outro lado, pode-se estudar o Direito não mais a partir de uma *idéia*, mas sim como uma *realidade*, ou seja, como um fato social ocorrido num determinado país, e, nesse caso, a visão passaria a ser *teórica*. Assim, por exemplo, à indagação acerca da descriminalização do aborto efetivamente ocorrida num país, poderemos ter, no mínimo, três respostas com enfoques diversos: um *político criminal* poderia afirmar que a descriminalização não deveria ter ocorrido, visto que a realidade social não está preparada tecnicamente com recursos capazes de tornar as práticas abortivas seguras e eficientes; um *filósofo criminal* talvez ressaltaria que a descriminalização deveria ser adotada por todos os ordenamentos jurídicos, visto ser uma decorrência da liberdade de todas as pessoas; e, por fim, um *dogmático penal* estaria autorizado a escrever que, doravante, somente são passíveis de punição os crimes contra a vida extra-uterina. Enquanto os dois primeiros têm uma visão do Direito como este *deveria ser*, o último, ao contrário, pensa no Direito a partir daquilo que ele *é*. Lá, o enfoque dado é exclusivamente *moral*, ou seja, baseado em critérios de justiça ou injustiça, sendo que a resposta

---

[16] Op. cit., p. 25.

dada se refere a uma *prescrição*; aqui, é *jurídico*, isto é, estribado em parâmetros de verdade ou falsidade (não no sentido ontológico-clássico), e, como resultado, temos como resposta uma *descrição*.[17]

Costuma-se afirmar, principalmente em nome do positivismo jurídico, que uma coisa é a percepção de que uma norma existe; outra, é o juízo que se estabelece acerca dessa norma. A mera *percepção* do estudioso faz da relação homem-norma uma situação condicionada entre dois objetos, enquanto a sua *vontade* transmuda essa relação em condicionante não mais entre dois objetos, mas sim como sujeito-objeto. Assim, fazendo uso do mesmo exemplo citado por Kelsen,[18] um certo indivíduo provoca a morte de outro em conseqüência de uma determinada atuação; em havendo a cessação de todos os sinais vitais da vítima, poderemos afirmar como *verdadeira* (*rectius:* aceitável). Diferente é, contudo, a mesma relação travada entre um homicídio cruel e fútil e outro praticado em legítima defesa: naturalisticamente, ambos se equivalem, mas não também axiologicamente. Poderíamos afirmar – não mais como objeto pensante, mas sim como sujeito pensante – que o valor da primeira morte é negativo (injusto), enquanto o da segunda é positivo (justo).[19] Nota-se, portanto, que uma interpretação faz com que os fatos, em si, modifiquem-se, embora os seus aspectos causais-naturais permaneçam idênticos.

Assim como os fatos, também as normas podem ser avaliadas, tanto em seu aspecto *objetivo* quanto em seu aspecto *subjetivo*; o primeiro, é um juízo de *fato*, de verdadeiro-falso; o segundo, de *valor*, de justo-injusto. Também o ordenamento jurídico pode ser avaliado nessa dicotomia de planos, ou seja, a *existência* de uma norma, e a *justiça* dessa norma. O primeiro está contextualizado pelo *Direito*; o segundo, pela *Moral*.

---

[17] Modernamente, vem-se sustentando a possibilidade de uma política criminal menos política e mais dogmática, principalmente em razão dos valores constitucionais insculpidos em nosso Ordenamento Máximo. Da mesma forma, a dogmática acaba impregnando-se de valores políticos, sendo muito mais crítica do que, propriamente, conformista. Em outras palavras: um novo paradigma jurídico inaugura-se na segunda metade do Século XX, principalmente como decorrência do Estado Democrático de Direito, caso em que, em matéria penal, a dogmática e a política caminham cada vez mais juntas.

[18] *Teoria Pura do Direito.* Trad. por João Baptista Machado. 6 ed. São Paulo: Martins Fontes, 1999, p. 2.

[19] Veremos adiante (n. 3.3.2, *infra*) que essa "visão" do Direito, hoje, encontra-se superada, principalmente em virtude da Filosofia da Linguagem. O "ser" perde o seu valor objetivo, ontologicamente considerado, em nome, agora, de seu valor lingüístico. A relação deixa de travar-se entre sujeito e objeto, cedendo lugar à relação entre diversos sujeitos e a aceitação de uma determinada linguagem.

Dito isso, indaga-se: como se estrutura a relação entre esses dois planos? Serão eles um todo único ou, ao contrário, duas "realidades" distintas e inconfundíveis? Sendo eles uma unidade, dever-se-á afirmar que o que existe é, por si só, justo ou, ao contrário, o que é justo é, *de per si*, existente? Tratando-se de uma dicotomia, seria correto asseverarmos que a justiça jamais influirá a faticidade, ou, ao contrário, que jamais o mundo fático condicionará a moralidade? Havendo contradição entre justiça e existência, qual deverá prevalecer? Ou, em outras palavras, um juiz, ao aplicar a lei, deverá seguir a resposta dada pelo político criminal, pelo filósofo criminal ou pelo dogmático criminal?

Vejamos as respostas dadas a tais indagações pelos principais modelos filosóficos de Direito.

1.2.1. O método Jusnaturalista

Pode-se sintetizar, em linhas gerais, o *jusnaturalismo* como um complexo sistema ético-valorativo de prescrições humanas sistematizadas hierarquicamente segundo o conteúdo dado, por cada filósofo, à sua visão pessoal da *moralidade*. As diversas concepções do direito natural estabelecem valores fundamentais preeminentes, que se digladiam em sua substância, mas não em sua forma. Com efeito, não é de hoje que se ouve falar nas mais variadas éticas, todas elas estabelecidas com a finalidade de persuadir a todos no sentido de que uma prescrição seja mais verdadeira do que outra. Nesse sentido, podem as doutrinas jusnaturalistas ser classificadas sob dois aspectos: segundo a admissão do direito natural como direito e segundo a afirmação do direito natural como superior ao direito positivo.[20]

A Filosofia clássica (e em alguns casos, também a moderna) baseava-se no *método unitário-indutivo* de estrutura do conhecimento, visto não fazer diferenciação entre o valor *ontológico* e *deontológico* do objeto da observação. Mas não somente isso. A epistemologia clássica estava impregnada pela falácia naturalista de conceber um mero axioma como uma realidade da natureza, ou seja, só pela razão de conceber uma ou outra idéia como a correta, deduzia-se diretamente sua veracidade. Em outras palavras: a natureza pode ser contemplada segundo uma visão *objetiva* ou *subjetiva* do espectador; na primeira, o sujeito restringe-se ao objeto, fazendo com que o

---

[20] Cf. BOBBIO, Norberto. *Locke e o Direito Natural*. Trad. de Sérgio Bath. Brasília: UnB, 1997, p. 45.

limite do conhecimento esteja adstrito apenas à percepção sensorial; na segunda, o sujeito vai além do objeto, modificando-o valorativamente, pois que atribui a ele características não-ínsitas à sua mera cognição. Tal distinção não foi atentada por grande parte dos jusnaturalistas, e, nesse aspecto, suas concepções são criticáveis.[21]

A *ética* de Aristóteles visualizava na *felicidade* o valor máximo do direito natural, e no ordenamento jurídico o meio para atingir tal meta. Ao contemplar que toda arte e toda indagação sempre visam a algum bem,[22] Aristóteles deduz de um valor (felicidade) a sua própria realidade.[23] Não atentando a isso, o modelo aristotélico acaba por imaginar como existente um direito natural voltado ao bem geral, quando, no máximo, poderia simplesmente prescrevê-lo. A afirmação de que "o homem *é* um animal político"[24] deveria transmudar-se, portanto, na recomendação de que "o homem *deve ser* considerado um animal político".

No mesmo equívoco metodológico incidiram os filósofos jusnaturalistas *cristãos*, principalmente São Tomás de Aquino, ao afirmar que todo direito possui como fonte a ordem divina, já que todo o Mundo é governado por um Deus pessoal.[25] Daí advém a afirmação de São Tomás no sentido de que toda lei humana, que contrarie a lei divina, já não é lei, mas corrupção da lei.[26] Note-se que o Direito Divino estava estruturado epistemologicamente como

---

[21] É imprescindível atentar-se para o momento histórico e social de cada concepção. Com efeito, seria muito fácil hoje criticarmos, *verbi gratia*, a visão aristotélica acerca da admissão da escravidão quando, em nosso país, tal possibilidade há muito já não existe. Assim como o Direito, também a Filosofia do Direito é um ramo da ciência jurídica que não pode isoladamente ser levada em consideração, já que a história, a cultura, por certo, influenciam-na.

[22] V. ARISTÓTELES. *Ética a Nicômacos*. Trad. de Mário da Gama Kury. 3 ed. Brasília: UnB, 1999.

[23] Segundo Hassemer, "o direito natural cosmológico da tradição aristotélica descansava na dedução do dever a partir do ser ('monismo metodológico'); o ordenamento do dever humano derivava-se, assim, da ordem real da natureza" (HASSEMER, Winfried. *Persona, Mundo y Responsabilidad. Bases para una teoría da imputación en Derecho Penal*. Trad. por Francisco Muñoz Conde y Maria del Mar Díaz Pita. Valencia: Tirant to Blanch, 1999, p. 20).

[24] "... é evidente que o Estado é uma criação da natureza e que o homem é, por natureza, um animal político" (ARISTÓTELES. A Política. In: *Os Pensadores. Aristóteles*. Trad. por Therezinha Monteiro Deustsch Baby Abrão. São Paulo: Nova Cultural, 1999, p. 146).

[25] "Sendo o mundo governado pela providência divina, toda a comunidade do universo está regida pela razão de Deus" (SÃO TOMÁS. *Tratado das Leis*. Trad. por Fernando Couto. Porto: Resjurídica, 1990, p. 14).

[26] Op. cit., p. 65.

uma *ontologia*, e não como uma *deontologia*, sendo essa, inclusive, o fundamento básico para o surgimento do Estado Eclesiástico.[27]

Também Thomas Hobbes e John Locke adotaram, epistemologicamente, o método unitário. Para fundamentarem suas visões particulares do Estado (para aquele, absolutista; para este, liberalista) ambos vislumbravam o *estado de natureza* e o *contrato social* como historicamente existentes, quando, na realidade, não passavam de valorações subjetivas de cada um deles. Hobbes, por exemplo, imaginava que o homem era naturalmente egoísta e, em razão disso, vivia em permanente situação de guerra.[28] Ora, mesmo nas épocas primitivas, ou ainda entre os povos selvagens, nunca encontramos um Estado de guerra entre o indivíduo e o indivíduo, mas dominam sempre, pelo menos em certa esfera, os sentimentos sociais (a guerra verifica-se somente entre grupos). Até os animais têm instintos sociais, como Darwin observou. Sem estes, as espécies extinguir-se-iam.[29] Hobbes, na verdade, deseja que, de sua pessoal valoração, os fatos, como que num passe de mágica, passariam a constar nos livros de história.

O mesmo vício metodológico foi inobservado por Locke. A fim de fundamentar o seu modelo de Estado Liberal, imaginou ele que a passagem do estado de natureza para o estado civil tenha-se dado consensualmente pelos cidadãos, ainda que tal adesão possa ser considerada tácita.[30] Ora, uma adesão, ainda que tácita, é uma

---

[27] "O destino do *Direito Natural* de origem divina, característico da teologia de TOMÁS DE AQUINO e do pensamento medieval europeu, estava indissoluvelmente unido ao destino de uma divindade imanente; de um ser, portanto, que não só era a fonte inquestionável de puro dever, e, ademais, a fonte reveladora deste dever às pessoas" (HASSEMER, Winfried. Op. cit., p. 21).

[28] *De Cive*, cit., p. 55; *Leviatán*, cit., p. 141. Daí é que surge a famosa passagem de Hobbes: *homo homini lupus*, ou seja, o homem é um lobo para si mesmo (Epístola Dedicatória ao Conde Guilherme de Devonshire. In: HOBBES, Thomas. *De Cive*. Trad. por Ingeborg Soler. Petrópolis: Vozes, 1993, p. 275): "Há dois ditados igualmente verdadeiros: um, o homem é um deus para o homem; outro, o homem é um lobo para o homem". A mesma conclusão pode ser extraída das seguintes palavras: "a origem das sociedades amplas e duradouras não foi a boa vontade de uns para com os outros, mas o medo recíproco entre os homens. A causa do medo recíproco acha-se parte na igualdade natural dos homens, parte na vontade recíproca de prejudicar-se" (*De Cive*, cit., p. 52).

[29] Cf. DEL VECCHIO, Giorgio. *Lições de Filosofia do Direito*. Trad. por António José Brandão. 5 ed. Coimbra: Armênio Amado, 1979, p. 94.

[30] Basta lembrar que Locke afirmava que "todo homem é naturalmente livre e nada pode submetê-lo a qualquer poder sobre a terra, salvo por seu próprio consentimento. (...) Qualquer homem que tenha qualquer posse ou desfrute de qualquer parte dos domínios de qualquer governo, manifesta assim seu consentimento tácito e, enquanto permanecer nessa situação, é obrigado a obedecer às leis daquele governo como todos os outros que lhe estão submetidos" (Segundo

adesão existente, e isso somente pode ser tratado não como um fato histórico, mas sim como uma hipótese abstrata cuja função seria promover uma análise racional do governo por consenso. A verdade é que, supondo que cada um que esteja em um país tacitamente consentiu em seu governo, o consentimento foi tão reduzido a ponto de se tornar virtualmente, se não inteiramente, inexistente.[31] Aquilo que deveria ser um *valor* a ser observado pelo ordenamento jurídico estatal transmuda-se, tanto em Locke quanto em Hobbes, num *fato* que desejavam eles se ter verificado. É manifesta, pois, a submissão do *dever ser* ao *ser*.

A falácia naturalista foi percebida, inicialmente, por David Hume, ao estabelecer que das asserções fáticas não podemos deduzir prescrições morais, e vice-versa: "Em todo sistema moral de que tive notícia até agora, pude sempre observar que o autor segue durante certo tempo o modo de falar ordinário, estabelecendo a existência de Deus ou realizando observações sobre os 'quefazeres' humanos, e, conseqüentemente, deparo-me com a surpresa de que, em vez das cópulas habituais das proposições é ou não é, não vejo nenhuma proposição que não esteja conectada como um deve ou um não deve. Esta mudança é imperceptível, mas resulta, sem embargo, da maior importância.(...) Como é possível que esta nova relação se deduza de outras completamente diferentes?".[32]

Em decorrência de seu contato com Hume,[33] também Rousseau percebeu a necessidade do dualismo metodológico para fundamen-

---

Tratado sobre o Governo Civil. In: *Segundo Tratado sobre o Governo Civil e outros escritos*. Trad. por Magda Lopes e Marisa Lobo da Costa. Petrópolis: Vozes, 1994, cit., p. 153-154).

[31] Cf. GOUGH, J. W. Introdução ao Segundo Tratado sobre Governo Civil e outros escritos. In: LOCKE, John. *Segundo Tratado sobre o Governo Civil e outros escritos*. Trad. por Magda Lopes e Marisa Lobo da Costa Petrópolis: Vozes, 1994, p. 26.

[32] *Tratado de la Naturaleza Humana/2*. Trad. por Felix Duque. Madrid: Nacional, 1981, p. 690.

[33] Tal convívio, contudo, não foi pacífico. Segundo Marilena de Souza Chauí, Rousseau, "em 1765, atacado pelos protestantes de Neuchâtel, que chegaram a jogar pedras em sua casa, abandona Môtiers e dirige-se para a ilha de Saint-Pierre, onde é impedido de ficar. Aceita a oferta de refúgio na Inglaterra, feita pelo filósofo David Hume. Chega a Londres e vai viver em Wootton. As relações com o amigo Hume, no entanto, seriam prejudicadas por uma carta que circulava em Paris. Endereçada a Rousseau e assinada por Frederico II – na verdade escrita por Horace Walpole –, criticava ironicamente sua conduta, e Rousseau supôs que Hume tivesse alguma coisa a ver com ela. Com delírios de perseguição, imaginava um vasto complô contra ele. A polêmica com Hume divertiu toda a Europa culta e, por fim, Rousseau acabou por deixar a Inglaterra" (Vida e Obra de Jean-Jacques Rousseau. In: *Os Pensadores. Rousseau*. São Paulo: Nova Cultural, 1999, p. 11).

tar qualquer concepção jusnaturalista. Com efeito, concebia o contrato social não como um fato empiricamente verificável, mas sim como uma *suposição*, como um mero princípio filosófico.[34] Assim, distancia-se, ademais, de Montesquieu, pois o *Espírito das Leis* é uma tentativa de compreensão das leis existentes para, após, explicá-las em conformidade com as situações reais que as geraram, numa inversão da metodologia unitária, ou seja, a extração de conclusões prescritivas a partir de premissas descritivas (método indutivo). Esse vício é que fez com que Montesquieu fosse considerado mais um sociólogo do que um filósofo.

O fatal rompimento do *método unitário*, contudo, foi estabelecido por Kant. Partindo da diferenciação entre *conhecimento empírico* (ou *a posteriori*) e *conhecimento puro* (ou *a priori*),[35] faz uso deste

---

[34] "SUPONHAMOS os homens chegando àquele ponto em que os obstáculos prejudiciais à sua conservação no estado de natureza sobrepujam, pela sua resistência, as forças de que cada indivíduo dispõe para manter-se nesse estado. Então, esse estado primitivo já não pode subsistir, e o gênero humano, se não mudasse de modo de vida, pereceria" (ROUSSEAU, Jean-Jacques. O Contrato Social. In: *Os Pensadores. Rousseau*. Trad. por Lourdes Santos Machado. São Paulo: Nova Cultural, 1999, vol. 1, p. 69).

[35] "Conhecimentos *a priori* entenderemos não os que ocorrem de modo independente desta ou daquela experiência, mas *absolutamente* independente de toda a experiência. A eles são contrapostos ou aqueles que são possíveis apenas *a posteriori*, isto é, por experiência" (KANT, Emmanuel. Crítica da Razão Pura. In: *Os Pensadores. Kant*. Trad. por Valerio Rohden e Udo Baldur Moosburger. São Paulo: Nova Cultural, 1999, p. 54). Além dessa dicotomia, Kant distingue outras duas espécies de juízos: *analíticos* e *sintéticos*. "Em todos os juízos em que for pensada a relação de um sujeito com um predicado (se considero apenas os juízos afirmativos, pois a aplicação aos negativos é posteriormente fácil), essa relação é possível de dois modos. Ou o predicado B pertence ao sujeito A como algo contido (ocultamente) nesse conceito A, ou B jaz completamente fora do conceito A, embora esteja em conexão com o mesmo. No primeiro caso, temos o juízo analítico, *no outro*, sintético. Juízos analíticos (os afirmativos) são, portanto, aqueles em que a conexão do predicado com o sujeito for pensada por identidade; aqueles, porém, em que essa conexão for pensada sem identidade, devem denominar-se juízos sintéticos (...). Se por exemplo digo: todos os corpos são extensos, então este é um juízo analítico. De fato, não preciso ir além do conceito que ligo ao corpo para encontrar a extensão enquanto conexa com tal conceito, mas apenas desmembrar aquele conceito, quer dizer, tornar-me apenas consciente do múltiplo que sempre penso nele, para encontrar aí esse predicado; é, pois, um juízo analítico. Do contrário, quando digo: todos os corpos são pesados, então o predicado é algo bem diverso daquilo que penso no mero conceito de um corpo em geral. O acréscimo de um tal predicado fornece, portanto, um juízo sintético" (Op. cit., p. 58). Em outras palavras: todo corpo detém a qualidade de ser considerado extenso (juízo analítico), mas nem todo corpo deve ser considerado pesado (juízo sintético); naquele, o predicado está contido no sujeito; neste, complementa-o.

último para ressaltar – não mais implicitamente, como fê-lo Rousseau, mas sim expressamente – que o contrato social é um mero *ideal*: "O ato através do qual o povo constitui um Estado – ainda que propriamente falando, só a idéia deste, que é a única capaz de admitir a sua legalidade – é o *contrato originário*, segundo a qual todos (*omnes et singuli*) no *povo* renunciam à sua liberdade exterior para recobrá-la, em seguida, como membros de uma comunidade, ou seja, como membros do povo considerado como Estado.(...) Se precedeu originariamente como fato um contrato efetivo de submissão ao chefe do Estado, ou se a violência foi anterior e a lei veio só depois, ou bem deve seguir esta ordem, são estas sutilezas completamente vãs para o povo que já está submetido à lei civil, e que, sem embargo, ameaçam perigosamente o Estado (...) O dever de obedecer ao poder legislativo atualmente existe, seja qual for a sua origem".[36]

Com isso, confirma-se definitivamente a "lei de Hume", segundo a qual não se devem extrair conclusões prescritivas de premissas descritivas, e vice-versa, e isso fez com que, *metodologicamente*, somente pudessem restar aceitáveis as concepções jusnaturalistas (principalmente a de Rousseau e de Kant) que atentaram para esta separação entre Direito e Moral. Se hipoteticamente pudéssemos

---

Conjugando estas duas classificações, afirma Kant que *os juízos de experiência (a posteriori), como tais, são todos sintéticos*, ou seja, a experiência ensina algo que não está contido no sujeito, servindo, apenas, de seu complemento. Com base no exemplo por ele citado, pode-se concluir que o peso é uma característica que advém dos sentidos, e não da razão. Por outro lado, os *juízos a priori* são *analíticos*, vale dizer, prescindem da experiência para a sua formulação. A extensão – seguindo ainda a mesma casuística – é uma qualidade ínsita de todo corpo, que não necessita de percepção sensorial. Kant, entretanto, não afirma que os juízos *a priori* sejam sempre *analíticos*. Admite ele, ao contrário, que também os juízos *a priori* possam ser sintéticos, e essa é a base de toda a sua construção filosófica. Assim, admite ele que a razão, por si só, possa nos fornecer novos conhecimentos, embora devam ser considerados meramente *formais*. Daí advém a sua formulação dos *princípios da razão*, ou seja, *idéias formais* acerca de determinados objetos que se colocam além de qualquer experiência. Trata-se, como bem afirma Del Vecchio (Op. cit., p. 132), de *princípios regulativos*, e não *constitutivos*. Dessa sorte, em sede teorética ou científica (*rectius*: empírica), não estamos na posição de poder resolver questões como as seguintes: é a alma imortal? Terá o mundo princípio e fim no tempo? Haverá uma vontade livre? Existirá uma divindade? A todas estas perguntas tanto se pode responder afirmativamente como negativamente. E isto porque, a respeito de semelhantes *idéias metafísicas*, não é possível a experiência, ou seja, os *princípios da razão* são sempre reconhecidos como válidos, universais e necessários, mas não passíveis de demonstração a partir de critérios de verdadeiro ou falso.

[36] Op. cit., p. 145, 146 e 150.

atualizar (se é que isso é possível) as concepções de Aristóteles, São Tomás, Hobbes e Locke, poderíamos afirmar que um juiz estaria autorizado a aplicar as "leis naturais" em detrimento das "leis positivas",[37] pelo fato de aquelas leis efetivamente existirem.

Da forma como foi estabelecido, o máximo que o *jusnaturalismo* poderia ter postulado é um "lugar-ao-sol" perante a *ideologia* do Direito, e não também junto à *teoria* do Direito. E isso porque, ao menos em relação ao Direito Penal Repressivo (no sentido das proibições penais), a *secularização do direito* é não só uma conseqüência *ideológica* do princípio da segurança jurídica (v. n. 2.3, *infra*) como também uma decorrência *teórica* do Estado de Direito (v. n. 3.1, *infra*). Sendo a moral uma fonte de *deveres* frente a mim mesmo ou frente à sociedade, e, ademais, capaz de originar exclusivamente uma relação *intrasubjetiva*, impõe-se admitir que ninguém poderá ser punido por inobservar um *dever ser* moral, e não também jurídico. Sob esse aspecto, toda proibição legal somente poderá incidir sobre relações jurídicas estabelecidas entre o indivíduo e a sociedade, e não também sobre as relações de mim comigo mesmo. O Direito Penal é um instrumento limitador somente da liberdade *externa* dos indivíduos, e disso decorre que só as proibições postas pelo legislador (mas nem todas elas) sejam admitidas como fontes dessa limitação, de nada valendo as proibições *deontológicas* para atingirem esse fim.[38]

---

[37] Sobre o assunto, v. BOBBIO, Norberto. *Locke e o Direito Natural*, cit.

[38] É importante que o leitor já possa, desde já, atentar para as repercussões práticas dessa afirmação. Não raro deparamo-nos com decisões judiciais, pareceres etc. que restringem a liberdade interna individual em nome de uma suposta obrigação moral à bondade, disfarçada sob as vestes da defesa social. Como Conselheiro Penitenciário do Estado do Rio Grande do Sul, tive oportunidade de deparar-me com diversos casos em que tal falácia verificou-se, dentre eles um parecer de um representante do Ministério Público, acatado pelo juiz da execução penal, que enquadrou a conduta de um apenado que se havia posto voluntaria-mente em isolamento celular – protestando contra a morosidade da Justiça – como uma falta grave, tendo em vista que não é dado o direito de o preso determinar a forma como deveria cumprir a sua pena. Por essa razão, negou-se a ele o direito ao indulto natalino (Processo de Execução Criminal nº 03484698, Comarca de Rio Grande). Em suma: o preso não poderia ficar sozinho, quieto em sua cela, apesar de não lesar ninguém a não ser a si mesmo; deveria sair dela, embora em regime fechado. Ora, tal fundamentação, exarada com base numa suposta perturbação da ordem carcerária, tem em mira fazer com que o apenado adeque-se espiritualmen-te aos ditames da execução penal.
Fatos semelhantes também ocorrem nos casos em que o preso, cumprindo pena em regime semi-aberto, retorna do serviço externo para o pernoite na penitenciá-ria no horário determinado, mas com sinais de embriaguez (isso ocorreu no

1.2.2. O método Historicista

O jusnaturalismo começa a perder força no final do século XVII e início do século XIX, com o surgimento de um movimento de oposição ao método indutivo do raciocínio puro e abstrato dos jusnaturalistas. Tal movimento denominou-se *historicismo*, desenvolvendo-se principalmente na França e na Alemanha.

Em 1790, Edmund Burke publica as suas *Reflexões sobre a Revolução Francesa*,[39] uma obra marcada pelo desenvolvimento de uma crítica às teorias jusnaturalistas, principalmente a de Rousseau. Sustentava ele o princípio da continuidade histórica. No seu entender, a fundamentação do Estado não se baseia em princípios abstratos e metafísicos, mas sim na tradição histórica do poder e nos acontecimentos sociais de cada época. Tais fatores, para ele, não poderiam ser simplesmente apagados pelo jusnaturalismo.

Em 1804 entra em vigor, na França, o *Código de Napoleão*, um denso diploma legal composto de normas sistematicamente organizadas e elaboradas, quebrando a tendência até então existente da legislação avulsa, assistemática e casuística. Essa nova concepção jurídica corrobora o pensamento jusnaturalista, pois que se insere na convicção da existência de um *legislador universal* capaz de editar normas simples e unitárias, originando-se, dessarte, uma nova ideologia que ia de encontro à velha legislação francesa – considerada como um acúmulo de normas desconexas e ultrapassadas. A *ciência da legislação* tem aqui a sua origem.

Posteriormente, os exércitos da França Revolucionária ocupam parte da Alemanha, e lá difundem o Código de Napoleão. Conseqüência disso foi o surgimento de duas correntes ideológicas, uma a favor e a outra contrária à codificação do Direito alemão.[40]

Processo de Execução Criminal nº 9713, oriundo da Comarca de Cachoeria do Sul). É costume nas execuções penais enquadrar condutas semelhantes em falta grave, ao mesmo tempo em que o uso de bebida alcoólica, por si só, não é vedado em nosso país. Tais fundamentos, por óbvio, prestam-se a restringir a liberdade interna do indivíduo (convertê-lo a ser "bom"), sem que este tenha lesado qualquer outro bem jurídico protegido senão o seu próprio espírito.

Também a lei, por vezes, cria obrigações morais perante os indivíduos. Pense-se, por exemplo, na contravenção penal de *vadiagem* (art. 59 do Decreto-lei nº 3.688/41).

[39] BURKE, Edmund. *Reflections on the Revolution in France*. Garden City: Dolphin, 1961.

[40] Os grandes expoentes dessa polêmica, ocorrida principalmente em 1814, foram Savigny e Thibaut: o primeiro contrário à unificação legislativa; o segundo, favorável. Sustentava aquele que não só a codificação, mas também qualquer tipo de lei, fossiliza o direito, impedindo o seu desenvolvimento ulterior. O direito,

É com George Wilhelm Hegel, contudo, que a Escola Histórica desenvolve sua maior crítica ao jusnaturalismo. Partindo de seu *idealismo-absoluto-objetivo*, afirmava Hegel que "tudo o que é racional é real, e tudo o que é real é racional".[41] "Ser" e "dever ser" são uma unidade, já que a realidade é um desenvolvimento da razão: o dever-ser é o aspecto determinante, e o ser é o aspecto determinado dessa unidade.

Resultando o *devir* da oposição de uma tese à respectiva antítese, e da síntese derivada dessa oposição, seria ainda à história, na qual as teses e as antíteses se desenham, que importaria ir buscar as raízes do Direito. Não terá sido essa a posição inicial de Hegel, ao tempo em que se mostrava francamente favorável aos princípios revolucionários, e, depois, à missão libertadora de Bonaparte. Mas, numa fase posterior, no otimismo da equiparação da racionalidade à realidade, resultante esta de uma evolução fatal das sociedades,

---

sustentava Savigny, vive na prática e nos costumes, como expressão direta da "consciência jurídica popular" (Cf. DEL VECCHIO, Giorgio, op. cit., p. 159). Afirmava Savigny que "o direito progride com o povo, se aperfeiçoa com ele e por ele perece quando o povo perde o seu caráter" (*Vom Beruf unserer Zeit für Gesetzgebung und Rechtswissenschaft*. Verona, 1857, p. 103, *apud* BOBBIO, Norberto. *O Positivismo Jurídico. Lições de Filosofia do Direito*. Trad. por Márcio Pugliesi. São Paulo: Ícone, 1995, p. 53.). O Estado, o poder e o direito – destacou Savigny – não pertencem a alguns homens, ou a uma só geração, que possa impor a sua vontade. O Estado integra, além da geração presente, as gerações passadas que o formaram, que o modificaram, e as gerações futuras, que lhe darão continuidade. Em comum com Savigny, Thibaut possuía a convicção de que um sistema jurídico não poderia ser deduzido de princípios racionais *a priori*. Contudo, sustentava a necessidade de reunirem-se todas as leis vigentes na Alemanha num diploma único, dotado de *perfeição formal* e *substancial*: uma legislação perfeita, sob o aspecto formal, é aquela que enuncia normas jurídicas de modo claro e preciso, e, sob o aspecto substancial, é aquela que contém normas que regulem todas as relações sociais (Cf. BOBBIO, Norberto. Op. cit., p. 58-59). A Thibaut, portanto, importava não ressuscitar o jusnaturalismo, mas construir um sistema do direito positivo. De fato, ele escreveu, em 1803, um *Sistema do direito das Pandectas* (*System des Pandektenrechts*), que representava a primeira tentativa de ordenar sistematicamente o Direito positivo (principalmente o privado). Para interpretar uma norma, dizia ele, não basta conhecer como ela é formada; é necessário também relacioná-la com o conteúdo das outras normas; é preciso, portanto, analisá-la logicamente e enquadrá-la sistematicamente. Pouco depois (1807), surgiu uma obra análoga de Heise: *Fundamentos de um sistema do direito civil comum* (*Grundriss eines Systems des gemeinen Zivilrechts*). Essas duas obras representam os primórdios daquela escola alemã que, na primeira metade do século XIX, sistematizou cientificamente o direito comum vigente na Alemanha, e que leva o nome de "escola pandectista" (Id., ibid., p. 56-57).

[41] HEGEL, G. W. F. *Princípios da Filosofia do Direito*. Trad. por Orlando Vitorino. São Paulo: Martins Fontes, 1997, p. XXXVI-XXXVII.

Hegel idealizou o Estado, vendo nele a realização suprema da idéia moral, e, opondo-se ao princípio da divisão dos poderes, atribuiu ao rei a função de assegurar a unidade orgânica da vontade estadual. Numa obediência rígida ao seu método dialético, Hegel, não reconhecendo qualquer princípio superior aos projetados nos Estados, considerou o conflito entre eles, as guerras, como inseridas no próprio *devir* natural, inevitável, resultante da fatalidade de lutas constantes de que depende a evolução. Parece admissível que, não obstante as ligações da construção hegeliana e do seu método dialético com a escola histórica do direito, na qual se poderá apreender uma visão de Direito natural definido pelo espírito evolutivo dos povos, Hegel, idealizando o Estado, não tenha, afinal, deixado margem a qualquer divergência entre lei positiva e jusnaturalismo. O Estado ideal de Hegel, pela sua própria natureza, quando legisla, havia de definir normas que, em razão da sua origem estadual, seriam naturais, porque reais, porque derivadas da lógica dialética.[42]

Em síntese: enquanto o *formalismo* jusnaturalista moderno preocupa-se em distinguir o direito da moral, o "ser" do "dever ser", o *substancialismo* histórico de Hegel funde estes dois elementos na realidade jurídica. Dentre as diversas conseqüências que dessa fusão resultam, interessa-nos uma em especial: ao qualificar o Direito como o resultado de uma eterna luta (uma *síntese*), e, como tal, um mero evento histórico, Hegel divorcia-se da possibilidade de reconhecimento da *injustiça* de um ordenamento vigente. Ou, poderíamos falar mais modernamente, *existência* e *validade* das normas formam um todo indivisível.[43]

---

[42] Hegel era favorável à codificação, chegando, inclusive, a erigi-la à categoria de ideal evolucionista: "Quando os direitos consuetudinários chegam a ser reunidos e codificados – o que um povo que atinge qualquer grau de cultura não pode demorar a fazer –, a coleção assim constituída é o código. Terá este, porque não é mais do que uma coleção, um caráter informe, vago e incompleto. O que sobretudo o distingue daquilo a que verdadeiramente se chama um código é que os verdadeiros códigos concebem pelo pensamento e exprimem os princípios do direito na sua universalidade, e, portanto, em toda a sua precisão" (*Princípios*, cit., p. 187). Na base de tal interpretação, a idéia hegeliana de direito situar-se-ia no plano das correntes do positivismo jurídico. Mas não há dúvida de que a influência de Hegel encaminhou muitos pensadores para um historicismo que não é alheio ao direito natural. A partir de Hegel, têm-se atingido as mais diversas conclusões. Desligando-a do idealismo, a dialética hegeliana serviu de base ao marxismo. Mas também nela se inspiraram Nietzsche e a filosofia nacional-socialista (Cf. MARTÍNEZ, Soares, op. cit., p. 327-328).

[43] Veja-se a seguinte afirmação de Hegel: "O que o direito é em si afirma-se na sua existência objetiva, quer dizer, define-se para a consciência pelo pensamento. É conhecido como o que, com justiça, é e vale; é a lei. Tal direito é, segundo determinação, o direito positivo em geral" (Op. cit., p. 186).

Portanto, também Hegel baseava-se no método unitário de construção do conhecimento, só que às avessas em relação ao estabelecido pelos jusnaturalistas. Ao qualificar o Direito como o resultado de uma eterna luta (*síntese*) e, como tal, um mero evento histórico, Hegel divorcia-se da possibilidade de reconhecimento da *injustiça* de um ordenamento jurídico vigente. Ao afirmar que "tudo que é racional é real, e tudo o que é real é racional", acaba não só por fundir o *ser* e o *dever ser* do Direito, como, além disso, submeter o primeiro ao segundo. Em outras palavras: todo Direito vigente num determinado país é, por si só, um Direito justo, um Direito *ontologicamente deontológico*.

Enquanto, para alguns jusnaturalistas, o Direito decorria da Moral, para os historicistas, ao contrário, a Moral advinha do Direito. Em ambas as correntes, portanto, o método observado era o unitário, de manifesta confusão entre *ser* e *dever ser*.

1.2.3. O método Juspositivista

A separação entre Direito e Moral, no sentido da completa ausência de conexão entre ambos, foi um postulado do *positivismo jurídico*.[44] O Direito, segundo essa tese, não se deve ocupar de todas as prescrições moralistas, sejam elas naturais, divinas ou racionais, e, por outro lado, toda moral somente pode ser concebida a partir da consciência individual, e não também do ordenamento jurídico. Nesse sentido, segundo Kelsen, o Direito não poderia estar submetido à Moral: "A pretensão de distinguir Direito e Moral, Direito e Justiça, sob o pressuposto de uma teoria relativa dos valores, apenas significa que, quando uma ordem jurídica é valorada como

---

[44] Não se deve confundir o *positivismo jurídico* com o *positivismo filosófico*, embora entre ambos exista uma certa relação. Por *positivismo filosófico*, concepção esta criada por Augusto Comte (Curso de Filosofia Positiva. In: *Os Pensadores. Augusto Comte*. Trad. por José Arthur Giannotti. 2 ed. São Paulo: Abril Cultural, 1983), entende-se o método de observação que, em linhas gerais, afasta do plano do conhecimento tudo o que não é suscetível de observação. Segundo Soares Martinez, "não deverá desligar-se radicalmente o positivismo jurídico do positivismo filosófico. No entanto, não parece que aquele se integre neste. Por certo, não faria sentido que um positivista, do ponto de vista filosófico, defendesse posições jusnaturalistas, baseadas quer nos comandos divinos, quer na razão humana. Mas já será duvidosa a incompatibilidade do positivismo filosófico com um direito que se imponha aos homens pela natureza das coisas, cujas características externas, ao menos, serão verificáveis experimentalmente, ou com uma estruturação das ordens jurídicas que resulte da evolução natural dos povos, em conformidade com as leis sociológicas que os regem, segundo a concepção comtiana" (Op. cit., p. 339).

moral ou imoral, justa ou injusta, isso traduz a relação entre a ordem jurídica e um dos vários sistemas de Moral, e não a relação entre aquela e 'a' Moral. Desta forma, é enunciado um juízo de valor relativo e não um juízo de valor absoluto. Ora, isto significa que a validade de uma ordem jurídica positiva é independente da sua concordância ou discordância com qualquer sistema de Moral".[45]

Mas, por outro lado, também a Moral não poderia estar submetida ao Direito: "A tese de que o Direito é, segundo a sua própria essência, moral, isto é, de que somente uma ordem social moral é Direito, é rejeitada pela Teoria Pura do Direito, não apenas porque pressupõe uma Moral absoluta, mas ainda porque ela, na sua efetiva aplicação pela jurisprudência dominante numa determinada comunidade jurídica, conduz a uma legitimação acrítica da ordem coercitiva estadual que constitui tal comunidade".[46]

O Direito, portanto, reduz-se ao exame de sua validade segundo a estrutura piramidal do ordenamento jurídico. Dessa validade não se pode deduzir, imediatamente, que o seu valor seria positivo, já que tal afirmação dependeria da existência de uma moral absoluta. Ademais, o valor negativo de alguma norma não infere a sua invalidade, desde que respeitado o mecanismo de produção de tal direito. O positivista jurídico, segundo Bobbio, "assume uma atitude científica frente ao direito, já que, como dizia Austin, ele estuda o direito tal qual é, não tal qual deveria ser. O positivismo jurídico representa, portanto, o estudo do direito como fato, não como valor: na definição do direito deve ser excluída toda qualificação que seja fundada num juízo de valor e que comporte a distinção do próprio direito em bom e mau, justo e injusto. O direito, objeto da ciência jurídica, é aquele que efetivamente se manifesta na realidade histórico-social; o juspositivista estuda tal direito real sem se perguntar se além deste existe um direito ideal (como aquele natural), sem examinar se o primeiro corresponde ou não ao segundo e, sobretudo, sem fazer depender a validade do direito real da sua correspondência com o direito ideal".[47]

Mas será que o positivismo jurídico logrou êxito em seu intuito de "purificar o Direito"? Serão as teorias de Kelsen e de Bobbio efetivamente alheias a qualquer tipo de valor ou de faticidade?

Para responder a tais indagações, convém recordar que o ordenamento jurídico, para Kelsen, é um sistema de normas gerais

---

[45] *Teoria Pura do Direito*, cit., p. 75-76.
[46] Id., ibid., p. 78.
[47] *O Positivismo Jurídico*, cit., p. 136.

e individuais, vinculadas umas às outras pelo fato de que a produção de toda norma pertencente a este sistema é determinada por uma outra norma do sistema e, em última análise, pela sua *Grundnorm*. Nesse rumo, a validade das normas de hierarquia mais inferior estará sujeita à observância dos ditames de produção legislativa e à sua conformidade substancial com a norma que lhe é superior, e, nessa validade, nenhuma influência exercem os fatos (eficácia) e os valores (justiça). Esta norma de hierarquia superior, por sua vez, condiciona a sua validade ao respeito dos mesmos elementos, só que em relação à norma que lhe é superior, sem adstringência a valores e fatos, e assim por diante. Essa espiral purificada, contudo, esbarra na adequação entre a norma mais superior do ordenamento (constituição) e a *Grundnorm*. Kelsen vincula a validade da norma fundamental à sua eficácia, ou seja, um ordenamento jurídico somente considerar-se-á vigente (e, como tal, válido) se a pressuposta validade da norma fundamental ("devemos nos comportar de acordo com aquilo que prescreve a constituição") for eficaz, ou seja, enquanto não surgir um ordenamento jurídico novo, imposto pela realidade fática que, uma vez reconhecido revolucionariamente, retira a validade do ordenamento anterior.

Assim pensando, pode-se perceber que a Teoria Pura de Kelsen não é tão pura quanto pensara o seu autor, pois a norma fundamental não passa de um *valor que deve ser* observado, resultando, pois, que a validade de todo o ordenamento jurídico passa a estar condicionada a uma normatividade deontológica, e não somente ontológica. Por outro lado, também a *realidade fática* passa a ser condicionante do ordenamento jurídico, na medida em que a sua *eficácia futura* passa a ser condição de sua validade presente. Ficaria simples, assim, fazermos o raciocínio inverso da visão piramidal para percebermos que a validade de todas as normas passa a estar sujeita à sua observância fática. Assim, por exemplo, se o mais alto tribunal (ou o próprio legislador) de um país negar aplicação à constituição, desrespeitando, com isso, a *Grundnorm*, seremos obrigados a admitir que a validade das normas infraconstitucionais passa a estar adstrita, somente, à nova normatividade produzida.

Percebe-se, pois, que no ponto mais alto entre o *ser* e o *dever ser* passa a existir uma ponte de ligação entre ambos, capaz de, segundo Barzotto,[48] implodir a concepção hierárquica de ordenamento preconizada por Kelsen.

---

[48] BARZOTTO, Luiz Fernando. *O Positivismo Jurídico Contemporâneo*. São Leopoldo: Unisinos, 1999, p. 63.

Além disso, também a visão "dinâmica" da validade do ordenamento jurídico kelseniano apresenta problemas. A admissão de que a validade advém da criação da norma em conformidade com outra norma que lhe é imediatamente superior funciona como um cadeado posto à porta do Direito frente à realidade exterior, e essa é a causa de Kelsen admitir que a observância da norma fundamental é uma mera faculdade ao detentor do poder de criar as leis, de segui-las e de aplicá-las. Como bem assevera Santiago Nino,[49] se as normas superiores contêm uma autorização "aberta" ao órgão, de modo que este possa ou não segui-la ao seu arbítrio, elas nunca podem ser desobedecidas, o que as anula por completo. Além disso, se a norma superior deixar aberta a possibilidade de determinação do procedimento e da matéria a ser regulada pelo órgão competente, não se vê porque ela não deixaria em aberto a própria determinação do órgão. É de ser refutada, portanto, "uma tese que induz a sustentar que o direito positivo autoriza a qualquer pessoa a ditar normas mediante qualquer procedimento e sobre qualquer matéria".[50]

A grande falácia metodológica juspositivista consiste em atribuir à ciência do Direito uma tarefa insignificante frente à vida social. É correto afirmarmos, *epistemologicamente*, que fato, valor e norma não se confundem. Mas dessa autonomia não se deve concluir pela ausência de conexão entre eles. O próprio surgimento do Direito é uma realidade social impregnada de valor. A nossa Constituição Federal de 1988, por exemplo, não adotou o modelo de Estado Democrático de Direito à toa; pelo contrário, essa opção foi uma antítese do regime opressivo até então vigente. Ao cientista do Direito não incumbe, como desejam Bobbio, Kelsen, Hart, Ross e tantos outros positivistas, o desprezo pela faticidade e pela valoração, mas sim, ao contrário, é tarefa sua a formulação de um *sistema único* (mas *dualista metodologicamente*) em que esses três enfoques distintos completem-se entre si. O que não se pode conceber é que a *Grundnorm* (ou a *basic norm* de Ross,[51] ou a *rule of recognition*, de Hart[52]) deva ser vista com uma *pureza* que nela inexiste. É tarefa do cientista do Direito, isso sim, tratar a filosofia, a sociologia, a antropologia e outras ciências afins não como meras "ciências auxiliares", mas sim como integrantes de um *sistema de Direito*.

---

[49] *La Validez del Derecho, apud* BARZOTTO, Luiz Fernando, op. cit., p. 65.

[50] NINO, Carlos Santiago, op. cit., loc. cit., p. 65.

[51] ROSS, Alf. *On Law and Justice*. Berkeley: University of Berkeley Press, 1958.

[52] HART, Herbet. HART, Herbert L. A. *O Conceito de Direito*. Trad. por Armindo Ribeiro Mendes. Lisboa: Calouste Gulbenkian, 1961.

Isso tudo acarreta, em meu ver, a principal deficiência do positivismo kelseniano: a incapacidade de reconhecer-se a invalidade de uma norma – produzida em conformidade com o processo legislativo estabelecido hierarquicamente – cujo conteúdo não se adéqüe a valores fundamentais do ordenamento jurídico. Modernamente, fala-se em *constitucionalismo*, ou seja, a vinculação substancial de todo o ordenamento jurídico aos valores ditados pela Constituição (princípios e regras constitucionais), caso em que teremos uma conseqüência fundamental segundo a qual a validade das normas está adstrita, em suma, aos valores.[53]

E mais: vislumbrar-se o direito como uma ciência, como um objeto desprovido de todo valor é atribuir às normas uma capacidade transcendente de captar e subsumir-se a uma gama determinada de fatos – uma espécie de forma, como diria Platão –, esquecendo-se Kelsen de que o Direito só se adapta a determinados fatos em razão de uma atividade interpretativa (valorativa) do intérprete, cuja validade se confirmará com a tolerância da solução pelas fontes legitimadoras hierarquicamente superiores. Em outras palavras: a subsunção dos fatos às normas depende de uma valoração interpretativa do hermeneuta, até mesmo porque os dispositivos legais não falam por si só. Assim, como bem destaca Larenz, "a mais importante objeção que tem de consentir a 'teoria pura do Direito' é a de que Kelsen não consegue manter 'a disparidade absoluta entre ser e dever ser', que toma como ponto de partida".[54]

---

[53] Essa "incoerência" ainda não fora bem notada em nosso País. Vejamos apenas um exemplo do afirmado: o Decreto nº 3.667/2000, que estabeleceu os parâmetros do indulto natalino, exclui dessa possibilidade de extinção da punibilidade (art. 10) aqueles que tenham sido condenados pelo delito de roubo majorado (art. 157, § 2º, do CPB). Instada a se manifestar acerca dessa exclusão, a jurisprudência brasileira já vinha se manifestando, em decretos anteriores, no sentido de que o indulto, por ser um ato discricionário do Presidente da República, pode perfeitamente excluir alguns fatos de sua abrangência. Bastaria, contudo, lembrarmos que o delito de extorsão, simples e majorado (art. 158, *caput* e § 1º, do CPB), além de possuir a mesma pena e, em linhas gerais, o mesmo *modus operandi*, autoriza a concessão do indulto. Não é necessário um grande esforço interpretativo para chegar-se à conclusão de que o decreto de indulto, nesse aspecto, é ofensivo ao *princípio constitucional da isonomia* (mais especificamente, o *princípio da proporcionalidade*), ou seja, um valor assegurado constitucionalmente. Tais acórdãos, na verdade, acabam por autorizar que um decreto presidencial não necessite de adequação à Constituição Federal, em nome de um *positivismo puro* que, muitas vezes, sequer é percebido pelos julgadores.

[54] LARENZ, Karl. *Metodologia da Ciência do Direito*. Trad. por José Lamego. 3 ed. Lisboa: Calouste Gulbenkian, 1997, p. 98.

O mérito do positivismo jurídico foi estabelecer as diferenças entre Direito, Justiça e faticidade, e, sem que se atente a isso, o máximo que o cientista do Direito poderá fazer é, nas palavras de Hume, "dar socos no ar e imaginar o inimigo onde ele não se encontra".[55] Mas isso não quer dizer que não se possa buscar um convívio harmônico entre estas três visões diversas, sempre atentando-se para as situações em que o Direito deve ser *valorado legitimamente* e adequado à *realidade social*. Uma visão exclusivamente dogmática do Direito, segundo estabelecem os positivistas citados, tornaria a sociedade – e até mesmo o próprio Estado – impotente diante do excesso de poder. Como bem afirmara Miguel Reale, "A integração de três elementos na experiência jurídica (o axiológico, o fático e o técnico-formal) revela-nos a precariedade de qualquer compreensão do Direito isoladamente como *fato*, como *valor* ou como *norma*, e, de maneira especial, o equívoco de uma compreensão do Direito como pura forma, suscetível de albergar, com total indiferença, as infinitas e conflitantes possibilidades dos interesses humanos".[56]

Se perguntássemos a Kelsen a sua opinião, por exemplo, acerca do Direito oriundo do Estado Nacional-Socialista, seria ele obrigado a afirmar que tal ordenamento jurídico era legítimo, posto que válido. Note-se que a dualidade metodológica positivista, se merece aplausos frente à separação entre *ser* e *dever ser*, merece, por outro lado, repúdio diante de seu total desprezo, na Teoria do Direito, pelo *dever ser*. Seria hoje inconcebível afirmarmos válida uma norma que estabelece o perfil do *bom cidadão*, considerando criminosos todos aqueles que não se enquadrem no estereótipo, pelo só fato de ter sido esta editada segundo "um" conteúdo puro e a forma estatuída numa determinada constituição. Para Kelsen e Bobbio, isso é possível.

Conclui-se, pois, que o positivismo jurídico institui um sólido sistema de *legitimação dos ordenamentos jurídicos*, mas um frágil modelo de *deslegitimação* destes frente aos fatos sociais e aos valores da sociedade moderna.

1.2.4. O método Neokantista

O desprezo pela valoração do Direito foi combatida pelos *neokantistas*. Enquanto Kelsen insere a *justiça do direito* em estruturas

---

[55] Op. cit., p. 683.
[56] *Filosofia do Direito*. 3 ed. São Paulo: Saraiva, 1962, p. 589.

de conhecimento diversas do próprio Direito, Rudolf Stammler, ao contrário, contempla o Direito como "uma forma de querer entrelaçante, autárquico e inviolável", sendo que esta *inviolabilidade* é que distingue o ato jurídico do ato arbitrário. A sociedade, que se ordena de maneira tal que o querer entrelaçante da lei coincida com o querer dos indivíduos e dos grupos, é uma sociedade *justa*,[57] ou seja, *inviolada*.

Para Stammler, as ciências da natureza operam-se a partir de um "perceber", ou seja, de um método que ordena os fenômenos numa relação de causa e efeito, caso em que o temporalmente ulterior (o efeito) surge condicionado pelo temporalmente anterior, enquanto a ciência jurídica labora a partir de um "querer", isto é, um método desenvolvido a partir de uma relação entre meio e fim, em que o temporalmente ulterior (o fim) é condicionante do temporalmente anterior (o meio). Embora um método não invalide o outro, o correto é abordar-se a ciência jurídica a partir do segundo, visto que deve promover uma ciência de fins humanos, tomados no seu conteúdo, de acordo com um plano constante e entendido com clareza no que tem de característico.[58] Assim, enquanto as ciências da natureza estruturam todo o conhecimento a partir da indução obtida com a análise dos efeitos produzidos por uma determinada causa, o Direito, ao contrário, *deduz-se* a partir de um *fim*, de um *ideal*, e isso porque o homem não tem só a capacidade de entender, mas também a de *querer*. Daí que, a par da ciência da natureza e independentemente dela, tem o Direito de promover e construir uma ciência dos fins humanos. Trata-se de, sem exceção, apreender e orientar unitariamente os fins, tomados no seu conteúdo, de acordo com um plano constante e entendido com clareza no

---

[57] Cf. REALE, Miguel. Op. cit., p. 295 e 296.

[58] Não se deve esquecer que a idéia de *fim* do Direito, nos moldes estabelecidos por Stammler, não se confunde com o *fim* do Direito oriundo de Ihering. Como bem destaca Larenz, "Ihering designava o fim como o 'criador do Direito'. Simplesmente, não tinha em vista com isso uma particular modalidade metódica do pensamento, mas antes a 'real' causação das normas jurídicas pela sociedade, como 'sujeito de fins'. (...) De modo completamente distinto se deve entender o conceito de 'ciência final' de Stammler. Não se trata para ele de esclarecer a origem causal das normas jurídicas (a partir de fins sociais). Isso equivaleria a uma consideração do Direito como um fenômeno da natureza. Trata-se da especificidade lógica das ponderações jurídicas em si mesmas, especificidade que reside numa determinada conexão entre meios e fins. (...) Mais especificamente, o Direito caracteriza-se pelo fato de que aqui se inserem diversos fins, de modo determinado e recíproco, como meios uns para os outros. A uma tal maneira de estabelecer vínculos entre fins chama Stammler 'querer entrelaçante'" (op. cit., p. 118).

que tem de característico. Ao lado da lógica em geral e da lógica que preside o conhecimento científico-natural, há que promover uma lógica da ciência de fins, e daí é que decorre a autonomia metódica do Direito.[59]

Disso decorre o desenvolvimento da ciência jurídica a partir de um *ideal*, que denominou ele de *direito justo*, não no sentido de que tal meta fosse singular, única e pré-concebida (um direito justo em si mesmo, como pensavam alguns jusnaturalistas), mas sim como um critério para se avaliar cada tipo de Direito positivado. Stammler, com isso, contemplava no *direito justo* um critério axiomático capaz de tornar um ordenamento jurídico legitimado ou deslegitimado, e seu mérito reside, justamente, nisso: é essência do Direito dirigir e ordenar a multiplicidade dos fins possíveis, sempre limitados e muitas vezes entre si contraditórios, que se apresentam em uma dada situação, segundo um critério superior, que é a *idéia de direito*. Essa noção transcende o positivismo, consagrando o método teleológico da ciência do Direito.[60]

A concepção do *direito justo* ao lado do *direito legislado*, contudo, fez da visão neokantista de Stammler uma "bússola sem norte". Tratar-se o *ideal do direito* como um mero princípio universal desprovido de todo conteúdo é fazer da valoração do direito, assim como em Kelsen, um objetivo não instrumental de deslegitimação jurídica. Se Kelsen poderia afirmar que, *perante a ciência jurídica*, o ordenamento jurídico vigente no regime nazista era válido, Stammler complementaria afirmando que seria válido, porém injusto. A abordagem axiológica do Direito circunscrever-se-ia a um princípio político orientador, mas não limitador, do ordenamento jurídico.

Rumo semelhante trilhou a visão delvecchiana do Direito. Assim como Stammler, também del Vecchio entende que um direito positivo desprovido de qualquer *ética* é uma negação da própria natureza do homem, visto este como sujeito, e não como objeto.[61] De

---

[59] Cf. LAREZ, Karl. Op. cit., p. 117-118.

[60] Id., ibid., p. 124.

[61] "O único princípio que permite visão reta e adequada do mundo ético é o do caráter absoluto da pessoa, da supremacia do sujeito sobre o objeto. A faculdade de abstrair e de a si mesmo se colocar fora da natureza, de referir ao eu, por intermédio das idéias, a realidade que para ele converge, eis o que constitui o ser próprio e específico do sujeito, a sua natureza no sentido eminente. E esta faculdade de vocação transcendental, que se afirma na consciência da própria liberdade e imputabilidade, converte-se imediatamente para o sujeito, em norma suprema, em imperativo ético, que se formula assim: atua, não como meio ou veículo das forças da natureza, mas como ser autônomo, dotado de princípio e fim" (DEL VECCHIO, Giorgio. Lições, cit., p. 568).

sua influência kantiana advém a sua admissão de um conceito de direito imanente (*a priori*) à nossa consciência, além de outro conceito "reciclável" no tempo, e estabelecido *a posteriori*: esse é o elo entre a Justiça e o Direito.

A obra de del Vecchio possui o mérito de, como bem notara José Brandão, "pela primeira vez na história do pensamento filosófico-jurídico, Direito e Justiça, reunidos no mesmo conceito lógico-formal, passam a corresponder à mesma coisa, embora referida diferentemente a duas funções distintas da Razão: a teorética e a prática, com duplo alcance, gnoseológico e deontológico".[62]

Sua ousadia, contudo, fica por aí. Ao tratar da forma como Direito e Justiça poderão conviver num dado ordenamento jurídico, acaba del Vecchio por apresentar uma solução um tanto quanto tímida em relação à função *deontológica* do Direito. Admite ele a existência de um "direito natural mutável" – que integra expressa ou implicitamente o ordenamento jurídico –, sem, contudo, ter este a potencialidade de se sobrepor, em algumas circunstâncias, ao ordenamento jurídico positivado. O fato de o direito positivo afastar-se dos princípios jusnaturalistas não faz com que estes desapareçam, mas, ao contrário, continuam desempenhando o valor que deles se espera. Entretanto, afirma ele, ao aplicador da lei não é dada a possibilidade de afastar-se da lei *como ela é* em detrimento da lei *como ela deveria ser*.[63] Ao admitir a aplicação do *direito ideal* somente no caso de existirem lacunas no ordenamento jurídico, acaba del Vecchio por repetir algo que já havia sido admitido até mesmo por alguns positivistas (por exemplo, Norberto Bobbio[64]). Conseqüên-

---

[62] BRANDÃO, Antônio José. *O Direito, Ensaio de Ontologia Jurídica*. Almedina: Lisboa, 1942, p. 63, *apud* REALE, Miguel. Id., ibid., p. 304.

[63] Vejamos o seguinte exemplo apontado por del Vecchio: "o instituto da escravatura é *jurídico*, pois ostenta todos os caracteres formais do Direito, representando uma espécie de propriedade. Além disso, é natural, no sentido de que, aí onde ele aparece, logo certas condições empíricas o explicam. No entanto, se o aferirmos pela idéia do direito intrínseco de cada homem, logo veremos nele uma violação desse direito, senão a sua própria negação. Podemos afirmar, por isso: tal instituto possui o conceito do Direito, mas falta-lhe a idéia do Direito; é jurídico mas não justo; é direito positivo, mas não conforme ao direito natural, pois contraria as exigências do próprio ser do sujeito" (op. cit., p. 577). Nesse caso, continua ele: "... o intérprete deve, antes de tudo, ater-se à lei como ela é, e não à lei como ela deveria ser segundo certos princípios. O contrário comprometeria a unidade do sistema jurídico, levando a confundir o *jus conditum* e o *jus condendum*, a função do juiz com a do legislador, e roubando assim ao direito positivo aquela certeza que ele, como tal, não pode dispensar" (op. cit., p. 587-588).

[64] V. BOBBIO, Norberto. *O Positivismo Jurídico*, cit., p. 171-174.

cia: uma lei que afronte as prescrições mais elementares da natureza humana somente poderá ser afastada pela "resistência ativa" da sociedade, e não também pelo próprio ordenamento jurídico.

A superação dessa metafísica neokantista tem seu curso, principalmente, a partir de Gustav Radbruch. Ao final de sua vida, e após a vivência da trágica experiência nazista, Radbruch evolui seu pensamento – que antes possuía conclusões bem próximas às de del Vecchio[65] – a ponto de admitir a supremacia hierárquica dos *valores fundamentais do homem* ao próprio ordenamento jurídico. O conteúdo de tais valores é ditado pelos *fatos sociais* verificados em séculos de evolução da humanidade, podendo-se "extrair deles um núcleo seguro e fixo, reunido nas chamadas declarações dos direitos do homem e do cidadão".[66]

---

[65] V. RADBRUCH, Gustav. *Filosofia do Direito*. Trad. por L. Cabral de Moncada. 6 ed. Coimbra: Arménio Amado, 1997. Na "primeira fase", Radbruch visualiza a possibilidade de contradições entre *justiça, fim* e *segurança*, sem, contudo, tomar posição no que tange a qual dos critérios deveria prevalecer: "Pusemos em evidência estas contradições sem tentar resolvê-las. Não vejamos nisso uma falta de sistema. A Filosofia não foi feita para nos dispensar de tomar uma decisão, senão para nos obrigar a tomá-la. A sua missão não consiste em nos tornar a vida fácil, mas, pelo contrário, problemática. (...) Como seria inútil a existência, se o mundo não fosse para nós, no fim de contas, uma enorme contradição, e se a vida não consistisse numa permanente responsabilidade de termos de nos decidir por alguma coisa" (id., ibid., p. 168). No entanto, pode-se perceber nele uma certa tendência, nessa fase, a dar maior valor à *segurança* e à *finalidade* em detrimento da *justiça*, e isso pode ser extraído dos seguintes exemplos, por ele citados: "Assim como certos fatos antijurídicos chegam, por vezes, a anular o direito objetivo e a criar um direito novo no interesse da segurança do direito, do mesmo modo e pelo mesmo motivo podem, também, dentro dum sistema positivo, surgir e extinguir-se direitos subjetivos por meio de fatos antijurídicos. Exemplos disto podem ver-se: no caso de (sempre no interesse da segurança da ordem jurídica) ser mantida a validade a uma decisão de conteúdo injusto, quanto ao caso individual sobre ela recai (e ainda para além deste, na forma dum precedente que fica existindo); nos casos de prescrição negativa e positiva e nos de tutela possessória; ainda no do *status quo* internacional, em que, também no interesse da firmeza de certas situações jurídicas (ou seja, no da segurança do direito), são atribuídos a situações de fato anti-jurídicas determinados efeitos jurídicos, quer reconhecendo um direito que antes não existia, quer extinguindo um outro que já existia" (id., ibid., p. 164-165). Por certo, não imaginava Radbruch a realidade social que o aguardava ao final da década de 30. E foram justamente as atrocidades resultantes da Segunda Grande Guerra que o fizeram abandonar a sua inércia acerca de tais possíveis contradições para, no pós-guerra, tomar um posicionamento acerca do problema.

[66] "Há também princípios fundamentais de direito que são mais fortes do que todo e qualquer preceito jurídico positivo, de tal modo que toda a lei que os contrarie não poderá de deixar de ser privada de validade. Há quem lhes chame *direito natural* e quem lhes chame *direito racional*. Sem dúvida, tais princípios

Radbruch, com tal afirmação, vislumbra, ainda que de forma tímida, um conteúdo aos valores oriundos do *Direito Justo*, ou seja, o ideal do Direito é a busca da satisfação plena dos direitos fundamentais do homem, e isso, por certo, embora não afirmado textualmente, adquire força invalidante não só do ordenamento jurídico como, ademais, da aplicação da lei. Em outras palavras: enquanto a *cultura*, em Stammler e del Vecchio, era um parâmetro de (des)legitimação externa do ordenamento jurídico (justo ou injusto, mas não válido ou inválido), Radbruch, no pós-Guerra, contemplava-a como um vínculo de deslegitimação interna, a tal ponto que se uma lei ou uma decisão, caso atentasse contra os direitos do homem e do cidadão, haveria de ser reputada não só injusta como, além disso, inválida. Como bem destaca Larenz,[67] enquanto Stammler só admitia a apreciação dos princípios do "Direito Justo" quando o hermeneuta não lograsse obter uma resposta a partir do Direito positivo "formado", para Radbruch a idéia de Direito determinava já a interpretação e, por maioria de razão, o desenvolvimento pleno de sentido do Direito Positivo.

O grande mérito do neokantismo foi, portanto, reconhecer que o Direito tem um sentido que lhe é próprio e que deve ser satisfeito, ao contrário do que ocorre com as ciências da natureza, abordadas causalmente. Contudo, se o grande trunfo do neokantismo foi a superação da influência do positivismo filosófico, mostrou-se ainda frágil em relação à delimitação do *ideal do Direito*. Mostrava-se necessária, ainda, a superação da metafísica e da teologia como critério (des)legitimador do ordenamento jurídico, etapa essa atingida pelo *método constitucionalista*, a ser abordado a seguir.

1.2.5. O método Constitucionalista

Com o advento da Revolução Francesa, que redundou no surgimento do Estado de Direito, sedimentou-se num sólido sistema jurídico fundamentado, principalmente, em três princípios fundamentais: a igualdade, a legalidade e a separação dos Poderes. De

---

acham-se, no seu pormenor, envoltos em graves dúvidas. Contudo o esforço de séculos conseguiu extrair deles um núcleo seguro e fixo, que reuniu nas chamadas declarações dos *direitos do homem* e *do cidadão*, e fê-lo com um consentimento de tal modo universal que, em relação a muitos deles, só um sistemático cepticismo poderá ainda levantar quaisquer dúvidas" (Cinco Minutos de Filosofia. In: RADBRUCH, Gustav. *Filosofia do Direito*. Trad. por L. Cabral de Moncada. 6 ed. Coimbra: Arménio Amado, 1997, p 417).

[67] Op. cit., p. 134.

relevante, no momento, temos a cogente submissão de todo o Estado – Poderes Executivo, Legislativo e Judicial – aos ditames estipulados em lei (art. 4º da Declaração dos Direitos do Homem e do Cidadão), além do que as atribuições de cada um desses Poderes guardava uma proteção contra a invasão funcional.

O Estado de Direito, contudo, conferia ao Poder Legislativo um múnus bastante amplo e arbitrário, já que a ele pertencia a titularidade estipulativa dos limites a que estavam sujeitos não só os demais Poderes como, também, o próprio cidadão. Nesse contexto, não se havia desenvolvido, ainda, um mecanismo capaz de vincular substancialmente também o próprio legislador. Por outro lado, foi-se notando, principalmente na segunda metade do século XX, que o conteúdo semântico das normas legais conferia ao Executivo e ao Judiciário uma área de atuação que, por meio da (ilegítima) tolerância política de um determinado discurso jurídico, restava bastante ampla (v. n. 3.3.2, *infra*). Vimos que, com o neokantismo, a incessante busca pela sociedade ideal demandou o desenvolvimento não só de um *Direito ideal*, senão também de um *Estado ideal*, cujo primado pela Justiça fosse o verdadeiro norte a ser observado pelos Poderes Executivo, Legislativo e Judiciário. A experiência nazista foi elucidativa para demonstrar que o Direito, uma vez desenvolvido a partir de um método científico, conferia ao Estado uma liberdade extrema quanto à determinação dos fins políticos a serem desenvolvidos, e, com isso, a desenfreada busca pela "purificação" estatal sucumbiu, assim como a filosofia política, a uma nova visão valorativa das ciências espirituais. A grande maioria dos autores que discutem, atualmente, a metodologia do Direito (e, como tal, da própria política) partilha da noção de que o Direito busca um ideal de justiça que, com a colaboração de Radbruch, começou a sedimentar-se a partir dos direitos fundamentais, cujo conteúdo ainda era bastante incerto, mas que pôde ser superado, principalmente, pela adoção do modelo do Estado Constitucional. Com efeito, foi-se percebendo a necessidade de uma hierarquização formal e material entre as diversas normas que compõem o ordenamento jurídico, de tal forma que, visto este na forma de uma pirâmide (e nesse aspecto a contribuição de Kelsen foi fundamental), as normas inferiores sujeitassem-se a uma "prestação de contas" às normas diretamente superiores, e assim por diante. Surgiu, com esse mecanismo, a necessidade de formulação de um *estatuto* que, uma vez situado no ápice da pirâmide, fosse dotado da potencialidade de regular todas as normas diretamente inferiores. Esse *estatuto* denomina-se Constituição, cujas normas, tendo em vista a necessidade regulativa de todo o ordenamento jurídico, devem possuir conteúdo bastante genérico, relegando-se, assim, ao ordenamento jurídico infraconstitucional, a regulação particularizada das relações jurídicas. Em outras palavras: as normas jurídicas, quanto mais situadas no ápice da pirâmide, mais genéricas são, particularizando-se à medida que fossem descendo à base da pirâmide.

Por outro lado, essa mesma Constituição, ao ser elaborada em atenção ao desenvolvimento de uma sociedade *justa*, deveria sujeitar-se aos valores cujo desenvolvimento cultural humano fez surgir com o caráter de universalidade. Trata-se, a bem da verdade, do reconhecimento de valores ou de critérios de valoração supralegais – desde que não jusnaturalisticamente concebidos, dada a sua relatividade e mutabilidade – que subjazem às normas legais e para cuja interpretação e complementação é legítimo lançar mão, pelo menos sob determinadas condições. O assunto será melhor abordado posteriormente (v. n. 3.3.2.1, *infra*), mas, de antemão, pode-se afirmar que tais valores, uma vez reconhecidos *expressa* ou *implicitamente* na Constituição, vinculavam toda a atividade do Estado: todos os Poderes, agora (e aqui já estamos no Estado Democrático de Direito), submetem-se, dentro de suas atribuições, a obrigações de fazer (direitos sociais) e de não-fazer (direitos de liberdade).

Isso tudo, por si só, gerou um avanço significativo na Teoria do Direito e do Estado, visto que administrar, julgar e legislar são atos que, doravante, estariam limitados formal e substancialmente pelos valores determinantes do ideal do Direito e do Estado que, ao contrário do neokantismo, guardavam um conteúdo relativamente determinado pelos *direitos fundamentais*. Entretanto, não poucas dificuldades ainda persistem – e este é assunto jurídico "do momento" – no que tange à forma e à "correta" interpretação desses valores legitimadores (ou deslegitimadores) da atividade estatal, ou seja, a cognição do "ser" de todo esse aparato axiomático. É sabido que o nosso ordenamento constitucional[68] contemplou, expressa ou implicitamente, uma imensa gama de direitos fundamentais (direitos de liberdade e direitos sociais) – tais como o direito à igualdade, o

---

[68] Refiro-me, aqui, ao nosso ordenamento constitucional porque os direitos fundamentais, apesar de serem determinados em abstrato, só são encontráveis em ordens jurídicas concretas, através do direito constitucional ou da realidade constitucional das instituições e processos políticos. Nesse sentido: HABERMAS, Jürgen. *Direito e Democracia. Entre facticidade e validade.* Trad. por Flávio Beno Siebebeichler. Rio de Janeiro: Tempo Brasileiro, 1997, vol. I, p. 241.

direito à dignidade da pessoa humana etc. –, mas o desafio que se trava, agora, versa sobre a elucidação da abrangência desses direitos, bem como o método a ser observado para o respeito das garantias fundamentais. Ocorre que a superação do método positivista demonstrou que as normas legais não guardam em si um conteúdo – imanente ou transcendente – captável pela mera dedução subsuntiva de seu intérprete, pois, para tanto, seria necessário que toda palavra, bem como junção de palavras, possuísse uma limitada gama de variações e interpretações pré-concebidas e imutáveis que, diante disso, sujeitassem o hermeneuta a uma atividade meramente cognitiva do *ser* da norma ou, em outras palavras, do *ser da justiça*. Como bem pondera Heidegger, "a questão do *ser*, apontada em sua necessidade ôntico-ontológica, caracteriza-se em si mesma pela historicidade. A elaboração da questão do ser deve, portanto, retirar do sentido ontológico mais próprio do próprio questionamento, enquanto questionamento histórico, a orientação para se indagar acerca' de sua própria história, isto é, deve determinar-se por fatos históricos, pois somente apropriando-se positivamente do passado é que ela pode entrar na posse integral das possibilidades mais próprias de seu questionamento. Segundo seu modo próprio de realização, a saber, a explicação prévia da pre-sença em sua temporalidade e historicidade, a questão sobre o sentido do ser é levada, a partir de si mesma, a se compreender como questão referente a fatos históricos".[69] Tanto em sua definição vulgar quanto em sua definição filosófica, a "pre-sença" heideggeriana, ou seja, o *ser* do homem, caracteriza-o como o ser vivo cujo modo de ser é, essencialmente, determinado pela *possibilidade de linguagem*.[70]

Nesse linha de raciocínio – e aqui nos deteremos, em específico, ao campo de atuação do Poder Judiciário – o juiz não "aplica" a lei, pois, para tanto, seria necessária uma capacidade de captação ontológica do exato domínio da norma e, ademais, da exata adequação do fato a ela. O juiz, isso sim, ao fundamentar a sua decisão, "cria" a lei que regerá o caso concreto, segundo a gama de possibilidades limitadas que a norma lhe proporciona, solução essa que será considerada "correta" (sic) sempre que o discurso produzido aproxime-se do discurso tolerado. Uma explicação – consigna Maturana – é sempre uma reprodução ou reformulação intencional de um sistema ou fenômeno, dirigida por um observador a outro que deve

---

[69] HEIDEGGER, Martin. *Ser e Tempo*. Trad. por Márcia de Sá Cavalcante. 9 ed. Petrópolis: Vozes, 2000, Parte I, p. 49.
[70] Id., ibid., p. 54.

aceitá-la ou rejeitá-la, admitindo ou negando que ela constitui um modelo do sistema ou do fenômeno a ser explicado;[71] tudo o que é dito é dito sempre por um observador a outro observador, cuja conformidade recíproca originará o "acoplamento estrutural" do discurso.[72] A realidade, portanto, é um domínio especificado pelas operações do observador, e não um domínio especificante destas mesmas operações.

Este assunto também será melhor exposto posteriormente (v. n. 3.3.2.2, *infra*), mas a sua menção, neste item, é necessária para a percepção de que os valores insculpidos no ordenamento constitucional (o *ideal do Direito*) somente foram concebidos como *vigentes* e *delimitados* quanto à sua forma, e somente em parte quanto ao seu conteúdo. O princípio da igualdade, por exemplo, é incondicionalmente aceito como uma meta fundamental do Estado Democrático de Direito, sendo que a sua exata abrangência, contudo, só se encontra perfeitamente elucidada quanto à impossibilidade de

---

[71] MATURANA, Humberto. *A Ontologia da Realidade*. Belo Horizonte: UFMG, 1999, p. 125.

[72] Aqui, uma observação importante: abordar-se o "ser" a partir de um sistema não determinado estruturalmente, mas sim formado e conformado pela linguagem temporária, nos moldes da *autopoiese* de Maturana e Varela não nos autoriza, por si só, a entender o Direito como um organismo *autopoiético* (segundo pensa Jakobs estribado nos ensinamentos de Luhmann), ou seja, como um sistema dinâmico fechado no qual todos os fenômenos são subordinados à sua autopoiese e todos os seus estados são autopoiéticos, fazendo com que o sistema jurídico movimente-se (e deva continuar movimentando-se) socialmente sem perturbações em sua estrutura fundante, pois, do contrário, o sistema morre. Não é à toa que Jakobs fundamenta o Direito Penal a partir de sua função reintegradora (prevenção geral positiva), ou seja, a norma, uma vez infringida, deve ser aplicada como forma de manutenção do próprio sistema. Ora, tomar-se o sistema jurídico como um sistema autopoiético fechado que se movimenta autonomamente, mas segundo a mudança estrutural contínua sob condições de contínuo intercâmbio de material com o meio, é relegar-se o indivíduo, o homem, a um papel secundário para a ciência jurídica (por essa razão é que Jakobs não labora a partir de "bens jurídicos" penalmente protegidos) e para as ciências do espírito, e isso, é claro, deve ser entendido no plano normativo. A construção sistêmico-funcional da *autopoiese* de Maturana foi desenvolvida para explicar a dinâmica do sistema neurológico, em que pese esse mesmo autor admitir tal concepção também para as ciências sociais. Nesse sentido, comungamos do pensamento de F. J. Varela, co-autor da *autopoiese*, no sentido de que tal sistema não merece aplicação a outras ciências que não à biologia e às "naturais". Segundo Humberto Mariotti, "Ao contrário de Humberto Maturana, Edgar Morin e o autor deste ensaio, Francisco Varela acha que o conceito da autopoiese não deve ser estendido ao social. Para ele, essa noção aplica-se estritamente à origem de sistemas vivos mínimos" (Autopoiese, Cultura e Sociedade. *In*: Internet, http://www.lcc.ufmg.br/autopoiese, acesso em 23/07/2000).

negação do próprio princípio. Pela via do consenso lingüístico, entretanto, a sua incidência pode variar em diversas situações, e aqui é que a *metodologia constitucional* assume especial relevância: um discurso jurídico fundante e tolerado pode não guardar aproximação com um discurso normativo-constitucional, fazendo com que uma decisão judicial – ainda que proveniente do STF –, possa ser reputada eficaz (já que produziu efeitos jurídicos), embora não válida segundo a especulação lingüístico-sistemática dos valores constitucionalmente assegurados.[73] Podem coexistir, dessarte, um

---

[73] Vejamos um exemplo para uma melhor compreensão do afirmado: o Decreto nº 3.667/2000 estabeleceu os requisitos a serem satisfeitos, pelos apenados, para a concessão do indulto natalino e da comutação de pena. Em seu art. 10, inc. III, foi consignado que os condenados pela prática de crime de roubo qualificado (art. 157, § 2º) não poderiam ter direito ao indulto e à comutação. Contudo, parece bastante evidente que tal exigência torna-se inóqua frente ao princípio da igualdade, já que aos condenados pela prática de crime de extorsão, ainda que na sua modalidade simples (art. 158, *caput*, do CP), não foi efetivada a restrição. Ora, se ambos os delitos atentam contra o patrimônio, se ambos são praticados com violência e grave ameaça (residindo, em meu ver, a única diferença, no fato de que, na extorsão, a *res* só pode ser entregue pela vítima ao delinqüente, enquanto, no roubo, a *res* pode ser alcançada não só por uma subtração do autor como, também, com a entrega pela vítima) e, ademais, ambos os crimes possuem a mesma pena em sua forma simples, não parece convincente que, diante de tantas características essenciais comuns, tal diferenciação possa ser legitimamente feita. Contudo, o discurso jurídico atual prepondera no sentido de que o indulto, por ser um ato discricionário do Presidente da República, pode excluir determinados crimes de sua abrangência. Em outras palavras: o princípio da isonomia, constitucionalmente assegurado, é afastado diante de um poder discricionário ilimitado do Presidente da República, poder este que, sequer, possui amparo constitucional. Nota-se, aqui, um distanciamento lingüístico-valorativo entre a garantia constitucional e o discurso lingüístico-fático dos nossos tribunais. Veremos (v. n. 3.3.2.1, *infra*) que tal situação, se bem entendida metodologicamente (ou seja, com a separação entre situações fáticas e juízos normativos-constitucionais), há de ser reputada *eficaz* (visto ter produzido efeitos concretos), embora *inválida*.
Outro exemplo dessa falha metodológica verifica-se, ainda em sede de indulto, na vedação desse direito aos condenados pela prática de crimes hediondos. O discurso jurídico reinante no STF é no sentido da possibilidade de o decreto presidencial vedar o indulto para crimes hediondos: "(...) Com efeito, precedentes do Plenário e das Turmas têm proclamado que os Decretos com benefícios coletivos de indulto e comutação podem favorecer os condenados por certos delitos e excluir os condenados por outros. Essa exclusão pode fazer-se com a simples referência aos crimes que a lei classifica como hediondos (...)" (HC 74132/SP, rel. Min. Sydney Sanches, DJ de 27/09/96, p. 36.153, j. em 22/08/96). Parece estranho que a Constituição Federal, em seu art. 5º, apenas vede a concessão de anistia e graça para os crimes hediondos e, ao mesmo tempo, o Presidente da República possa legitimamente, via decreto (sic), restringir um direito de liberdade individual, sob o amparo de um suposto "poder discricionário" que confere a ele uma ampla liberdade substancial de seus atos.

discurso fático-jurídico tolerado e outro normativo-constitucional tolerável, de tal forma que um, metodologicamente, não interfira no outro. É tarefa do hermeneuta – e aqui me refiro também ao administrador e ao legislador, posto que seus atos também devem ser interpretação em consonância com a Constituição[74] – submeter toda a sua atividade a uma aproximação lingüística entre os dois discursos, conferindo primazia, contudo, ao *ideal constitucionalizante do Direito e do próprio Estado*. Isso permitirá não só uma visão crítica de suas atividades pretéritas como, ademais, uma adequação axiológica de suas atividades futuras, sempre na busca do *justo desenvolvimento do Direito e do Estado*.

É necessário que se perceba, contudo, que a abrangência desses valores constitucionais – capazes de invalidar qualquer ato judicial, administrativo ou legislativo que o inobserve –, não se encontra aprioristicamente determinada. Pelo contrário, há de ser vislumbrada, discutida e fundamentada para, a seguir, instaurar-se um consenso lingüístico-constitucional que, doravante, substitua o consenso lingüístico-infraconstitucional que, em razão da influência do método positivista, ainda teima em subsistir. Todo ato administrativo, toda lei e toda decisão judicial devem ser adequadas formal e substancialmente às normas constitucionais, e isso demanda do

---

[74] Essa limitação dos três Poderes pela Constituição, contudo, não se desenvolve paritariamente nas atividades de administrar, legislar e julgar, principalmente em razão das diferentes atribuições estatais decorrentes do princípio da separação dos poderes e, conseqüentemente, da diversa procedimentalização do discurso de cada um desses órgãos. Como bem destaca Habermas, "do ponto de vista da lógica da argumentação, a separação entre as competências de instâncias que fazem as leis, que as aplicam e que as executam, *resulta da distribuição das possibilidades de lançar mão de diferentes tipos de argumentos* e da subordinação de formas de comunicação correspondentes, que estabelecem o modo de tratar esses argumentos. Somente o legislador político tem o poder ilimitado de lançar mão de argumentos normativos e pragmáticos, inclusive os constituídos através de negociações eqüitativas, isso porém, no quadro de um procedimento democrático amarrado à perspectiva da fundamentação de normas. A justiça não pode dispor arbitrariamente dos argumentos enfeixados nas normas legais; os mesmos argumentos, porém, desempenham um papel diferente, quando são aplicados num discurso jurídico de aplicação que se apóia em decisões consistentes e na visão da coerência do sistema jurídico em seu todo. A administração não constrói nem reconstrói argumentos normativos, ao contrário do que ocorre com o legislativo e a jurisdição. As normas sugeridas amarram a persecução de fins coletivos a premissas estabelecidas e limitam a atividade administrativa no horizonte da racionalidade pragmática. Elas autorizam as autoridades a escolher tecnologias e estratégias de ação, com a ressalva de que não sigma interesses ou preferências próprias – como é o caso de sujeitos de direito privado." (HABERMAS, Jürgen. Op. cit., vol. I, p. 239).

hermeneuta (*lato sensu*) uma espécie de estrabismo jurídico: o desenvolvimento de suas atividades opera-se com um olho (de soslaio) na lei e outro na Constituição.[75]

Se os valores constitucionais não se encontram aprioristicamente elucidados, não será a negação de sua existência que irá delimitá-los, mas sim a busca de um consenso por toda a comunidade jurídica, e, para tanto, é necessário discussão, análise, fundamentação. Nas palavras de Habermas,[76] em consonância com Alexy, "quem deseja participar seriamente de uma prática de argumentação tem que admitir pressupostos pragmáticos que o constrangem a assumir um papel ideal, ou seja, a interpretar e a avaliar as contribuições em todas as perspectivas, também na de cada um dos outros virtuais participantes. Com isso, a ética do discurso recupera, de certa forma, a norma fundamental de Dworkin, ou seja, a do igual respeito e consideração". O que não se pode tolerar, atualmente, é o desenvolvimento de um discurso jurídico que, negando implicitamente a própria existência de princípios constitucionais, necessite de idealismos para se manter coerente.[77]

---

[75] Por essa razão é que sustento a deslegitimidade funcional do Superior Tribunal de Justiça. Ora, se toda decisão judicial há de ser, sempre, adequada constitucionalmente, como sustentar-se a legitimidade de um tribunal que se considera protetor da legislação infraconstitucional? Como imaginar que um juiz possa, ao julgar um recurso, defender a legislação ordinária sem, ao mesmo tempo, defender a Constituição? Na verdade, toda lesão a normas infraconstitucionais acarreta, sempre, uma lesão (formal ou substancial) a uma norma constitucional. É uma falácia, hoje, falarmos em ilegalidade e inconstitucionalidade com significados autônomos.

[76] Op. cit., vol. I, p. 286-287.

[77] Apenas para evitar uma divagação abstrata exagerada, vejamos um exemplo concreto do afirmado, mais uma vez trazendo à baila situações pitorescas surgidas no curso de uma execução penal gaúcha: um determinado apenado – condenado, na comarca de São Gabriel, pelo delito de tráfico de entorpecentes – foi removido para o Hospital Penitenciário de Porto Alegre, visto que, por ser paraplégico, estava apresentando escaras na região glútea do corpo, lesões essas que, segundo laudo pericial, poderiam ser tratadas fora do ambiente penitenciário e com a ajuda de familiares, até mesmo porque o risco de óbito por contaminação por outras moléstias graves era bastante elevado. Oficiou, então, o Coordenador Administrativo e Operacional do Hospital Penitenciário de Porto Alegre à comarca de São Gabriel, recomendando a alteração do regime de cumprimento de pena para "prisão domiciliar" ou "casa albergue". A representante do Ministério Público, em sua manifestação sobre o incidente, opinou pelo indeferimento do pedido, dentre outros fundamentos, porque "o réu se encontra recolhido ao Hospital Penitenciário para *cumprir pena*, e não para tratar sua moléstia, que é incurável. Foi removido para aquele nosocômio tão-somente porque a execução de sua pena no Presídio Estadual de São Gabriel seria inviável, haja vista que este estabelecimento penal não possui funcionários aptos a cuidar do apenado, que é

E mais: um consenso constitucional não pode ser obtido mediante a apreciação isolada de normas jurídicas. Com efeito – nas palavras de Bobbio –, "as normas jurídicas nuca existem isoladamente, mas sempre em um contexto de normas com relações particulares entre si",[78] até mesmo porque, do contrário, não teríamos uma resposta juridicamente plausível para as lacunas e antinomias do Direito, que existem, inclusive, em nível constitucional (basta lembrar a possibilidade de colisão entre dois princípios constitucionais a serem observados num determinado caso concreto, e cuja resposta é solucionada pelo *princípio da proporcionalidade* – v. n. 4.2, *infra*). Nesse sentido, é pertinente a lição de Eros Grau no sentido de que "a interpretação jurídica sempre há de ser desenvolvida no âmbito de três distintos contextos – o lingüístico, o sistêmico e o funcional. A primeira pauta enunciada evidencia a importância do contexto sistêmico como campo na qual se processa a interpretação. No contexto lingüístico é discernida a *semântica* dos enunciados normativos. Mas o *significado normativo* de cada enunciado somente é detectável no momento em que se toma como inserido no contexto

---

paraplégico" (grifado no original). A autoridade judicial, em acolhimento ao parecer ministerial, indeferiu a transferência para a "prisão domiciliar", e, dias após, o apenado veio a falecer em razão de infeccção generalizada.

Sem adentrarmos em fundamentos éticos de tal manifestação, vislumbra-se que o parecer ministerial vale-se, como "pano de fundo argumentativo", de um fundamento meramente retributivo para a sanção penal, e não utilitário, como se isso fosse semanticamente compatível com um dos objetivos fundamentais da República Federativa do Brasil, qual seja, o da promoção do bem de todos os cidadãos (art. 3º, inc. IV, da CRFB/88). Prova disso é que o art. 5º, inc. XLIX, da CRFB/88 determina que "é assegurado aos presos o respeito à integridade física e moral". Nesse aspecto, pois, a fundamentação é eminentemente idealista.

Além disso, outro fundamento exarado pelo *parquet* para a rejeição do pedido foi o de que o crime a que foi condenado o preso era hediondo, e, como tal, de cumprimento integralmente no regime fechado. Note-se que tal restrição é determinada pela Lei nº 8.072/990 – ou seja, uma lei infraconstitucional –, cujo conteúdo, no caso concreto, redundou na superação – por omissão – do princípio da humanidade das penas (art. 5º, inc. XLVII, da CRFB/88). Em primeiro lugar, a lei dos crimes hediondos não veda a concessão de prisão domiciliar para os apenados (até mesmo porque tal modalidade não caracteriza um regime de cumprimento da pena). Em segundo lugar, mesmo que vedasse, não poderia subsistir validamente, nesse aspecto, em contraposição às garantias constitucionais enumeradas. O que se fez, em suma (e aqui o vício metodológico manifesta-se novamente), foi uma ordinarização da Constituição, e não uma constitucionalização da lei ordinária.

[78] BOBBIO, Norberto. *Teoria do Ordenamento Jurídico*. Trad. por Maria Celeste Cordeiro dos Santos. 10 ed. Brasília: UnB, 1997, p. 19.

do sistema, para após afirmar-se, plenamente, no contexto funcional".[79]

Portanto, o *método constitucionalista*, fruto dos problemas sociais a que se viu sujeita a humanidade até o final do século XX, torna possível a percepção de que o Direito (e também o Estado) há de buscar um *ideal*, uma finalidade capaz de justificar a sua própria existência. A validade de tal meta não está submetida a valores naturais universais e imutáveis, nem às circunstâncias históricas de uma determinada sociedade e, muito menos, a uma facultativa submissão legitimadora do próprio Estado. A *cultura humana* (ou, se se preferir, a "aptidão natural" kantiana), ao contrário, foi capaz de, revestida sob o manto do Estado Constitucional, atribuir-lhe um conteúdo relativamente determinado, mutável, dinâmico e sistêmico, capaz de estabelecer um verdadeiro freio axiomático imposto a todos os órgãos estatais, e cujo conteúdo diz respeito não só às garantias dos indivíduos em não verem suas liberdades lesadas, como, ademais, nas garantias da sociedade em ver suas necessidades primordiais satisfeitas. Direito "justo" (e Estado "justo") é, em suma, todo aquele que respeita, e sempre busca respeitar, os *direitos fundamentais constitucionalmente assegurados*.

---

[79] GRAU, Eros Roberto. *A Ordem Econômica na Constituição de 1988*. 5 ed. São Paulo: Malheiros, 2000, p. 180. Vejamos um exemplo desse método hermenêutico: O TJRGS deparou-se com caso em que o réu fora condenado pela prática do crime de furto qualificado pelo concurso de agentes. Em manifestação ministerial, opinou o representante do *parquet*, Procurador Lenio Luiz Streck, no sentido da inconstitucionalidade da diferenciação do aumento da pena em razão do concurso de agentes nos delitos de furto e de roubo, já que, enquanto naquele, menos grave, a pena dobrava (de 1 a 4 anos passava para 2 a 8 anos), neste, ao contrário, poderia ser aumentada de um terço até a metade, caso em que obteve acolhimento em sua fundamentação: "Ementa: Furto qualificado pelo concurso. Agride aos princípios da proporcionalidade e da isonomia o aumento maior da pena ao furto em concurso do que ao roubo em igual condição. Aplica-se o percentual de aumento deste a aquele. Atenuante pode deixar a pena aquém do mínimo abstrato. Deram parcial provimento aos apelos". (ACR nº 70000284455, Quinta Câmara Criminal, TJRS, relator: Des. Amilton Bueno de Carvalho, julgado em 09/02/2000). Note-se que, para chegar a tal conclusão, viu-se obrigado o TJRGS, primeiramente, a apreciar o contexto lingüístico do § 4º do art. 155 do CP e, a partir disso, apreciá-lo, primeiramente, à luz do art. 157, § 2º, do CP, e, após, em consonância com os princípios constitucionais da proporcionalidade e da isonomia. Assim, *sistematizando-se* o Código Penal à luz dos objetivos e princípios da Constituição Federal, pôde-se, facilmente, adequar a norma infraconstitucional aos valores determinantes de uma decisão *justa*.

1.2.6. Da metodologia indutiva à tópica jurídica: uma apreciação crítica

Antes de adentrarmos na análise das principais implicações, no Direito Penal, do método constitucionalizante exposto acima, impõe-se abordar, ainda que sucintamente e sem a pretensão de esgotar o assunto, as peculiaridades do melhor mecanismo de que se valerá o hermeneuta para atingir o *ideal de justiça* e, como tal, conferir uma *justa* "aplicação" do Direito.

O Direito, como vertente das ciências humanas, não pode ser concebido a partir de um método *indutivo* de investigação, ou seja, um método que cria toda a estrutura do conhecimento a partir de uma relação que vai do individual para o geral. Na medicina, por exemplo, a cura de uma determinada doença, quando obtida em experimentos com animais, passa a ser testada em relação ao homem. Logrando êxito o experimento, parte-se para a sua aplicação à generalidade de casos, ou seja, do individual para o geral.

Tal método fora adotado, na filosofia, principalmente por David Hume, ao afirmar que o conhecimento empírico é determinante do conhecimento abstrato. Para ele, "todas as idéias, especialmente as abstratas, são naturalmente fracas e obscuras; o espírito tem sobre elas um escasso controle; elas são apropriadas para serem confundidas com outras idéias semelhantes, e somos levados a imaginar que uma idéia determinada está aí anexada se, o que ocorre com freqüência, empregamos qualquer termo sem lhe dar significado exato. Pelo contrário, todas as impressões, isto é, todas as sensações, externas ou internas, são fortes e vivas; seus limites são determinados com exatidão e não é tão fácil confundir-nos ou equivocar-nos. Portanto, quando suspeitamos que um termo filosófico está sendo empregado sem nenhum significado ou idéia – o que é muito freqüente – devemos apenas perguntar: de que impressão é derivada aquela suposta idéia?".[80]

A *indução metodológica*, vislumbrada por Hume como de necessária aplicação também às ciências espirituais, foi também adotada por von Ihering, em seus primeiros escritos, principalmente ao conceber o Direito como um "produto da natureza" (método histórico-natural). Para ele, o Direito não partia de um conceito fundamental que, além de prévio, fosse tomado como a base do sistema de Direito positivo, mas sim da capacidade estruturante das relações jurídicas sobre o próprio Direito. O sistema jurídico estrutura-se a

---

[80] *Investigação acerca do entendimento humano*, loc. cit., p. 38-39.

partir da *indução* (método este muito próximo aos das ciências da natureza) obtida da apreensão dos intercâmbios jurídicos desenvolvidos na vida em sociedade, que existem pelo simples fato de que não podem não existir. Por essa razão é que Ihering afirmava, em sua primeira fase, que a sistemática do Direito é a "química jurídica" que procura os corpos simples, ou seja, constrói-se o sistema a partir da descoberta de uma "matéria-prima dada" (regras jurídicas). Assim como as palavras são compostas pela junção das letras do alfabeto, também o Direito seria formado pela "descoberta" dos elementos jurídicos.[81]

Além disso, a indução metodológica também fora acolhida, por Ehrlich, em sua *sociologia jurídica*, que vislumbrava nessa área de conhecimento a única ciência do Direito possível, posto que não se restringia às palavras, mas sim dirigia sua atenção para os fatos subjacentes ao Direito, e porque, como toda a "verdadeira ciência", através do método indutivo (ou seja, através da observação dos fatos e do conjunto de experiências), procura aprofundar o nosso inteligir da essência das coisas. Chegava-se ao ponto, assim, de admitir que a sociologia era "o Direito natural de nossa época".[82]

Tal equívoco metodológico, por certo, deve-se à influência da filosofia positiva. Com efeito, na mais estrita acepção stammleriana, as ciências jurídicas operam-se a partir de um "querer", pois prestam-se à promoção de uma ciência de fins humanos, tomados no seu conteúdo, de acordo com um plano constante e entendido com clareza no que tem de característico. Assim, enquanto as ciências da natureza estruturam todo o conhecimento a partir da *indução* obtida com a análise dos efeitos produzidos por uma determinada causa, o Direito, ao contrário, *deduz-se* a partir de um *fim*, de um *ideal de justiça capaz de legitimar a sua existência*. O Direito não se pode desenvolver metodologicamente de forma *indutiva* pela simples razão de que, assim, estaríamos obtendo a lei – e a própria *idéia de justiça* - a partir da solução dada a um caso concreto. Isso geraria, em suma, uma completa submissão dos *valores fundamentais* aos *fatos juridicamente concebidos*, e, nesse caso, um Estado Totalitário poderia ser tratado como um Estado "Justo".

Portanto, a experiência do mundo social-histórico não se eleva a uma ciência com o processo indutivo das ciências da natureza; o conhecimento histórico não aspira a abranger o fenômeno concreto como no caso de uma regra geral. O caso individual não serve

---

[81] V. LARENZ, Karl. Op. cit., p. 29-33.
[82] Id., ibid., p. 83-91.

simplesmente para confirmar uma legalidade, a partir da qual seria possível, numa reversão prática, fazer previsões. Mais do que isso, seu ideal é compreender o próprio fenômeno na sua concreção singular e histórica. O objetivo não é confirmar nem aplicar as experiências genéricas para se chegar ao conhecimento de uma lei, ou seja, como é que, afinal, se desenvolvem os homens, os povos, este povo, este Estado? Principalmente com Herder teve início uma nova era de investigação das ciências do espírito, isto é, uma ciência que, desenvolvendo-se a partir do homem espiritual e racional, laborava em busca da "formação para o humano". "Formação" designa o conceito de cultura e, como tal, da maneira humana de aperfeiçoar suas aptidões e faculdades, enfim, sua liberdade. O homem, assim, é assinalado pela ruptura com o imediato e o natural, o que lhe é exigido através do lado espiritual e racional de sua natureza. "Segundo esse lado ele não é, por natureza, o que deve ser", razão pela qual tem necessidade de formação, de "elevação à universalidade", de sacrificar o particular em favor do universal.[83]

Essa sucumbência do individual pelo geral redundou no desenvolvimento de uma metodologia capaz de captar o significado dos princípios universalizantes regulativos de todo o desenvolvimento humano individualmente concebido. Por óbvio, tal mutação não se deu cronologicamente organizada e, até mesmo, já precedia à própria estruturação indutiva do conhecimento, principalmente pelo viés da metafísica ou da teologia. Sua conseqüência primordial na ciência jurídica foi a sujeição, do legislador, à captação desses valores universais que, uma vez apreendidos, seriam objeto da regulação geral esboçada em forma de *lei*. A função do Direito seria, com isso, a positivação dessa ordem universal a que todos os indivíduos deveriam ser submetidos, e, para tanto, tornava-se necessária a formulação de leis abstratas vinculantes da vida em sociedade. Tais normas, uma vez positivadas mediante a observância do procedimento legislativo específico, atribuíam, agora, a tarefa de sua aplicação a outro órgão estatal: o Poder Judiciário. Com isso, a "vingança de sangue" cedia espaço à jurisdicionalização da solução dos conflitos sociais, cuja atribuição recaía sobre um magistrado legitimamente investido pelo Estado. Surgido o litígio, deveria o juiz, em atenção ao ordenamento jurídico positivado,

---

[83] Cf. GADAMER, Hans-Georg. *Verdade e Método. Traços fundamentais de uma hermenêutica filosófica*. Trad. por Flávio Paulo Meurer. 3 ed. Petrópolis: Vozes, 1999, p. 41-51.

deduzir a solução do caso concreto de acordo com os princípios universalizantes ditados pelo legislador.

Nesse "novo" contexto é que se desenvolveram grande parte das correntes hermenêuticas do Direito, que serão objeto de posterior apreciação pormenorizada (v. n. 3.3.2.1, *infra*). De antemão, contudo, pode-se perceber nelas uma matriz metodológica comum, que leva em consideração o Direito como uma ciência *dedutiva*, ou seja, como um conjunto de normas genéricas que regulavam todos os fatos sociais e que, assim, passariam a ser aplicáveis ao caso concreto (do geral – norma – para o especial – fatos). A forma como tal dedução era obtida jamais foi consensualmente aceita: passou pelo positivismo legal racionalista de Windscheid (a "vontade racional do legislador"); pela teoria objetiva da interpretação de Binding, Wach e Kohler (a "vontade racional da comunidade jurídica"); pelo método puro-científico do positivismo jurídico de Kelsen; e por tantos outros métodos que tinham a pretensão de avistar no Direito um mecanismo genérico de ordenação normativa dedutivamente reconhecível e, como tal, aplicável.[84]

A lógica-dedutiva, contudo, requer do hermenuta uma capacidade de, por meio de uma atividade subsuntiva, captar a exata extensão do significado da norma e o delineamento das peculiaridades do fato praticado, a fim de, uma vez constatada a coincidência estrutural entre o plano fático e o normativo, efetivar a adequação típica. Essa visão metodológica é própria dos adeptos da *filosofia da consciência* (v. n. 3.3.2.2, *infra*), cuja influência platônica exigia do intérprete vislumbrar uma *idéia* pré-estabelecida a toda norma e a todo fato ocorrido, ou seja, os fatos seriam eminentemente objetivos (assim como as palavras da lei) e, como tais, captáveis mediante uma atividade meramente cognitiva. Com a *viragem hermenêutica*, entretanto, percebeu-se que uma decisão não pode ser tida como "correta" sem apelarmos para argumentos metafísicos; uma decisão não é "correta", mas sim aceitável. Em condições favoráveis, destaca Habermas[85] com propriedade, nós só concluímos uma argumentação quando os argumentos se condensam de tal maneira num todo coerente, e no horizonte de concepções básicas ainda não problematizadas, que surge um acordo não-coercitivo sobre a aceitabilidade da pretensão de validade controvertida. Toda norma, por mais determinada que seja, sempre guarda em si um conteúdo criado pela conformação lingüística de sua extensão, e não por um

---

[84] Para uma visão geral, v.: LARENZ, Karl. Op. cit., p. 9-161.
[85] HABERMAS, Jürgen. Op. cit., p. 282-283.

conteúdo que lhe é imanente (pense-se, por exemplo, no art. 121, *caput*, do CP: uma pessoa com morte cerebral, porém não morta clinicamente, seria considerada, ainda, "alguém"?). Do contrário, teríamos de admitir que todo dispositivo legal seria passível de uma garimpagem fática limitada quanto à sua abrangência.

Além disso, a lógica-dedutiva, em seu sentido clássico, apresentava dificuldades sempre que a lei fosse formulada com conceitos indeterminados (p. ex., "motivo torpe") ou genéricos (p. ex., "todos são iguais perante a lei"), ou nas situações de surgimento de novas questões não "pensadas" pelo legislador, ou ainda quando normas (*lato sensu*) colidissem entre si. Nesses casos, a complementação normativa – cuja assunção pelo juiz, aqui, é incontroversa – seria feita com base em critérios de sua íntima convicção ou, ao contrário, existiriam critérios axiomáticos suprapositivos? Preponderando a segunda alternativa, será que estes critérios axiomáticos não teriam sido construídos por uma espécie de discurso difuso e pretérito consensualmente criado ou, ao contrário, são, efetivamente, supralegais?

Todas essas dificuldades geraram uma nova inversão metodológica da ciência jurídica, que (re)nasceu a partir da (clássica) retórica (a arte da persuasão). Se tanto o *ser* quanto o *dever ser* não guardam, em si, um significado absoluto nem imanente, nem transcendente, mas oriundo da linguagem, de um "agir comunicativo", resta claro que o legislador, por editar (em regra) comandos ainda não dirigidos faticamente, apenas relega ao juiz alguns limites acerca de sua atividade hermenêutica, caso em que a lei aplicável ao caso concreto seria determinada judicialmente, mitigando-se acentuadamente, assim, o princípio da supremacia da lei.

Desenvolve-se, nesse rumo, uma nova inversão metodológica, denominada de *tópica jurídica*. Trata-se de um método de realização da *justiça no caso concreto*, cujo resultado não pretende conformar-se a um "sistema jurídico". Dada a abertura semântica dos ditames da lei, é o juiz, ao se deparar com uma situação fática verificada, quem realizará a *justiça do Direito*. Tal operação não é *dedutiva* pelo fato de a solução adotada não derivar de um sistema genérico de normas e princípios, mas sim da escolha de um dos diversos argumentos (*topois*) aceitáveis pela comunidade jurídica e que se irá somar a diversos subsistemas jurídicos. Da mesma forma, não é *indutiva*, já que a solução dada poderá não prevalecer em relação a outros casos. Portanto, assim como a decisão judicial não decorre do sistema jurídico, também não irá originá-lo, caso em que o desenvolvimento da hermenêutica argumentativa irá recusar a relevância do sistema para a decisão do caso concreto.[86] A escolha dos critérios de interpretação é arbitrária, e se encontra na esfera de disponibilidade do juiz, que resta vinculado, apenas, pela produção de um discurso jurídico tolerado.

Segundo Warat,[87] a origem da tópica jurídica deve-se a Teodor Viehweg, cujos estudos procuram encontrar a especial modalidade técnica que caracteriza o pensamento opinável ou problemático. Este recorre a uma técnica de pensamentos por problemas nascidos no campo da retórica e distinta da aplicada ao pensamento dedutivo sistemático vigente em outras ciências. A decisão final há de ser obtida a partir da consideração de diversos pontos de vista (*topoi*) que se mostrem aptos a servir de argumento pró e contra a solução ponderada, a fim de gerar uma "aptidão de consenso". Portanto, a *tópica* não é demonstrativa, mas persuasiva. Não resolve os problemas, porém fornece os recursos e argumentos para a sua elucidação e solução. Não assegura soluções certas e incontroversas, mas dá soluções aceitáveis dentro do marco da ideologia que adota. Admite a alterabilidade significativa da lei, que origina sua problemática interpretativa e decisória. Opõe-se à axiomática e à dogmática, que não admitem os problemas jurídicos, atendo-se à univocidade "das palavras da lei", à claridade e inalterabilidade da significação jurídica dos textos legais.

Nesse mesmo rumo, chega Josef Esser a imaginar que o juiz, ao decidir o caso concreto, forma antecipadamente o seu convencimento do que seria uma "decisão justa", e só após, para fins de validade de sua argumentação, passaria a fundamentar na lei o resultado anteriormente lançado. Assim, a solução do caso judicial "obtém-se de forma puramente casuística, sem pesquisa e demonstração principiológica. Procura-se, após, um apoio, em termos pragmáticos, para a solução encontrada, recorrendo a esta ou àquela fonte legal

---

[86] Consoante Nilo Bairros de Brum, "A tópica é uma técnica de pensamento que se orienta a partir do problema que se quer solucionar. Opõe-se ao pensamento sistemático que se orienta a partir de um paradigma geral. Segundo o pensamento tópico, o que revela é a solução do problema, não importando a qual ou a quais sistemas tenha de recorrer-se para isso – é uma busca de caminhos para eliminar uma aporia. Segundo o pensamento sistemático, o que importa é a fidelidade ao sistema: se determinado problema não encontra solução dentro do sistema utilizado, é porque se trata de um problema insolúvel. Para o pensamento tópico, pelo contrário, não existe problema insolúvel" (*Requisitos Retóricos da Sentença Penal.* São Paulo: RT, 1980).

[87] WARAT, Luiz Alberto. *Introdução Geral ao Direito.* Porto Alegre: Sérgio Antonio Fabris, 1994, vol. I, p. 86-88.

apropriada; só quando as contradições sistemáticas se tornam impossíveis de disfarçar é que se confessa que as fontes foram utilizadas como meros pontos de apoio sistemático para um princípio jurídico cujo alcance é muito amplo".[88]

Essa idéia de que os princípios surgem, originariamente, num processo "subterrâneo" do inconsciente do hermeneuta, contudo, não logra aprovação unânime entre os demais adeptos da *tópica jurídica*. Assim, por exemplo, pensa Reinhold Zippelius que o *ethos* jurídico dominante não consiste numa soma de processos ao nível da consciência, mas no conteúdo da consciência de uma multiplicidade de indivíduos. As fontes de conhecimento desse *"ethos* jurídico dominante"* são, antes de mais nada, os artigos da Constituição relativos a direitos fundamentais, outras normas jurídicas e, ainda, "proposições jurídicas fundamentais da atividade jurisprudencial e da Administração, os usos do tráfego e as instituições da vida social".[89]

A *tópica jurídica* surgiu, na verdade, como uma reação contra os desajustamentos dos exageros dos legalismos positivistas, sobretudo numa época, como a atual, de profundas inquietações de espíritos e desprestígio dos ordenamentos jurídicos que, a pretexto de buscarem o seu próprio ideal justificador, redundam na formulação de conceitos freqüentemente incompatíveis, falhos de obediência lógica conjuntural e capazes de tornar incompreensível o seu conteúdo não só para a cidadão comum como, ademais, para os próprios juristas. Essas reações legislativas simbólicas (ou seja, que dão a entender a preocupação do Estado em resolver os problemas sociais, mas que, no plano fático, são sabidamente inoperantes para tanto) sobrecarregaram os operadores do Direito de uma constante tarefa de correção de invalidades[90] no emaranhado legal em que se constituiu o ordenamento jurídico moderno.

Uma vez conformando-se os *topois* aos princípios constitucionais já consagrados – e isso, creio, é *conditio sine qua non* para a sustentabilidade teória da *tópica jurídica* frente ao Estado Constitucional –, teremos, como uma de suas principais conseqüências, a possibilidade de reconhecimento, pelo juiz, de uma invalidade normativa reconhecível apenas ao caso julgado, e não também aos

---

[88] ESSER, Josef. *Principio y norma en la elaboración jurisprudencial del Derecho Privado.* Trad. por Eduardo Valenti Fiol. Barcelona: Bosch, 1961, p. 181.

[89] *Das Wesen des Rechts.* 4 ed. 1965, p. 128, *apud* LARENZ, Karl. Op. cit., p. 173.

[90] Esse é o reflexo, atualmente, do crescente número de liminares judiciais deferidas contra o Estado.

demais abrangidos no âmbito de incidência da norma. Trata-se da declaração de *inconstitucionalidade parcial sem redução de texto*, método este já consagrado nos Tribunais da Alemanha e que autoriza o juiz, na busca de uma solução justa, a declarar incidentalmente a inconstitucionalidade da aplicação da norma não a todos os fatos nela subsumíveis, mas sim a caso(s) determinado(s). Por meio dessa operação, o juiz exclui, por inconstitucionalidade, a aplicação do dispositivo legal a uma determinada hipótese, sem, contudo, que essa norma, além de vigente, continue a ter aplicabilidade válida a outras situações não-atentatórias de direitos fundamentais.[91]

Toda essa viragem lingüística, por óbvio, deveria merecer uma abordagem mais pormenorizada – dada a importância do tema –, situação essa que se torna incompatível com os limites do presente trabalho. Inobstante isso, pode-se notar que, enquanto a metodologia dedutiva (clássica) confere uma liberdade exagerada ao legislador e, ao mesmo tempo, uma discricionariedade reduzida ao juiz, a tópica jurídica, ao contrário, inverte os papéis: é o juiz quem possui um vasto poder axiomático em relação aos ditames da lei.

Que a atividade *hermenêutico-subsuntiva* é uma falácia há muito superada pela teoria da argumentação, a mim pelo menos, não resta a menor dúvida, e creio que os argumentos já foram delineados há pouco (e serão tratados, posteriormente, com maior acuidade – v. n. 3.3.2.2, *infra*). Contudo, também a *tópica jurídica* apresenta, em meu ver, restrições consideráveis, senão vejamos.

---

[91] Para maiores detalhes, v.: MENDES, Gilmar Ferreira. *Jurisdição Constitucional.* São Paulo: Saraiva, 1998, p. 275 e segs. Valendo-se desses argumentos, sustenta Lenio Luiz Streck que o inciso I do art. 44 do Código Penal, com a redação dada pela Lei nº 9.714, em que pese autorizar a substituição da pena privativa de liberdade a delitos cujas penas concretizadas não ultrapassem 4 anos e desde que praticados sem violência ou grave ameaça, não pode ser validamente aplicado a crimes que, inobstante satisfaçam tais requisitos, possuam a natureza hedionda ou sejam reconhecidos de gravidade social. Em suas palavras, "Isso decorre da relevante circunstância de que os crimes graves como a sonegação de tributos, os crimes contra o meio-ambiente, o tráfico de entorpecentes, a corrupção, a lavagem de dinheiro, são delitos que lesam múltiplos bens sociais, além de colocar em xeque os valores objetivados da República no texto constitucional, como a construção de uma sociedade justa, com a redução das desigualdades sociais, etc. Mais do que isto, e desvendando as máscaras do Direito Penal e do papel da pena, a qual como diz Ferrajoli, continua tendo um caráter retributivo, há que se ter claro que, se o legislador constituinte determinou que alguns crimes deveriam ser hediondos, é porque não poderia o legislador ordinário tratá-los da mesma forma que àqueles não elencados como hediondos" (A (necessária) filtragem hermenêutico-constitucional das novas penas alternativas. In: *Revista da Ajuris.* Porto Alegre, a. XXVI, nº 77, mar/2000, p. 302).

Além da falta de rigor do conceito de *tópico*, ao menos quando projetado no campo do Direito, também já se tem receado que as teorias tópico-jurídicas, identificadas com a idéia de *inventio*, ou consideradas como *ars inveniendi*, ponham em risco o princípio da legalidade e concedam aos juízes uma amplitude incompatível com a salvaguarda da segurança jurídica, da certeza nas relações sociais tuteladas pelo Direito. A tópica jurídica tenderia a desvincular o juiz da lei, dando-lhe liberdade para projetar nas suas decisões a sua própria criação valorativa. Teria todos os inconvenientes e envolveria todos os riscos oferecidos pela escola da *livre interpretação do Direito*, de Oscar von Bülow. Ademais – e aqui valho-me das palavras de Larenz –, "os defensores do pensamento tópico recusam a relevância do sistema para a decisão do caso singular. Os juízes, para quem se trata de cobrar a justiça do caso e, além disso, procurar a concordância das decisões, devem tê-lo em pouca conta. Na verdade, a ciência do Direito procede ainda hoje genericamente de um modo sistemático, mesmo quando aqui e acolá argumenta 'topicamente'. O que tem fundamentos substanciais. As normas jurídicas apresentam-se em determinadas cadeias de regulação. Conseqüentemente, as normas têm de se harmonizar entre si, de tal modo que se possa evitar a ocorrência de decisões contraditórias. Uma ciência do Direito que aspira a mais do que registrar e comentar normas e decisões singulares tem de ter isso bem presente, o que significa proceder também sistematicamente".[92]

Confesso que o assunto, para mim, ainda renderá muitas reflexões, mas, por enquanto, ainda tenho por metodologicamente concebível um Direito sistematicamente compreensível, com normas gerais, princípios e regras que, dedutivamente (mas não no sentido clássico), são aplicadas de forma paritária a todas as situações compatíveis perante os direitos fundamentais. Isso depende, por óbvio, de vislumbrarmos o sistema de direitos e os princípios do Estado Democrático de Direito sob um enfoque *racional*, ou seja, a partir de uma certa *coerência* do ordenamento jurídico. O método dedutivo-argumentativo, ao contrário do método tópico – que atribui ao juiz a tarefa de criar a *coerência* do ordenamento jurídico, mas somente ao caso concreto –, possibilita ao hermeneuta laborar juridicamente sem se descurar da premissa de que o Direito constitui o poder político e vice-versa. Como bem afirma Habermas,[93] "isso cria entre ambos um nexo que abre e perpetua a

---

[92] Op. cit., p. 171-172.
[93] Op. cit., vol. I, p. 211-212.

possibilidade latente de uma instrumentalização do direito para o emprego estratégico do poder. A idéia do Estado de direito exige em contrapartida uma organização do poder público que obriga o poder político, constituído conforme o direito, a se legitimar, por seu turno, pelo direito legitimamente instituído". Ora, se partirmos de um Estado estruturado a partir de um ideal jurídico-democrático – situação essa verificada, atualmente, em nosso País –, teremos de fundamentar todo o Estado a partir do princípio da soberania popular, segundo a qual todo o poder do Estado vem do povo, assim como o direito subjetivo à participação, com igualdade de chances, na formação democrática da vontade. Esse princípio forma a charneira entre o sistema dos direitos e a construção de um Estado Democrático de Direito. Interpretado pela teoria do discurso, o princípio da soberania popular origina três princípios fundantes: a) o princípio da ampla garantia legal do indivíduo, proporcionada através de uma justiça independente; b) os princípios da legalidade da administração e do controle judicial e parlamentar da administração; e c) o princípio da separação entre Estado e sociedade, que visa a impedir que o poder social se transforme em poder administrativo, sem passar antes pelo filtro da formação comunicativa do poder.[94] Dessa raiz principiológica é que decorrem todos os demais princípios do ordenamento jurídico, *racionalmente* constituídos pela harmonia entre o Direito e a política, e que proporcionarão ao hermeneuta, em consonância com as limitações a que está sujeito o seu próprio discurso,[95] todo o aparato jurídico cuja observância fornecerá ao caso concreto a realização da coerência jurídica.

---

[94] Id., ibid., p. 216-217.

[95] Para maiores esclarecimentos, v. nota n. 74, *supra*. Assim, consoante Habermas,"se aceitarmos a compreensão deontológica do Direito, de Dworkin, e seguirmos as considerações da teoria da argumentação de autores como Aarnio, Alexy e Günther, teremos que admitir duas teses. Em primeiro lugar, o discurso jurídico não pode mover-se auto-suficiente num universo hermeticamente fechado do direito vigente: precisa manter-se aberto a argumentos de outras procedências, especialmente a argumentos pragmáticos, éticos e morais que transparecem no processo de legislação e são enfeixados na pretensão de legitimidade das normas jurídicas. Em segundo lugar, a correção das decisões judiciais mede-se pelo preenchimento das condições comunicativas da argumentação, que tornam possível uma visão imparcial do juízo. Ora, seria natural encaminhar a teoria discursiva do direito conforme o modelo da ética do discurso, melhor elaborada. Entretanto, nem o primado heurístico dos discursos prático-morais, nem a exigência segundo a qual regras de direito não podem contradizer normas morais, permitem que se conclua, sem mais nem menos, que os discursos jurídicos constituem uma parte das argumentações morais" (op. cit., vol. I, p. 287). Por essa razão é que, também no processo judicial, a *justiça do caso* haverá de ser tomada a

A tópica jurídica aproxima, exagerada e perigosamente, os discursos ético-morais dos discursos jurídicos, acarretando, conseqüentemente, um enfraquecimento das garantias do cidadão. A bem da verdade, a escolha por um método ou outro (e tal escolha, frise-se, é também política) depende da relevância que se dê aos princípios da isonomia, legalidade e segurança jurídica de um lado, e, de outro, o princípio da justiça social. Ou, em outras palavras, é chegada a hora de, na encruzilhada, optarmos pelo caminho do respeito a um direito individual concreto ou pelo caminho do respeito a um direito social difuso: a primeira opção protege o cidadão contra o risco de idealismos sociais;[96] a segunda, vulnera-o.

---

partir da *verdade formal* produzida pelas provas judicializadas, ou seja, deverá levar em consideração um suporte probatório limitado segundo as regras jurídicas de produção e valoração de provas (vedação de provas ilícitas, regras do ônus da prova etc.). Seguir-se a metodologia tópica seria admitirmos a possibilidade de tais limitações sucumbirem, em algumas situações, à busca da realização de uma suposta *justiça social* (assim, p. ex., nem mesmo o maior sonegador fiscal do país, por mais notória que seja a fraude por ele praticada, poderá ser condenado com inobservância do contraditório, apesar de o "interesse social" requerer a sua condenação).

[96] É elucidativa, nesse aspecto, a lição de Chaim Perelman (*Ética e Direito*. Trad. por Maria Ermantina Galvão G. Pereira. São Paulo: Martins Fontes, 1996), ao afirmar que para cada sociedade e para cada espírito existem ações, agentes, crenças e valores, os quais num determinado momento são aprovados sem reserva e deixam de ser discutidos, não sendo portanto necessário justificá-los. Essas ações, esses agentes, essas crenças e esses valores fornecem casos de precedente, modelos, convicções e normas, que permitem a elaboração de critérios para fins de crítica e de justificação de modos de comportamento, de tendências e propostas. Uma vez que estes casos de precedente e modelos se referem a um determinado círculo e podem modificar-se com o tempo e o espaço, a crítica e a justificação não se apresentam, decerto, como intemporais e genericamente válidas. Assim, há que se distinguir entre o "politicamente justo" e o "filosoficamente justo": afirma-se que uma lei é politicamente justa sempre que o poder de coerção de que dispõe uma autoridade legítima é exercido em conformidade com os desejos da comunidade, enquanto uma lei é filosoficamente justa sempre que defenda os valores universais válidos para toda a comunidade, ainda que a vontade geral desta não lhe seja compatível (Cf. LARENZ, Karl. Op. cit., p. 245-246). Assim, agregando-se o "filosoficamente justo" aos valores fundamentais previstos no ordenamento constitucional, teremos de reconhecer que o discurso jurídico que irá prevalecer é o axiomático-constitucional, irrenunciável mesmo no caso de a decisão da comunidade política ser diversa. Vejamos um exemplo: no Brasil, a Constituição Federal vedou, expressamente (e salvo em situações bélicas), a pena de morte. Disso resulta que mesmo no caso de o resultado de um plebiscito (que, diga-se de passagem, não poderia ser legitimamente efetivado) ser favorável à implementação dessa modalidade de pena, ainda assim não poderá tal opinião, embora "politicamente justa", prevalecer validamente. Aliás, isso é até uma decorrência do Estado Democrático de Direito, cuja noção de

Se analisássemos apenas uma decisão de um magistrado que, num caso concreto, valeu-se "corretamente" de princípios constitucionais (*topois*) para uma adequação justa entre o fato e o Direito, até poderíamos ser levados pela empolgação do atingimento específico do Direito ideal.[97] Contudo, não se deve esquecer que esse mesmo método poderá, para outra imensa gama de operadores do Direito, acarretar uma fissura nas garantias mais fundamentais do homem, a pretexto de uma *justiça social* equivocada metologicamente. É verdade que a negação do método tópico poderá acarretar, em alguns casos, a

---

democracia, uma vez tomada em seu sentido substancial, acarreta a estipulação de valores que nenhuma maioria, nem sequer por unanimidade, possa legitimamente decidir acerca da violação de um direito de liberdade ou não decidir a satisfação de um direito social (Cf. FERRAJOLI, Luigi. *Derechos y Garantías. La ley del más débil.* Trad. por Perfecto Andrés Ibánez y Andrea Greppi. Madrid: Trotta, 1999, p. 24). O que se quer dizer, em suma, é que as normas do *dever ser não podem ser inferidas de fatos.*

[97] Há bem pouco tempo atrás deixei-me levar pela liberdade normativa decorrente da tópica jurídica. Em minhas atividades junto ao Conselho Penitenciário Gaúcho, deparei-me com o caso de um apenado (Processo de Execução Criminal nº 568/108, proveniente da comarca de Dom Pedrito), cumprindo pena privativa de liberdade de 5 anos e 4 meses de reclusão em regime semi-aberto, tendo em vista a prática, em 23/08/90, do crime de roubo majorado (art. 157, § 2º, inc. I e II). O apenado havia dado início ao cumprimento da pena em 06/08/97, vindo a progredir para o regime aberto e, posteriormente (em 13/10/99), a obter livramento condicional. A execução de sua pena era completamente regular, sem qualquer incidente em seu desfavor. Solicitou, então, o indulto natalino, na forma do Decreto nº 3.667/00, mas o reconhecimento desse direito, contudo, esbarrava no disposto no art. 10, inc. III, do mesmo decreto, que veda a concessão de qualquer benefício (mesmo a comutação de pena, ao contrário do decreto de 1999) àquele que esteja cumprindo pena pela prática do delito de roubo majorado. Apreciando a questão, manifestei-me pela concessão do indulto ao apenado, com base na declaração incidental da inconstitucionalidade sem redução de texto do art. 10, inc. III, do Decreto nº 3.667/00, visto que tal exigência, à luz do excelente comportamento do preso durante toda a execução da pena, era ofensiva ao *princípio da proporcionalidade* naquele caso concreto, ou seja, a restrição contida no dispositivo citado não possuía aplicação àquele caso concreto, podendo, contudo, ser aplicada a outras situações mais graves. Refletindo melhor sobre o tema, creio que o parecer, hoje, ainda seria no sentido da concessão do indulto natalino, mas com fundamentos diversos: primeiramente, pela inconstitucionalidade do dispositivo à luz do princípio da isonomia (v. nota n. 72, *supra*), dada a injustificabilidade do tratamento diferenciado em relação a outros delitos de igual gravidade (art. 158, p. ex.). Conseqüentemente, também o princípio da proporcionalidade restaria infringido, caso em que a norma deveria ser reputada inconstitucional, mas não só em relação ao caso do processo, senão a todos os demais autores de roubos majorados que satisfaçam as exigências previstas no Decreto nº 3.667/00 (menos a do art. 10, inc. III, por óbvio) para a concessão do indulto natalino.

aplicação *injusta* do Direito no caso concreto,[98] mas tal custo há de ser relevado, em primeiro lugar, pelo benefício de um tratamento relativamente paritário e seguro dos cidadãos perante o Direito, e, em segundo lugar, pela lembrança de que a *Justiça* é um ideal cuja satisfação completa não pode ser atingida em sua plenitude.

O "correto", pois, é buscarmos um ponto de equilíbrio entre os inconvenientes da máxima liberdade legislativa (própria do método dedutivo do Estado Liberal clássico) e da máxima liberdade judicial (própria do método *tópico*), sem se descurar, ao mesmo tempo, do máximo empenho social do administrador. Trata-se da observância de um método que é, ao mesmo tempo: a) *dedutivo* – visto que toda a atividade estatal há de se desenvolver a partir da *argumentação jurídica* obtida com base nos *direitos fundamentais* do cidadão, aplicados isonomicamente; b) *lógico* – pois uma interpretação que não seja conforme às regras da lógica é, conseqüentemente, incorreta,[99] além do que não proporciona um procedimento racionalmente controlável; c) *constitucional* – tendo em vista que a *fonte* dos *direitos fundamentais* é a Constituição Federal e as Declarações de Direitos, segundo o permissivo estipulado no § 2º do art. 5º de nossa Magna Carta; e d) *sistemático* – em razão de o *conteúdo* dos *direitos fundamentais* decorrer de uma atividade hermenêutica que leve em consideração a *dinâmica* da totalidade dos princípios constitucionais, em seu conjunto. Só assim será possível a construção de um sistema jurídico capaz de vincular formal e substancialmente, na medida do possível, os três Poderes do Estado, sem que a um deles seja consignada uma liberdade hermenêutica maior do que a assegurada para os demais.

Vejamos, para finalizar o presente capítulo, as decorrências desse método no Direito Penal.

1.3. Sistematização secularizada do Direito Penal

Como bem aponta Ferrajoli,[100] a secularização do direito, fruto do pensamento iluminista dos séculos XVII e XVIII, foi responsável

---

[98] Seria o caso, em meu ver, da possibilidade de substituição da pena privativa de liberdade do delito de tráfico pela pena restritiva de direitos, na forma do art. 44 do CP, com a redação dada pela Lei nº 9.714. Note-se que a negação desse direito ao traficante abriria uma fissura legal capaz de possibilitar, a um hermeneuta intervencionista (!), a recusa desse mesmo direito a autores de delitos considerados graves segundo o "clamor social".

[99] No mesmo sentido: LARENZ, Karl. Op. cit., p. 165.

[100] *Derecho y Razón. Teoría del Garantismo Penal.* Trad. por Andrés Ibánez, Alfonso R. Miguel, Juan Carlos B. Mohino *et al.* 3 ed. Madrid: Trotta, 1998, p. 218-225.

pela percepção de que o direito não reproduz, nem tem a missão de reproduzir, os ditames da moral, sendo só produto de convenções legais não pré-determinadas ontológica nem axiologicamente, e, ao inverso, os juízos morais não se baseiam no direito, senão só na autonomia da consciência individual. Diferencia-se, pois, o direito "como é" em relação ao direito como "deve ser".

Da primeira das concepções, ou seja, da separação do direito em relação à moral, podem ser entendidas duas situações diferentes, dependendo de sua utilização no sentido *assertivo* ou no sentido *descritivo*. No primeiro caso, trata-se de uma tese teórica acerca da autonomia dos juízos jurídicos em relação a juízos ético-políticos, intimamente ligada à *legitimação interna* ou *validade*. No segundo, é um princípio normativo acerca da autonomia das normas jurídicas em relação às normas morais, de conotação *política* da *justificação externa* ou de *justiça*.

No sentido *assertivo* ou *teórico*, três aspectos são relevantes: a) trata-se de uma tese *metalógica* de aplicação da Lei de Hume, que veta a falácia naturalista resultante da derivação do direito válido – ou como "é" – ao direito justo – ou como "deve ser" –, e vice-versa. Ferrajoli denomina *ideologias* as teses ou doutrinas viciadas por essa falácia, ou porque confundem o "dever ser" com o "ser" – considerando as normas juridicamente válidas enquanto sejam eticamente justas[101] –, ou porque confundem o "ser" com o "dever ser"[102] – considerando eticamente justas as normas enquanto juridicamente válidas; b) também trata-se de uma *tese científica*, pois exclui a falácia de que a idéia de justiça seja uma condição necessária ou suficiente de validade das normas jurídicas, ou seja, supondo que existam normas positivas acerca da produção de normas jurídicas, de modo que qualquer norma de um ordenamento seja passível de análise de sua validade sobre as bases de outras normas do mesmo ordenamento. Isso evidenciou-se na adoção, pelas codificações e pelas constituições, do princípio da *legalidade*; c) além disso, a tese da separação é *metacientífica*, a partir do instante em que evidencia a recíproca autonomia do *ponto de vista externo* em relação ao ponto de *vista interno* no estudo do direito, pois é só com o abandono de qualquer moralismo jurídico que se permite à ciência do direito reconhecer a validade das normas jurídicas de acordo com parâme-

---

[101] Nessa falácia incorrem as doutrinas ou teses *jusnaturalistas* ou de moralismo jurídico. Assim, por exemplo, Thomas Hobbes.

[102] Nessa falácia incorrem as doutrinas ou teses de *legalismo* ou estatalismo ético, como a de Hegel.

tros internos ao ordenamento, e, por outro lado, é só com o abandono de qualquer legalismo ético que se permite ao analista político e ao sociólogo identificar e criticar, com parâmetros externos e não-jurídicos, os perfis de injustiça ou irracionalidade do direito positivo.

Essas três teses constituem a concepção juspositivista do direito e da ciência jurídica, também conhecida como *convencionalismo* ou *formalismo jurídico*, decorrente da filosofia iluminista, em contraposição ao substancialismo do *jusnaturalismo*.

Já no sentido *prescritivo* ou *axiológico*, a separação entre direito e moral impõe que o Direito e o Estado não possuam valores enquanto tais e não tenham fins em si mesmos, senão que se justifiquem na busca de utilidade concreta dos cidadãos, garantindo seus direitos e sua segurança. Esse princípio *político* de liberalismo moderno[103] é produto do *utilitarismo jurídico iluminista*, discurso *metajurídico*, nem verdadeiro nem falso, que evidencia um "dever ser" do Direito e do Estado, acarretando a formulação de três princípios axiológicos, que definem os *fins* e os *limites* do Direito Penal: a) em relação ao *delito abstratamente descrito*, o Direito Penal não tem a função de impor ou de reforçar a moral, senão só a de impedir a comissão de ações danosas a terceiros. Deve-se proibir só o que seja imoral (ou seja, reprovável segundo os princípios constitucionais), mas não só isso, também só o que seja *lesivo a bens jurídicos alheios*. Em outras palavras: o estado não deve reprimir só a imoralidade, senão também a lesão de interesses alheios; b) no que tange ao *processo*, a separação exige que o juízo não verse acerca da imoralidade, do caráter, da personalidade do réu, senão só acerca de *fatos* penalmente proibidos, pois são os únicos que podem ser empiricamente provados pela acusação e refutados pela defesa. Não é a alma do réu o objeto do juízo – já afirmavam Locke[104] e Voltaire[105] –, visto que o julgamento recai sobre o que aquele *fez*, e não sobre o que aquele *é*. Tal princípio atinge-se não através de uma mera legalidade, mas sim pela *estrita legalidade* (v. n. 4.2, *infra*); c) em relação às *penas* e seus modos de *execução*, a dicotomia determina

---

[103] "(...) en primer lugar por estar basada en el valor de la libertad de consciencia de las personas, la igualdad de su tratamiento penal y la minimización de la violencia punitiva; en segundo lugar, por estar destinada únicamente al legislador y no a los ciudadanos, cuya moralidad se considera por el contrario no sólo como jurídicamente irrelevante, sino también como jurídicamente intangible." (FERRAJOLI, Luigi, op. cit., p. 224).

[104] Carta acerca da Tolerância, loc. cit.

[105] VOLTAIRE. *Tratado*, cit.

que a sanção não deva ter por finalidade e conteúdo a transformação moral do condenado, pois o estado não tem o direito de forçar os cidadãos a não serem malvados, nem de alterar suas personalidades – seja almejando, impositivamente, reeducar, redimir, recuperar, ressocializar etc. –, mas sim, somente, que se lesem entre si. Ao lado do dever de não delinqüir existe o direito de ser *malvado*. As penas, assim, não devem perseguir fins pedagógicos ou correcionais, senão que devem consistir em sanções taxativamente pré-determinadas e não agraváveis com tratamentos diferenciados e personalizados do tipo ético ou terapêutico.[106]

Esses princípios embasam a filosofia política de todas as *garantias* penais e processuais, a saber: de estrita legalidade ou taxatividade dos delitos, da exterioridade e materialidade da ação delitiva, da lesividade do resultado, da culpabilidade, da carga da prova, dos direitos de defesa e da correspondente presunção de inocência em ausência de provas e de juízo.

Não se pense, contudo, que os juízos axiológicos estejam completamente abolidos do Direito Penal. Recomenda-se o método secularizado do Direito sempre que a liberdade do indivíduo esteja ameaçada de lesão, seja através de uma proibição, seja através de um processo, seja com uma pena. Nesses casos, o *ideal da segurança jurídica* (v. n. 2.3, *infra*) impõe ao sistema político e jurídico que a liberdade dos cidadãos somente possa ser restringida mediante prescrições "determinadas" aprioristicamente, e, como tais, não dependentes, na medida do possível, de juízos de valor emitidos somente após a realização de um determinado fato. Mas, por outro lado, não se deve esquecer que o Direito Penal não trata somente de prescrições legais dirigidas à sociedade, senão também de prescrições dirigidas ao Estado. Estas, por sua vez, impõem garantias de ampliação da liberdade dos cidadãos, e, nesse sentido, o Direito Penal resta impregnado de *juízos deontológicos*. Pense-se na Teoria Geral do Delito: o que significam, por exemplo, as excludentes da ilicitude, o erro de tipo, o erro de proibição, a inexigibilidade de conduta diversa? Não seriam juízos axiológicos sobre situações fáticas que, a partir do instante em que adquirem uma aceitação geral da comunidade jurídica, passam a comportar previsão legal,

---

[106] Esse terceiro princípio tem suas origens em John Locke (op. cit.), seguido, também, por Anselm von Feuerbach (*Tratado de Derecho Penal*. Trad. por Eugenio R. Zaffaroni e Irma Hagemeier. Buenos Aires: Hammurabi S.R.L., 1989), John Stuart Mill (*Sobre a Liberdade*. Trad. por Alberto da Rocha Barros. São Paulo: Companhia Editora Nacional, 1942) e Francesco Carrara (*Programa de Derecho Criminal. Parte General*. Trad. por Ortega Torres. Bogotá: Temis, 1956, vol. I).

ainda que somente tácita? E não somente isso. Onde está escrito em nosso Código Penal que todo aquele que atua sob coação física irresistível não pode sujeitar-se a uma punição? Existe um dispositivo legal que faça a previsão de que as lesões corporais oriundas de uma luta de boxe não sejam puníveis? Será reprovável a conduta do ladrão que, ao efetuar o furto, conta com o consentimento da vítima em ver-se lesada em seu próprio patrimônio?

Ora, tais indagações são suficientes para demonstrar que a Parte Geral do Direito Penal, antes de ser uma Teoria, é, na verdade, uma Filosofia do Direito Penal, que, em alguns casos, possui previsão legal. Aqui, o verdadeiro cientista penal é aquele que concilia o Direito com os fatos sociais, com as normas e com os valores insculpidos no ordenamento constitucional, e a isso a secularização do Direito não se opõe. Os critérios de justiça e injustiça – não aqueles estabelecidos por qualquer pessoa, mas sim os decorrentes da interpretação axiológica das garantias constitucionais – sempre são levados em consideração no Direito Penal, mas não como forma de limitar a liberdade individual, e sim como mecanismo de ampliá-la.

Seria correto afirmarmos, pois, que a separação entre Direito e Moral é uma prescrição de legitimação do ordenamento penal, principalmente em relação aos tipos penais incriminadores, mas, por outro lado, a fusão entre Direito e Moral (não qualquer Direito, nem qualquer Moral, ressalte-se) é uma prescrição de deslegitimação do mesmo ordenamento, por meio dos "tipos" penais justificadores[107] e dos *princípios constitucionais*. Um Direito Penal *garantista* deve, obrigatoriamente, adotar como método a dualidade-dedutiva da separação entre Direito e Moral, para, a partir disso: a) considerar como normas proibitivas somente as condutas descritas no ordenamento jurídico, e não também no ordenamento moral; b) mas, por outro lado, não reputar como válida qualquer norma proibitiva, mas sim, somente, as condizentes com os *valores* insculpidos no ordenamento constitucional. No primeiro caso, o Direito está completamente separado da Moral; no segundo, é integrado por ela. A isso é que damos o nome de *sistematização secularizada do Direito Penal*.

---

[107] Essa diferenciação entre *tipos penais incriminadores* e *tipos penais justificadores* encontra-se bem evidenciada na obra de Jorge de Figueiredo Dias: *Direito Penal.* Coimbra: Universidade de Coimbra, 1975.

2. Uma ideologia de Direito Penal

> "Alguns homens estão tão veementemente apaixonados por suas próprias opiniões, por absurdas que estas sejam, e estão tão obstinados em mantê-las, que também lhes deram esse respeitável nome de consciência, como se lhes pareceria um crime mudá-las ou falar contra elas; e, assim, pretendem com isso dizer que sabem que são verdadeiras, quando muito, o único que sabem é que eles pensam que são". (Thomas Hobbes)

2.1. SOCIEDADE, ESTADO E DIREITO PENAL

Antes de adentrarmos no conteúdo de uma *ideologia de Direito Penal*,[108] convém ressaltar que a própria visão secularizada do Direito caracteriza-se, por si só, num método prescritivo de abordagem da ciência penal. Sob esse aspecto, a confusão entre Direito e Moral retratada no capítulo anterior é, ainda que só *formalmente*, uma ideologia passível de críticas somente *deontológicas*, e não também *ontológicas*. De nada adiantará escrevermos linhas e mais linhas acerca, por exemplo, do equívoco em que incidiu o substancialismo hegeliano se não atentarmos para o fato de que tal revide não comporta demonstração sob critérios de verdadeiro e falso, mas sim, somente, de justo ou injusto. A secularização do Direito é um método prescritivo – e não descritivo – de sistemática penal que *deve ser* observada tanto pelo legislador quanto pelo aplicador do Direito Repressivo, e, para justificar tal afirmação, impõe-se, agora, estabelecer o conteúdo de tal ideologia.

---

[108] Convém ressaltar, desde já, que a palavra "ideologia" será empregada, no presente trabalho, não no sentido apontado por Ferrajoli, visto no capítulo anterior. Aplicaremos o termo "ideologia penal" no sentido do conjunto de valores, formais e substanciais, que devem deontologicamente ser seguidos pelo Direito Penal.

Há bem pouco tempo atrás, o Mundo assistia estarrecido à descoberta de um soldado japonês que, tendo-se perdido da unidade militar a que pertencia durante a Segunda Guerra Mundial, permaneceu isolado, durante longos anos, numa ilha do Oceano Pacífico, supondo que a batalha a que se tinha submetido não havia, ainda, cessado. Assim como esse exemplo, inúmeros outros relatos existem de indivíduos que viveram isolados durante boa parte de suas vidas, condenados, pois, à a-sociabilidade.

Contudo, esses esporádicos casos de isolamento primitivo não podem servir de embasamento a qualquer concepção epistemológico-indutiva. A própria sobrevivência da espécie humana, ao estar adstrita à procriação, depende da sociabilidade, e, nesse sentido, a sociedade é um fato natural que dita a necessidade de o homem viver com os seus semelhantes. Ainda hoje remoem a mente dos filósofos as palavras aristotélicas no sentido de que, por natureza, e não por mero acidente, o homem que não tem cidade ou Estado, ou é muito mau ou muito bom, ou sub-humano ou super-humano,[109] e hoje é sabido que Darwin confirmou cientificamente a tese de que o homem é naturalmente um animal social, em que pesem as restrições que essa afirmação possa sofrer. Por conseqüência, não deve o filósofo do Direito perder seu tempo, modernamente, indagando acerca da existência histórica ou não da sociedade, mas sim a melhor forma de conduzi-la.

Hobbes afirmara que o estado de natureza equivale a uma constante situação de guerra de todos contra todos, dada a disposição do homem de não buscar a sociedade por si mesma, mas sim para recebermos dela honras e vantagens.[110] A isso poder-se-ia objetar que essa permanente situação de guerra individual jamais se verificou. Como bem assevera del Vecchio, "entre os primitivos, as lutas foram sempre entre grupos e jamais de todos contra todos, ou seja, entre indivíduos e indivíduos. Desta sorte, é legítimo afirmar que o próprio fenômeno da guerra supõe o conceito de sociedade".[111]

O *estado de sociedade* não constitui uma antítese do *estado de natureza* pelo simples fato de ser impossível a existência deste sem aquele. Mesmo o isolamento desejado por alguns homens, como os eremitas, os anacoretas, com propósitos de penitência ou em demanda de condições de aperfeiçoamento, constitui sempre um

---

[109] *Política*, loc. cit., p. 146.

[110] *De Cive*, cit., p. 49-56.

[111] Op. cit., p. 461.

isolamento relativo, que os não privou de todos os benefícios do estado social.[112]

Não se infira, contudo, que a sociabilidade natural do homem, afirmada por Aristóteles, transforme o seu *habitat* natural num local de paz, boa-vontade, assistência mútua e preservação. Se, por um lado, não podemos imaginar o homem como um "lobo de si mesmo", por outro, impedidos estamos de vislumbrar no indivíduo um exemplo de cordialidade e de amor ao próximo. Até mesmo Locke, após ressaltar que o estado de natureza seria um estado de igualdade fundamentado na obrigação dos homens de se amarem mutuamente,[113] acaba por admitir o constante estado de guerra sempre que o convívio social não se encontre regulado por um ente superior,[114] e isso, por certo, fê-lo mais hobbesiano do que ele mesmo poderia imaginar.

Pois bem. Sempre que se deseje estudar a regulação social (e o Direito é um dos instrumentos potencialmente capazes de atingir esse fim), o ponto de partida jamais poderá ser o *indivíduo* considerado isoladamente. Vem de Hegel[115] a idéia de que a sociedade é um aglomerado involuntário de indivíduos que convivem reciprocamente, não por finalidades econômicas, como afirmara ele, mas sim em razão de uma mera necessidade não-planejada.[116] A pessoa só existe na sua relação *mitológica* com o outro, ao passo que a lógica individualista se funda numa identidade separada e fechada sobre si mesma. Não é mais possível considerar o homem isoladamente, senão como integrante de um grupo social. Toda a vida humana decorre sempre da relação, de tal modo que sem o *outro*, o *eu* não existe, e isso já havia percebido Kant ao afirmar que a liberdade do indivíduo somente existe frente à liberdade de outro indivíduo.[117] Sendo a criação do corpo social um ideal involuntário, o que faz o homem conviver em sociedade é tudo, menos a *racionalidade*.[118] A

---

[112] Cf. MARTÍNEZ, Soares. Op. cit., p. 47.

[113] *Segundo Tratado*, cit., p. 83.

[114] Id., ibid., p. 92.

[115] *Princípios da Filosofia do Direito*, cit., p. 168.

[116] Cf. ELIAS, Norbert. *A Sociedade dos Indivíduos*. Rio de Janeiro: Jorge Zahar, 1991.

[117] "A liberdade (independência em relação ao arbítrio constritivo do outro), na medida em que pode coexistir com a liberdade de qualquer outro segundo uma lei universal, é este direito único, originário, que corresponde a todo homem em virtude de sua humanidade" (*La Metafísica*, cit., p. 48-49).

[118] Sobre o assunto, v. SCHMIDT, Andrei Zenkner. A Violência na Desconstrução do Indivíduo. In: GAUER, Gabriel J. Chittó, GAUER, Ruth M. Chittó (org.). *Fenomenologia da Violência*. Curitiba: Juruá, 1999, p. 123-140. MAFFESSOLI, Michel. *O Tempo das Tribos – O Declínio do individualismo nas sociedades de massa*. Trad. por

sociedade, assim como numa melodia formada por diversas notas, não é a simples soma de todos os seus componentes. O todo só pode ser compreendido enquanto tal, e não pela análise separada dos seus elementos formadores. O que se evidencia é que cada indivíduo tem uma *função* no meio em que convive, independentemente de fatores econômicos. Essa função não é *voluntariamente* escolhida e não pode ser alterada. O desempregado não pode, subitamente, ser um dono de fábrica; a bailarina não pode ser um mecânico simplesmente por querer ser um. Essa *rede* imperceptível de funções é mais ou menos imposta aos indivíduos. Pelo nascimento, uma pequena gama de funções já nos são determinadas, tornando a escolha bem limitada. Tudo depende da família originária, da sua situação econômica, da escolarização que se recebe.

Em suma: sociedade é a rede de funções que as pessoas desempenham umas em relação dependente às outras. A relação entre os indivíduos e a sociedade é, pois, uma coisa singular, que não pode ser pensada nem em relação ao todo, nem em relação ao átomo, mas sim em razão de suas relações e funções. O homem não é um ser só, pois que necessita dos demais, ainda que não queira e não perceba.[119] Tanto isso é verdade que os indivíduos nascem, vivem, morrem, sucedem-se uns aos outros, mas a sociedade permanece e conserva a sua forma.[120]

Isso não quer dizer, contudo, que a sociedade seja um ente superior a que estão, incondicionalmente, submetidos os homens que o integram. Nesse sentido, chamado comumente de *organicista*

Maria de Lourdes Menezes. Rio de Janeiro: Forense Universitária, 1987. DUMONT, Louis. DUMONT, Louis. *O individualismo. Uma visão antropológica da ideologia moderna.* Trad. por Álvaro Cabral. Rio: Rocco, 1995.

[119] Nesse sentido: ELIAS, Norbert. Op. cit.

[120] O termo *sociedade* aqui empregado não leva em consideração a visão exclusivamente organicista desta. Como bem afirmara del Vecchio, "o fundamento da sociedade é fato complexo, abrangendo em si muitos e diversos vínculos. Não existe a *sociedade*, mas existem *sociedades*. Se observarmos a realidade social, verificamos que os homens não se agrupam de um só modo, mas de diversos modos, conforme diferentes critérios e fins. Isto quer dizer que temos sociedades de tipos diversos. O sangue é o primeiro vínculo social; ele dá lugar à sociedade dos parentes que se funda no vínculo da geração. O segundo vínculo é o da origem, e traduz-se por certas afinidades – linguagem, costumes e usos etc. – que estão na base da sociedade nacional. Os homens, contudo, podem ainda reunir-se em grupos segundo as atividades ou as profissões que abraçarem, e, sobretudo, atendendo aos modos de produção e distribuição da riqueza; assim se forma a chamada sociedade em sentido econômico. Mas também os une a comunidade de crenças religiosas, fundamento da sociedade religiosa. Poderíamos ainda prosseguir na enumeração. Mas isto basta" (op. cit., p. 467).

ou *antropomórfico*, a sociedade é tomada como um organismo da qual os homens são células, ou como um gigantesco ente composto de corpo e alma. Ao contrário, a sociedade é, isso sim, o próprio inter-relacionamento humano, ou seja, um fenômeno da coexistência. Se, por um lado, não se pode falar em indivíduo sem que se pense em seu meio social, por outro, não se pode falar em sociedade como uma corporação autônoma em relação aos indivíduos que a integram, pois sem as partes, o todo também não existe. Portanto, o fato de a noção de *individualismo* já se encontrar superada não nos autoriza, por si só, a conceber uma *sociabilidade* funcional divorciada dos interesses dos indivíduos componentes. Há que se ponderar, pois, um equilíbrio entre os interesses reconhecidamente sociais e os interesses primordialmente individuais.[121]

Esse necessário inter-relacionamento social nem sempre é pacífico. Diversos agrupamentos sociais vão-se formando segundo interesses comuns de seus integrantes, segundo finalidades próprias eleitas dentro da esfera de disposição humana, e, não raro, tais interesses chocam-se com os de outros agrupamentos sociais. Em algumas situações, o litígio é solucionado pacificamente, mas nem sempre isso é possível. Mesmo nas sociedades mais desenvolvidas (guardadas, por óbvio, as devidas proporções), a discórdia sempre existiu e sempre existirá, e, com ela, a violência surge. É freqüente depararmo-nos com conflitos sociais oriundos de um desejo coletivo (ainda que representado individualmente) de possuir a mesma coisa ao mesmo tempo, sem que isso seja possível. Nesse caso, ou o interessado sucumbe à sua própria impotência – aguardando, pois, que a sua necessidade seja satisfeita de outra forma que não a violenta –, ou, pelas próprias mãos e a qualquer custo, tenta satisfazer seu desejo social.

O que seria melhor ao convívio em sociedade? A possibilidade incondicionada do uso da força, ou a necessária submissão a ver,

---

[121] Como bem ponderam Zaffaroni e Pierangeli, à sociedade em sentido *organicista* ou *antropomórfico* "corresponde um Direito Penal transpersonalista e autoritário, que será mais autoritário quanto mais pretenda identificar a sociedade assim concebido com o Estado. Este Direito Penal não procurará a segurança jurídica para a realização de seus integrantes, mas somente atenderá à realização deste super-ente gigantesco, diante do qual o homem seria pouco mais que nada. Estas concepções não têm cabimento em nosso sistema positivo, posto que nem a Constituição nem a ideologia dos Direitos Humanos toleram o submetimento do homem a um ente superior, mas só a limitação do homem por razões de coexistência, o que, por certo, não é o mesmo" (*Manual de Direito Penal Brasileiro. Parte Geral*. São Paulo: Revista dos Tribunais, 1997, p. 96).

em algumas situações, suas pretensões não realizadas? Em outras palavras: será que os agrupamentos sociais formam-se tendo em vista um ideal pacífico ou, ao contrário, é a guerra que geralmente eles almejam?

Da mesma forma que afirmamos a excepcionalidade da vida eremita, também preferimos agregar tal característica a grupos sociais com finalidades exclusivamente bélicas. Mesmo nas sociedades menos desenvolvidas (pense-se, por exemplo, em tribos indígenas), o ideal vinculativo dos integrantes do grupo é a paz no convívio social, ainda que tal diretriz seja ditada, apenas, pela necessidade. Sendo a paz um pressuposto da existência humana, cremos correto afirmar que toda agregação social – tanto em seu inter-relacionamento, como em seu intra-relacionamento –, sempre tem em mira a autoconservação da espécie. Aquilo que Locke chamava de *estado de natureza*, poderemos dizer, agora, *sociedade*, que possui como ideal originário o fato de que o homem "solicita e deseja se unir em sociedade com outros, que já estão reunidos ou que planejam se unir, visando a salvaguarda mútua de suas vidas, liberdades e bens".[122]

Dessa necessidade é que *deve ser* encarado o surgimento do Estado, como fruto de um dos diversos vínculos oriundos do convívio social. Com efeito, enquanto a Igreja origina-se dos necessários vínculos religiosos numa dada sociedade, e enquanto a produção e a distribuição de riquezas advêm dos necessários vínculos econômicos travados na coletividade, o Estado é o produto de um cogente vínculo político e jurídico dos diversos grupos sociais. Sob esse aspecto, o Estado não passa de uma espécie de sociedade com vínculos peculiares, e aqui a lição de del Vecchio é elucidativa: "O estado não corresponde, porém, à mais vasta forma de sociedade, nem à única. Outras sociedades há, com efeito, como a religiosa ou a nacional, que compreendem maior número de indivíduos, pertencentes a diversos Estados. Todavia, se o estado não representa o vínculo social mais amplo, é, sem dúvida, o mais firme e o mais forte, pois modela com maior energia e determinada precisão as relações de convivência dos indivíduos".[123]

Portanto, não basta para a formação de um Estado a existência de um *povo*, visto que uma mera agregação de pessoas não detém, por si só, a capacidade de soberania em relação às agregações que lhes são estranhas, e, pelo mesmo motivo, também não basta a

---

[122] LOCKE, John. Op. cit., p. 156.
[123] Op. cit., p. 468-469.

existência de um *território*. O que realmente distingue o Estado das demais formas de sociedades é a sua potencialidade de, como *sujeito de Direito*, estabelecer *vínculos jurídicos* impostos a um determinado povo, num dado território, tendo em vista o ideal da *salvaguarda mútua entre os indivíduos*. Sim, porque a vida politicamente organizada depende de os integrantes dos grupos sociais entregarem (ainda que, hoje, perceba-se que tal entrega não é de todo voluntária) a este ente supremo *a administração* de toda a porção da liberdade e dos bens suficiente para a busca do ideal de felicidade de seus integrantes. Não se trata de uma renúncia total de "direitos" em favor do Estado, segundo pensavam Hobbes[124] e Rousseau.[125] É insustentável que se possa imaginar o Estado como "dono" da liberdade dos indivíduos, e até mesmo como "dono" de uma nova liberdade *para* os indivíduos, assim como também seria inviável à convivência social a plena disponibilidade de atuação frente a nossos semelhantes e ao poder soberano. Nesses casos, ou teremos um Estado tirânico, ou eudemonístico, ou anárquico.

---

[124] "Como, pois, a concentração de muitas vontades num só fim não basta para a preservação da paz e a defesa estável, exige-se a presença de uma só vontade de todos em relação aos meios à paz e à defesa. Isto, porém, é inviável se cada indivíduo não submeter sua vontade a uma outra vontade, por exemplo, de um homem, ou de um conselho, de tal modo que, tudo que essa vontade quiser em relação aos meios necessários para a paz comum, seja aceito como vontade de todos e de cada um. (...) Por pacto se obriga cada um dos outros a não resistir à vontade daquele homem ou daquele conselho a que se submeter. (...) Contudo, quem submete sua vontade à de um outro, transfere para este outro o direito ao uso de suas forças e recursos. À medida que os demais fazem o mesmo, o indivíduo a quem se submeteram terá tanta força que poderá moldar a vontade de cada um dos outros para a unidade e concórdia. (...) Assim agindo, abdicaram de seu direito de resistir" (*De Cive*, cit., p. 98-100).

[125] "Essas cláusulas, quando bem compreendidas, reduzem-se todas a uma só: a alienação total de cada cidadão, com todos os seus direitos, à comunidade toda, porque, em primeiro lugar, cada um dando-se completamente, a condição é igual para todos, e, sendo a condição igual para todos, ninguém se interessa por torná-la onerosa para os demais" (*O Contrato Social*, cit., p. 70). Assim, tanto Hobbes quanto Rousseau concebem o contrato social como um *contrato de alienação* dos próprios direitos. Mas, enquanto para Hobbes a alienação acontece em favor do soberano, considerado como uma entidade distinta da multidão que o investe dos próprios direitos (tratando-se, portanto, de um verdadeiro *pactum subiectionis*), para Rousseau a alienação acontece em favor da comunidade inteira, ou do *corpo político*, do qual é manifestação suprema a *vontade geral* (razão pela qual deve-se falar de um *pactum societatis*, em lugar de *subiectionis*), que é exatamente a vontade dos indivíduos contraentes. Diferentemente da renúncia de Hobbes, que leva a abandonar a liberdade natural para obter a servidão civil, a renúncia de Rousseau deveria levar a abandonar, sim, a liberdade natural, mas para reencontrar uma liberdade mais plena e superior, que é a liberdade civil, ou *liberdade no Estado*.

Toda liberdade, tanto interna como externa, cujo exercício não lesa a felicidade geral, não merece administração pelo Estado, visto que seria esta supérflua e, até mesmo, abusiva. Todo ato de autoridade de homem para homem – afirmou Beccaria[126] – que não derive da necessidade absoluta é tirânico. Sendo a *administração* da liberdade conferida ao Estado uma decorrência necessária do ideal pacificador humano, imperioso é reconhecer que cada um só quer colocar no "depósito público" a mínima porção possível, apenas a que baste para induzir os outros a defendê-la.

A busca pelo ideal da *paz social* somente trará benefícios à submissão estatal quando a soberania *administre o interesse geral* (social e individual) fazendo uso, exclusivamente, da parcela necessária de direitos individuais capazes de prover não só o máximo possível de felicidade coletiva, como assinalara o Marquês,[127] mas, também, o mínimo possível de sofrimento individual (v. n. 3.2.1, *infra*). O Estado é um *sujeito de Direito e de obrigações* cuja existência necessita restar justificada, pois, do contrário, preferível será o regresso à luta individual pela autoconservação. Qualquer restrição à liberdade e aos "direitos naturais" (*rectius*: direitos fundamentais) dos indivíduos encontra o seu limite não só na maior felicidade possível das maiorias, como, também, no menor sofrimento possível das minorias. Pensar-se apenas em utilitarismo social é o mesmo que renunciar à percepção de que esse "social" é composto, também, de indivíduos. Esse é o vetor legitimante de todo poder estatal: o desvalor da atuação do Estado será tanto maior quanto maior for o sofrimento causado à sociedade na busca dessa felicidade "geral", e, a *contrario sensu*, o desvalor será tanto menor quanto mais mitigada for tal restrição.

Na busca de legitimação, deverá o Estado atentar para os diversos mecanismos de que dispõe para enfrentar as reações anti-sociais, sem, contudo, esquecer-se da diretriz *maior felicidade-menor sofrimento*. Além disso, não deve o Estado mergulhar no ideal utópico-abolicionista da sociedade perfeita, onde todos os indivíduos convivam pacífica e satisfatoriamente, mas sim, lembrar que a violência sempre existiu e sempre existirá nas sociedades organiza-

---

[126] *Dos Delitos e das Penas*, cit., p. 42-43.

[127] "Consultemos a história e veremos que as leis, que são ou deveriam ser pactos entre homens livres, não passaram, geralmente, de instrumentos das paixões de uns poucos, ou nasceram da necessidade fortuita e passageira; jamais foram elas editadas por um frio examinador da natureza humana, capaz de aglomerar as ações de muitos homens num só ponto e de considerá-las de um único ponto de vista: a máxima felicidade compartilhada pela maioria" (op. cit., p. 39-40).

das. A criminalidade é uma estrutura constante do fenômeno humano, e, por paradoxal que possa parecer, a violência não deixa de representar um certo papel na vida em sociedade. Escreve Michel Maffesoli: *"Volens nolens* a violência está sempre presente; antes de condená-la de uma maneira rápida demais, ou ainda, negar sua existência, é melhor ver de que maneira pode-se negociar com ela. Que forma de artifício pode-se empregar com relação a ela. É a partir de um princípio de realidade desse que é possível apreciar a qualidade de equilíbrio maior ou menor que caracteriza cada sociedade".[128]

Da mesma forma, Max Weber observa que a violência há de ser compreendida não como um fato anacrônico, uma sobrevivência dos períodos bárbaros ou pré-civilizados, mas sim como a manifestação maior do antagonismo existente entre vontade e necessidade.[129] Não se deve pensar ser possível eliminar a luta, pois esta luta é o fundamento de qualquer relação social. E o progresso de um sistema político mede-se, segundo Luigi Ferrajoli, "por sua capacidade de tolerar sensivelmente a desviação social como sinal e produto de tensões e disfunções sociais não resolvidas, e, por outro lado, de preveni-la, sem meios punitivos ou autoritários, fazendo desaparecer suas causas materiais".[130]

Impõe-se admitir, pois, que a criminalidade é, sob determinados aspectos, um fenômeno social necessário ao desenvolvimento, já que demonstra, em sua origem, a falha do sistema político adotado em um determinado país. Com base nisso, é dever do Estado lançar mão de mecanismos que combatam aquilo que Marx[131] denominou de "focos antisociais onde nascem os crimes", seja desenvolvendo estratégias de prevenção de uma conduta, seja reagindo frente à realização dessa conduta.[132]

---

[128] *Dinâmica da Violência*. Trad. Cristina M. V. França. São Paulo: Vértice, 1987, p. 14.

[129] *Economía y sociedad: esbozo de la sociología compreensiva.* [s.t.] 2 ed. Ciudad del México: Fondo de Cultura Econômica, 1964.

[130] Op. cit., p. 343.

[131] *La Sagrada Familia.* [s.t.] Madrid: Akal, 1977.

[132] Essa dicotomia de controle social foi observada já por Feuerbach: "Las instituciones que requiere el estado deben ineludiblemente ser instituciones coativas, fincando en ello, primordialmente, la *coerción física* del estado, que procede a cancelar las lesiones jurídicas de una doble manera: I) Con anterioridad, cuando impide una lesión aún no consumada, lo que tanto puede tener lugar coerciendo a dar una garantía en favor del amenazado como, también, doblegando en forma inmediata la fuerza física del injuriante dirigida a la lesión jurídica. II) Com posterioridad a la injuria, obligando al injuriante a la reparación o a la reposición" (FEUERBACH, Anselm v. *Tratado*, cit., p. 59).

No primeiro caso, temos técnicas de controle social *a priori*, em que o objetivo é a conformidade mental do indivíduo às normas sociais, fazendo com que o mal reste prevenido antes mesmo do seu surgimento. Assim funcionam, por exemplo, o sistema educativo, o sistema sanitário, a política econômica e todos os demais sistemas de organização social. Tais mecanismos, entretanto, longe estão de serem efetivamente eficazes no combate à violência. Como bem ressalvam Bustos Ramírez e Malareé, "toda forma de controle social, e, em particular, o preventivo, apresenta deficiências. A natureza crítica do homem, limitada pelos condicionamentos que se lhe impõe a estrutura social, manifesta a vulnerabilidade dessa forma de controle".[133]

Em virtude de tais dificuldades, e do inevitável surgimento dos "focos antisociais", surge a segunda forma de controle social: a reação. Dependendo da forma através da qual o desvio manifesta-se, a reação poderá agrupar-se em diferentes categorias. Um desvio patológico, por exemplo, deverá comportar uma reação social curativa; um desvio considerado criminoso ensejará uma reação manifestada num processo e, talvez, numa penalização; já um desvio apenas perturbador, acarretará uma reação meramente neutralizadora. Essas três formas de reação, por sua vez, podem ser classificadas segundo a capacidade ou não de o órgão deter como atividade principal o exercício do controle social. Nesse caso, a reação poderá ser *formal* (quando o órgão responsável possui como tarefa primordial o controle *a posteriori*. P. ex.: a polícia, os tribunais etc.) ou *informal* (quando tal atividade é meramente complementar. P. ex.: a família, a escola, os partidos políticos etc.).[134]

Dito isso, indaga-se: em qual das duas categorias de controle social enquadra-se o Direito Penal?

A resposta a tal questionamento depende, inicialmente, da percepção de que a ciência penal é constituída, como bem destacou originariamente Carrara,[135] de três grandes temas que constituem o seu objeto: a proibição, a repressão e o juízo, ou, em outras palavras, o crime, a pena e o processo. O primeiro verifica-se na descrição em abstrato das condutas passíveis de punição; o segundo, na imposição de uma penalidade decorrente da inobservância da proibição; e, por fim, o terceiro, no instrumento, de que se vale o detentor do

---

[133] BUSTOS RAMÍREZ, Juan J., MALAREÉ, Hermán Hormozábal. *Lecciones de Derecho Penal*. Madrid: Trotta, 1997, vol. 1, p. 17.

[134] Id., ibid., p. 18-19.

[135] CARRARA, Franchesco. *Programa*, cit., vol. I, p. 3.

direito de punir, através do qual torna-se possível a inflição da reprimenda.

Percebida tal peculiaridade, pode-se responder, agora, que o Direito Penal é um instrumento de controle social tanto *a priori* como *a posteriori*. Com efeito, as proibições penais previstas abstratamente – e isso é correto afirmar tanto em relação aos sistemas de direito anglo-saxão, como aos de origem romana – são um mecanismo de que se vale o Estado para prevenir a realização de condutas eleitas como anti-sociais, e tal método, inquestionavelmente, é exercido *a priori*. Já a punição e o processo são instrumentos de eficácia *a posteriori* em relação ao desvio, visto que sua utilização somente ocorre a partir do momento em que a normatividade foi desrespeitada.

A moderna preocupação com admissibilidade, fundamentos, limites e formas das penas e das medidas de segurança tem levado muitos autores a sequer perceberem que, antes de querermos justificar uma sanção, importante se faz o estudo do Direito Penal *a priori*, enquanto norma. É comum encontrarmos afirmações no sentido de que o Direito Penal seja apenas uma forma de controle social repressivo – decorrente, em meu ver, da visão de Direito só a partir de uma norma coercitiva –, e essa tem sido a origem dos abusos na utilização legislativa da ciência penal. São freqüentes as definições do Direito Penal no sentido de ser este o conjunto de preceitos cuja inobservância tem por conseqüência a imposição de uma pena ao autor do delito.[136] É inconcebível, atualmente, conceitualizarmo-lo exclusivamente em razão da sanção que é capaz ele de gerar. Os efeitos do Direito Penal não se restringem apenas à potencialidade da reprimenda, indo muito além disso. A mera previsão abstrata de uma conduta passível de punição já desencadeia uma limitação da liberdade social, tendo em vista o ideal pacificador de toda sociedade. Devemos evoluir nossa visão acerca desse ramo do Direito ao ponto de darmo-nos conta de que a restrição à liberdade não se verifica apenas quando da imposição de

---

[136] Nesse sentido: ANTOLISEI, Francesco. *Manual de Derecho Penal. Parte General.* Trad. por Jorge Guerrero y Marino Ayerra Redín. 8 ed. Bogotá: Temis, 1988, p. 1. Assim também pensa Claus Roxin, apenas somando-se às penas também as medidas de segurança: "O Direito Penal compõe-se da soma de todos os preceitos que regulam os pressupostos ou conseqüências de uma conduta cominada com uma pena ou com uma medida de segurança. (...) Pena e medida de segurança são, portanto, o ponto de referência comum a todos os preceitos jurídicopenais, o que significa que o Direito Penal em sentido formal é definido por suas sanções" (*Derecho Penal. Parte General.* Trad. por Diego-Manuel Luzón Peña, Miguel Díaz y García Conlledo e Javier de Vicente Remesal. 2 ed. Madrid: Civitas, 1997, p. 41).

uma *sanção*, senão também com a mera edição de uma *lei* de conteúdo penal e, além disso, também com a potencialidade de sujeitarmo-nos a um *processo penal* (pense-se, p. ex., na potencialidade de o réu, a todo momento, vir a ser preso preventivamente). O apego exacerbado à tentativa de legitimação das penas redundou na falaciosa prescindibilidade de legitimação também das proibições e do processo, visto que a restrição à liberdade é, aqui, quase invisível e difusa.

Em matéria penal, não se pode mais vincular a existência de direitos subjetivos à prática delituosa. Sempre que um crime é praticado, surge, por um lado, o direito subjetivo do Estado de punir o suposto infrator, e, por outro, o *direito fundamental* do infrator em ver respeitadas as suas garantias constitucionais. Mas as relações jurídicas decorrentes não cessam por aí. Como detentor do controle social institucionalizado, o Estado possui o direito subjetivo de editar normas penais, tendo em vista a felicidade da sociedade, sendo que esta, por sua vez, detém o *direito fundamental* de ver sua liberdade restringida somente o necessário para ser atingida tal felicidade. No primeiro caso, o limite do *jus puniendi* estatal encontra-se no respeito às garantias individuais; no segundo, o limite do direito estatal de legislar vai até onde começam as garantias individuais e coletivas dos indivíduos. Com o advento do Estado Democrático de Direito, a noção de direito subjetivo, nos termos até então propostos, há de ser abandonada (ou, pelo menos, reestruturada), visto que toda intervenção estatal não mais se encontra fundamentada na satisfação dos interesses do Estado, e sim no benefício da sociedade. Assim, a todo "direito subjetivo" estatal corresponde um *direito fundamental*[137] que o limita. Só com a percepção de que o Direito Penal tem por objeto o tratamento de todas essas vertentes de subjetividade é que acudirá ao cientista penal a maior proximidade possível do ideal justificador.

---

[137] No que tange à conceitualização de *direitos fundamentais*, é de ser destacada a definição *formal* de Ferrajoli, no sentido de que "são 'direitos fundamentais' todos aqueles direitos subjetivos que correspondem universalmente a 'todos' os seres humanos enquanto dotados do *status* de pessoa, de cidadão ou de pessoas com capacidade de atuar; entendendo-se por 'direito subjetivo' qualquer expectativa positiva (de prestação) ou negativa (de não sofrer lesões) adstrita a um sujeito por uma norma jurídica; e por *status*, a condição de um sujeito, prevista também numa norma jurídica positiva, como pressuposto de sua idoneidade para ser titular de situações jurídicas e/ou autor dos atos que exercitam estas" (*Derechos y Garantías. La ley del más débil*, cit., p. 37). V., também, FERRAJOLI, Luigi. *Derecho y Razón*, cit., p. 908-920.

Assim, não mais se pode definir o Direito Penal a partir das Penas ou das Medidas de Segurança. Tais critérios são importantes, mas longe estão de elucidar o conteúdo que deles se espera. Penas também existem em outros ramos do Direito, como o Civil, o Tributário etc., só que, nestes, o máximo que a sanção poderá alcançar é o patrimônio do infrator. Não se pense que o Direito Penal, em virtude disso, diferencie-se dos demais ramos do Direito em virtude da natureza da sanção. Hoje, mais do que nunca, as sanções de natureza pecuniária adentram na legislação repressiva, impregnando-a de um mercantilismo exacerbado e desvirtuado. Ontologicamente,[138] inexiste diferença entre tais ramos do Direito. Todos eles impõem, como conseqüência de uma sanção, tanto obrigações de dar, como obrigações de fazer, fungíveis e infungíveis. Em essência, qual seria a diferença entre a decisão do juiz, decorrente de uma ação de reparação de danos, que determina ao réu a pintura de um muro por ele danificado, e a decisão de outro juiz, proferida num processo penal, que determina ao réu cumprir a mesma prestação? Qual a diferença entre uma multa aplicada num processo penal, como sanção pela prática de um crime, e uma multa aplicada num procedimento fiscal, como decorrência do não-recolhimento de um tributo? Penso que o melhor critério, capaz de distinguir o Direito Penal dos demais ramos do Direito, é a *potencialidade* que este possui de lesar o maior de todos os bens jurídicos: a liberdade externa dos indivíduos, em seu sentido mais estrito. O Direito Civil, o Tributário e o Administrativo, por exemplo, não comportam sancionamento direto à liberdade externa individual, mas isso, por certo, só é perceptível na forma de controle social *a posteriori*. Sob o aspecto da *prevenção* (controle *a priori*), todos os ramos do Direito possuem, de uma forma ou de outra, a característica de tentar evitar o desvio social (seja uma sonegação, seja uma infração funcional, seja um crime), mas só o Direito Penal possui a *potencialidade* de, caso o comportamento reprovável concretize-se,

---

[138] A palavra *ontologia* pode ser tomada em dois sentidos: o *metafísico* e o *hermenêutico*. O primeiro já fora empregado pela filosofia aristotélica, sendo retomado, em tempos mais recentes, por Wolf como sinônimo de "filosofia primeira" ou "do ser enquanto ser". Já o segundo é objeto da filosofia que estuda as categorias mais gerais da existência, as suas "estruturas" na compreensão mais vasta, que sob o aspecto do "fato de existir", que sob o da essência do existente. Trata-se, nas palavras de Heidegger, do "ser tomado como existência em geral", e não como simples *sendo* (*Dasein*) (cf. LEGRAND, Gerard. *Dicionário de Filosofia*. Trad. de Armindo José Rodrigues e João Gama. Rio de Janeiro: Edições 70, 1992, p. 288). Neste segundo sentido é que foi empregado no texto.

chegar ao limite de restringir a liberdade do desviado. E tal potencialidade, frise-se, existe não só nas penas, como, também, nas proibições e no processo.

Por outro lado, não mais se restringe, também, o moderno Direito Penal a um "conjunto de preceitos". Direito Penal é muito mais do que isso; é um *sistema de integração entre fatos, valores e normas*, e cujo desenvolvimento encontra-se sujeito à observância de princípios básicos que, além de possuírem conteúdo axiomático, estão arrolados expressamente em nosso ordenamento jurídico. A tarefa do cientista penal não mais pode estar adstrita à visão exclusivamente dogmática do Direito Repressivo, senão também deve sujeitar-se à preocupação de como tal ramo do Direito *deveria ser* para melhor satisfazer a coletividade. O grande desafio está posto: de que forma essa *integração* é possível?

A resposta a essa pergunta será desenvolvida até o final do presente capítulo, mas, de antemão, pode-se conceitualizar o Direito Penal, ainda que só sob o aspecto *formal*, como o *sistema capaz de sancionar condutas, e cuja observância ou inobservância acarreta a possibilidade de restrição da liberdade externa, tanto da maioria não-desviada, como da minoria desviada socialmente.*[139]

2.2. POR QUE PROIBIR?

Para Kant, o convívio em sociedade somente é possível com a observância do *imperativo categórico*, ou seja, "atua externamente de tal modo que o uso livre de teu arbítrio possa coexistir com a liberdade de cada um segundo uma lei universal".[140] Um dos mecanismos de que se vale o Estado para atuar segundo esta "lei universal" - ao menos no âmbito de sua respectiva jurisdição – é o Direito Penal, ou seja, o direito que tem o soberano de impor, àquele que lhe está submetido, uma pena pela prática de seu delito. Nesse caso, sendo a lei penal, na visão kantiana, também um *imperativo categórico* que, como tal, estaria desprovido de toda utilidade, não poderá ela (a lei penal), para Kant, atuar como meio para fomentar

---

[139] Convém ressaltar que, doravante, a preocupação do presente trabalho restringir-se-á à análise desse mecanismo apriorístico de controle social, principalmente em relação às proibições penais abstratas, ainda que com breves, mas necessárias, incursões nas penas cominadas em lei. Não teremos por objetivo a justificação das penas e do processo, mas sim, somente, da norma penal.
[140] *La Metafísica*, p. 40.

104   *Andrei Zenkner Schmidt*

outro bem, seja para o delinqüente mesmo, seja para a sociedade civil, senão que se a deve impor só *porque se delinqüiu.*

Em linhas semelhantes, asseverou Hegel que a imposição de uma penalidade tem por fundamento a *retribuição jurídica.*[141] Hegel interpreta o fato punível como "algo negativo", ou seja, como vulneração do Direito no sentido de sua negação. Esta vulneração supõe uma pretensão de validade, sendo que a pena vai ao encontro de tal pretensão, como "vulneração da vulneração", e, com isso, como "restabelecimento do Direito".[142]

O que há de comum entre ambos, portanto, é o fundamento eminentemente *retributivo*, não só da pena, mas também de todo o Direito Penal. Proíbe-se, pune-se e processa-se *porque* se delinqüiu, e não *para não se delinqüir.* Conseqüência disso é que, caso aceite-se como correto o mero fundamento *retributivo* do Direito Penal, não servirá este de mecanismo de controle social, posto que deixaria de ser *categórico*, para ser *hipotético.* Conseqüentemente, prescindir-se-ia até mesmo de leis penais incriminadoras, pois, sendo o limite de minha liberdade a liberdade alheia, bastaria aos indivíduos observarem tal imperativo para, então, atuarem de forma adequada socialmente. A segurança na condução de vida seria ditada, apenas, pela não-lesividade à liberdade alheia, e, caso tal diretriz restasse inobservada, aí sim ver-se-ia o agente sujeito a uma punição, como *retribuição* pelo mal causado. O fundamento da proibição, para esses dois autores, é o *quia peccatum*, o passado, e não o futuro.

Sobre o assunto, é de ser ponderado, inicialmente, que a justificação do Direito Penal só será alcançada se, além de oferecida uma resposta convincente ao "por que castigar?", também o "por que proibir?" e o "por que julgar?" restem satisfatoriamente respondidos. E isso as concepções retribucionistas não fazem, senão vejamos.

Em que pese a autoridade de Hegel e Kant, suas visões particulares do Direito Penal são insustentáveis. Primeiramente, porque a complexidade do inter-relacionamento social afasta a possibilidade de, *a priori*, sabermos exatamente quando a liberdade do próximo começa e onde a minha termina. O convívio social estaria praticamente tolhido com base nessa mera retribuição – seja ela ética, seja jurídica –, já que o medo da punição redundaria na impossibilidade, inclusive, de as pessoas pensarem.

---

[141] *Princípios da Filosofia do Direito*, cit., p. 83-93.

[142] Cf. JAKOBS, Günther. *Derecho Penal. Parte General.* Trad. por Joaquin Cuello Contreras e José Luis Serrano Gonzales de Murillo. 2 ed. Madrid: Marcial Pons, 1997, p. 23.

Poder-se-ia contra-argumentar que Kant e Hegel admitiam a existência de leis penais incriminadoras, estando suprida, com isso, a insegurança oriunda do *imperativo categórico*. Ora, caso aceite-se a previsão legal de condutas passíveis de punição, a própria teoria *retributiva* cairia por terra, já que as proibições estão voltadas para o futuro, e a *retribuição* tem em mira o passado. Bastaria a formulação da pergunta "por que proibir?" para que Kant e Hegel caíssem na contradição de terem de afirmar que somente as penas têm finalidade *retributiva*, e não também as proibições. Se estas não têm por finalidade *reparar o mal causado*, qual é, então, o seu fim? Por que existem os tipos penais incriminadores? Mesmo no caso de os retribucionistas admitirem a retroatividade das leis penais, ainda assim sua concepção seria falha, visto que a cada conduta deveria ser editado um novo tipo penal incriminador específico, com eficácia retroativa. Bastaria aos adeptos das teorias absolutas admitirem a possibilidade de um tipo incriminador alcançar uma conduta futura para que todo o ideal *retribucionista* restasse destruído, ao menos como fundamento justificador das proibições. Se se afirmar que a norma existe *para retribuir com uma pena as futuras condutas anti-sociais,* estar-se-á agregando uma característica *utilitarista* a essa norma, visto que não pode ela reparar algo que ainda não existe. Como bem assevera Ferrajoli, "as doutrinas retribucionistas não estão em condições de dar resposta à (e nem sequer formulam) pergunta por que proibir?, que está pressuposta logicamente pela de por que castigar? Tanto para as doutrinas da retribuição moral como para as da retribuição jurídica, com efeito, as proibições penais, como as penas, têm fundamento em si mesmas: no desvalor ético ou em qualquer caso metajurídico assinalado pelas primeiras ao delito em si (*prohibitum quia peccatum*) e pelas segundas à violação do dever geral e metajurídico de obedecer as leis (*peccatum quia prohibitum*)".[143]

Dito isso, pode-se chegar à conclusão de que as proibições penais não são justificáveis em si mesmas, mas sim em razão de alguma *utilidade*. Vimos no parágrafo anterior que o Direito é um dos mecanismos de que se vale o Estado para assegurar a liberdade individual, e o Direito Penal, enquanto norma incriminadora, constitui um dos instrumentos capazes, mas não suficientes, de atingir esse fim. Sendo correto afirmar que a prática de um desvio social grave causa uma insatisfação social, forçoso será concluir que a atividade do Estado deverá ter por meta evitar que esse mal se

---

[143] *Derecho y Razón*, cit., p. 257.

repita. Para tanto, terá ele de fazer uso das técnicas de controle *a priori* da sociedade vistas há pouco, em uma das seguintes modalidades: ou coage fisicamente os cidadãos, ou coage-os psicologicamente a não delinqüirem.

A primeira alternativa é inviável. Somente fatos concretos são capazes de evidenciar a probabilidade de o desvio se repetir, e isso tem de ser aceito, a não ser que se pretenda sustentar a possibilidade de uma punição antes mesmo da prática de um crime. Segundo Feuerbach, "a coerção física é insuficiente para impedir as lesões jurídicas, dado que a coerção prévia unicamente é possível quando tem como pressuposto fatos reais que permitam ao Estado reconhecer a certeza ou probabilidade da lesão. A coerção posterior, por sua vez, só é possível pressupondo já uma lesão jurídica, sendo seu objeto a obtenção de um bem como reparação".[144]

Resta, portanto, a coação psicológica, como forma de se evitar previamente o surgimento da lesividade social, e, nesse aspecto, a fundamentação do Direito Penal tem sido desenvolvida por diversas ideologias, reunidas todas na matiz comum das denominadas Teorias Relativas ou Utilitárias.

Podem elas ser classificadas, inicialmente, segundo o objeto sobre o qual recai a prevenção: sendo o criminoso, denominam-se *teorias da prevenção especial*; sendo a sociedade, *teorias da prevenção geral*.

As primeiras, por sua vez, subdividem-se em duas vertentes: a) *teorias da prevenção especial positiva*, segundo a qual a pena tem por finalidade a *ressocialização* do delinqüente;[145] b) *teorias da prevenção especial negativa*, caso em que a pena, sempre que o criminoso não demonstre a possibilidade de ser ressocializado, tem por meta *eliminá-lo* ou *neutralizá-lo*.[146]

Da mesma forma, também as segundas apresentam-se dicotomicamente: a) *teorias da prevenção geral positiva*, que dispõem a

---

[144] Op. cit., p. 59.

[145] As origens de tal concepção estão estabelecidas no pensamento de Platão, quando afirmou que "nenhum homem sensato castiga porque se pecou, mas sim para que não se peque". O caráter ressocializador da pena, contudo, passou a ter uma abordagem sistemática principalmente pelas mãos de Franz v. Liszt, quando, em seu *Der Zweckgedanke im Strafrecht*, datado de 1882, asseverou que, além da *intimidação* e da *neutralização*, também possui a pena a finalidade *corretiva* do delinqüente (*La Idea de Fin en el Derecho Penal*. [s.t.] Ciudad de México: Universidad Nacional Autónoma de México y Universidad de Valparaíso de Chile, 1994, p. 112). Também é adotada, dentre outros, por Karl Grolman.

[146] Nesse sentido as teorias de Henrique Ferri, Rafael Garófalo (baseados nos ensinamentos de Cesare Lombroso), Filippo Grispini etc.

necessidade de imposição de uma pena a fim de que a população convença-se de que a lesão ao Direito efetivamente acarreta uma punição a todos aqueles que pretendam imitar o ato do delinqüente (função *integradora* da pena);[147] b) *teorias da prevenção geral negativa*, que estabelecem como fundamento do Direito Penal a *intimidação* da sociedade a não realizar a conduta descrita no tipo penal incriminador, sob pena de sujeitar-se à sanção.[148]

De um modo geral, todas essas teorias são passíveis de críticas, inicialmente, por tentarem fundamentar o Direito Penal, em sua totalidade, a partir da fundamentação da pena. Como falamos linhas atrás, o Direito Penal é composto não só de penas, mas também de proibições e de processos, e qualquer justificação que se deseje dar a este ramo do Direito deve possuir a capacidade de fundamentar esses três momentos em que se desenvolvem os seus efeitos. Devemos atentar para o fato de que não é só o condenado que está sujeito às nefastas decorrências do Direito Repressivo, mas também o processado e, genericamente, o indivíduo.

Das quatro teorias expostas, a única que se preocupa com a fundamentação das proibições é a *preventivo geral negativa*, principalmente pelas mãos de Feuerbach. Ainda hoje seriam aceitáveis, ao menos em sentido geral (dês que entendidas a partir de um plano normativo), suas palavras no sentido de que "Todos os delitos têm

---

[147] Modernamente, tal concepção é sustentada por Günther Jakobs. Baseado na filosofia de Nikolas Luhmann, dispõe ele que a"missão da pena é a manutenção da norma como modelo de orientação para os contatos sociais. O conteúdo da pena é uma réplica, que tem lugar às custas do infrator, frente ao questionamento da norma" (op. cit., p. 14). Segundo Roxin, "no aspecto positivo da prevenção geral 'comumente se busca a conservação e o reforço da confiança na firmeza e poder de execução do ordenamento jurídico. Diante disso, a pena tem a missão de 'demonstrar a inviolabilidade do ordenamento jurídico ante a comunidade jurídica, e, assim, reforçar a confiança jurídica do povo. (...) Em realidade, na prevenção geral positiva podem-se distinguir, por sua vez, três fins e efeitos distintos, se bem que imbricados entre si: o efeito de aprendizagem, motivado socialpedagogicamente; o 'exercício na confiança do Direito que se origina na população em virtude da atividade da justiça penal; o efeito de confiança que surge quando o cidadão percebe que o Direito se aplica; e, finalmente, o efeito de pacificação, que se produz quando a consciência jurídica geral tranqüiliza-se, em virtude da sanção, sobre o desrespeito à lei, considerando solucionado o conflito com o autor" (op. cit., p. 91-92). Sobre o assunto, v. também, do mesmo autor: *Problemas Fundamentais de Direito Penal*. Trad. por Ana Paula dos Santos Luís Natscheradetz. 3 ed. Lisboa: Veja, 1998, p. 15-48.

[148] Tal intimidação pode ser obtida de duas formas: ou mediante a previsão abstrata de condutas passíveis de punição – segundo pensava originariamente Anselm von Feuerbach – ou mediante a imposição de uma pena sobre o criminoso, servindo este de exemplo à comunidade – Hobbes, Locke e Beccaria.

sua causa psicológica na sensualidade, na medida em que o desejo do homem é o que o impulsiona, por prazer, a cometer a ação. Este impulso sensual pode ser evitado na condição de que cada um saiba que a seu fato há de seguir, impreterivelmente, um mal que será maior que o desgosto emergente da satisfação de seu impulso ao fato".[149]

Essa doutrina, ao querer prevenir as normas penais, constitui fundamentalmente uma teoria da ameaça penal. Mas constitui, também, uma teoria da imposição e da execução da pena, visto que disso depende a eficácia de sua ameaça.[150] A razão geral da necessidade e da existência da pena, tanto na lei como em seu exercício, é a necessidade de preservar a liberdade recíproca de todos mediante a anulação do impulso sensual dirigido às lesões jurídicas. Assim, evocando novamente as lições do filósofo jusnaturalista alemão, o objetivo da *cominação* da pena na lei é a intimidação de todos, como possíveis protagonistas de lesões jurídicas, e, por outro lado, o objetivo de sua *aplicação* é dar fundamento efetivo à cominação legal, visto que, sem a imposição da sanção, toda previsão legal resultaria ineficaz. Posto que a lei intimida a todos os cidadãos, e que a execução deve dar efetividade à lei, resulta que o objetivo mediato da aplicação é, sempre, a intimidação da sociedade mediante a lei.[151]

---

[149] Op. cit., p. 60. Isso já havia sido afirmado, anteriormente, por Hobbes: "para cada uma das injúrias, são estabelecidas penas em proporção tal que resulte claro para o infrator que cometer injúrias é um mal maior do que não cometê-las" (*De Cive*, cit., p. 103); e por São Tomás: "À lei pertence induzir todos os homens à observância dos mandamentos. E isto fazia-o a Antiga Lei por temor aos castigos" (*Tratado das Leis*, cit., p. 23).

[150] Cf. ROXIN, Claus. *Derecho Penal*, cit., p. 90.

[151] Op. cit., p. 61. Costuma-se criticar a fundamentação preventivo-geral-negativa com os seguintes argumentos: "Estas teorias [prevenção integrativa] aprenderam a seguinte lição da crítica à prevenção por intimidação: nada se sabe faticamente sobre os efeitos de um Direito Penal que se baseia na intimidação, razão pela qual um tal Direito não é normativamente tolerável. Ou seja, as arestas foram polidas, lixadas e desgastadas, enquanto as engrenagens mecanicistas se afrouxaram. A partir de então, o Direito Penal não deve apenas intimidar as pessoas propensas à prática de crimes através da previsão abstrata de penas e de sua aplicação àquele que seja colhido em suas malhas, mas sim, já pela sua mera existência atuante, reafirmar eficazmente frente a todos nós os mandamentos e proibições fundamentais que ele encerra" (HASSEMER, Winfried. Histórias Penais na Alemanha do Pós-Guerra. In: *Três Temas de Direito Penal*. Porto Alegre: Escola Superior do Ministério Público, 1993, p. 54). Tal objeção, contudo, peca por vício metodológico, posto que procura legitimar teoricamente os fundamentos do Direito Penal a partir de sua "existência atuante". O mais grave, contudo, é que os sustentadores da prevenção geral positiva esquecem-se de que a integração somente é viável

Tal fundamentação encontra amparo na visão secularizada do Direito, visto que não confunde Direito com Moral. Primeiramente, porque a intimidação legal situa-se no plano do *dever ser*, ou seja, é um ideal que toda norma deve buscar, e isso não é passível de crítica no plano do *ser*. Não é porque uma determinada norma não intimidou efetivamente a sociedade que se poderá considerá-la deslegitimada, visto que tal crítica esbarraria na Lei de Hume, segundo a qual de premissas descritivas não se podem extrair conclusões prescritivas.

Além disso, também permanece inerte à objeção kantiana, segundo a qual o homem não pode servir como objeto para fins alheios. Se a intimidação exerce-se sobre toda a sociedade, a coação psicológica acaba por recair em todos, sem exceção. Esse é o motivo de a *prevenção geral negativa* ser capaz de fundamentar somente as proibições, e não também as penas, já que se estaria apenando um criminoso com objetivos outros que não o seu próprio bem-estar.

Inobstante isso, também essa ideologia é de ser rotulada, senão de equivocada, de incompleta, visto que é capaz de fundamentar aquilo que Radbruch denominou, ao referir-se ao ordenamento fascista, como o "Direito Penal terrorista".[152] Sim, porque o exclusivo apego à finalidade intimidatória do Direito Penal autorizar-nos-ia a pensar que, em sendo praticado um crime, a intimidação não teria sido suficiente; se, agravando-se a pena, ainda assim fosse praticado um novo crime, também a intimidação não fora suficiente, e assim por diante. O ponto de chegada dessa concepção seria sempre, como bem assinalou Bettiol,[153] a pena de morte, e, como tal, seria capaz de fundamentar sistemas autoritários de *Direito Penal máximo*.

O vício da concepção encontra-se no exclusivo apego ao objetivo do Direito Penal, exposto por Beccaria,[154] como a busca

para fundamentar a pena *in concreto*, de nada valendo para justificar a proibição penal. Deve-se fundamentar o Direito Penal a partir das suas conseqüências fáticas, e não já antes delas; a mera proibição abstrata já há de restar justificada, posto que o Direito Penal é um ramo do Direito que interfere na liberdade das pessoas antes mesmo de ser ele efetivamente aplicado. Tal percepção é fundamental para que entendamos, principalmente, que o legislador não é ilimitado em seu poder legiferante em matéria penal, e, baseando-se exclusivamente na *integração*, impossível será o desenvolvimento dessa forma de controle.

[152] Op. cit., p. 321.

[153] BETTIOL, Giuseppe. *Direito Penal*. Trad. por Paulo José da Costa Júnior e Alberto Silva Franco. São Paulo: Revista dos Tribunais, 1966.

[154] Op. cit., p. 40.

pela "máxima felicidade compartilhada pela maioria", muito bem percebido, modernamente, por Luigi Ferrajoli.

2.2.1. O utilitarismo reformado de Luigi Ferrajoli

Qualquer que seja o modelo de *justificação*, percebe-se que o fim utilitário, de Beccaria e Bentham, da "máxima felicidade dividida entre o maior número", foi o responsável pela formulação de um sistema penal máximo, em que *meios* e *fins* são considerados de forma heterogênea, ou seja, o *meio* é o delinqüente, enquanto o *fim* é a coletividade. E isso fez com que, como pondera Ferrajoli, "meios penais e fins extrapenais, ao referirem-se a sujeitos distintos, resultassem heterogêneos entre si e incomensuráveis, de maneira que os males que representam os primeiros não são empiricamente comparáveis, nem eticamente justificáveis, com os bens representados pelos segundos".[155]

Com isso, chega o autor italiano a uma conclusão: ao lado do máximo bem-estar possível dos não-desviados, há que se fundar um utilitarismo também no mínimo mal-estar necessário dos desviados. A visualização apenas do primeiro aspecto faz incorrer o seu defensor na crítica de Carrara e de Bettiol, no sentido de que o fato de haver sido cometido um crime demonstra que é necessária uma maior severidade na próxima punição, elegendo o infinito como o limite das sanções. Como é óbvio, esse aspecto não fixa limite máximo das penas, mas deveria, isso sim, fixar seus limites mínimos.

Esqueceram-se as doutrinas, tanto justificacionistas como abolicionistas, que a *prevenção* não tem em mira somente a prática de delitos, mas sim, também, um mal antitético a ele, e que corresponde ao mal da *vingança privada*, informal, selvagem ou arbitrária. E esse é o segundo e fundamental fim justificador do Direito Penal: não só o *ne peccetur*, mas também o *ne punietur*; não se tutela só o ofendido, senão também o delinqüente frente às reações informais. Assim, enquanto o fundamento da pena mínima cominada em lei é a *intimidação* da sociedade, o fundamento do *máximo* de pena, por outro lado, é a prevenção da *vingança desregrada*.

Ferrajoli busca a origem de seu *utilitarismo reformado* no pensamento iluminista de John Locke e Christian Wolf, que pregavam a intervenção do direito como forma de se evitar a vingança privada.[156]

---

[155] Op. cit., p. 331.

[156] "Como no estado de natureza não há hierarquia nem jurisdição, todos possuem esse direito de punir" (LOCKE, John. Op. cit., p. 85).

Com essa idéia, pois, funda-se um utilitarismo voltado não só para a *defesa social*, mas também, e principalmente, para a *defesa individual*, pois que o Direito Penal nasceu quando "a relação bilateral ofendido/ofensor é substituída por uma relação trilateral, em que se situa numa posição de terceiro imparcial uma autoridade judicial".[157]

Disso resulta que a prevenção geral dos delitos seja uma finalidade menos essencial ao Direito Penal, que é exercitável não pela aplicação da pena, mas sim pela descrição abstrata de uma conduta tida como criminosa. Tem, assim, o Direito Penal uma dupla função preventivo-negativa: a) a prevenção geral dos delitos (*fim*), que se concretiza pelas (por *meio* das) proibições legais, e que determina os *limites mínimos* das penas; e b) a prevenção geral das penas arbitrárias e desproporcionais (*fim*), que se concretiza pela (por *meio* da) estatalização das punições, e que determina os *limites máximos* das penas. Uma reflete o interesse da maioria não-desviada; a outra, o interesse da minoria desviada, ou que se supõe que assim o seja.

Ferrajoli, dessa forma, explicita os quatro porquês da maior relevância da *defesa individual*: a) primeiro, porque o fim da *defesa social* não é idôneo para justificar o *meio* eleito – já que o mero temor da pena não é suficiente para prevenir os delitos –, enquanto o fim da *defesa individual* é empiricamente atingido, ainda que só com penas modestas ou simbólicas; b) segundo, porque a *defesa social* sempre ocupou o lugar mais alto no pensamento dos legisladores e das autoridades públicas, enquanto o fim da *defesa individual* tem sido relegado a segundo plano;[158] c) terceiro, porque só o segundo

---

[157] Id., ibid., p. 333.

[158] Essa realidade está bem presente em nosso país. Basta notar, por uma análise superficial de nosso ordenamento jurídico, que entre 1970 e 1979 – em pleno regime ditatorial (!) – foram editadas aproximadamente 11 leis ordinárias com conteúdo penal (são elas: 5.741/71, 6.001/73, 6.091/74, 6.192/74, 6.368/76, 6.416/77, 6.435/77, 6.453/77, 6.538/78, 6.638/79, 6.766/79), aumentando esse número para 23 entre os anos de 1980 e 1989 (são elas: 6.815/80, 6.910/81, 6.938/81, 7.106/83, 7.134/83, 7.170/83, 7.209/84, 7.210/84, 7.291/84, 7.347/85, 7.450/85, 7.492/86, 7.505/86, 7.565/86, 7.643/87, 7.649/88, 7.679/88, 7.716/89, 7.752/89, 7.802/89, 7.805/89, 7.853/89, 7.960/89), chegando, por fim, à assustadora cifra de 44 leis ordinárias com conteúdo penal editadas entre 1990 e 1999 (assim: 8.021/90, 8.069/90, 8.072/90, 8.078/90, 8.080/90, 8.137/90, 8.176/91, 8.212/91, 8.213/91, 8.245/91, 8.257/91, 8.313/91, 8.383/91, 8.429/92, 8.653/93, 8.666/93, 8.685/93, 8.864/94, 8.884/94, 8.929/94, 8.935/94, 8.974/95, 9.029/95, 9.034/95, 9.069/95, 9.099/95, 9.100/95, 9.112/95, 9.249/95, 9.263/96, 9.279/96, 9.296/96, 9.430/96, 9.434/97, 9.437/97, 9.455/97, 9.456/97, 9.472/97, 9.503/97, 9.504/97, 9.605/98, 9.609/98, 9.613/98, 9.615/98). Fonte: *Código Penal*. São Paulo: Saraiva, 1999.

fim é suficiente e necessário para fundamentar um sistema de Direito Penal mínimo e garantista; d) e quarto, porque só o segundo fim é suficiente para distinguir o Direito Penal dos demais sistemas de controle social – de tipo disciplinário, policial e, inclusive, terrorista.

Com base nesses dois fins, percebe-se que a função do Direito Penal é a proteção do mais fraco em relação ao mais forte: do mais fraco ofendido ou ameaçado pelo delito, assim como o mais fraco ou ameaçado da vingança; contra o mais forte, que, no delito, é o delinqüente e, na vingança, é a parte ofendida em relação aos sujeitos públicos ou privados solidários a eles. E essa é a legitimação do Direito Penal – que é democrática, mas, ao mesmo tempo, garantista – como forma de *tutela dos direitos fundamentais*, definindo estes normativamente os âmbitos e limites daquele enquanto *bens* que não estão justificados lesionar nem com os delitos, nem com os castigos. *Garantismo* é, pois, "a tutela daqueles valores ou direitos fundamentais cuja satisfação, ainda que contra os interesses da maioria, é o fim justificador do Direito Penal: a imunidade dos cidadãos contra a arbitrariedade das proibições e dos castigos, a defesa dos mais frágeis mediante regras do jogo iguais para todos, a dignidade da pessoa do imputado e, por conseguinte, a garantia de sua liberdade mediante o respeito também de sua verdade".[159]

Um Direito Penal só encontra justificação se a prevenção obtida mediante a violência da pena for menor que a violência desencadeada caso esse não existisse. Em outras palavras: os custos do Direito Penal devem ser menores que os custos da anarquia punitiva. A pena e as proibições estão justificadas como um *mal menor*.

Com base nessas premissas, Ferrajoli fixa seu novo modelo de justificação. Um modelo que exclui a confusão entre direito e moral, que responde às perguntas "por que proibir?" (para atingir a *defesa social*) e "por que castigar?" (para evitar a vingança arbitrária e ilimitada), que exclui autojustificações apriorísticas de modelos de Direito Penal máximo e permite somente justificações *a posteriori* de modelos de Direito Penal mínimo, e que permite uma reposta adequada sem que esta esbarre na objeção kantiana. Afirmamos, linhas atrás, que a função do Estado, ao desenvolver suas técnicas de controle social formalizado, é o bem-estar dos cidadãos, não no sentido de torná-los *bons*, segundo pensava São Tomás,[160] mas sim a

---

[159] FERRAJOLI, Luigi. Op. cit., p. 335.
[160] "A lei pode, mediante o castigo, impulsionar os homens a serem bons" (op. cit., p. 32).

proporcionar-lhes os mecanismos capazes de escolherem a própria felicidade. Pois bem. Se necessário for lançar mão do Direito Penal, deverão os detentores do poder atentarem para o fato de que, primeiramente, a *felicidade* buscada é dos indivíduos, e não deles mesmos – e aqui encontra-se a adequação de tal utilitarismo frente ao regime democrático. Mas, por outro lado, o conteúdo de tal *felicidade* é o equilíbrio entre a máxima felicidade dos não-desviados e o mínimo sofrimento possível dos desviados, em nome do respeito aos direitos fundamentais do cidadão.[161]

2.3. COMO PROIBIR?

Uma vez estabelecido o conteúdo do utilitarismo penal, importa desenvolver, agora, a melhor *forma* de tal meta ser atingida.

Assim como os homens, em sua relação com a natureza, somente se orientam na medida em que podem encontrar regularidades,[162] do mesmo modo, a orientação dos "contatos sociais" somente resulta possível se não há que contar, a cada momento, com qualquer comportamento imprevisível de outra pessoa. Do contrário, cada "contato social" converter-se-ia num risco imensurável, restando ao homem o melhor caminho do isolamento. O mero fato de iniciar um contato social é já um sinal de que não se espera, dos demais, nenhuma atuação indeterminada. Se se decepciona essa expectativa, para o decepcionado surge um conflito frente ao que atuou de modo imprevisível, visto que, com a decepção, evidencia-se uma desintegração entre o balanço dos sucessos em cuja produção estava ele interessado e aqueles outros efetivamente realizados. Diante disso, o modelo de orientação do decepcionado deve submeter-se a uma revisão.[163]

Se isso é verdadeiro no que tange ao inter-relacionamento individual, também deverá sê-lo no que tange às relações travadas entre o Estado e os indivíduos. A vida numa sociedade organizada somente será justificável caso os "contatos estatais" também desenvolvam-se segundo uma regularidade, segundo uma previsibilida-

---

[161] V., também, SCHMIDT, Andrei Zenkner. As Razões do Direito Penal segundo o Modelo Garantista. In: *AJURIS - Revista da Associação de Juízes do Rio Grande do Sul*. Porto Alegre, set/99, vol. 75, p. 136-158.

[162] *"O homem sempre teve necessidade de um freio..."*, já afirmara Voltaire (op. cit., p. 117).

[163] Cf. JAKOBS, Günther. Op. cit., p. 9-10.

de. Sendo o Estado o *administrador* daquela parcela necessária de liberdade de todas as pessoas – tendo em vista a diretriz de harmonização entre elas –, imprescindível será que eventuais restrições a essa liberdade sejam devidamente esclarecidas ao homem com a antecedência e a clareza necessárias, a fim de que possa ele não vir a decepcionar-se futuramente. Como bem asseveram Zaffaroni e Pierangeli, "O asseguramento das existências simultâneas (coexistência) se cumpre com a introdução de uma ordem coativa que impeça a guerra de todos contra todos (guerra civil), fazendo mais ou menos previsível a conduta alheia, no sentido de que cada um saiba que seu próximo se absterá de condutas que afetem entes que se consideram necessários para que o homem se realize em coexistência, que é a única forma em que pode auto-realizar-se. Estes entes são os bens jurídicos ou direitos. A função de segurança jurídica não pode ser entendida, pois, em outro sentido que não o da proteção de bens jurídicos (direitos) como forma de assegurar a coexistência".[164]

Com efeito, qualquer Estado que se deseje intitular um Estado de Direito – ou seja, um Estado que não só condiciona, mas que também é condicionado por normas jurídicas – deve proporcionar ao povo a *felicidade* de saber *a priori* a melhor forma de se conduzir, e o Direito Penal, sendo um dos mecanismos de prescrições estatais, deve proporcionar essa *segurança jurídica*. Isso porque, nas palavras de Hobbes, "grande parte dessa liberdade, inofensiva para uma Cidade e necessária para a vida feliz dos cidadãos, depende de que não haja nenhuma ameaça de penalidades afora as que eles possam prever ou esperar".[165]

Poder-se-ia objetar, e isso freqüentemente tem sido levantado, que o Direito Penal tutela mais bens jurídicos de uns do que de outros, que os delitos causam "alarme" a certos grupos e não a outros ou, ao menos, não a todos em igual medida, e que o "sentimento de segurança da comunidade" seria, em definitivo, um mito, dada a pluralidade de grupos sociais com diversidade e antagonismo de interesses, poder e objetivos.[166]

Tal objeção, contudo, encontra-se viciada metodologicamente pela inobservância da Lei de Hume. Não é pelo fato de em nosso país encontrarmos uma segurança jurídica praticamente nula que se poderá afirmar que tal *ideal* esteja incorreto. Se não atentarmos para isso, toda a argumentação do presente trabalho não passaria de um

---

[164] Op. cit., p. 94.

[165] *De Cive*, cit., p. 176.

[166] Cf. ZAFFARONI, Eugenio Raúl, PIERANGELI, Henrique. Op. cit., p. 95.

conto romântico e fictício. Nesse sentido, são irrefutáveis, novamente, as palavras de Zaffaroni e Pierangeli: "o objetivo do Direito Penal é uma meta política: ainda que sempre se tutelem mais os bens de uns que de outros, o Direito Penal deve tender a diminuir estas diferenças e a procurar a igualação das tutelas; ainda que o sentimento de segurança seja grupal e se dilua na pluralidade de grupos diferentes e antagônicos, o Direito Penal deve contribuir para diminuir os antagonismos, fomentar a integração e criar as condições para uma generalização comunitária do sentimento de segurança jurídica, que será maior na medida em que a estrutura social seja mais justa (maior grau de justiça social) e, em conseqüência, cada homem sinta que é maior o espaço social de que dispõe e a comunidade lhe garante ou, ao menos, deve procurar não aumentar os antagonismos e as contradições".[167]

Não se deve esquecer, por outro lado, que o mero *ideal de segurança jurídica* não justifica, por si só, o Direito Penal. Basta lembrar que a própria *lei de talião* era a mais perfeita confirmação de tal segurança, já que todos os indivíduos tinham a certeza de que todo olho lesionado resultaria na perda individual de seu equivalente, e o mesmo se pode afirmar acerca das *leis draconianas*, que estabeleciam a pena de morte para todos os delitos.

O que se está querendo afirmar é que a *segurança jurídica* é uma tese ideológica não da finalidade do Direito Penal, mas sim dos meios de que se vale este para atingir o *ideal utilitarista* visto há pouco. Em outras palavras: *a felicidade dos desviados e dos não-desviados somente poderá ser atingida caso estejam eles seguros dos meios utilizados pelo Estado para atingir tal fim.* À indagação "como proibir?", responde-se: com segurança. Não se deve esquecer que a ciência penal moderna e garantista não tolera, por um lado, a prescrição idealista da defesa social (*organicista* ou *antropomórfica*) no sentido de que os fins justificam os meios, e, por outro, a prescrição substancialista-retributiva de que os meios justificam os fins. Nas palavras de Roxin, "um Estado de Direito deve proteger o indivíduo não só *mediante* o Direito Penal, senão também *do* Direito Penal. O ordenamento jurídico não só há de dispor de métodos e meios adequados para a prevenção do delito, mas também há de impor limites ao emprego da potestividade punitiva, a fim de que o cidadão não reste desprotegido e à mercê de uma intervenção arbitrária ou excessiva do 'Estado Leviatã".[168]

---

[167] Id., ibid., p. 95.
[168] Op. cit., p. 137.

E isso também é uma decorrência da secularização do Direito, que, em relação ao "como proibir?", determina a observância de dois princípios fundamentais: o primeiro, que dita a verdadeira fonte de produção das leis penais incriminadoras; o segundo, que dita o exato conteúdo dessas leis.[169] Lá, a segurança jurídica é obtida quanto à origem normativa; aqui, quanto ao alcance da lei. Vejamos quais são esses princípios.

2.3.1. O Princípio da Separação dos Poderes

Aristóteles, em sua obra *A Política*, havia percebido a necessidade de se dividir toda Cidade em três zonas: a primeira, ligada à celebração da guerra e da paz, à definição das leis, à aplicação das penas e à fiscalização dos magistrados; a segunda, à administração da cidade; a terceira, às funções judiciais.[170]

Posteriormente, também John Locke (nesse aspecto, refutando as idéias de Hobbes) baseava a sua teoria política na separação tripartida entre os poderes legislativo, executivo e federativo: o primeiro, com o poder de editar as leis; o segundo, com a atribuição de executar as leis internas da sociedade sobre todos aqueles que dela fazem parte; e o terceiro, com a tarefa de administrar a segurança e o interesse público externo, com todos aqueles que podem lhe trazer benefícios ou prejuízos.[171]

Foi Montesquieu, contudo, o sistematizador do *princípio da separação dos poderes*, como forma de se limitar o próprio poder soberano: "Para que não se possa abusar do poder, é preciso que, pela disposição das coisas, o poder limite o poder".[172] Isso é possível mediante a separação do Estado em três poderes distintos: o legislativo, o executivo e o judiciário, com atribuições para, respectivamente, fazer as leis, executar as resoluções públicas e julgar os crimes ou as querelas entre os particulares.[173]

---

[169] Thomas Hobbes, embora sem admitir a tripartição dos poderes, já havia percebido essa imposição da segurança jurídica: "É necessário à essência da lei que os cidadãos tomem conhecimento de duas coisas: primeiro, qual pessoa, homem ou corte, tem o poder supremo, isto é, o direito de fazer leis; segundo, o que diz a própria lei"(id., ibid., p. 184).

[170] Loc. cit., Livro VI.

[171] *Segundo Tratado*, cit., Cap. XII.

[172] Op. cit., Livro XI, Cap. IV.

[173] Id., ibid., Livro XI, Cap. VI. Kant também concebera, posteriormente, a tripartição dos poderes, dando um relevo todo especial, contudo, ao poder legislativo: "Cada Estado contém em si três poderes, ou seja, a vontade universal unida numa tripla pessoa: o poder soberano (a soberania), que recai na pessoa do

De lá para cá, a grande maioria dos Estados acabou por contemplar, em suas constituições, a divisão dos poderes entre órgãos de um mesmo ente, com variantes relacionadas à harmonia e ao equilíbrio entre eles. Historicamente, três documentos constitucionais consagraram, desde os séculos XVIII e XIX, o princípio da separação dos poderes: a Constituição dos Estados Unidos de 1787 (arts. I, II e III), a da França, de 1791 (arts. 3º a 5º), e a da Bélgica, de 1831 (arts. 26 a 30). No Brasil, todas as Constituições – salvo a de 1937 – contemplaram, expressamente, o princípio da separação dos poderes. Depois do desastre de 1937, nem as Constituições outorgadas pela ditadura de 1964, sem embargo da violência de seu autoritarismo, ousaram tocar neste princípio.[174]

O certo é que qualquer Estado de Direito que prime pela manutenção da liberdade dos cidadãos deverá ater-se, em primeiro lugar, para a necessidade de as leis serem editadas por um poder que não seja o responsável pela administração do Estado (e vice-versa), já que poderia este editar leis abusivas com a finalidade de, abusivamente, administrar o ente público, e, ademais, de isentar-se à sua própria obediência.[175] Segundo Rousseau, "O legislador, sob todos os aspectos, é um homem extraordinário no Estado. Se o deve ser pelo gênio, não o será menos pelo ofício. Este não é a magistratura, nem é soberania. Tal ofício, que constitui a república, não pertence à sua constituição, por ser uma função particular e superior que nada tem de comum com o império humano, pois, se aquele que governa os homens não deve governar as leis, o que governa as leis não deve também governar os homens: de outra forma, suas leis, instrumentos de suas paixões, freqüentemente não fariam mais do que perpetuar suas injustiças e jamais ele poderia

---

legislador; o poder executivo, na pessoa do governante (seguindo a lei); e o poder judicial (adjudicando o seu de cada um segundo a lei), na pessoa do juiz" (*La Metafísica*, cit., p. 142.).

[174] Cf. BONAVIDES, Paulo. *Curso de Direito Constitucional*. 6 ed. São Paulo: Malheiros, 1996, p. 508.

[175] Locke já havia afirmado que "não convém que as mesmas pessoas que detêm o poder de legislar tenham também em suas mãos o poder de executar as leis, pois elas poderiam se isentar de obediência às leis que fizeram e adequar a lei à sua vontade, tanto no momento de fazê-la quanto no ato de sua execução, e ela teria interesses distintos daqueles do resto da comunidade, contrários à finalidade da sociedade e do governo" (op. cit., loc. cit.). Da mesma forma, Montesquieu dispõe que "Quando, na mesma pessoa ou no mesmo corpo de magistratura, o poder legislativo está reunido ao poder executivo, não existe liberdade; porque se pode temer que o mesmo monarca ou o mesmo senado crie leis tirânicas para executá-las tiranicamente" (op. cit., loc. cit.).

evitar que pontos de vista particulares alterassem a integridade de sua obra".[176]

Por outro lado, inexistiria segurança jurídica, também, caso o poder legislativo pudesse ser transferido a qualquer outro órgão estatal, visto que o povo estaria impossibilitado de tomar conhecimento, *a priori*, de qual lei deveria seguir. "O legislativo não deve nem pode transferir para outros o poder de legislar, e nem também depositá-lo em outras mãos que não aquelas a que o povo o confiou", ressalvou Locke.[177] A separação do poder judiciário frente aos demais é um imperativo assegurador da liberdade, visto que o poder de dizer o direito não pode ter a capacidade de, ao mesmo tempo, criá-lo, sob pena de os indivíduos, além de ficarem adstritos à vontade de um só homem, desconheceriam com antecedência a verdadeira regulação dos "contatos sociais".[178]

Em matéria penal, a efetiva garantia da liberdade dos cidadãos depende de que as proibições estejam descritas aprioristicamente pelas mãos do detentor, segundo os ditames constitucionais, do poder de legislar num determinado país. A este não é dado o poder de, mediante seus próprios editos, administrar o Estado ou julgar os delitos. As leis, uma vez em vigor, vincularão a atividade social e estatal da nação, e isso faz com que, ao Poder Executivo, seja dada a atribuição de administrar segundo os ditames desta,[179] e, por outro lado, ao Poder Judiciário, a incumbência de julgar somente em conformidade com as leis que foram editadas sob o crivo do procedimento formal insculpido no ordenamento máximo. A democracia deve ser a prescrição fundamental a ser observada pelo legislador, e, com menor rigor, pelos juízes, visto que a estes deve ser dada a independência de poder julgar alguém ainda que contrariamente à opinião pública. Nesse sentido, é de ser citada a lição de Ferrajoli: "O fundamento da divisão dos poderes e da

---

[176] *Do Contrato Social*, loc. cit., p. 110-111.

[177] Op. cit., p. 164.

[178] Montesquieu novamente ressalva que "Tampouco existe liberdade se o poder de julgar não for separado do poder legislativo e do executivo. Se estivesse unido ao poder legislativo, o poder sobre a vida e a liberdade dos cidadãos seria arbitrário, pois o juiz seria o legislador. Se estivesse unido ao poder executivo, o juiz poderia ter a força de um opressor" (id., ibid.).

[179] Esse limitação do Estado segundo os ditames da lei vai de encontro à visão estatal-totalitária de Hobbes, no sentido de que as leis vinculavam somente os cidadãos, e não também a autoridade soberana (*De Cive*, cit., p. 108). Por outro lado, também não se coaduna com a visão kantiana da soberania, visto contemplar no legislador o verdadeiro poder soberano e irrepreensível que, como tal, há de se furtar a limitações (op. cit., p. 147).

independência da função judicial frente aos poderes legitimados majoritariamente repousa, em suma, não só na intrínseca ilegitimidade de funções jurisdicionais informadas pelo princípio da autoridade, seja qual for a autoridade que as exerça, senão também no princípio da verdade. Este se funda, por sua vez, na necessidade de preservar da opressão da maioria não desviada precisamente aquele a que se supõe desviado, de tal forma que um juiz possa absolvê-lo inclusive contra a vontade de todos. Por razões diversas, mas convergentes, a verdade do juízo e a liberdade do inocente, que constituem as duas fontes de legitimidade da jurisdição penal, requerem órgãos terceiros e independentes de qualquer interesse ou poder: a verdade, pelo caráter necessariamente livre e desinteressado da investigação do verdadeiro; as liberdades – da liberdade pessoal à do pensamento, dos direitos de defesa às liberdades políticas –, porque equivalem a outros tantos direitos dos particulares frente ao poder e aos interesses da maioria. Por isso, a aplicação de penas não pode ser nunca matéria de administração ou de governo; nem pode estar informada por critérios de discricionariedade ou de oportunidade, como ocorre com a atividade administrativa e a política. Ao contrário destas, a função jurisdicional não intervém em casos gerais em função de interesses gerais, senão em casos particulares e, mais concretamente, individuais. O interesse penal geral encontra-se satisfeito preventivamente pela função legislativa, a qual está confiada a definição em abstrato de figuras de delito. Se à maioria (...) também fosse confiado o poder judicial, de ajuizamento e/ou de acusação, colocar-se-ia em perigo as liberdades dos dissidentes e seus espaços legítimos de desviação".[180]

A sociedade somente se poderá considerar protegida contra os arbítrios do poder estatal quando, por um lado, ao legislador seja dado tão-só o direito de criar leis *taxativas* (v. n. 2.3.2, *infra*) e condizentes com o ideal democrático; ao administrador seja dado o poder de governar em nome do povo e tendo em vista a sua *felicidade* (v. n. 2.2.1, *supra*), segundo os ditames do Direito posto; e, por fim, ao juiz seja dado, exclusivamente, a atividade de aplicar (e sujeitar-se à aplicação) o Direito *válido*, além de fiscalizar a sua correta observância. Isso supõe que se conceba o Direito Penal não somente como instrumento de prevenção de delitos, mas também como técnica de minimização da violência e do arbítrio na resposta ao delito.[181]

---

[180] Op. cit., p. 545.
[181] Cf. FERRAJOLI, Luigi. Id., ibid., p. 546.

2.3.2. O Princípio da Taxatividade das Proibições

Sendo o Direito Penal um "mal necessário", que se impõe como um dos mecanismos de controle social, e detendo ele um fundamento eminentemente utilitário, capaz de determinar que a norma proibitiva, enquanto tal, possua por função *intimidar* (mediante a previsão de uma pena) a sociedade a não realizar a conduta nela descrita – limitada esta intimidação pelas garantias constitucionais do cidadão –, forçoso é concluir que, em substância, deverá tal norma obedecer a certas características a fim de que esse fundamento possa comportar a eficácia que dele se espera. Essas características podem ser enumeradas da seguinte forma:

a) *leis escritas:* o ideal da segurança jurídica determina que toda proibição, a fim de que possa efetivamente intimidar, deverá ser reduzida a um documento escrito. Esse ditame já fora percebido por Beccaria, ao afirmar que "sem a escrita, uma sociedade jamais terá uma forma fixa de governo, onde a força seja um efeito do todo e não das partes e onde as leis, inalteráveis senão pela vontade geral, não se corrompam passando pela profusão dos interesses privados".[182]

Até porque, se admitirmos a afirmação hobbesiana de que *"todo delito é um pecado, mas nem todo pecado é um delito"*,[183] chegaremos ao consenso de que, em todo Estado de Direito, a produção de um fato novo que, em si, considere-se reprovável socialmente, somente sujeitará o seu autor às penalidades legais se, *formalmente*, tal conduta encontrar-se prevista em lei e definida como criminosa. "O roubo, o adultério e o homicídio, e toda sorte de injúrias, são proibidos pelas leis da natureza, mas o que se deve chamar, num cidadão, roubo, homicídio, adultério ou injúria, será determinado não pela lei natural, mas pela lei civil", afirmara Hobbes.[184] Sob esse aspecto, todo delito há de ser considerado fruto do *direito positivado*, a menos que se pretenda aceitar a concepção totalitário-substancial do Estado, impregnada nas palavras de Carnelutti no sentido de que "não há nenhuma verdadeira razão através da qual um ato socialmente lesivo, não expressamente previsto pela lei penal, não possa ser castigado".[185]

---

[182] Op. cit., p. 48-49.
[183] *Leviatán*, cit., p. 235.
[184] *De Cive*, cit., p. 109.
[185] Lequità nel diritto penale. In: *Rivista di Diritto Processuale Civile*. Milão [s.e], 1935, vol. I, p. 105, *apud* FERRAJOLI, Luigi. Op. cit., p. 199.

b) *leis genéricas:* da mesma forma, toda lei penal incriminadora deve ser genérica, ou seja, sua normatividade deve atingir o povo de uma forma homogênea, evitando as desigualdades e as exclusões oriundas das diferenças econômicas e sociais da coletividade. Deve o legislador, portanto, atentar sempre para a generalidade de uma lei, visto que todos os desvios sociais atinentes a pessoas determinadas, ou a coletividades específicas, não podem ser erigidos à categoria de proibições legais. Segundo Locke, "Ele deve governar por meio de leis estabelecidas e promulgadas, e se abster de modificá-las em casos particulares, a fim de que haja uma única regra para ricos e pobres, para o favorito da corte e o camponês que conduz o arado".[186]

Outro corolário da *generalidade legal* encontra-se ligado à vigência espacial das normas. A mutação do estatuto repressivo, dentro do mesmo Estado, é um ditame não recomendável aos ordenamentos jurídicos que desejem filiar-se ao ideal da segurança jurídica. Chamamos isso de *federalização do Direito Penal*, prática essa constante em países cuja origem do Direito está ligada ao sistema anglo-saxão, e que revela iniqüidades, por vezes, assustadoras.

c) *leis determinadas:* se a finalidade de toda proibição legal é a *intimidação* da sociedade, somente o emprego de termos claros e delimitados *a priori* poderá prescrever aos indivíduos a exata maneira de se portarem frente a seus semelhantes. A utilização de expressões ambíguas acabará por conferir a um momento posterior – principalmente no ato de *julgar* - o exato conteúdo da lei, e isso, por certo, fere o *princípio da separação dos poderes.*[187] Em outras

---

[186] Op. cit., p. 169. No mesmo sentido, Rousseau: "Quando digo que o objeto das leis é sempre geral, por isso entendo que a Lei considera os súditos como corpo e as ações como abstratas, e jamais um homem como um indivíduo ou uma ação particular. Desse modo, a Lei poderá muito bem estatuir que haverá privilégios, mas ela não poderá concedê-los nominalmente a ninguém; a Lei pode estabelecer diversas classes de cidadãos, especificar até as qualidades que darão direito a essas classes, mas não poderá nomear este ou aquele para serem admitidos nelas; pode estabelecer um governo real e uma sucessão hereditária, mas não pode eleger um rei ou nomear uma família real" (Id., ibid., p. 107).

[187] "Se o legislador – qualquer que seja o motivo – não logra expressar-se com a suficiente precisão para que a semântica dos conceitos que emprega seja clara, coloca o poder judicial, e também o executivo, num lugar que, segundo a divisão dos poderes, não lhe estão reservados. A divisão dos poderes deixa de funcionar, porque se confunde a separação das respectivas funções legítimas. Um dos poderes ocupa o campo do outro, ou, o que é pior: não se sabe com exatidão onde estão os limites. Estes limites são, em boa medida, construções da linguagem; ou a linguagem tem êxito, ou fracassa uma parte da divisão dos poderes" (cf. HASSEMER, Winfried. *Crítica al derecho penal de hoy.* Trad. por Patricia S. Ziffer. Bogotá: Universidad Externado de Colombia, 1998, p. 16-17).

palavras: não é o juiz quem deve ditar, posteriormente à prática de um fato tido como criminoso, o exato conteúdo de um elemento do delito, já que, neste caso, estaria ele avocando a si uma atividade que não lhe pertence. Nesse ponto, é de ser descrita a lição de Soares Martínez: "Não poderá ser-se tão exigente em relação à beleza formal das normas, do seu enunciado. E nem poderá pretender-se do legislador que tenha sempre primores de literato. Mas há mínimos de beleza formal abaixo dos quais o legislador poderá correr o risco de situar-se. A linguagem da lei tem de ser minimamente correta. Sem quebras de gramática, sem repetições que tornem o respectivo texto de difícil entendimento. Sem utilização de expressões de sentido equívoco, ou desconhecido dos destinatários. Será inadmissível, por exemplo, que, no mesmo diploma legislativo, um vocábulo seja usado com significados diversos. E seria desejável mesmo que, num mesmo ordenamento jurídico, a cada palavra correspondesse sempre um sentido igual e inequívoco".[188]

Em nome da busca pela perfeição da técnica legislativa, e tendo em vista o ideal secularizado do Direito Penal, não deve o legislador utilizar termos *vagos* e *indetermináveis* nas proibições legais, já que a existência do crime ficaria sujeita aos axiomas individuais do aplicador da lei, revestindo-se este, pois, de *legislador a posteriori*. Isso gera *insegurança social*, pois que, além da existência de uma lei indeterminada, teremos a potencialidade de ser proferida, também, uma decisão judicial indeterminada, possibilitando aos detentores do poder judicial um decisionismo informado por critérios subjetivos de justiça substancial ou meramente política. A história é pródiga em fornecer-nos exemplos de modelos jurídicos em moldes estritamente *éticos*, com prescrições legais indeterminadas e elásticas que possibilitam, ao final, a utilização incondicionada da *analogia* como forma de adequação típica. Basta lembrar o *tätertyp* ("tipo de autor") nazista, ou o "inimigo do povo" do modelo soviético-estalinista...

Além disso, também as penas cominadas às proibições devem deter as mesmas características. Toda lei penal deve fazer do benefício do crime um valor muito aquém do custo da sua prática, e isso somente poderá ser mensurado mediante a previsão de penas também determinadas. Como bem assinala Beccaria, "Quanto maior for o número dos que compreenderem e tiverem entre as mãos o sagrado código das leis, menos freqüentes serão os delitos,

---

[188] Op. cit., p. 423.

pois não há dúvida de que a ignorância e a incerteza das penas propiciam a eloqüência das paixões".[189]

d) *leis conhecidas:* de nada valerá a edição de uma proibição se aqueles a quem é dirigido o imperativo legal não dispuserem de mecanismos capazes de lhes proporcionarem o amplo conhecimento de seu conteúdo. Para tanto, deve-se valer o poder público do instrumento da publicação do diploma legislativo em veículo especializado e de grande circulação, sob pena de o desconhecimento da lei impedir a sua própria aplicação.

Outra decorrência da necessidade de *cognição* legislativa é que uma lei não é passível de transgressão por condutas anteriores a ela.[190] Toda restrição à liberdade dos indivíduos, decorrente da edição de uma lei de conteúdo penal, somente comporta aplicação àqueles que, apesar de seu conhecimento, ainda assim "optaram" pela prática delituosa.

e) *leis permanentes:* por fim, a taxatividade de um diploma legal depende do fato de a lei não comportar uma duração definida de vigência. Leis editadas sob situações excepcionais ou emergenciais, ainda que se possam considerá-las necessárias, evidenciam uma manifesta lesão à segurança jurídica da sociedade, elevando ao máximo os custos da utilização do Direito Penal. É cediço que as freqüentes alterações legais abrem facilmente o caminho às iniqüidades, porquanto, segundo Jerónimo Osório, "assim como, quando mexermos muito numa árvore e a transplantarmos de um lugar para outro, ela não poderá chegar a criar fundas raízes, assim também a república não poderá firmar-se em qualquer base se a revolverem freqüentes vicissitudes e alterações das leis. (...) Quando as leis mudam a cada instante, é com maior facilidade que se dão ao desprezo, e, não se cumprindo as leis, logo se perturba a vida, pervertendo-se os costumes e arruinando-se, por completo, a república".[191]

---

[189] Op. cit., p. 48.

[190] Nesse sentido, Hobbes: "O dano infligido por um fato perpetrado antes de existir uma lei que o proíba não é pena, senão um ato de hostilidade, pois antes da lei não pode existir transgressão. (...) Nenhuma lei feita depois de realizar-se uma ação pode fazer desta um delito" (*Leviatán*, cit., p. 237).

[191] *Da Instituição Real e sua Disciplina*, Lisboa, 1944, p. 186 e 365, *apud* MARTÍNEZ, Soares, op. cit., p. 423-424. Rousseau já havia, também, manifestado-se nesse sentido: "O que torna a constituição de um Estado verdadeiramente sólida e duradoura é que sejam as conveniências de tal modo observadas, que as relações naturais e as leis permaneçam sempre de acordo nos mesmos pontos, e que estas só façam, por assim dizer, assegurar, acompanhar e retificar aquelas" (Id., ibid., p. 129). É de todo conveniente, por fim, transcrever o alerta suscitado por Locke: "a

Analisadas todas essas características, pode-se afirmar que, sob o aspecto da *taxatividade*, um ordenamento jurídico-penal encontrará justificação sempre que suas normas aproximarem-se o máximo possível dos fatores elencados.

2.4. O QUE PROIBIR?

Vimos que, nos Estados Democráticos de Direito, a edição de tipos penais incriminadores encontra fundamentação na persuasão da sociedade em não lesar os bens jurídicos eleitos constitucionalmente e, ademais, na necessidade de evitar-se a utilização da vingança privada e desinstitucionalizada sempre que um delito seja perpetrado. Vimos, também, que o primeiro fundamento (intimidação) depende, por um lado, de os poderes executivo, legislativo e judicial observarem os limites ínsitos de cada uma de suas atividades, e, por outro, de que as leis com conteúdo penal revistam-se da taxatividade necessária à eficaz persuasão social.

Já o segundo fundamento do Direito Penal (o desvalor da repressão desregrada e incondicional) encontra sua instrumentalização na observância daquilo que denominaremos *princípio da necessidade estrita*, cujo conteúdo reveste-se de três outros subprincípios: princípio da necessidade (*lato sensu*), princípio da lesividade e princípio da culpabilidade. Isso porque a mera *intimidação* das proibições legais somente é capaz de justificar a *admissibilidade* do Direito Penal, mas não também os seus *limites*. Sendo o Direito Penal um mal necessário, há que se estabelecer nitidamente um "mecanismo de freio" à repressão estatal intimidatória, sob pena de restar esse ramo do Direito deslegitimado por sua superfluidade. Enquanto que o primeiro fundamento é um corolário de todo Estado de Direito, o segundo é a mais perfeita corroboração do Estado Democrático, inibindo toda atividade estatal absolutista tendente a legitimar um ordenamento jurídico-penal leviatânico, ilimitado e abusivo.[192]

---

humanidade estará em uma condição muito pior do que no estado de natureza se armar um ou vários homens com o poder conjunto de uma multidão para forçá-los a obedecer os decretos exorbitantes e ilimitados de suas idéias repentinas, ou a sua vontade desenfreada e manifesta no último momento, sem que algum critério tenha sido estabelecido para guiá-los em suas ações e justificá-las" (op. cit., p. 166).

[192] Aqui reside a grande fissura do modelo estatal hobbesiano. O Estado não pode valer-se dos meios e da força particular de cada um como melhor lhe pareça

Portanto, as respostas dadas ao "como proibir?" e ao "o que proibir?"[193] irão confirmar a resposta oferecida ao "por que proibir?", estando elas numa relação de dependência tal que a asserção a esta delimitará o objeto daquelas. Vejamos, então, qual o conteúdo da segunda indagação.

2.4.1. O Princípio da Culpabilidade

Uma antiga legislação da Babilônia, editada pelo rei Hammurabi (1728-1686 a.C.), dá-nos notícia de que um pedreiro que viesse a construir uma casa sem fortificá-la suficientemente e, em virtude disso, viesse ela a matar o morador, também o pedreiro deveria ser morto. Além disso, se o filho do morador também viesse a morrer, o mesmo destino teria o filho do pedreiro.[194] O exemplo é elucidativo para a exata compreensão do *princípio da culpabilidade*, que veda a possibilidade de um crime ser praticado sem que o agente seja culpável.

O termo *culpabilidade* pode ser abordado, como bem assinala Cezar Bitencourt,[195] num triplo sentido: a) como *fundamento da pena*, no sentido de que ao autor de um injusto penal somente seja cominada uma sanção caso sua conduta seja dotada de *reprovabilidade*, segundo requisitos mínimos estabelecidos pela dogmática penal; b) como *limite da pena*, tolhendo a sua cominação aquém ou além das finalidades do sistema penal; c) como *responsabilização subjetiva*,

---

(*Leviatán*, cit., p. 145), e, muito menos, reconhecer no "pacto" uma obrigação dirigida somente aos súditos, e não também o soberano (id., ibid., p. 148), conforme pensava Hobbes. Toda atividade estatal é não só condicionante, como também condicionada à observância da lei, e esta, por sua vez, ao bem-estar social. Como bem assinala Alberto Silva Franco, "a colocação da pessoa humana, como centro irradiador do sistema penal, deverá servir como ponto de referência obrigatório de qualquer tipo de reformulação legislativa, na área penal, processual penal e de execução penal. Deverá igualmente ser o mote capaz de sensibilizar a opinião pública, levando-a a perceber que o mecanismo punitivo terá de proteger, com maior eficácia, o bem jurídico fundamental que é próprio de todos e não bens patrimoniais que apenas estão ao alcance de alguns" (A Pessoa Humana como Centro do Sistema Punitivo. In: *Boletim IBCCRIM*, ano 7, nº 86, jan/2000, p. 4).

[193] O presente trabalho, em sua redação original, consignava a indagação "quando proibir?", cujas origens remontam a Luigi Ferrajoli. Por sugestão do Prof. Dr. Luiz Luisi, substituímo-la por "o que proibir?", visto que a forma anterior dava uma idéia de tempo, enquanto que esta, uma idéia de conteúdo da proibição.

[194] Cf. BATISTA, Nilo. *Introdução Crítica ao Direito Penal Brasileiro*. 3 ed. Rio de Janeiro: Revan, 1990, p. 102.

[195] Op. cit., p. 44-45.

impedindo a imputação de um resultado a alguém sempre que este não tenha obrado, ao menos, culposamente.

A isso tudo deve estar atento o juiz, sempre que se veja frente à necessidade de uma decisão. Mas há que se ressaltar, também, que ao legislador é imposta a vinculação de somente construir o sistema penal – seja editando proibições, seja instituindo novas penas ou até mesmo quando do estabelecimento das regras do processo e da execução penais – em estrita observância a essas diretrizes. Portanto, o princípio da culpabilidade, além de estabelecer o *nulla poena* [concreta] *sine culpa*, também resguarda o *nullum crimen* [abstrato] *sine culpa*, e é desta última variante que nos iremos ocupar.

A todo comportamento humano, para fins penais, somente se pode atribuir a qualidade de uma ação (ou omissão) caso seja ele objeto de uma decisão. *"A idéia de ato supõe, pois, uma manifestação de vontade"*, já afirmara von Liszt,[196] e, conseqüentemente, nada poderá ser objeto de proibição ou de punição se não for intencional, ou seja, se não realizado o comportamento por alguém com capacidade de entender e de querer. Mas dessa afirmação decorre a necessidade de estarmos preparados para a socrática e crucial pergunta: por quê?

O princípio da culpabilidade, salvo melhor juízo, está baseado em quatro fundamentos principais:[197] a) modernizando-se as palavras de Hobbes no sentido de que "todo delito é um pecado, mas nem todo pecado é um delito", poderemos afirmar que toda proibição demanda que a conduta encontre-se impregnada de desvalor ético-social. Nesse sentido, a tutela penal está sempre adstrita à *reprovabilidade* de determinadas condutas (e não de seus autores); b) admitindo-se que toda proibição legal tem por fim utilitário necessário, mas não suficiente, a *prevenção geral negativa* (v. n. 2.2, *supra*), forçoso será concluir que somente comportamentos culpáveis prestam-se à intimidação. Tudo aquilo que não seja objeto de voluntariedade não pode ser regrado penalmente, visto que nada me pode intimidar a não fazer alguma coisa que não entendo ou não quero fazer; c) o princípio da culpabilidade garante aos indivíduos, nas palavras de Hart, "prever e planificar o rumo futuro de nossa vida partindo da estrutura coativa do direito", asseguran-do-nos, inclusive, que "quando as coisas vão mal, como ocorre quando se cometem erros ou se produzam acidentes, uma pessoa que haja feito o máximo possível para respeitar o direito, não será

---

[196] *Tratado de Derecho Penal*. Trad. por Luis Jimenez de Asua. 4 ed. Madrid: Reus, 1999, t. II, p. 297.

[197] No mesmo sentido: FERRAJOLI, Luigi. Op. cit., p. 491-492.

castigada";[198] d) tudo aquilo que não é fruto da capacidade intelectiva e volitiva humana não pode ser objeto de "regulação" pelo Direito, pois tal função desenvolve-se para o futuro, e não para o passado.

Conseqüentemente, acaba o *princípio da culpabilidade* por desdobrar-se em outros três subprincípios:[199]

a) *princípio da intranscendência:* é pacífica, modernamente, a aceitação de que ninguém pode ser punido por um fato que não praticou, e, dessarte, não poderá a pena ultrapassar a figura do delinqüente. É inadmissível, hoje, a *responsabilidade coletiva*, que, à época da "vingança de sangue",[200] autorizava a atribuição de castigos a todos os membros de uma família ou povo pelo fato praticado por um deles. A isso deve estar atento o legislador (e, em decorrência, também o juiz, diante de sua moderna tarefa de aplicar somente as leis válidas) no interregno da criação legislativa em matéria penal, principalmente em relação aos novos vetores de criminalidade pós-industrial e às sanções alternativas à pena privativa de liberdade (v. n. 4.3.3.6, *infra*);

b) *princípio da responsabilidade pelo fato:* como conseqüência da secularização do direito, somente – mas não todas – as imoralidades exteriorizadas é que são passíveis de punição, e não também o pensamento, a religião, a opção política ou sexual, e todos os demais elementos que fazem do homem um ser pensante. O revide pelo conhecido "Direito Penal do Autor", próprio do regime nacional-socialista alemão à época do nazismo, determina que se castigue por aquilo que se fez, e não pelo que se é. Não devem, ou melhor, não podem as proibições e as penas previstas em lei desprezar os fatos para abarcarem em sua tutela o simples modo de ser dos indivíduos. "As leis são postas para regular ações, produto da nossa vontade", afirmou Hobbes, "não as opiniões nem a fé, que estão fora do nosso alcance, sobretudo a fé, que não é produto da nossa vontade".[201]

---

[198] *Responsabilità e pena*, p. 208, *apud* FERRAJOLI, Luigi. Op. cit., p. 491.

[199] Cf. MIR PUIG, Santiago. Op. cit., p. 95-99. Este autor, contudo, enumera ainda um quarto princípio: o da *imputação pessoal*. Deixaremos de fazer menção a ele em razão de sua prescindibilidade ao estudo das proibições legais, visto tratar de matéria imanente à teoria geral do delito.

[200] Sobre o assunto, v.: VON LISZT, Franz. *La Idea de Fin en el Derecho Penal*, cit., cap. II.

[201] *De Cive*, cit., p. 91; *Leviatán*, cit., p. 235. No mesmo sentido o pensamento de John Locke: "a função das leis não é promover a verdade das opiniões, mas a segurança da comunidade civil e dos bens e das pessoas dos indivíduos" (Carta acerca da Tolerância, loc. cit., p. 272).

Decorrência disso é que meros vícios ou estados pessoais, quando não lesivos de bens jurídicos alheios (v. n. 2.4.3, *infra*), além da "maldade interna" dos indivíduos, não podem ser objeto de tutela penal.

c) *princípio da responsabilidade subjetiva:* o *resultado* penalmente relevante, qualquer que seja o sentido dado à expressão (naturalístico ou normativo), para ser atribuído à conduta de uma pessoa, não depende apenas de um nexo de causalidade. Afirmar que alguém causou um resultado não é somente afirmar-se que a sua conduta caracterizou a causa sem a qual o resultado não se teria verificado, ou a causa necessária, adequada ou eficiente à sua produção. Assim não fosse, o pedreiro antes citado seria passível de punição mesmo no caso, por exemplo, de ter utilizado, na construção, materiais com defeitos de fábrica, sendo tal circunstância de todo imprevisível. Somente fatos humanos podem ser tratados como delito, mas, dentre estes, somente aqueles em que o agente perseguiu o resultado lesivo ou, excepcionalmente, não fez a previsão pessoal de um dano passível de previsão, e, dessa forma, completamente abolidas do Direito Penal encontram-se as fórmulas da "responsabilidade objetiva" ou da "responsabilidade pelo resultado".

A verdade é, porém, que o princípio da culpabilidade atravessa, modernamente, uma crise de fundamentação. Há bastante tempo que o próprio legislador penal vem-se encarregando de destruir os pilares do Direito Penal subjetivo na busca do crescente interesse político-criminal de produção de conseqüências favoráveis mediante o uso desse ramo do Direito,[202] e isso tem feito com que o princípio da culpabilidade venha perdendo cada vez mais o poder de regulamentar, fundamentar e limitar as penas e as proibições. Como bem assinala Hassemer, "a idéia de prevenção perde seu resquício de terapia individual ou social e se consolida como um instrumento efetivo e altamente intervencionista da polícia frente à violência e ao delito. A sociedade, ameaçada pela violência e pelo delito, não se pode dar ao luxo de um Direito Penal entendido como proteção da liberdade, como 'Carta Magna do Delinqüente', mas sim o necessita como 'Carta Magna do Cidadão', como arsenal de luta efetiva contra o delito e repressão da violência. O delinqüente converte-se tendencialmente em inimigo, e o Direito Penal em 'Direito Penal do inimigo'".[203]

---

[202] Cf. HASSEMER, Winfried. *Persona, Mundo y Responsabilidad.* Trad. Francisco M. Conde y Maria del Mar Díaz Pita. Valencia: Tirand lo Blanch, 1999, p. 100-101.
[203] *Crítica*, cit., p. 48-49.

Os elevados índices de violência e a "nova criminalidade" (v. n. 4.4.3.4, *infra*) são os responsáveis pela inversão do papel da política-criminal contemporânea. A iluminista tendência pela descriminalização e atenuação das penas transmudou-se numa nova política de criminalização e aumento das reprimendas penais, orientando-se não mais à proteção dos clássicos bens jurídicos do indivíduo, mas sim dos interesses gerais camuflados na eudemonística expressão "bem-estar social". Conseqüentemente, com a total predominância, nos dias de hoje, da criminalidade de perigo em detrimento da criminalidade de dano, e, na busca de um "Direito Penal eficiente", acaba o princípio da culpabilidade por restar quase que totalmente suprimido. Passa ele a concentrar-se não mais sobre as pessoas, mas sim sobre "organizações criminosas" ou "grandes corporações", manifestando-se, pois, um total esquecimento acerca do caráter que o Direito Penal possui de garantir não só os direitos fundamentais da sociedade, mas também do delinqüente.

Fissuras nessa almejada subjetividade são notadas, principalmente, na instituição da responsabilidade penal da pessoa jurídica, na burguesificação dos procedimentos pela difusão de transações penais tentadoras não só para a vítima, como também para juízes, promotores de justiça, advogados etc., e em tantos outros mecanismos de proibir, punir e processar para alcançar a preconizada "defesa social". Essa "hemorragia penal" faz com que a sociedade atravesse uma *crise de reprovabilidade*, em que não se sabe mais, com antecedência, aquilo que é ou não reprovável, aquilo que é ou não imoral. Pense-se, por exemplo, que o adquirente de ações de uma determinada empresa, hoje, pode sentir os reflexos da punição penal ante o crime ambiental praticado pelos diretores desta; o dono da empresa pode ser condenado pela sonegação fiscal praticada de ofício por seu contador; o dono de um jornal, quando o autor de um escrito, publicado sem o seu conhecimento, encontrar-se ausente do País, e assim por diante. Onde fica o princípio da culpabilidade? Será possível ignorarmo-lo a pretexto de alcançarmos um "Direito Penal eficaz"?

O que se deve perceber é que, em matéria criminal, os fins não justificam os meios. Não será com o atropelo das garantias individuais que os novos desvios sociais serão controlados. A doutrina moderna, é verdade, vem-se esforçando na busca de êxito em acalmar a tensão existente entre o Direito Penal e a realidade socioeconômica, introduzindo conceitos novos, como o de co-culpabilidade.[204] Mas isso ainda mostra-se insignificante perto da crescente necessidade de percepção de que um Direito Penal Mínimo requer um Direito Social máximo, e isso evidencia-se, principalmente, nos delineamentos do próximo princípio a ser analisado.

2.4.2. O Princípio da Necessidade

Também conhecido como *princípio da intervenção mínima*, prescreve ele que as proibições legais de natureza penal, por deterem a potencialidade de lesar o mais valioso de todos os bens jurídicos,[205] somente devem ser editadas quando estritamente *necessárias* à prevenção do desvio social, já que, como bem afirmara Montesquieu (ao tratar da revogação, em Roma, das leis das Doze Tábuas), "quando um povo é virtuoso, precisa de poucas penas".[206] Tal tendência filosófico-liberal foi confirmada, em 1789, pela Declaração Universal dos Direitos do Homem e do Cidadão, que, em seu art. 8º, consignava que "a lei não deve estabelecer penas senão estritamente e evidentemente necessárias".[207]

De lá para cá, a admissibilidade da natureza de *ultima ratio* do Direito Penal é praticamente unânime entre os pensadores desse ramo do Direito. O Direito Penal deixa de ser necessário para proteger a sociedade sempre que tal proteção possa ser obtida por outros meios – jurídicos ou não – menos lesivos aos direitos individuais. Trata-se de uma exigência de economia social coerente com a lógica do Estado Democrático, segundo a qual o princípio da "máxima utilidade possível" para as possíveis vítimas do desvio deve combinar-se com o "mínimo sofrimento necessário" para os delinqüentes. Isso conduz a uma fundamentação utilitarista do Direito Penal, não tendente à maior prevenção possível, senão ao mínimo de prevenção imprescindível.[208]

---

[204] A esse respeito, v. MUÑOZ CONDE, Francisco. *Teoria Geral do Delito*. Trad. por Juarez Tavares e Luiz Regis Prado. Porto Alegre: Sergio Antonio Fabris, 1988, 125-137.

[205] Sobre o assunto, v. HASSEMER, Winfried. Op. cit., p. 18-20.

[206] Op. cit., p. 94.

[207] Internet: http://ribeiro.futuro.usp.br/direitoshumanos/documentos/historicos/declaracao_de_direitos_do_homem_cidadao.html

[208] Modernamente, nesse sentido: MIR PUIG, Santiago. *Derecho Penal. Parte General*. 5ª ed. Barcelona: Reppertor, 1998, p. 89; FERRAJOLI, Luigi. Op. cit., p. 331 e segs.; ROXIN, Claus. Op. cit., p. 65 e segs.; JAKOBS, Günther. Op. cit., p. 60-61; BUSTOS RAMÍREZ, Juan J., MALARÉE, Hermán Hormazábal. Op. cit., p. 65 e segs.; CEREZO MIR, José. *Curso de Derecho Penal Español. Parte General*. 5ª ed. Madrid: Tecnos, 1997, vol. 1, p. 59 e segs.; etc. No Brasil, podem ser citados, exemplificativamente: BITENCOURT, Cezar Roberto. *Manual de Direito Penal. Parte Geral*. 5ª ed.

Do princípio da necessidade decorrem duas características do Direito Penal: a *fragmentariedade* e a *subsidiariedade*.[209] A primeira característica, apontada originariamente por Binding, dita que o Direito Penal não deve sancionar todas as condutas lesivas dos bens jurídicos que protege, mas sim, somente, as modalidades de ataque mais perigosas para eles. Assim, nem todos os ataques à propriedade constituem delito, detendo tal característica tão-só as modalidades especialmente perigosas.[210] É certo que a ilicitude é global, isto é, abrange todo o Direito. No Direito Penal, contudo, em decorrência do princípio da legalidade, ela só existe em relação a condutas previamente elencadas pela lei penal. Por isso afirma-se que a ilicitude, embora sendo a mesma em todo ordenamento jurídico, nos demais ramos do Direito ela é *contínua*, enquanto no Direito Penal ela é *descontínua, fragmentária*, pois só existe dentro dos tipos legais de crime.[211] A mera inadimplência contratual, por exemplo, não caracteriza um ilícito penal, mas sim civil.

Já a *subsidiariedade* é o mais nítido reflexo, na ciência penal, da influência do germânico *princípio da proporcionalidade* (*Verhältnismässigkeit*), segundo a qual o fim e o fundamento de uma intervenção devem restar justificados com os efeitos desta, a fim de que se torne possível o controle de eventuais excessos.[212] Aplicado este princípio ao Direito Penal, teremos de reconhecer que a proteção de bens jurídicos não se realiza exclusivamente mediante o Direito Penal, senão que a isso deve concorrer todo o ordenamento jurídico. Como o Direito Penal possibilita as mais duras intromissões estatais na liberdade do cidadão, somente se poderá levar a cabo tal intervenção quando outros ramos não se mostrem eficazes à prevenção e à repressão. Não só as penas, mas também as proibições penais e o processo devem sujeitar-se à diretriz da *ultima ratio* do

---

São Paulo: Revista dos Tribunais, 1999, p. 41-42; LUISI, Luiz. *Os Princípios Constitucionais Penais*. Porto Alegre: Sérgio Antonio Fabris, 1991, p. 25-31; BATISTA, Nilo. Op. cit., 1990, p. 84-90; TOLEDO, Francisco de Assis. *Princípios Básicos de Direito Penal*. 5ª ed. São Paulo: Saraiva, 1994, p. 7.

[209] Cf. LUISI, Luiz. Op. cit., p. 26. No mesmo sentido, BATISTA, Nilo. Op. cit., p. 85.

[210] MIR PUIG, Santiago. Op. cit., p. 90.

[211] COELHO, Walter. *Teoria Geral do Crime*. Porto Alegre: Sérgio Antonio Fabris, 1991, vol. 1, p. 34-35.

[212] A origem do princípio da proporcionalidade remonta-se à obra de Rudolf von Ihering, em seu *Der Zweck im Recht* (*El Fin en el Derecho*. [s.t.] Buenos Aires: Atalaya, 1946) e no *Der Kampf ums Recht* (*A Luta pelo Direito*. [s.t.] 2 ed. Rio de Janeiro: Lumen Juris, 1998). Sobre o assunto, v. também: BONAVIDES, Paulo. *Curso de Direito Constitucional*. 6 ed. São Paulo: Malheiros, 1994, p. 356-397.

Direito Penal, sob pena de incidirmos naquilo que Frank denominou "hipertrofia penal".[213]

2.4.3. O Princípio da Lesividade

Tivemos a oportunidade de alertar, no capítulo n. 1, *supra*, que Direito e Moral, apesar de sua fundamentação uniforme (já que ambos podem ser considerados como prescrições da atividade humana), devem ser considerados distintos entre si, pois, do contrário, a segunda anulará o primeiro. A visão secularizada do Direito impõe que a moral determine ao sujeito uma escolha entre as ações que pode praticar, mas refere-se, contudo, *ao próprio sujeito*. O Direito (na mais nítida influência kantiana), ao contrário, confronta entre si atos diversos de *vários sujeitos*, ou seja, o Direito coloca face-a-face, pelo menos, dois sujeitos, e a ambos fornece a norma de conduta, no sentido de que "aquilo que é possível para uma parte não pode ser impedido pela outra".[214]

Transportando-se tal ideologia para o Direito Penal, veremos que as proibições legais *tolerantes* somente se poderão referir a condutas lesivas de um sujeito frente a outro, desde que considerado este protegido pelo ordenamento jurídico. Toda proibição legal deve ter por objetivo a proteção de bens jurídicos alheios ao do ofensor, e não a sua própria educação moral, visto que, nas palavras de Stuart Mill,[215] a única liberdade que merece o nome é a de procurar o próprio bem pelo método próprio, enquanto não tentamos desapossar os outros do que é seu, ou impedir seus esforços para obtê-lo. Cada qual é o guardião conveniente da própria saúde, quer corporal, quer mental e espiritual. Os homens têm mais a ganhar suportando que os outros vivam como bem lhes parece do que os obrigando a viver como bem parece ao resto. "À conduta puramente interna, ou puramente individual – seja pecaminosa, imoral, escandalosa ou diferente – falta a lesividade que pode legitimar a intervenção penal", assevera Nilo Batista.[216] Disso resultam – consoante o mesmo autor[217] – quatro funções principais do

---

[213] FRANK, Reinhart. Die Uberspannung der Staatlichen Strafgewalt. In: Zstw (Revista para a Ciência Geral do Direito Penal), 1989, p. 733, *apud* LUISI, Luiz. Op. cit., p. 28.

[214] Cf. DEL VECCHIO, Giorgio. Op. cit., p. 371.

[215] *Sobre a Liberdade*. Trad. por Alberto da Rocha Barros. São Paulo: Companhia Editora Nacional, 1942, p. 38-39.

[216] Op. cit., p. 91.

[217] Id., p. 92-94.

princípio da lesividade: a) proibir a incriminação de uma atitude interna; b) proibir a incriminação de uma conduta que não exceda o âmbito do próprio autor; c) proibir a incriminação de simples estados ou condições existenciais; d) proibir a incriminação de condutas desviadas que não afetem concretamente qualquer bem jurídico.[218]

Insta ressaltar, contudo, que nem o princípio da necessidade, nem o da lesividade, podem determinar com precisão a natureza e a quantidade de dano capazes de autorizar a proibição penal, já que, como bem afirmou Alf Ross, "pressupõem tacitamente como dado o que todavia têm de demonstrar".[219] Porém, o princípio da lesividade impõe à ciência e à prática jurídica precisamente a carga de tal demonstração. A necessária lesividade do resultado condiciona toda justificação utilitarista do Direito Penal como instrumento de tutela, e constitui seu principal limite axiológico externo. Palavras como "lesão", "dano" e "bem jurídico" são claramente valorativas. Dizer que um determinado objeto ou interesse é um "bem jurídico" e que sua lesão é um "dano" é o mesmo que formular um juízo de valor sobre ele; e dizer que um bem é um "bem penal" importa, ademais, manifestar um juízo de valor que avalia a justificação de sua tutela recorrendo a um instrumento extremo, ou seja, à pena. Mas isso significa também, ao contrário, que um objeto "deve ser" (julgado e considerado como) um "bem" quando esteja justificada sua tutela penal; e que, ainda, o valor que a ele se associa deve ser superior ao que se atribui aos bens alheios às penas. Sob esse aspecto, a questão do bem jurídico lesionado pelo delito não é distinta da finalidade do Direito Penal: trata-se da essência do problema da justificação do Direito Penal, considerada não a partir dos custos da pena, senão dos benefícios cujo logro pretende.[220]

---

[218] A influência desse princípio nas legislações penais modernas é marcante. Basta lembrar que a sua observância coloca em dúvida a legitimidade da criminalização das meras imoralidades sexuais, das contravenções penais, dos crimes de perigo abstrato, do uso de substâncias entorpecentes, da eutanásia etc. (v. n. 4.3.2, *infra*).
[219] *Apud* FERRAJOLI, Luigi. Op. cit., p. 466-467.
[220] Id., ibid., p. 467.

3. O Princípio da Legalidade (formal) no Estado de Direito

> "A humanidade estará em uma condição muito pior do que no estado de natureza se armar um ou vários homens com o poder conjunto de uma multidão para forçá-los a obedecer aos decretos exorbitantes e ilimitados de suas idéias repentinas, ou a sua vontade desenfreada e manifestada no último momento, sem que algum critério tenha sido estabelecido para guiá-los em suas ações e justificá-las". (John Locke)

3.1. ORIGENS

A Constituição da República Federativa do Brasil (1988), em seu art. 5º, inc. XXXIX, dispõe que "não há crime sem lei anterior que o defina, nem pena sem prévia cominação legal",[221] recepcionando, pois, a redação semelhante do art. 1º do Código Penal Brasileiro,[222] Decreto-Lei nº 2.848, de 7 de dezembro de 1940, com as modificações introduzidas pela Lei nº 7.209, de 11 de julho de 1984.

Conhecido por *princípio da legalidade, princípio da estrita legalidade, princípio da reserva legal* ou *princípio da intervenção legalizada*,[223] este comando adstringe a existência de uma infração penal e de uma pena à previsão legal específica, e dele são extraídas inúmeras conseqüências (conteúdo, destinatários, eficácia etc.). Mas antes de enfrentarmos tais problemas, impõe-se uma breve digressão às suas origens históricas.

---

[221] BRASIL. *Constituição da República Federativa do Brasil*. 16 ed. São Paulo: Saraiva, 1997, p. 8.

[222] "Art. 1º. Não há crime sem lei anterior que o defina. Não há pena sem prévia cominação legal" (op. cit., p. 43).

[223] Sobre a questão terminológica, v. RIBEIRO LOPES, Maurício Antonio. *Princípio da Legalidade Penal. Projeções Contemporâneas*. São Paulo: Revista dos Tribunais, 1994, p. 28-31.

No Direito Romano não havia proibição à punição sem lei. Ao tempo do governo dos magistrados, em conjugação com o tribunal do povo, já havia pré-figuração de vários crimes (e prefixação de penas), mas o tribunal popular podia declarar puníveis outras ações não previstas especificamente. Com a substituição dos tribunais populares pelos tribunais de jurados, contudo, passou-se a exigir de uma punição a sua expressa incriminação (*"poena non irrogatur, nis i quae quaquelege vel que alio jure specialiter hic delicto imposita est"*), e isso fez Manzini[224] vislumbrar aqui a origem do preceito. Mas tal exigência não durou muito tempo. O advento do processo senatório-consular e do concomitante tribunal imperial fez com que a legalidade rígida voltasse a ser extirpada, passando as leis populares, a *Constitutio* imperial, o *rescriptum*, o direito municipal, o direito local e a *consuetudo* radicada no *usus fori*, a figurarem como fontes do Direito Penal.[225]

Durante boa parte da Idade Média, o direito consuetudinário prevalecia sobre a lei escrita, e o *plenum arbitrium* dos juízes consignou a essa época o adjetivo das *penas arbitrárias*. Mesmo nas codificações da avançada Idade Média – por exemplo: Ordenança Criminal de Carlos V (1532), *Codex Juris Bavarici Criminalis* (1751), *Constitutio Criminalis Thereziana* (1769) –, não se proibia a analogia em matéria penal.[226]

Costuma-se citar como documento originário do princípio da legalidade a *Magna Charta Libertatum*, do Rei João Sem Terra, editada em 1215 na Inglaterra. Seu art. 39 dispunha que "Nenhum homem livre será detido ou sujeito à prisão, ou privado dos seus bens, ou colocado fora da lei, ou exilado, ou de qualquer modo molestado, e nós não procederemos nem mandaremos proceder contra ele senão mediante um julgamento regular pelos seus pares ou de harmonia com a lei do país".[227]

O conteúdo garantista de seu texto, entretanto, vem sendo objeto de ressalva pelos estudiosos no assunto. Tem-se dito que os

---

[224] MANZINI, Vincenzo. *Trattato di Diritto Penale Italiano*. 4 ed. Torino: UTET, 1961, vol. I, p. 55.

[225] Cf. HUNGRIA, Nélson. *Comentários ao Código Penal*. Rio de Janeiro: Forense, 1949, vol. 1, p. 23-24.

[226] Id., ibid., p. 26-27.

[227] *Internet*: http://ribeiro.futuro.usp.br/direitoshumanos/documentos/historicos/magna_carta.html. A redação original é a seguinte: "No freeman shall be taken or imprisoned, or disseised, or outlawed, or banished, or any ways destroyed, nor will we pass upon him, norm will we send upon him, save by the lawful judgement of his peers, or by the law of the land".

"pares" de que fala o artigo longe estão de ser os integrantes do povo, como são a imensa maioria dos criminosos, senão diziam respeito aos condes, aos barões e demais senhores feudais, e outros ainda ressaltam que os seus preceitos não foram seriamente cumpridos, caindo em desuso com o transcurso do tempo.[228] Além disso, a conjunção alternativa "ou", que antecede as elementares "de harmonia com a lei do país", dá ao preceito uma coloração não garantidora, visto que, mediante uma interpretação literal, poder-se-ia chegar à conclusão de que o julgamento "pelos pares" substituiria a exigência de lei. Ademais, pende mais para afigurar como uma garantia processual do que material.

Frederico Marques,[229] por sua vez, assenta no Direito ibérico as origens da *reserva legal*, visto que, nas Cortes de Leão, em 1186, Afonso IX declarou, sob juramento, que não procederia contra a pessoa e propriedade de seus súditos, enquanto não fossem chamados "perante a Curia". Já em 1299, nas Cortes de Valladolid, foi reconhecido que ninguém poderia ser privado da vida ou propriedade enquanto sua causa não fosse apreciada segundo o "fuero" e o Direito, sendo tal preceito mantido pelo rei Pedro I (1351) e Henrique II (1371), este nas Cortes de Toro. Contudo, tais editos tendem muito mais a originar o *princípio da jurisdicionalidade* do que propriamente este que comentamos.

O certo é que as bases do *princípio da legalidade,* nos moldes hoje em vigor, encontram-se arraigadas ao pensamento iluminista oriundo, principalmente, do século XVII. Nessa época é que surge a idéia de expressão determinante da lei contra a arbitrariedade estatal "irracional", assim como o postulado dos direitos naturais e invioláveis da pessoa em relação à sua liberdade, limitando-se, em decorrência disso, a tarefa do Estado à proteção do Direito e na exigência de dar segurança e certeza ao Direito em benefício de uma burguesia que ganhava progressivamente influência.[230] Com a teoria do contrato social nasce o Estado garantidor dos direitos do homem, vinculando-se a sua atuação à proteção destes. Foi principalmente John Locke o idealizador da sujeição não só da sociedade, mas

---

[228] Cf. ASÚA, Luis Jiménez de. *Tratado de Derecho Penal.* 5 ed. Buenos Aires: Losada, 1990, t. II, p. 385. Este autor ressalta a existência da *Charta Magna* de Don Alfonso, rei de León e da Galícia, datada de 1188, que, pela interpretação de suas disposições, dá a entender o resguardo da *reserva do Direito* (id., p. 385-386).

[229] *Tratado de Direito Penal.* Campinas: Bookseller, 1997, vol. I, p. 181-182.

[230] Nesse sentido: JESCHECK, Hans-Heinrich. *Tratado de Derecho Penal.* Trad. por José Luis Samaniego. 4 ed. Granada: Comares, 1993, p. 117.

também do Estado, aos ditames da lei,[231] e, posteriormente, Beccaria (1764) estabelecera, de forma definitiva, que "só as leis podem decretar as penas dos delitos, e esta autoridade só pode residir no legislador, que representa toda a sociedade unida por um contrato social".[232]

A fórmula latina do princípio da legalidade, tão conhecida atualmente, foi cunhada pelo filósofo jusnaturalista Anselm von Feuerbach, em 1801: "Disso surgem, sem exceção alguma, os seguintes princípios derivados: I) toda imposição de pena pressupõe uma lei penal (*nulla poena sine lege*). Por isso, somente a cominação legal do mal pela lei é o que fundamenta o conceito e a possibilidade jurídica de uma pena; II) a imposição de uma pena está condicionada à existência da ação cominada (*nulla poena sine crimine*). Conseqüentemente, é mediante a lei que se vincula a pena ao fato, como pressuposto juridicamente necessário; III) o fato legalmente cominado (o pressuposto legal) está condicionado pela pena legal (*nullum crimen sine poena legali*). Assim, o mal, como conseqüência jurídica necessária, vincular-se-á, mediante a lei, a uma lesão determinada".[233]

Também foi à época do iluminismo que tal garantia passou a fazer parte dos textos legislativos de forma expressa e incontrover-

---

[231] "Nenhum homem na sociedade civil pode ser imune às suas leis. Se houver um homem que se veja no direito de fazer o que lhe apraz, sem que se possa evocar qualquer recurso sobre a terra para reparar ou limitar todo o mal que ele fará, gostaria que me dissessem se não é verdade que ele permanece no estado de natureza sob sua forma perfeita e que, portanto, não pode se integrar de maneira alguma à sociedade civil; a menos que alguém me diga que estado de natureza e sociedade civil são uma única e mesma coisa, mas ainda não encontrei ninguém tão defensor da anarquia para afirmá-lo" (Segundo Tratado, cit., p. 138). Parte da doutrina afirma que Hobbes também já havia feito menção ao princípio da legalidade, a fim de fundamentar o seu modelo de Estado absolutista (nesse sentido: LUISI, Luiz. *Os Princípios*, cit., p. 15). Dúvidas surgem acerca disso a partir da seguinte afirmação de Hobbes: "... ao soberano corresponde o poder de premiar com riquezas, e de castigar com penas corporais ou pecuniárias a todo súdito seu, de acordo com a lei que tenha sido previamente estabelecida; *e se não há nenhuma lei, atuará como pareça-lhe mais conveniente* para dar aos homens um incentivo que os faça servir ao Estado, *ou para dissuadi-los a não o lesionar*"(Leviatán, cit., p. 151).

[232] *Dos Delitos e das Penas*, cit., p. 44.

[233] *Tratado*, cit., p. 63. É importante ressaltar a observação de Nilo Batista: "Ao contrário do que se difunde freqüentemente, das obras de Feuerbach não consta a fórmula ampla *nullum crimen nulla poena sine lege*; nelas se encontram, sim, uma articulação das fórmulas *nulla poena sine lege, nullum crimen sine poena legali* e *nulla poena (legalis) sine crimine*" (*Introdução*, cit., p. 66).

sa. Com a Revolução Francesa é editada a Declaração dos Direitos do Homem e do Cidadão, adotada pela Assembléia Constituinte de 20 a 26 de agosto de 1789 e aceita pelo Rei em 5 de outubro de 1789. Em seu art. VII, ressalvava que "Nenhum homem pode ser acusado, impedido ou detido senão nos casos determinados pela lei, e segundo as formas que ela prescreve",[234] sendo tal garantia acolhida pelas Constituições Francesas de 1791 e 1793.

Dessa época em diante, o princípio teve acolhimento por diversas Constituições e Códigos Penais,[235] mas vivenciou, já no

---

[234] *Internet:* http://ribeiro.futuro.usp.br/direitoshumanos/documentos/historicos/ declaracao_de_direitos_ do_homem_cidadao.html

[235] Assim, por exemplo: Código Penal de Portugal, art. 1º: "1. Só pode ser punido criminalmente o facto descrito e declarado passível de pena por lei anterior ao momento da sua prática. 2 A medida de segurança só pode ser aplicada a estados de perigosidade cujos pressupostos estejam fixados em lei anterior ao seu preenchimento. 3 Não é permitido o recurso à analogia para qualificar um facto como crime, definir um estado de perigosidade ou determinar a pena ou medida de segurança que lhes corresponde" (Internet: http://www.lexadin.nl/wlg/legis); Código Penal Espanhol (1995): "Articulo 1: 1. No será castigada ninguna acción ni omisión que no esté prevista como delito o falta por Ley anterior a su perpetración. 2. Las medidas de seguridad sólo podrán aplicarse cuando concurran los presupuestos establecidos previamente por la Ley. Articulo 2: 1. No será castigado ningún delito ni falta con pena que no se halle prevista por Ley anterior a su perpetración. Carecerán, igualmente, de efecto retroactivo las Leyes que establezcan medidas de seguridad. 2. No obstante, tendrán efecto retroactivo aquellas leyes penales que favorezcan al reo, aunque al entrar en vigor hubiera recaído sentencia firme y el sujeto estuviese cumpliendo condena. En caso de duda sobre la determinación de la Ley más favorable, será oído el reo. Los hechos cometidos bajo la vigencia de una Ley temporal serán juzgados, sin embargo, conforme a ella, salvo que se disponga expresamente lo contrario. Articulo 3: 1. No podrá ejecutarse pena ni medida de seguridad sino en virtud de sentencia firme dictada por el Juez o Tribunal competente, de acuerdo con las leyes procesales. 2. Tampoco podrá ejecutarse pena ni medida de seguridad en otra forma que la prescrita por la Ley y reglamentos que la desarrollan, ni con otras circunstancias o accidentes que los expresados en su texto. La ejecución de la pena o de la medida de seguridad se realizará bajo el control de los Jueces y Tribunales competentes. Articulo 4: 1. Las leyes penales no se aplicarán a casos distintos de los comprendidos expresamente en ellas. 2. En el caso de que un Juez o Tribunal, en el ejercicio de su jurisdicción, tenga conocimiento de alguna acción u omisión que, sin estar penada por la Ley, estime digna de represión, se abstendrá de todo procedimiento sobre ella y expondrá al Gobierno las razones que le asistan para creer que debiera ser objeto de sanción penal. 3. Del mismo modo acudirá al Gobierno exponiendo lo conveniente sobre la derogación o modificación del precepto o la concesión de indulto, sin perjuicio de ejecutar desde luego la sentencia, cuando de la rigurosa aplicación de las disposiciones de la Ley resulte penada una acción u omisión que, a juicio del Juez o Tribunal, no debiera serlo, o cuando la pena sea notablemente excesiva, atendidos el mal causado por la infracción y las circunstancias personales del reo. 4. Si mediara petición de indulto, y el Juez o Tribunal

século XX, uma profunda crise. Na Alemanha, o Código Penal do Reich, em sua redação originária (1871), assegurava, em seu art. 1º, que "uma ação somente poderia ser castigada por uma pena caso esteja legalmente determinada antes de a ação ser cometida".[236] Com a instituição do regime Nacional Socialista, contudo, foi publicada, em 28 de junho de 1935, uma lei que modificou profundamente o alcance do princípio, possibilitando o uso de princípios ético-substanciais como condicionantes das punições: "será castigado quem cometa um fato que a lei declara punível ou que mereça castigo segundo o conceito básico de uma lei penal e segundo o são sentimento do povo. Se nenhuma lei determinada se pode aplicar diretamente ao fato, este será castigado conforme a lei, cujo conceito básico melhor lhe corresponder".[237]

---

hubiere apreciado en resolución fundada que por el cumplimiento de la pena puede resultar vulnerado el derecho a un proceso sin dilaciones indebidas, suspenderá la ejecución de la misma en tanto no se resuelva sobre la petición formulada. También podrá el Juez o Tribunal suspender la ejecución de la pena, mientras no se resuelva sobre el indulto cuando, de ser ejecutada la sentencia, la finalidad de éste pudiera resultar ilusoria." (*El Código Penal de 1995.* 2 ed. Valencia: Tirand lo Blanch, 1998, p. 41-43); Código Penal do Paraguai (1997): "Articulo 1. Nadie será sancionado con una pena o medida sin que los presupuestos de la punibilidad de la conducta y la sanción aplicable se hallen expresa y estrictamente descritos en una ley vigente con anterioridad a la acción u omisión que motive la sanción" (*Internet:* http://www.lexadin.nl/wlg/legis); Código Penal do Uruguai (1934): "Artículo 1. (Concepto del delito): Es delito toda acción u omisión expresamente prevista por la ley penal. Para que ésta se considere tal, debe contener una norma y una sanción" (*Internet:* http://www.lexadin.nl/wlg/legis); Código Penal Francês, que autoriza, contudo, a previsão de contravenções penais segundo disposto em regulamento, mas nos limites estabelecidos em lei: "Article 111-2: La loi détermine les crimes et délits et fixe les peines applicables à leurs auteurs. Le règlement détermine les contraventions et fixe, dans les limites et selon les distinctions établies par la loi, les peines applicables aux contrevenants. Article 111-3: Nul ne peut être puni pour un crime ou pour un délit dont les éléments ne sont pas définis par la loi, ou pour une contravention dont les éléments ne sont pas définis par le règlement. Nul ne peut être puni d'une peine qui n'est pas prévue par la loi, si l'infraction est un crime ou un délit, ou par lé règlement, si l'infraction est une contravention. Article 111-4: La loi pénale est d'interprétation stricte. Article 111-5: Les juridictions pénales sont compétentes pour interpréter les actes administratifs, réglementaires ou individuels et pour en apprécier la légalité lorsque, de cet examen, dépend la solution du procès pénal qui leur est soumis" (*Internet:* http://www.lexadin.nl/wlg/legis).
[236] "§ 1 Keine Strafe ohne Gesetz: Eine Tat kann nur bestraft werden, wenn die Strafbarkeit gesetzlich bestimmt war, bevor die Tat begangen wurde" (*Internet:* http://www.lexadin.nl/wlg/legis).
[237] Cf. LUISI, Luiz. Op. cit., p. 15-16.

O fracasso nazista decorrente da Segunda Guerra Mundial impôs a edição de uma outra lei que restabelecesse a antiga redação do dispositivo legal, e isso foi levado a efeito em 1946. Em 4 de julho de 1969 é promulgada a "segunda lei de reforma do Direito Penal" – aplicável a contar de 1975 –, instituindo um novo *Strafgesetzbuch*, já modificado, mas em vigor até hoje. Nele, consta expressamente o princípio da legalidade dos delitos e das penas (*keine strafe ohne gesetz*).[238]

Segundo Luisi,[239] também na Rússia Soviética tem-se notícia de uma fissura à garantia penal. O artigo 16 do Código Penal de 1926 ditava que "quando algum ato socialmente perigoso não esteja expressamente previsto no presente código, o fundamento e a extensão de sua responsabilidade se determinarão em conformidade com os artigos deste relativos aos delitos de índole analógica". Contudo, tal autorização da analogia criminalizadora não resistiu ao fim da era Stalinista (1958).[240]

No plano teórico-penal, o *princípio da legalidade* logrou seu apogeu com as lições de Ernest von Beling, no início do século XX. Com ele, a ilicitude deixou de ser o exato limite da proibição,[241] passando a *tipicidade* a desempenhar a função de verdadeira arma contra a insegurança jurídica do "comportamento desleal" ou do "inimigo do povo". De lá para cá, o mandado de que "não há delito sem tipo" passou a ser concebido como o prefácio do Direito Penal *secularizado*.[242]

Modernamente, a *reserva legal* é concebida pela maioria dos ordenamentos jurídicos, ressalvados os casos em que o sistema jurídico esteja baseado na *common law*,[243] ou em regimes políticos

---

[238] "Somente se pode castigar o fato cuja punibilidade estiver legalmente estabelecida antes de sua comissão" (*Código Penal Alemán. Parte General*. Trad. por Julio César Espínola. Buenos Aires: Depalma, 1976, p. 9).

[239] Op. cit., p. 16.

[240] O art. 160 da Constituição vigente dispõe que "ninguém pode ser considerado culpado de um crime, nem condenado, a não ser por sentença de um tribunal e de acordo com a lei" (cf. RIBEIRO LOPES, Maurício Antonio. Op. cit., p. 161).

[241] Basta lembrar que a teoria do delito estava estruturada, segundo von Liszt, por três elementos básicos: conduta humana, ilicitude e culpabilidade (v. *Tratado de Derecho Penal*. Trad. por Luis Jimenez de Asua. 4 ed. Madrid: Reus, 1999, t. II).

[242] Sobre o assunto, v. LUISI, Luiz. *O Tipo Penal, A Teoria Finalista da Ação e a Nova Legislação Penal*. Porto Alegre: Sergio Antonio Fabris, 1987.

[243] Veja-se o que dispõe, por exemplo, a 5ª Emenda da Carta de Direitos dos Estados Unidos da América, redigida pelo Congresso dos EUA em 1789 e ratificada pelos Estados em 15 de dezembro de 1791: "Ninguém será detido para responder por crime capital, ou outro crime infamante, salvo por denúncia ou

totalitários (China, Albânia e Coréia do Norte, por exemplo[244]).

No Brasil, o postulado da reserva legal figurou na maioria das Constituições: a de 1824 previa-o em seu art. 179, inc. XI;[245] a de 1891, no art. 72, § 15;[246] a de 1934, no art. 113, inc. XXVI;[247] a de 1946, no art. 141, § 27;[248] a de 1967, no art. 150, § 16;[249] na EC nº 1, de 1969,

---

acusação perante um Grande Júri, exceto em se tratando de casos que, em tempo de guerra ou de perigo público, ocorram nas forças de terra ou mar, ou na milícia, durante serviço ativo; ninguém poderá pelo mesmo crime ser duas vezes ameaçado em sua vida ou saúde; nem ser obrigado em qualquer processo criminal a servir de testemunha contra si mesmo; nem ser privado da vida, liberdade, ou bens, sem processo legal; nem a propriedade privada poderá ser expropriada para uso público, sem justa indenização" (*Internet:* http://www.embaixada-americana.org.br/cartap.htm).

[244] Cf. RIOBEIRO LOPES, Maurício Antonio. Op. cit., p. 47.

[245] "Art. 179. A inviolabilidade dos Direitos Civis, e Políticos dos Cidadãos Brazileiros, que tenham por base a liberdade, a segurança individual, e a propriedade, é garantida pela Constituição do Império, pela maneira seguinte: (...) XI – Ninguém será sentenciado, senão pela Autoridade competente, por virtude de Lei anterior, e na fórma por ella prescripta" (BRASIL. Constituição Política do Império do Brasil, de 25 de março de 1824. In: CAMPANHOLE. *Constituições do Brasil.* 11 ed. São Paulo: Atlas, 1994, p. 776).

[246] "Art. 72. A Constituição assegura a brasileiros e a estrangeiros residentes no paíz a inviolabilidade dos direitos concernentes á liberdade, á segurança individual e á propriedade nos termos seguintes: (...) § 15. Ninguém será sentenciado, senão pela autoridade competente, em virtude de lei anterior e na forma por ella regulada." (BRASIL. Constituição da República dos Estados Unidos do Brazil, promulgada em 24 de fevereiro de 1891. In: CAMPANHOLE. Op. cit., p. 713).

[247] "Art. 113. A Constituição assegura a brasileiros e a estrangeiros residentes no paiz a inviolabilidade dos direitos concernentes á liberdade, á subsistencia, á segurança individual e á liberdade, nos termos seguintes: (...) XXVI – Ninguém será processado, nem sentenciado, senão pela autoridade competente, em virtude de lei anterior ao facto, e na forma por ella prescripta." (BRASIL. Constituição da República dos Estado Unidos do Brasil, promulgada em 16 de julho de 1934. In: CAMPANHOLE. Op. cit., p. 661).

[248] "Art. 141. A Constituição assegura aos brasileiros e aos estrangeiros residentes no país a inviolabilidade dos direitos concernentes à vida, à liberdade, à segurança individual e à propriedade, nos termos seguintes: (...) § 27. Ninguém será processado nem sentenciado senão pela autoridade competente e na forma da lei anterior." (BRASIL. Constituição dos Estados Unidos do Brasil, promulgada em 18 de setembro de 1946. In: CAMPANHOLE. Op. cit., p. 455).

[249] "Art. 150. A Constituição assegura aos brasileiros e aos estrangeiros residentes no País a inviolabilidade dos direitos concernentes à vida, à liberdade, à segurança e à propriedade, nos seguintes termos: (...) § 16. A instrução criminal será contraditória, observada a lei anterior quanto ao crime e à pena, salvo quando agravar a situação do réu." (BRASIL. Constituição do Brasil, promulgada em 24 de janeiro de 1967. In: CAMPANHOLE. Op. cit., p. 375).

no art. 153, § 16;[250] e a atual, como vimos, no art. 5º, inc. XXXIX. A Constituição outorgada por Getúlio Vargas, em 1937, fazia menção ao princípio da anterioridade (art. 122, inc. XIII[251]), mas, em dispositivo posterior (art. 123[252]), mitigava-o ao ponto de limitar a sua aplicação ao bem público, às necessidades da defesa, do bem-estar, da paz e da ordem coletiva, bem como a segurança da Nação e do Estado.

No que tange à legislação infraconstitucional, fora ele admitido pelo Código Criminal de 1830,[253] pelo Código Penal de 1890,[254] pela

---

[250] "Art. 153. A Constituição assegura aos brasileiros e aos estrangeiros residentes no País a inviolabilidade dos direitos concernentes à vida, à liberdade, à segurança e à propriedade, nos termos seguintes: (...) § 16. A instrução criminal será contraditória, observada a lei anterior, no relativo ao crime e à pena, salvo quando agravar a situação do réu." (BRASIL. Emenda Constitucional nº 1, de 17 de outubro de 1969. In: CAMPANHOLE. Op. cit., p. 261).

[251] "Art. 122. A Constituição assegura aos brasileiros e estrangeiros residentes no país o direito à liberdade, à segurança individual e à propriedade, nos termos seguintes: (...) XIII – Não haverá penas corpóreas perpétuas. As penas estabelecidas ou agravadas na lei nova não se aplicam aos fatos anteriores. Além dos casos previstos na legislação militar para o tempo de guerra, a lei poderá prescrever a pena de morte para os seguintes crimes: a) tentar submeter o território da Nação ou parte dele à soberania de Estado estrangeiro; b) tentar, com o auxílio ou subsídio de Estado estrangeiro ou organização de caráter internacional, contra a unidade da Nação, procurando desmembrar o território sujeito à sua soberania; c) tentar por meio de movimento armado o desmembramento do território nacional, desde que para reprimi-lo se torne necessário proceder a operações de guerra; d) tentar, com auxílio ou subsídio de Estado estrangeiro ou organização de caráter internacional, a mudança da ordem política ou social estabelecida na Constituição; e) tentar subverter por meios violentos a ordem política e social, com o fim de apoderar-se do Estado para o estabelecimento da ditadura de uma classe social," (BRASIL. Constituição dos Estados Unidos do Brasil, outorgada em 10 de novembro de 1937. In: In: CAMPANHOLE. Op. cit., p. 564).

[252] "Art. 123. A especificação das garantias e direitos acima enumerados não exclui outras garantias e direitos, resultantes da forma de governo e dos princípios consignados na Constituição. O uso desses direitos e garantias terá por limite o bem público, as necessidades da defesa, do bem estar, da paz e da ordem coletiva, bem como as exigências da segurança da Nação e do estado em nome dela constituído e organizado nesta Constituição." (BRASIL. Constituição dos Estados Unidos do Brasil, outorgada em 10 de novembro de 1937. In: CAMPANHOLE. Op. cit., p. 565).

[253] "Art. 1º. Não haverá crime ou delicto sem uma lei anterior que o qualifique" (BRASIL. Código Criminal do Império do Brasil. In: PIERANGELLI, José Henrique. *Códigos Penais do Brasil. Evolução Histórica*. Bauru: Jalovi, 1980, p. 167).

[254] "Art. 1º. Ninguém poderá ser punido por facto que não tenha sido anteriormente qualificado como crime e nem com penas que não estejam previamente estabelecidas. A interpretação extensiva, por analogia ou paridade, não é admissível para qualificar crimes ou applicar-lhes penas" (BRASIL. Código Penal de 1890. In: PIERANGELLI, José Henrique. Op. cit., p. 269).

Consolidação das Leis Penais[255] – aprovada pelo Decreto nº 22.213/32 –, pelo Código Penal de 1940[256] e pela Reforma Penal de 1984.[257]

3.2. DESTINATÁRIOS E ABRANGÊNCIA

Uma vez adotado o modelo político do Estado de Direito, e, conseqüentemente, a separação de poderes entre Executivo, Legislativo e Judiciário (v. n. 2.3.1, *supra*), acaba o princípio da legalidade por regular toda a atividade estatal administrativa, legislativa e judicante. Nessa fase, o Direito encontra-se estruturado sobre o paradigma liberal-individualista de produção jurídica, em que a parte precede o todo, ou seja, onde os direitos do indivíduo estão acima dos direitos da comunidade.[258]

No Direito brasileiro, num primeiro momento, tal garantia constitucional funciona como regra de competência, no sentido de que todos os atos estatais encontram-se vinculados à sua prática pela autoridade competente e em estrita observância das formalidades legais. Assim: a) ao legislador federal somente é dado o poder de editar leis nas matérias asseguradas privativa ou concorrentemente à União (arts. 22 e 24 da CRFB/88), e obedecido o devido procedimento legislativo (arts. 59 a 69 da CRFB/88); b) ao legislador estadual, o poder normativo relacionado a matérias delegadas pela União (art. 22, parágrafo único, da CRFB/88), concorrentes com os demais entes federativos (art. 24 da CRFB/88), ou remanescentes de predominante interesse regional (art. 30, § 1º, da CRFB/88), mas em estrita observância ao processo legislativo estipulado pelas respectivas Cartas Estaduais; c) aos Municípios, o poder de legislar nos assuntos de interesse local, bem como suplementar a legislação federal e estadual no que couber (art. 30, incs. I e II, da CRFB/88), desde que obedecido o devido procedimento legis-

---

[255] A redação é idêntica à constante no art. 1º do Código Penal de 1890 (v. Consolidação das Leis Penais. In: PIERANGELLI, José Henrique. Op. cit., p. 327).

[256] "Art. 1º. Não há crime sem lei anterior que o defina. Não há pena sem prévia cominação legal" (BRASIL. Código Penal de 1940. In: PIERANGELLI, José Henrique. Op. cit., p.449).

[257] "Art. 1º – Não há crime sem lei anterior que o defina. Não há pena sem prévia cominação legal" (BRASIL. Código Penal. São Paulo: Saraiva, 1997).

[258] Sobre o assunto, v. STRECK, Lenio Luiz. *Hermenêutica Jurídica (e)m Crise*. Porto Alegre: Livraria do Advogado, 1999, p. 31 e segs.

lativo constante em suas respectivas Leis Orgânicas;[259] d) ao Distrito Federal, a competência legislativa em matéria reservada aos Estados e Municípios (art. 32, § 2º), na forma do disposto em sua Lei Orgânica; e) aos Poderes Executivos Federal, Estaduais, Municipais e do Distrito Federal, administrar somente nas matérias que lhes foram asseguradas (arts. 21, 23, 25, §§ 2º e 3º, 30, incs. III a IX, 32, *caput*, todos da CRFB/88), e nos estritos limites daquilo que a lei autorizar (art. 37, *caput*, da CRFB/88); f) aos Poderes Judiciários Federal e Estaduais, julgar somente as matérias próprias de cada Tribunal ou Juiz (arts. 102, 105, 108, 109, 111, § 3º, 114, 121, 124, *caput*, 125, §§ 1º e 4º) e em observância aos ditames do devido processo legal (art. 5º, inc. LIV, da CRFB/88); e g) às Funções Essenciais à Justiça, atuar no âmbito de suas competências (arts. 127, *caput*, 129, 131, *caput*, 133 e 134).

Por outro lado, também atua o princípio da legalidade, no Estado de Direito, como instrumento vinculador da sociedade, no sentido de que a liberdade dos associados somente pode ser restringida mediante a imposição de normas proibitivas ou preceptivas ("ninguém será obrigado a fazer ou deixar de fazer alguma coisa senão em virtude de lei" – art. 5º, inc. II, da CRFB/88).

Aplicadas tais regras ao Direito Penal, teremos um princípio da legalidade (*lato sensu*) dicotômico, no sentido de que institui *poderes* e *garantias*, sendo, portanto, um instrumento vinculador: a) *do Estado*, no sentido de que somente ao Poder Legislativo Federal, mediante lei ordinária federal – e obedecido o devido procedimento legislativo –, é autorizado o poder legiferante em matéria penal[260] (art. 22, inc. I, da CRFB/88, ressalvada a exceção prevista no parágrafo único do mesmo dispositivo); e somente ao Poder Judiciário – em nível estadual ou federal, de acordo com as suas respectivas competências –, é dada a possibilidade de julgar as infrações penais, segundo os limites do devido processo legal; b) *da sociedade*, visto que se encontra *garantida* contra a possibilidade de existência de uma infração penal sem lei específica que a defina (art. 5º, inc. XXXIX), e, ademais, contra a possibilidade de julgamento por órgão que não seja o competente para tanto (art. 5º, inc. XXXVII) e sem a observância do devido processo legal (art. 5º, inc. LIV).

---

[259] Sobre o assunto, v.: SILVA, José Afonso da. *Curso de Direito Constitucional Positivo*. 10 ed. São Paulo: Malheiros, 1995.

[260] No que tange ao Direito Processual Penal, a competência legislativa continua sendo da União (art. 22, inc. I, da CRFB/88), mas aos Estados também é dada a competência legislativa regulamentar nessa matéria (art. 24, inc. XI, da CRFB/88).

Portanto, a todo *poder* do Estado de valer-se do Direito Penal corresponde uma *garantia* do indivíduo de proteger-se contra ele, e, conjugando-se a fórmula Direito Penal/controle social, teremos que todo Estado de Direito, nas palavras de Roxin, deve proteger o indivíduo não só *mediante* o Direito Penal, senão também *do* Direito Penal.[261] O *ideal da segurança jurídica* (v. n. 2.3, *supra*) impõe que o convívio social possa ser regulado por normas de conduta, desde que aos integrantes dessa sociedade seja conferida a devida previsibilidade das conseqüências de suas ações. Dessa necessidade surgem os quatro desdobramentos do princípio da legalidade a serem analisados.

3.3. *NULLUM CRIMEN, NULLA POENA SINE LEGE STRICTA*

O Direito Penal dispõe da *lei* como instrumento veiculador de suas proibições. É uma decorrência da *secularização do Direito* (v. n. 1.3, *supra*) que o fato reprovável socialmente somente possa estar adstrito à repressão estatal caso, além de *imoral*, a lei preveja a proibição e a sanção respectiva, até porque o crime, como sinônimo de proibição legal, é fruto da criação humana, sendo incorreto afirmar-se a existência de delitos castigados em todos os tempos e em todos os lugares.[262] O fogo queima aqui e na Pérsia, afirmara Aristóteles,[263] mas nem todo delito é proibido aqui e na Pérsia, visto que não detém uma realidade ôntica, seja ela consuetudinária, divina ou natural. O crime é, na verdade, uma *convenção* estabelecida segundo os ditames sociais e políticos de um determinado país,

---

[261] Op. cit., p. 137.

[262] "A lei, em geral, é a razão humana, enquanto governa todos os povos da terra; e as leis políticas e civis de cada nação devem ser apenas casos particulares onde se aplica esta razão humana. Devem ser tão próprias ao povo para o qual foram feitas, que seria um acaso muito grande se as leis de uma nação pudessem servir para outra. Devem estar em relação com a natureza e com o princípio de governo que foi estabelecido, ou que se pretende estabelecer, que se elas o formam, como é o caso das leis políticas; que se o mantém, como é o caso das leis civis. Devem ser relativas ao físico do país; ao clima gélido, escaldante ou temperado; à qualidade do terreno, sua situação e grandeza; ao gênero de vida dos povos, lavradores, caçadores ou pastores; devem estar em relação com o grau de liberdade que sua constituição pode suportar; com a religião de seus habitantes, com suas inclinações com suas riquezas, com seu número, com seu comércio, com seus costumes, com seus modos" (MONTESQUIEU. Op. cit., p. 16-17).

[263] *Ética a Nicômacos*, cit., p. 103.

devendo ser reputadas falaciosas as conclusões jusnaturalistas acerca do *crime natural* (v. n. 4.3, *infra*).

Uma vez admitida a necessidade de conciliação entre o *ideal da segurança jurídica* e o Direito Penal *secularizado*, teremos uma primeira decorrência do princípio da legalidade, dirigida tanto para o momento da produção legislativa quanto para o da aplicação das leis penais, mas que, em ambos, reveste-se somente de problemas quanto à *forma* da lei. Nesse sentido, impõe-se, por um lado, que a *criação* de um crime seja levada a cabo somente por uma lei em sentido formal, e, por outro, que aos juízes somente seja dado o poder de *aplicar* sanções mediante uma interpretação restritiva da lei penal. O *nullum crimen, nulla poena sine lege stricta*, portanto, é um limitador *formal* tanto da atividade legislativa quanto da atividade judicial, visto que, enquanto a *proibição* está adstrita à existência de um diploma legal formal, a *repressão*, ademais, está condicionada à aplicação restritiva do Direito.

3.3.1. Limitação legislativa: o procedimento legislativo em matéria penal. A crise das fontes do Direito Penal

O princípio da legalidade, desde a sua origem, sempre foi uma *garantia de previsibilidade de condução de vida*, já que as regras de conduta estipuladas formalmente num ordenamento jurídico fornecem aos indivíduos a opção de licitude de suas atuações no meio social. Essas regras encontram-se previstas na lei estatal, mas isso, por si só, é insuficiente para gerar segurança jurídica. É sabido que, na maioria dos ordenamentos jurídicos (inclusive no do Brasil), as leis estão distribuídas de maneira diversa, segundo características que lhes são peculiares.

Quanto à sua fonte, poderá um diploma legal originar-se de ato de qualquer um dos três Poderes, seja diretamente emanado do agente público de mais alta hierarquia, seja de seus subordinados. Basta lembrar que o art. 59 da CRFB de 1988 prevê, no processo legislativo, a elaboração de emendas à Constituição, leis complementares, leis ordinárias, leis delegadas, medidas provisórias, decretos legislativos e resoluções. Além disso, insere-se no *poder regulamentar* da Administração Pública a possibilidade de expedir decretos autônomos e de execução, instruções normativas, portarias e outros atos normativos que, formalmente, até podem ser considerados *leis*.

Dentro desse universo de legalidade (que vai de uma emenda à Constituição até um simples ofício circular), contudo, somente uma fonte pode ser considerada como o adequado instrumento do Direito Penal, pois, do contrário, teríamos de sujeitar a sociedade a proibições emanadas de mais de um poder e por mais de um instrumento.

No Brasil, a verdadeira fonte de proibições penais é a *lei ordinária federal* (art. 22, inc. I, e art. 59, inc. III, da CRFB/88), que se sujeita à apreciação, separadamente, pela Câmara de Deputados e pelo Senado Federal, desde que aprovado o projeto de lei (art. 61 da CRFB/88) por maioria relativa dos membros de cada uma das Casas.[264] Disso resultam, em relação ao ordenamento jurídico brasileiro, as seguintes conseqüências fundamentais:

3.3.1.1. A impossibilidade de federalização do Direito Penal brasileiro

É vedado, no Brasil, o tratamento legislativo, pelos Estados Federados e pelos Municípios, de proibições penais. Por força do que dispõe o art. 22, inc. I, da CRFB/88, é competência privativa da União legislar sobre Direito Penal. A única exceção encontra-se prevista no parágrafo único do art. 22, ou seja, poderão os Estados legislar nessa matéria caso a União edite lei complementar delegando essa atribuição.

Tal deslocamento de competência, contudo, jamais houve sob a égide desta Constituição, e oxalá jamais ocorra no futuro, ao menos em matéria penal. Vimos (n. 2.3, *supra*) que o *ideal da segurança jurídica* determina ao Direito Penal que a legislação repressiva seja genericamente aplicável em todo o território nacional, visto que a federalização dos crimes poderá ensejar, além de dúvidas de ilicitude nas condutas da "população andarilha", uma crise de legitimação deste ramo do Direito. Basta lembrar, *verbi gratia*, que o tratamento diferenciado por dois Estados acerca da proibição ou não do aborto poderia fazer de uma ponte, ou de uma rua, o limite da ilicitude.

Por outro lado, também vimos que, segundo o *princípio da lesividade* (n. 2.4.3, *supra*), a missão do Direito Penal é a proteção de

---

[264] Nada impede, contudo, o tratamento do Direito Penal pela via de lei complementar (assim, p. ex., a LC nº 64, de 18 de maior de 1990). Ocorre que a lei complementar está, formalmente, em igual hierarquia às leis ordinárias, apenas distinguindo-se destas em relação à matéria e ao *quorum* qualificado para aprovação. Portanto, se o princípio da separação dos poderes restou intacto, e se, ademais, as leis complementares submetem-se a um procedimento legislativo mais rigoroso (aprovação por maioria absoluta), resta-nos concluir que nenhum motivo existe, sob o aspecto formal, para vislumbrarmos alguma fissura à garantia da reserva de lei estrita.

bens jurídicos. Aceitando-se tal prescrição como coerente com o nosso *sistema constitucional*, seremos obrigados a não admitir que uma proibição penal exista num Estado e não em outro. Com efeito, a *igualdade perante a lei*, insculpida no art. 5º, *caput*, da Magna Carta, não permite que um determinado interesse seja erigido à categoria de bem jurídico num canto do país, e não também em outro. Seria tratar de forma desigual dois interesses em isonomia de condições.

Portanto, a "federalização do Direito Penal" é uma situação que, além de não oferecer uma resposta justificável à indagação "como proibir?", também resta insatisfatória em relação ao "o que proibir?". A lei penal estadual, ademais de não comportar a característica da *taxatividade* - por ser incompatível com a segurança jurídica da sociedade brasileira como um todo –, não revela adequação aos bens jurídicos assegurados na Constituição, indo de encontro, pois, ao *princípio da lesividade*.

3.3.1.2. A observância (?) do princípio da separação dos Poderes

Outra decorrência da reserva da lei estrita é a impossibilidade de os Poderes Executivo e Judiciário legislarem em matéria penal. Nesse sentido, um decreto, por exemplo, jamais poderá instituir crimes e penas, assim como uma sentença também sujeita-se a tal vedação.

Essa prescrição constitucional, aparentemente simples e precisa, enseja inúmeras dúvidas no que se refere à sua exata abrangência. Uma primeira questão que se impõe é a da compatibilidade ou não da legislação penal pretérita com o ordenamento constitucional atual. Tal problema há de ser visto sob dois enfoques diversos, um *formal* e outro *material*: no primeiro, o objeto do estudo focaliza-se na comparação entre o *procedimento legislativo* anterior e o vigente; já o segundo, nos *valores* do ordenamento jurídico-constitucional dos tempos idos, e os do atual.

Em relação ao *procedimento legislativo*, a legalidade das leis penais prévias à CRFB/88 é analisada – salvo disposição expressa em contrário – única e exclusivamente segundo as prescrições da época em que foram editadas, e, nesse aspecto, a atual Constituição não se presta a viciá-las. Tal fenômeno, que denominarei *recepção formal das leis*, tem por objetivo assegurar a não-transitoriedade do ordenamento jurídico, e, por conseqüência, proporcionar *segurança* à sociedade.

Situação diversa é, contudo, a avaliação da legalidade em relação aos *valores* constantes nos editos penais. Mesmo que uma lei tenha obedecido ao *processo legiferante* da época de sua edição – e, nesse aspecto, a incompatibilidade do *procedimento* anterior com o atual é irrelevante para a legalidade formal –, há que se analisar, agora, se os seus valores substanciais são condizentes com a nova ordem constitucional, e, aqui, a adequação superveniente impõe-se (*recepção material*). Assim, por exemplo, se um diploma legal foi publicado, nos anos 70, por autoridade competente àquela época, mas incompetente nos dias atuais, a lei é *formalmente* válida. Contudo, se esta lei, apesar de formalmente válida, trouxer em sua substância *valores* que, no passado, eram admitidos pela Constituição, mas que, atualmente, deixaram de sê-lo, passa essa lei a ser *materialmente* inválida.[265]

Esta questão diz respeito ao *princípio da legalidade material*, e será melhor estudada posteriormente (v. n. 4, *infra*). Iremos nos ocupar, no momento, da problemática da *recepção formal* das leis penais, principalmente no que se refere à possibilidade de utilização de *decretos-leis* como instrumentos de Direito Penal.

A Parte Especial do nosso Código Penal, e, ademais, a Lei de Contravenções Penais, são alguns exemplos de normas repressivas veiculadas mediante a edição de decretos-leis (nº 2.848, de 7 de dezembro de 1940, e nº 3.688, de 3 de outubro de 1941, respectivamente). Nesse caso, o *nullum crimen nulla poena sine lege stricta* determina que a sua legalidade formal seja avaliada segundo o ordenamento constitucional daquela época. Considerando-se que a Constituição dos Estados Unidos do Brasil, de 1937, autorizava, em seus arts. 12[266] e 13,[267] com a ampliação contida no art. 180,[268] a

---

[265] É o caso, p. ex., do art. 59 do Decreto-lei nº 3.688/41: apesar de formalmente válido este diploma legal (já que observado o procedimento legislativo da época de sua edição), não se pode sustentar que, em pleno regime Democrático de Direito, a *vadiagem* seja tratada como um delito, tendo em vista a amplitude da liberdade de crença e consciência estipulada no art. 5º da CRFB/88.

[266] "Art. 12. O Presidente da República pode ser autorizado pelo Parlamento a expedir decretos-leis, mediante as condições e nos limites fixados pelo ato de execução" (*In:* CAMPANHOLE, cit.).

[267] "Art. 13. O Presidente da República, nos períodos de recesso do Parlamento ou de dissolução da Câmara dos Deputados, poderá, se o exigirem as necessidades do Estado, expedir decretos-leis sobre as matérias de competência legislativa da União, excetuadas as seguintes: a) modificações à Constituição; b) legislação eleitoral; c) orçamento; d) impostos; e) instituição de monopólios; f) moeda; g) empréstimos públicos; h) alienação e oneração de bens imóveis da União. Parágrafo Único. Os decretos-leis para serem expedidos dependem de parecer do Conselho da Economia Nacional, nas matérias da sua competência consultiva" (id., ibid.).

[268] "Art. 180. Enquanto não se reunir o Parlamento Nacional, o Presidente da República terá o poder de expedir decretos-leis sobre todas as matérias de competência legislativa da União" (id., ibid.).

edição de decretos-leis, mesmo que fora das situações de relevância ou urgência, nas matérias de competência legislativa da União, pode-se concluir que, *formalmente*, tais leis respeitaram o procedimento legislativo da época.

Já a Constituição de 1967, em seu art. 58, sujeitava a edição de decretos-leis pelo Presidente da República aos casos de *relevância* ou *urgência*, nas matérias expressamente asseguradas e desde que não resultasse em aumento de despesa.[269] Posteriormente, com a edição da Emenda Constitucional nº 1/69, o alcance de tal dispositivo legal restou ampliado.[270]

Portanto, passaram os decretos-leis a sujeitarem-se aos requisitos, dentre outros, da *relevância* ou *urgência*, e nesse aspecto é que as grandes discussões foram travadas. Poderiam, p. ex., os Decretos-Leis nºs 368/68 e 756/69, que dispunham, respectivamente, sobre os efeitos de débitos salariais e sobre a valorização econômica da Amazônia, instituindo crimes atinentes a essa matéria, ser considerados *relevantes* ou *urgentes*?

Uma primeira crítica que se poderia traçar a esse mecanismo de produção legislativa advém da *aprovação implícita* dos decretos-leis. Tal solução estabelece uma cristalina quebra do princípio da separação dos poderes, visto que o Poder Executivo, nesse caso, sobrepõe-se ao próprio Poder Legislativo. É verdade que matérias relevantes e urgentes, por vezes, justificam a edição de um ato normativo oriundo do Poder Executivo, já que a tramitação formal de uma lei poderia prejudicar o "socorro" estatal necessário à situação peculiar. Contudo, a aprovação implícita acaba por fazer

---

[269] "Art. 58. O Presidente da República, em casos de urgência ou de interesse público relevante, e desde que não resulte aumento de despesa, poderá expedir decretos com força de lei sobre as seguintes matérias: I – segurança nacional; II – finanças públicas. Parágrafo único. Publicado o texto, que terá vigência imediata, o Congresso Nacional o aprovará ou rejeitará, dentro de sessenta dias, não podendo emendá-lo; se, nesse prazo, não houver deliberação, o texto será tido como aprovado" (id., ibid.).

[270] "Art. 55. O Presidente da República, em casos de urgência ou de interesse público relevante, e desde que não resulte aumento de despesa, poderá expedir decretos com força de lei sobre as seguintes matérias: I – segurança nacional; II – finanças públicas; III – criação de cargos públicos e fixação de vencimentos. § 1º. Publicado o texto, que terá vigência imediata, o decreto-lei será submetido pelo Presidente da República ao Congresso Nacional, que o aprovará ou rejeitará, dentro de 60 dias a contar de seu recebimento, não podendo emendá-lo; se nesse prazo não houver deliberação, aplicar-se-á o disposto no § 3º do art. 51. § 2º. A rejeição do decreto-lei não implicará a nulidade dos atos praticados durante sua vigência" (id., ibid.).

da exceção uma regra, fornecendo ao Presidente da República uma capacidade legislativa maior até do que a dos Deputados e Senadores.

A constitucionalidade dos decretos-leis, daquela época, em matéria penal, pode ser posta em dúvida com outros dois argumentos: primeiramente, porque o Direito Penal não estava inserido entre as matérias relevantes ou de interesse público capazes de autorizar o uso desse mecanismo legal. Como bem assevera Silva Franco, "Em face do processo legislativo então vigente, era impossível a equiparação do decreto-lei à lei. As figuras obedeciam a regras totalmente diversas, e o decreto-lei não passava de uma medida de cunho excepcional, que só podia ser empregada em circunstâncias e hipóteses taxativamente enumeradas e nas quais não se incluía a matéria penal. Mesmo o decreto-lei, aprovado pelo Congresso Nacional, não perdia sua condição originária, não se transformando, num passe de mágica, em lei cujo processo de elaboração era inteiramente diferente. Só a lei, em sentido formal, podia conter a descrição de comportamentos criminosos e a atribuição de penas aos autores desses comportamentos".[271]

A isso some-se o fato de que o Ato das Disposições Constitucionais Transitórias, em seu art. 25, revoga, a partir de 180 dias da promulgação da Constituição de 1988, todos os dispositivos legais que atribuam ou deleguem a órgão do Poder Executivo competência assinalada ao Congresso Nacional, especialmente no que se refere a ações normativas. Estando o Direito Penal, portanto, incluído dentre essas matérias de competência do Congresso (art. 48 da CRFB/88), grandes dúvidas poderiam surgir acerca da constitucionalidade de todos os decretos-leis que, no passado, instituíram delitos e penas, principalmente sob o amparo da delegação contida no art. 180 da Constituição de 1937. O problema é mais delicado do que poderia parecer, visto que a validade do próprio Código Penal brasileiro estaria sendo posta em dúvida.

---

[271] SILVA FRANCO, Alberto *et al*. *Código Penal e sua Interpretação Jurisprudencial*. 5 ed. São Paulo: Revista dos Tribunais, 1995, p. 26. No próprio STF, a matéria foi debatida durante muito tempo. Em abril de 1970, reconheceu a Suprema Corte, por maioria de votos, a constitucionalidade do art. 2º do Decreto-lei nº 326/67, que implantou nova modalidade de crime de apropriação indébita (RTJ, 59/727). Posteriormente, em relação ao mesmo assunto, optou o STF pela inconstitucionalidade de tais diplomas legais serem tratados como fontes do Direito (RTJ, 86/408). Em 1986, contudo, voltou atrás em seu posicionamento, afirmando ser formalmente constitucional o Decreto-lei nº 2.284/86 (RHC 64.182-2-RS, rel. Min. Néri da Silveira, DJU de 27.2.87, 40/2.953).

Outra questão que merece destaque é a possibilidade ou não de o Presidente da República, na atual conjuntura constitucional, adotar uma medida provisória como instrumento constitutivo do Direito Penal. Poder-se-ia afirmar, *ab initio*, que nenhum óbice existiria a tal possibilidade, apenas condicionando-se a aplicação da norma à sua conversão em lei pelo Congresso, com eficácia *ex nunc*. Em outras palavras: a medida provisória funcionaria, pois, como um projeto de lei penal.

O argumento, contudo, é falacioso. Ocorre que, dentre os requisitos das medidas provisórias, arrola o art. 62 da CRFB/88 a "relevância *e* urgência". Ora, uma lei penal, como vimos linhas atrás (n. 2.3.2), não pode ser um ato impulsivo, ausente de reflexão. Por maior que seja o desvio social verificado repentinamente, a definição legal de um crime e de uma pena exige que outros mecanismos de controle social sejam utilizados antes de o Estado lançar mão do Direito Penal, dada à sua natureza de *ultima ratio*. Esgotados tais mecanismos, e restando eles ineficazes à prevenção geral, aí sim será válido começar-se a pensar no estatuto repressivo. A urgência é expressão da necessidade de o Estado atuar rapidamente, e tal necessidade é incompatível com o Direito Penal. Se através desta disciplina determina-se a imposição de uma pena, se estão em jogo direitos e liberdades que precisam ser salvaguardados, mediante o princípio da separação dos poderes, contra atos do próprio Poder Executivo, não se compreenderia que razões de urgência pudessem desguarnecer o cidadão de suas garantias e permitir a transferência de capacidade legiferante ao Poder Executivo de forma que, nas mãos deste, ficasse a possibilidade de concretizar disposições penais.[272]

Há que se atentar para a circunstância de que a definição legal de um crime sempre estará sujeita à característica da *relevância*, mas, jamais, da *urgência*. Basta lembrar que o homicídio, antes de ser objeto de tipificação legal pelo Código Criminal do Império (1830), já existia há milhares de anos. Mesmo que se queira contra-argumentar que a moderna criminalidade demanda uma repressão *urgente*,[273]

---

[272] Id., ibid., p. 27.

[273] Esse argumento, fundamentado na Escola da Defesa Social, foi empregado por BRITO FILOMENO: "O que importa é haver resposta imediata, em casos de urgência, a fatos que comprometem a sociedade como um todo, como, certamente, foi o das medidas provisórias ora em discussão, tendo-se perdido importante oportunidade no sentido de se aprimorar e atualizar (sic) de vez – isto, sim – o conjunto de diplomas legais de caráter econômico social já existente (...)" (Infrações Penais e Medidas Provisórias. In: *Revista dos Tribunais*. São Paulo: Revista dos Tribunais, a. 79, vol. 659, p. 369-370).

ainda assim poderemos retrucar que seria conveniente, da mesma forma que no caso do homicídio, aguardarmos alguns anos (ou, até mesmo, milhares deles) a fim de percebermos se a repressão penal é ou não necessária. Nas palavras de Luiz Flávio Gomes, "É inconcebível, inimaginável, uma norma jurídica penal (que regula e limita, sempre, um direito constitucional fundamental, que invade a liberdade humana, às vezes até arrasando a pessoa, porque, hoje, uma ofensa contra o homem ganha dimensão incalculável quando acompanhada de ampla repercussão jornalística) de caráter provisório. A norma penal, pela transcendência de seu conteúdo, pela repercussão de seus mandados ou proibições, pela extensão de seus efeitos, jamais pode ser provisória. Nada de provisório pode haver numa norma penal. O Direito Penal, sendo o mais importante instrumento de controle social, não pode ficar à mercê da cabeça de um só homem, ainda que seja o Presidente da República".[274]

A isso some-se ainda o argumento da vedação de delegação ao Presidente da República para legislar sobre *direitos individuais* (art. 68, § 1º, inc. II, da CRFB/88). Sendo o Direito Penal um instrumento de tutela de *direitos individuais*, seria uma incongruência afirmarmos que a delegação estaria vedada, mas nada impediria que o Presidente se pudesse valer de medida provisória nessa matéria. No Estado Democrático de Direito, a reserva da lei deve ser considerada de forma absoluta, e não relativa, e isso faz com que o processo legislativo, no Brasil, deva harmonizar-se com todos os princípios do sistema constitucional. Nesse caso, tanto a reserva da lei, quanto a separação dos poderes, tolhem a validade da medida provisória em matéria penal.

Tais conclusões, por fim, não são sustentáveis somente diante de uma medida provisória que institua uma *proibição penal*. Todo e qualquer dispositivo oriundo do Direito Penal, seja ele atinente ao Processo Penal, à Execução ou aos efeitos da condenação, devem sofrer o mesmo tratamento, já que a fundamentação jurídica é idêntica. A limitação do *jus puniendi* estatal pelas garantias fundamentais do homem atribui, ao princípio da legalidade, um poder vinculante não só de normas de Direito Penal substantivo, mas também adjetivo. De nada valeria uma proibição legal ser perfeita tecnicamente se o processo penal possibilitar uma "antecipação de tutela sancionatória". O *etiquetamento* do criminoso, nos tempos modernos, não surge somente com o trânsito em julgado da senten-

---

[274] A Lei Formal como Fonte Única do Direito Penal (Incriminador). In: *Revista dos Tribunais*. São Paulo: Revista dos Tribunais, a. 79, jun. 90, vol. 656, p. 263.

ça condenatória, mas, ao contrário, são-lhe precedentes, e essa passa a ser a função limitadora do princípio da legalidade.[275]

---

[275] Embora sem necessitarmos atravessar por uma experiência semelhante a de Radbruch para admitirmos a legitimidade destes argumentos, nunca é demais rebaixarmo-nos à casuística para evitarmos a ficção de nossas conclusões. Durante o Governo de José Sarney, ao final da década de 80, foi editada a Medida Provisória nº 111/89, que instituiu a prisão temporária durante a investigação criminal. Foi interposta, diante disso, Ação Direita de Inconstitucionalidade (nº 162-DF) pelo Conselho Federal da OAB, ao final julgada prejudicada ante a conversão daquela Medida Provisória na Lei nº 7.960/89. Contudo, no exame da liminar, ressaltou o Ministro Moreira Alves a constitucionalidade da instituição de prisão processual mediante tal "procedimento" legislativo (acórdão extraído do site http//www.stf.gov.br).
Descendo-se agora à matéria penal, temos outro exemplo, verificado sob a égide do Governo de Fernando Collor de Mello. No início da década de 90, foram editadas as Medidas Provisórias nºs 153 e 156, ambas de 15 de março de 1990, a primeira fazendo previsão dos crimes de abuso do poder econômico, e a segunda, dos crimes contra a Fazenda Pública. Após serem elas arbitrariamente aplicadas desde a data de sua publicação, o Governo Federal deu-se conta do mau uso de tais diplomas legais, e isso redundou na formulação da Medida Provisória nº 175, de 27 de março de 1990, caso em que as anteriores foram declaradas nulas e de nenhuma eficácia. Em 27 de abril de 1990, esta última medida provisória foi convertida na Lei nº 8.035, que expressamente manteve a revogação das duas medidas provisórias anteriores. Mais uma vez chamado a pronunciar-se sobre o assunto, reconheceu o STF (ADIn 221/DF), pelo voto do rel. Min. Moreira Alves, que "revogada a lei argüida de inconstitucional, a ação direita a ela relativa perde o seu objeto, independentemente da ocorrência dos efeitos concretos que dela hajam decorrido" (id., ibid.).
No que tange ao primeiro acórdão, temos apenas de repetir o antes afirmado, ou seja, também as normas de processo penal – e, com muito mais razão, as instituidoras de prisão processual – esbarram no *nullum crimen nulla poena sine lege stricta*. Nesse caso, de nada vale o fato de a medida provisória já se encontrar convertida em lei. Não tem ela a natureza de um projeto de lei enviado ao Poder Legislativo, visto que sua eficácia se verifica com a mera publicação no Diário Oficial. Assim sendo, sua invalidade não pode ser saneada pela conversão, já que o processo legislativo encontra-se viciado em sua origem. Outro caminho não nos resta senão reconhecermos a lesão, pela Lei nº 7.960, do princípio da legalidade.
Já o segundo acórdão, apesar de não adentrar no mérito da questão, também é passível de críticas. Ocorre que as Medidas Provisórias nºs 153 e 156, apesar de já revogadas, tiveram aplicação entre os dias 15 e 27 de março de 1990. Pense-se no constrangimento de todos aqueles submetidos a prisões em flagrante, interrogatórios policiais, repercussão nos meios de comunicação, e tantas outras conseqüências modernas do *etiquetamento penal*. Não seria a hora de o STF dar procedência à Ação Direita de Inconstitucionalidade a fim de evidenciar bem a ilegalidade do ato do Chefe do Poder Executivo e, por conseqüência, não deixar dúvidas acerca da responsabilidade civil do Estado?
Mas o atropelo ao princípio da legalidade não pára por aí. Em 1998 foi editada a Medida Provisória nº 1.780, que modificou o art. 34 da Lei nº 6.368/76, dando um novo tratamento às medidas cautelares atinentes à apreensão de bens e objetos

3.3.1.3. A inconstitucionalidade das leis penais em branco

O conceito de *lei penal em branco* foi formulado pela primeira vez por Binding, segundo a qual a *blankettstrafgesetze* (ou *offene Strafgesetze* – lei aberta) é toda lei que determina a sanção, porém não o preceito, que deverá ser definido por regulamento ou por uma ordem da autoridade, e, raras vezes, por uma lei especial, presente ou futura.[276]

Posteriormente, Mezger[277] ampliou tal conceitualização, vislumbrando três categorias de lei penal em branco: a) quando o complemento de uma norma encontra-se na mesma lei; b) quando se encontra em outras leis, porém emanadas da mesma autoridade legislativa; e c) quando o complemento é feito por uma norma de instância legislativa diversa. Para ele, contudo, só a última categoria configurava *leis penais em branco em sentido estrito*.

Na verdade, estamos diante, nos dois primeiros casos, de *elementares normativas de interpretação conceitual*, ou, na terminologia empregada pelo próprio Mezger, "tipos normativos propriamente ditos". Trata-se de elementos constitutivos do tipo penal objetivo em que a valoração de seu conteúdo é estipulada, *a priori*, pelo próprio legislador, seja na mesma lei objeto da proibição, seja em lei diversa.[278] Não se trata de *lei penal em branco*, mas sim de uma técnica legislativa, ou seja, uma opção do legislador em utilizar mais de um artigo para expressar uma norma dentro da mesma lei,[279] ou em lei

---

oriundos do tráfico de entorpecentes. Tal ato ofensivo ao princípio da legalidade foi convertido, após inúmeras reedições, em 30 de junho de 1999, na Lei nº 9.804, que, pela mesma razão apontada à Lei nº 7.960/89, encontra-se eivada de inscostitucionalidade. Não é pelo fato de possuírem suas normas a natureza adjetiva que tal idiossincrasia não poderá ser sustentada corretamente.

[276] Cf. ASÚA, Luis Jiménez. *La Ley y el Delito.Princípio de Derecho Penal*. 2 ed. Buenos Aires: Hermes, 1954, p. 104. Sobre *lei penal em branco*, v.: ASÚA, Luis Jiménez. *Tratado*, cit., p. 358-354; COBO DEL ROSAL, M., ANTON, T. S. Vives. *Derecho Penal. Parte General*. 4 ed. Valencia: Tirant to Blanch, 1996, p. 139-140; MAURACH, Reinhart, ZIPF, Heinz. *Derecho Penal. Parte General*. Trad. por Jorge Bofill Genzsch y Enrique Aimone Gibson. 7 ed. Buenos Aires: Astrea, 1994, vol. I, p. 134-135; SOLER, Sebastian. *Derecho Penal Argentino*. 2 ed. Buenos Aires: TEA, 1951, t. I, p. 133-134; MUÑOZ COMDE, Francisco, ARÁN, Mercedes García. *Derecho Penal. Parte General*. 2 ed. Valencia: Tirant to Blanch, 1996, p. 36-39; MIR PUIG, Santiago. Op. cit., p. 32-35; JESCHECK, Hans-Heinrich. Op. cit., p. 98; ANTOLISEI, Francesco. Op. cit., p. 33-34; MARQUES, José Frederico. Op. cit., p. 188-190.

[277] MEZGER, Edmund. *Tratado de Derecho Penal*. Trad. por José Arturo Rodriguez Muñoz. Madrid: Revista de Derecho Privado, 1955, t. I, p. 196.

[278] Sobre o assunto, v.: LUISI, Luiz. *O Tipo Penal*, cit., p. 56-60.

[279] Cf. MIR PUIG, op. cit., p. 34.

diversa. Assim, por exemplo, o conceito da expressão "funcionário público", encontrada em diversos tipos penais (arts. 312 a 326 do CPB), é fornecido pelo art. 327 do CPB; a expressão "meios de informação", encontrada em diversos crimes da Lei de Imprensa (Lei nº 5.250/67), é ditada pelo art. 12, parágrafo único, desta mesma lei; "instituição financeira" equivale às entidades arroladas no art. 1º da Lei nº 7.492/86; "espécimes da fauna silvestre" são todos os animais elencados no art. 29, § 3º, da Lei nº 9.605/98; "programa da computador", tudo aquilo que se insere no art. 1º da Lei nº 9.609/98; o conceito de "cheque" (art. 171, § 2º, inc. VI, do CPB) encontra-se na Lei nº 7.357/85; o de "estrangeiro", no art. 12, *a contrario sensu*, da CRFB/88 etc.

Somente no terceiro caso é que poderemos falar em *lei penal em branco*, isto é, nos dispositivos legais em que o limite da conduta proibida, ou da própria sanção, é ditado por outra instância legiferante ou autoridade.[280] A regulação de determinadas atividades consideradas perigosas para a sociedade, nas palavras de Muñoz Conde e García Arán,[281] está fortemente condicionada por circunstâncias histórico-sociais concretas, e, conseqüentemente, a atividade legislativa, em alguns casos (meio ambiente, ordem econômica etc.), é incessante: a uma lei segue outra que a modifica, que é regulamentada, e assim por diante. Nesse caso, a fim de evitar uma constante mutação legislativa, acaba o legislador proporcionando a outros agentes públicos a incumbência de preencher o conteúdo da norma que a ele seria atribuído, e daí é que surge a *lei penal em branco*.[282]

---

[280] No mesmo sentido: ASÚA, Luis Jiménez. *Tratado*, cit., p. 353; CEREZO MIR, José. *Curso de Derecho Penal Español*, cit., p. 155.

[281] Op. cit., p. 37.

[282] No Direito Penal brasileiro, podem ser citados os seguintes exemplos: art. 2º, inc. VI, da Lei nº 1.521/51, e art. 6º, inc. I, da Lei nº 8.137/90, em que a "tabela de preços" era editada pela SUNAB, ex-órgão vinculado ao Ministério da Fazenda; a Lei nº 6.368/76, em que o conceito de "substância entorpecente" é fornecido por portarias da DIMED, órgão este ligado ao Ministério da Saúde; o art. 50º, inc. I, da Lei nº 6.766/79, em que o crime de loteamento ou desmembramento urbano está sujeito à inobservância de formalidades instituídas por normas Estaduais ou Municipais; art. 65 da Lei nº 8.078/90, que vincula a prática do crime ao desrespeito de determinações de "autoridade competente" em relação a serviços de alto grau de periculosidade; art. 1º, incs. II e V, da Lei nº 8.137/90, em que a "lei fiscal" e a "legislação" mencionadas poderão ser normas oriundas do Poder Executivo (Regulamento do Imposto de Renda, por exemplo); art. 13, inc. V, da Lei nº 8.974/95, que sujeita sua consumação à edição de normas pela Comissão Técnica Nacional de Biossegurança (CTNBio); art. 35, inc. II, da Lei nº 9.605/98, que veda a pesca mediante a utilização de qualquer meio proibido por "autoridade competente" etc.

Tal categoria de normas, contudo, há de restar justificada em seu confronto com o *princípio da legalidade*, principalmente em seu aspecto formal, mais especificamente, em relação ao *princípio da separação dos poderes* e ao *princípio da taxatividade*, e é do primeiro que iremos tratar agora.

Uma das decorrências do *nullum crimen nulla poena sine lege stricta* é, como vimos há pouco, a determinação da competência legislativa em matéria penal. A CRFB/88, atentando para o *princípio da separação dos poderes*, resguardou ao Congresso Nacional (arts. 22, inc. II, e 48) a legitimidade para a edição dos tipos penais incriminadores. Por conseqüência, somente poderão ser reputadas condizentes ao *princípio da legalidade formal* as proibições penais oriundas da fonte constitucionalmente assegurada. Em outras palavras: a existência de um crime não pode ficar sujeita a um ato proveniente de autoridade diversa do legislador.

Das três categorias de *lei penal em branco*, vislumbradas por Mezger, somente as duas primeiras, sob o aspecto formal, restam justificadas, visto que o complemento do dispositivo legal encontra-se em norma oriunda do próprio Poder Legislativo.

O mesmo não se pode afirmar, contudo, em relação às *leis penais em branco em sentido estrito*. Nestas, o tipo penal, enquanto não for editada a norma administrativa, é um "corpo errante que busca sua alma", nas palavras de Binding.[283] Note-se que os limites temporal e material da lei ficam sujeitos a uma decisão de órgão diverso daquele que a CRFB/88 confere o poder de legislar em matéria penal. Nos crimes da Lei de Entorpecentes, por exemplo, é o Ministério da Saúde que, na verdade, irá dizer quais as condutas passíveis de punição, e a prova dessa arbitrariedade foi a conhecida discussão acerca da *abolitio criminis* no uso e tráfico de cloreto de etila, ocorrida na década de 80: bastou a Portaria da DIMED omitir tal substância no rol das consideradas entorpecentes para que o crime deixasse de existir.[284]

---

[283] *Apud* SOLER, Sebastian. Op. cit., p. 134.

[284] Sobre o assunto, v.: SILVA FRANCO, Alberto *et al*. *Leis Penais Especiais e sua Interpretação Jurisprudencial*. São Paulo: Revista dos Tribunais, 1995, p. 723-731. O STF viu-se obrigado, recentemente, a retomar a discussão acerca desse assunto, principalmente porque a Resolução RDC 104, de 6 de dezembro de 2000, da Agência Nacional de Vigilância Sanitária – Ministério da Saúde, retirou o cloreto de etila (lança-perfume) do rol das substâncias entorpecentes, reincluindo-a, passados alguns dias. Em julgamento recente, reconheceu o STF a *abolitio criminis* do delito de tráfico de cloreto de etila: autor: "Ementa: *Habeas Corpus* – Natureza do ato impugnado – Irrelevância. Lança-perfume – *Abolitio criminis* – Resolução RDC 104, de 6 de dezembro de 2000, da Agência Nacional de Vigilância Sanitária – Ministério da Saúde" (HC nº 80.752-6 – SP, rel. Min. Marco Aurélio, j. em 23/02/91).

Já o art. 50, inc. I, da Lei nº 6.766/79, além de ofensivo ao princípio da separação dos poderes, também esbarra no *princípio federativo*, visto que abre a possibilidade de os Estados, e até mesmo os Municípios, delimitarem o campo de abrangência do tipo penal.

É comum encontrarmos o argumento de que este tipo de lei é necessária, dada à constante mutação das qualidades do *bem jurídico* protegido, e, ademais, que a norma penal não pode prever as múltiplas matizes de que a conduta punível pode revestir-se.

Ao primeiro argumento, respondemos que a dinamicidade das relações sociais não pode fundamentar o uso de um Direito Penal autoritário e impreciso, sob pena de afastarmo-nos da visão secularizada do Direito e, por conseqüência, esbarrarmos na *lei de Hume*. Tal argumento, com efeito, confunde os planos do *ser* e do *dever ser*, justifica este a partir daquele, e implementa a eudemonística prescrição de que "os fins justificam os meios". Esquecem-se os seus defensores que a *defesa social*, no Estado Democrático de Direito, deve estar atenta para o fato de que, quanto maior for a amplitude de uma norma penal, menor será a liberdade individual, e, por conseqüência, em nosso atual regime político, a única opção que nos resta é a defesa da *separação dos poderes* em nome da manutenção da liberdade do cidadão. Ademais, admitindo-se a justificação das leis penais em branco, com base na dinamicidade das relações sociais, estaremos avalizando a preguiça do legislador em adequar seus editos às mutações sociais.

Ao segundo argumento, temos a dizer que, em nome do *ideal da segurança jurídica*, se o Direito Penal não possui a capacidade de previsibilidade das variantes dos comportamentos humanos, é sinal de que não é ele o mecanismo eficaz para combater esse tipo de desvio social. A impossibilidade de o legislador delimitar *a priori* o núcleo da conduta punível evidencia que a lei não desenvolverá uma efetiva prevenção, visto que novas e novas condutas irão cada vez mais surgindo, obrigando, pois, a edição de novas e mais novas regulamentações. Poderíamos comparar o legislador, nessas situações, ao coiote da animação infantil, que jamais consegue capturar a sua presa.

Portanto, como bem assinalam Muñoz Conde e García Arán, "para respeitar a reserva da lei em matéria penal, o núcleo essencial da conduta punível, seu conteúdo de desvalor em relação à lesão ou ao perigo incidente sobre bens jurídicos, deve encontrar-se descrito na lei penal. Se a definição do núcleo essencial do fato punível remete-se ao regulamento, a infração administrativa definida neste converte-se automaticamente em delito, habilitando-se, com isso, a

Administração para legislar em matéria penal, infringindo-se, pois, a reserva da lei".[285]

Se não se quiser incidir, em pleno Estado Democrático, nos mesmos erros do regime anterior, é necessário que o objeto das leis volte a ser as relações necessárias que derivam da natureza das coisas, e que o legislador assuma efetivamente a função de reger os destinos do Estado, sem descarregar o peso de sua responsabilidade na Administração, ou nos juízes. Nas palavras de Eberhard Schmidt, um Estado de Direito que deseje diferenciar-se da tremenda deformação da democracia que nos oferece o bloqueio oriental, tem de estar estribado em leis que, como emanações da justiça, correspondam à antiga exigência de Montesquieu: a observância do princípio da separação dos poderes.[286]

3.3.2. Limitação judicial: hermenêutica, analogia e interpretação analógica

3.3.2.1. Hermenêutica constitucional

Se o *nullum crimen nulla poena sine lege stricta* é, por um lado, uma garantia vinculadora da atividade legiferante, por outro, também vincula a atividade judicante. Trata-se de uma limitação *formal* que, ao legislador, determina o processo legislativo adequado para a matéria penal e, ao juiz, a sujeição de aplicar uma pena somente nos casos expressos em lei.

Neste último caso, a reserva da lei, como corolário do *princípio da separação dos poderes*, impede que o juiz crie o Direito aplicável ao caso concreto, visto que esta é tarefa do Poder Legislativo. Conseqüentemente, o ideal seria que a ele fosse dada a incumbência de ler a lei e aplicar-lhe fielmente o texto (*Les juges de la nation ne sont que la bouche qui prononce les peroles de la loi*),[287] pois, nas palavras de Beccaria, em nome da *segurança jurídica*, "nem mesmo a autoridade de interpretar as leis penais pode caber aos juízes criminais, pela própria razão de não serem eles os legisladores".[288]

---

[285] Op. cit., p. 115.

[286] *Apud* COBO DEL ROSAL, M., ANTON, T. S. Vives. Op. cit., p. 140, nota n. 19.

[287] Cf. HUNGRIA, Nélson. Op. cit., vol. 1, p. 29.

[288] *Dos Delitos e das Penas*, cit., p. 45. A semelhante conclusão chegara Montesquieu: "Os juízes da nação são apenas, como já dissemos, a boca que pronuncia as palavras da lei; são seres inanimados que não podem moderar sem sua força, nem seu rigor" (op. cit., Livro XI, cap. VI, p. 175). Essa é a razão de a vedação da analogia ser um problema recente, visto que à época do iluminismo não era dado aos juízes o poder de interpretar a lei.

A verdade é, porém, que o "silogismo perfeito" de Beccaria[289] não passa de um ideal utópico-iluminista. Por mais claro que seja um dispositivo legal, ainda assim será necessária a atividade exegética do intérprete, até porque a própria verificação de clareza já demanda, por si só, uma atividade hermenêutica. O legalismo exagerado que de início imperou no Direito Penal liberal é orientação hodiernamente abandonada, tanto mais que o *nulla poena sine lege* não é incompatível com a necessidade de prévio esclarecimento da lei punitiva pelo intérprete e por quem vai aplicá-la *hic et tunc*.[290]

Na busca de soluções para os problemas de interpretação, diversas correntes hermenêuticas sempre se digladiaram na busca do "verdadeiro" critério a ser seguido pelo intérprete. Da Revolução Francesa surgiu o Estado Liberal como mecanismo de tolhimento dos abusos do absolutismo então reinante na Europa: "o exercício dos direitos naturais de cada homem não tem limites senão estes que asseguram aos outros membros da sociedade o gozo desses mesmo direitos. Esses limites não podem ser determinados senão pela lei", assegurava o art. 4º da Declaração dos Direitos do Homem e do Cidadão. O foco de solução para as tensões sociais situava-se nas mãos do Poder Legislativo, tendo em vista o seu poder de limitar a liberdade individual por intermédio da lei. Com isso, a burguesia assegurava a proteção de suas riquezas e de seus interesses contra o absolutismo ético-substancialista dos governantes precedentes. No campo da hermenêutica, tínhamos a total submissão do juiz aos ditames da lei, em nome do princípio da separação dos poderes. Frente à racionalidade e coerência do legislador, aos juízes era dada a tarefa de interpretar cognitivamente o ordenamento jurídico, ou seja, no ato de aplicar a lei, o juiz restringia-se a, desvalorativamente, conhecer os termos nela insculpidos para, após, verificar se o fato subsumia-se no seu alcance. Tal concepção, denominada *formalismo hermenêutico*, vislumbrava na linguagem jurídica um simples instrumento de objetivização dos interesses protegidos pelo legislador.[291] Conseqüentemente, a interpretação

---

[289] "Em cada delito, o juiz deve formular um silogismo perfeito: a premissa maior deve ser a lei geral; a menor, a ação em conformidade ou não com a lei: a conseqüência, a liberdade ou a pena. Quando o juiz for coagido, ou quiser formular mesmo que só dois silogismos, estará aberta a porta à incerteza." (op. cit., p. 46).

[290] Cf. MARQUES, José Frederico. Op. cit., vol. I, p. 202.

[291] Sobre o assunto, v.: WARAT, Luiz Alberto. *Introdução Geral ao Direito*. Porto Alegre: Sergio Antonio Fabris, vol. I, p. 51-56; BRUM, Nilo Bairros de. Op. cit., p. 43-50.

O Princípio da Legalidade Penal
no Estado Democrático de Direito

da lei deveria determinar o sentido que o legislador atribuiu às palavras por ele utilizadas, fazendo com que o intérprete se colocasse no lugar do legislador e executasse o seu pensamento, para o que deveria tomar em consideração quer as circunstâncias jurídicas que foram presentes no seu espírito quando ditou a lei, quer os fins perseguidos pelo mesmo legislador (teoria subjetiva ou "jurisprudência dos interesses"). Isso tudo ocorria porque o Direito era concebido positivamente, como um fenômeno histórico, cujo ônus arcado pela hermenêutica era o de restringir-se a uma pura investigação histórico-empírica da vontade legiferante.

Tal modelo foi contraditado pela teoria objetiva da interpretação, conhecida como "jurisprudência dos conceitos" (Binding, Wach e Kohler). Segundo tal concepção, a lei, uma vez promulgada, pode, como qualquer palavra dita ou escrita, ter para outros uma significação que não pensava o seu autor. O juridicamente decisivo é, em lugar do que pensou o autor da lei, uma significação objetiva, independentemente dele e imanente ao ordenamento jurídico. Assim, em vez de uma interpretação histórica-filológica – em que o intérprete busca descobrir nas palavras o sentido que o autor lhes deu –, deve o hermeneuta, por meio da "interpretação jurídica", buscar o sentido racional da lei a partir da sua significação. As opiniões e intenções subjetivas do legislador, dos redatores da lei ou das pessoas singulares que intervieram na legislação não têm relevo: a lei é "mais racional" do que o seu autor e, uma vez vigente, vale por si só. Agora, o intérprete deve buscar não a vontade do legislador, mas sim a descoberta da "aspiração ao fim" que se encerra na lei (interpretação teleológica), sempre levando em consideração as condições sociais hodiodernas à época da sua aplicação.[292] Assim, enquanto a interpretação histórica (própria da teoria subjetivista) é estática e restritiva dos poderes hermenêuticos do juiz quando da aplicação da norma, a interpretação teleológica[293] (própria da teoria objetivista), ao contrário, é dinâmica e, ademais, confere ao juiz uma liberdade interpretativa maior do que na teoria subjetiva.

---

[292] Cf. LARENZ, Karl. Op. cit., p. 39-44.

[293] Há que se atentar para o fato de que a concepção subjetivista também propunha um mecanismo de interpretação teleológica da norma. Contudo, os *fins* a serem observados pelo juiz eram os empiricamente observados pelo legislador quando da edição da norma. Já na concepção objetivista, ao contrário, o fim a ser observado pelo hermeneuta é obtido na racionalidade intrínseca do ordenamento jurídico.

Se a teoria objetivista, por um lado, superou os problemas apresentados pela teoria subjetivista (principalmente em razão da necessidade de o Direito adequar-se à evolução social), por outro, mostrou-se falha ao autorizar fundamentos metafísicos de aplicação da lei. Com efeito, se a vontade do legislador não pode, *a priori*, ser captada do texto legal, por outro, não se pode afirmar que a *racionalidade humana* estaria apta a determinar o exato fim da norma. No plano formal, este mecanismo interpretativo está correto; no substancial, contudo, voa normativamente alto demais.

Esse impasse foi objeto de outra proposição hermenêutica, oriunda, principalmente, da filosofia kantiana: o método positivista-científico. Tendo em vista que as "idéias eternas" ou os "valores absolutos" são inatingíveis racionalmente, não pode o hermeneuta valer-se de pressuposições indemonstráveis. Em que pesem os valores éticos não estarem abolidos das ciências humanas, não devem eles, contudo, ser utilizados na aplicação da lei, restringindo-se, apenas, à filosofia do Direito. Assim, a idéia de justiça, por não ser cientificamente constatável, não guarda relevância à validade do ordenamento jurídico.

Tal rompimento deu-se, principalmente, pelas mãos de Kelsen. Partindo do método científico de abordagem do Direito (v. n. 1.2.3, *supra*), afirmava Kelsen que todos os métodos de interpretação até então elaborados conduzem sempre a um resultado apenas possível, nunca a um resultado que seja o único correto. Fixar-se na vontade presumida do legislador desprezando o teor literal ou observar estritamente o valor verbal sem se importar com a vontade – sempre problemática – do legislador tem – do ponto de vista do Direito positivo – valor absolutamente igual. Seria um esforço inútil querer fundamentar "juridicamente" uma com exclusão da outra. Também o princípio da chamada apreciação dos interesses é tão-só uma formulação, e não qualquer solução, do problema que aqui nos ocupa – destacava Kelsen. Não oferece medida ou critério objetivo segundo a qual os interesses contrapostos possam ser entre si comparados e de acordo com a qual possam ser dirimidos os conflitos de interesses.[294] Nesse rumo, a idéia da interpretação como um ato de conhecimento – ou seja, a interpretação da norma a ser aplicada decorre de uma cognição do Direito preexistente – é uma falácia, pois vai de encontro à possibilidade de interpretação. Consoante Kelsen, "a questão de saber qual é, dentre as possibilidades que se apresentam nos quadros do Direito a aplicar, a 'correta',

---

[294] KELSEN, Hans. *Teoria Pura do Direito*, cit., p. 392.

não é sequer – segundo o próprio pressuposto de que se parte – uma questão de conhecimento dirigido ao Direito positivo, não é um problema de teoria do Direito, mas um problema de política do Direito. A tarefa que consiste em obter, a partir da lei, a única sentença justa (certa) ou o único ato administrativo correto é, no essencial, idêntica à tarefa de quem se proponha, nos quadros da Constituição, criar as únicas leis justas (certas). Assim como da Constituição, através da interpretação, não podemos extrair as únicas leis corretas, tampouco podemos, a partir da lei, por inter-pretação, obter as únicas sentenças corretas".[295]

Portanto, a interpretação, para Kelsen, é sempre um *ato de vontade* judicial. O aplicador da norma, ao interpretá-la, está conferindo livremente um conteúdo à "moldura" dessa mesma norma, atividade esta criadora de um novo Direito. Daí advém o repúdio de Kelsen por qualquer outra classificação da interpretação que não a *autêntica*, ou seja, quem interpreta, aplica e, como tal, cria o Direito (segundo os limites estipulados em lei e as possíveis significações de uma norma jurídica). Não existe *a* interpretação correta (válida), mas sim *uma* interpretação que, uma vez não anulada e transitada em julgado, reputar-se-á validamente produzida. Isso porque critérios morais ou de justiça em nada interferem na validade de uma norma concretamente aplicada. A interpretação das normas é um ato do *dever ser* hermenêutico, e não um ato do *ser* "jurídico" (até mesmo porque as normas jurídicas não existem *ontologicamente*).

Essa concepção possui o mérito de superar as dificuldades surgidas da tentativa de exaurir todos os possíveis significados contidos nas *palavras da lei*, bem como da enigmática *vontade do legislador*. Contudo, em sua tentativa de tornar toda interpretação como um ato *imanente* ao ordenamento jurídico, e não *transcendente* a ele, acaba Kelsen por esquecer-se de que os fatos não são, por si só, um "expediente do pensamento artificial", um objeto sobre a qual a liberdade do legislador e do juiz impera absoluta. Como Kelsen não pode deixar de falar de "comportamento humano", e porque o homem, que se comporta desta ou daquela maneira, só pode pensar-se como um homem real, e não como uma ficção que se reputará legítima sempre que não anulada.

Nesse sentido, perfeita é a crítica lançada por Larenz ao modelo kelseniano, afirmando que "todas as transmudações de conceitos que a teoria pura do Direito empreende e é obrigada a empreender para levar a cabo a sua concepção não logram atingir

---

[295] Op. cit., p. 393.

aquilo que visam, a saber: 'depurar' a construção de conceitos da ciência jurídica de todos os conteúdos provenientes da esfera do ser ou do domínio da ética. Na verdade, sem a interferência de todos esses conteúdos, a ciência do Direito não pode desempenhar a sua missão, ou seja, conceber o Direito como algo pleno de sentido.(...) O que preocupa Kelsen, em última instância, é impedir que se abuse da ciência do Direito, utilizando-a como uma capa de opiniões puramente pessoais e de tendências ideológicas. Do ponto de vista do *ethos* científico, não se pode negar justificação a essa preocupação. É certo que, como poucas outras ciências, a ciência jurídica se encontra à mercê de tal abuso, necessitando, por isso, de uma contínua auto-reflexão crítica como aquela para que em tão grande medida contribui a teoria pura do Direito".[296] Porém, quando Kelsen, para se manter longe dos juízos de valor, declara que a ciência do Direito é incapaz de atingir, através da "interpretação", juízos "corretos", acaba ele por restringir o abuso na aplicação do Direito (visto que a interpretação judicial estaria adstrita à mera interpretação verbal obtida de acordo com as possíveis significações das palavras), mas, por outro lado, confere ao legislador uma supremacia até então impensada. Com efeito, se os critérios de validade (tanto da interpretação judicial quanto do processo legislativo) encontram-se puramente previstos no próprio ordenamento jurídico (que se movimentaria, prefaciando Humberto Maturana, numa *autopoiese*[297]), bastaria ao legislador mudar tais critérios para que o conteúdo da norma por ele editada passasse a ser considerado válido, embora *injusto*. A *teoria pura do Direito*, na busca de um combate contra o abuso judicial, redunda na legitimação interna do abuso legislativo, situação essa inconcebível frente ao Estado Democrático de Direito.

E mais: Kelsen imaginava que a legalidade de uma interpretação judicial de um órgão inferior estava sujeita à sua confirmação cíclica por órgãos judiciais superiores, de forma que o limite da legitimação seria a própria coisa julgada, sendo que nesse sistema em nada interfeririam critérios valorativos de *justiça* ou *injustiça*. No plano fático, isso até poderia parecer razoável, já que é freqüente depararmo-nos com decisões do Supremo Tribunal Federal que,

---

[296] Nesse sentido: LARENZ, Karl. Op. cit., p. 103; 107.

[297] Sobre o assunto, v.: MATURANA, Humberto. *A Ontologia da Realidade*, cit., p. 123-166.

inobstante reconhecidas como "válidas", são reputadas *injustas*,[298] dada a ausência de um órgão judicial a ele superior. Ora, a validade de uma decisão não pode estar adstrita ao respeito fático do ordenamento jurídico pelo mais alto tribunal, visto que, atualmente, toda a atividade judicante, em todos os níveis, está submetida aos *valores constitucionais* que estabelecem, a todo o Estado, um "querer vinculante" (Stammler). Assim, o fato de uma decisão judicial ser eficaz (por ter transitado em julgado) não pode atribuir a ela o condão de, por esse motivo, ser válida. Do contrário, como explicar-se a possibilidade de uma revisão criminal ser julgada procedente?

O abandono do método positivista foi operado pelo renascimento das idéias de Kant, como vimos alhures (v. n. 1.2.4, *supra*). Com Stammler firmou-se o entendimento de que o método da ciência do Direito é diverso e oposto ao método das "ciências da natureza" (física, química etc.), visto que o Direito não se deve preocupar com as *causas*, mas sim com os *fins* do ordenamento jurídico. Assim sendo, ressurge a noção de Direito a partir de um critério superior e estruturante: a *idéia de Direito*, ou, nas palavras de

---

[298] Um exemplo disso ocorreu quando o STF, até bem pouco tempo atrás, vinha entendendo, por unanimidade, que os delitos de estupro e atentado violento ao pudor, quando não resultassem em lesões corporais graves ou morte, eram tratados como crimes hediondos. Agora, a opinião passou a ser diversa: EMENTA: *Habeas Corpus*. 2. Atentado violento ao pudor e crime hediondo. Regime de cumprimento da pena. 3. Hipótese enquadrada nos arts. 214 e 224, letra *a*, e não nos arts. 214 e 223, *caput* e parágrafo único, todos do Código Penal. 4. Para que o atentado violento ao pudor possa ser classificado como crime hediondo, nos termos da Lei nº 8072/1990, art. 1º, inciso VI, é necessário que do fato resulte lesão corporal de natureza grave ou morte (art. 214 combinado com o art. 223, caput e parágrafo único). 5. Não se podendo, desse modo, enquadrar o crime a que condenado o paciente (CP, arts. 214 e 224, letra *a*) como hediondo, *ut* Lei nº 8072/1990, o regime de cumprimento da pena a que foi condenado somente pode ser o inicialmente fechado e não o regime fechado durante o período integral de sua duração. 6. Dessa maneira, se não procede o fundamento da petição inicial o *habeas corpus*, com base na Lei nº 9455/1997, que, de acordo com a jurisprudência do STF, é aplicável, tão-só, ao crime de tortura e não aos demais delitos tidos como hediondos pela Lei nº 8072/1990, cabe, aqui, deferir o *habeas corpus*, porque o crime de atentado violento ao pudor, pelo qual condenado o paciente (CP, arts. 214 e 224, letra *a*), não se enquadra entre os delitos hediondos, *ut* art. 1º, inciso VI, da Lei nº 8072/1990, visto que do fato não resultou nem lesão corporal grave nas vítimas, nem morte (art. 214, em combinação com o art. 223, *caput* e parágrafo único, do Código Penal). 7. *Habeas Corpus* deferido para garantir ao paciente a progressão no regime de cumprimento da pena, que se há de ter, tão-só, como inicialmente fechado. (Supremo Tribunal Federal, HC-78305 / MG, Relator Ministro NÉRI DA SILVEIRA, DJ de 01/10/99, p. 00030, Julgamento em 08/06/99 – Segunda Turma – votação unânime)

Stammler, o *Direito Justo*, não no sentido de que esse ideal fosse metafisicamente concebido em sua generalidade, e sim como *idéias reitoras formais* para a descoberta do *Direito Justo*, como verdadeiros *princípios do Direito*.

Não é de hoje que a delimitação do conceito de "princípio" é objeto das mais acirradas discussões no campo constitucional. À época da "velha hermenêutica" os *princípios* eram tratados como meras regras programáticas e genéricas do ordenamento jurídico, posto que a ausência de positividade impedia o surgimento de sua vinculação normativa. Até o advento do *historicismo*, a visão jusnaturalista do Direito agregava a tais ditames a denominação de *princípios gerais do Direito*, ou seja, regras abstratas gerais, estabelecidas pela "reta razão" e de conteúdo eminentemente ético-valorativo, cuja normatividade apresentava-se praticamente nula.

Com o advento do positivismo jurídico, passam os *princípios gerais do Direito* a integrar o ordenamento jurídico estatal, sendo que tal normatividade, contudo, adquire uma conseqüência meramente suplementar, ou seja, seriam eles aplicáveis somente como recursos ao preenchimento das lacunas do Direito. Essa é visão constante em nossa legislação civil, quando, na Lei de Introdução ao Código Civil (Decreto-Lei n° 4.657/42), destaca-se expressamente que "quando a lei for omissa, o juiz decidirá o caso de acordo com a analogia, os costumes e os *princípios gerais de direito*" (art. 4°). Os princípios, com efeito, adentram no Direito positivo e, por ser este um sistema coerente, podem ser dele inferidos. Seu valor advém não de serem ditados pela razão ou por constituírem um Direito Natural ou ideal, senão por derivarem das próprias leis.

Essa noção juspositivista dos "princípios", sem embargo, torna assaz precária a sua normatividade, na medida em que passam a estar adstritos a uma função meramente integratória do ordenamento jurídico. Assim, nessa fase, não possuíam tais regras – programáticas, diante de uma norma, e, normativas, diante de uma lacuna – a potencialidade limitadora das próprias leis, ou seja, numa escala hierárquica, os princípios encontravam-se abaixo da lei.

Na segunda metade do século XX, inaugura-se uma terceira e fundamental visão dos "princípios", cujas bases estruturais estão fincadas na filosofia de del Vecchio, mas que encontram uma verdadeira formulação sistemática principalmente pelas mãos de Ronald Dworkin.[299] Para ele, toda obrigação social decorre sempre

---

[299] DWORKIN, Ronald. *Taking Rights Seriously*. Harvard: Harvard University Press, 1978.

de uma *master rule* (regra suprema) que, na maioria dos casos, pressupõe uma lei. Contudo, podem também os *princípios* atuar como fontes pré-concebidas de regulação social, e, diante disso, poder-se-ia chegar à conclusão de que uma obrigação surgiria não só em decorrência de leis como, também, de princípios.

Tal caráter normativo-interno dos princípios foi sistematicamente adaptado para sistemas jurídicos de origem romana por, dentre outros,[300] Robert Alexy.[301] Assim como Dworkin, entendia que as normas jurídicas são compostas não só de regramentos, mas, também, de princípios, posto que ambos originam-se com o auxílio de "expressões deônticas fundamentais". Nesse sentido, perdem os princípios a natureza de *ratio legis* para se converter em *lex*.

Dentre as diversas diferenças entre as regras e os princípios, segundo o jurista alemão, a principal é a que se estabelece na ampla *generalidade* dos princípios, ao passo que as regras direcionam-se mais para casos particulares. O avanço de sua *teoria constitucional* estabelece-se, a partir disso, na hierarquização dos conflitos entre diversas regras ou diversos princípios: nesse sentido, um conflito entre regras trava-se no *plano da validade do ordenamento jurídico*, de tal forma que a solução desse conflito encontre-se ou numa "cláusula de exceção", ou pela anulação de uma delas. Já o conflito entre dois ou mais princípios não se estabelece no plano da validade, mas sim dos *valores*: a contradição entre dois ou mais princípios jamais acarretará a nulidade de um deles, mas sim, apenas, a sobreposição de um deles em relação ao outro, dada a sua maior *valoração*.

Mas aqui se chega a uma crucial indagação: havendo contradição entre uma regra e um princípio, qual deve prevalecer? A resposta é dada por um movimento jurídico que, quase de forma unânime, vem tomando conta de todas as ideologias jurídicas: trata-se da *constitucionalização dos princípios*. Com o fenômeno do "constitucionalismo", os princípios adentram no ordenamento máximo com força suficiente para se sobreporem a qualquer regra do ordenamento jurídico. Os *princípios gerais do Direito*, cuja natureza acessória não ousava extrapolar os limites do Direito Privado, cedem espaço aos *princípios constitucionais*, prescrições de Direito Público que fundamentam a base de todo o sistema jurídico-consti-

---

[300] Podem ser destacados os seguintes: LARENZ, Karl. *Metodologia da Ciência do Direito*, cit.; LUHMANN, Niklas. *Sistema Jurídico y Dogmática Jurídica*. Trad. por Ignácio de Otto Pardo. Madrid: Centro de Estudios Constitucionales, 1983; HESSE, Konrad. *Elementos de Direito Constitucional*, cit.

[301] *Teoria de los Derechos Fundamentales*, cit.; *El Concepto y la Validez del Derecho*. Trad. por J. M. Seña. Barcelona: PPU, 1997.

tucional. Nas palavras de Bonavides, "A proclamação da normatividade dos princípios em novas formulações conceituais e os arestos das Cortes Supremas no constitucionalismo contemporâneo corroboram essa tendência irresistível que conduz à valoração e eficácia dos princípios como normas-chaves de todo o sistema jurídico; normas das quais se retirou o conteúdo inócuo de programaticidade, mediante o qual se costumava neutralizar a eficácia das Constituições em seus valores reverenciais, em seus objetivos básicos, em seus princípios cardeais."[302]

A constitucionalização dos princípios impregnou o sistema jurídico de um valor, mas não de um valor qualquer. Tal mudança paradigmática acarreta uma visão axiológica de todo o ordenamento jurídico, segundo os valores oriundos dos *direitos fundamentais*, quer estejam eles previstos expressamente na Constituição (p. ex., princípio da igualdade), quer não (p. ex., princípio da intervenção mínima, princípio da proporcionalidade, princípio da culpabilidade, princípio da lesividade, princípio do *non bis in idem* etc.). Isso é possível porque, na moderna lição de Canotilho,[303] o que pressupõe normatividade expressa são os "princípios constitucionalmente estruturantes", que designam o "núcleo essencial da Constituição", garantido-lhe uma determinada identidade e estrutura e, a partir disso, negando a possibilidade de um direito metafísico fundado na ordem jurídica abstrata. Assim, p. ex., na CRFB/88, o *princípio do Estado Democrático de Direito* e o *princípio federativo* (art. 1º, *caput*).

Desses "princípios constitucionalmente estruturantes" decorrem inúmeros outros sub-princípios, tais como o *princípio da separação de poderes* (art. 2º), o *princípio da igualdade* (art. 5º, *caput*), o *princípio da legalidade* (art. 5º, inc. XXXIX) etc. Quanto à sua positividade, destaca Canotilho que o fato de estarem consignados num título específico do ordenamento constitucional "não significa que eles só aí venham consagrados, devendo procurar-se no conjunto global normativo da Constituição as revelações e manifestações concretas desses mesmos princípios".[304] Isso quer dizer que os *princípios constitucionais* podem derivar não só de normas constitucionais como, ademais, da dedução contextual oriunda dos postulados metodológicos de interpretação e concretização constitucional. A Constituição é, pois, um "sistema aberto de regras e princípios",

---

[302] *Curso de Direito Constitucional*, cit., p. 257.

[303] CANOTILHO, José Joaquim Gomes. *Direito Constitucional*. 6 ed. Coimbra: Almedina, 1993, p. 345-347.

[304] Op. cit., p. 348.

posto que, "na cultura jurídica moderna, o conjunto de normas jurídicas (regras + princípios) constitutivas de uma sociedade organizada é concebido como um sistema de normas juridicamente vinculantes",[305] com estrutura originária eminentemente "dialógica", ou seja, decorrente da "capacidade de aprendizagem" das normas constitucionais para adequarem as mutações sociais às noções dinâmicas de "verdade" e "justiça".[306] A Constituição é, pois, uma *codificação de valores*, mas uma *descodificação de regras*.[307]

---

[305] Op. cit., p. 48.

[306] Isso porque, na lição do mestre português, "um modelo ou sistema constituído exclusivamente por regras conduzir-nos-ia a um sistema jurídico de limitada racionalidade prática. Exigiria uma disciplina legislativa exaustiva e completa – legalismo – do mundo da vida, fixando, em termos definitivos, as premissas e os resultados das regras jurídicas. Conseguir-se-ia um 'sistema de segurança', mas não haveria qualquer espaço livre para a complementação e desenvolvimento de um sistema, como o constitucional, que é necessariamente um sistema aberto. Por outro lado, um legalismo estrito de regras não permitiria a introdução dos conflitos, das concordâncias, do balanceamento dos valores e interesses de uma sociedade pluralista e aberta (...). O modelo ou sistema baseado exclusivamente em princípios (...) levar-nos-ia a conseqüências também inaceitáveis. A indeterminação, a inexistência de regras precisas, a coexistência de princípios conflitantes, a dependência do 'possível' fático e jurídico, só poderiam conduzir a um sistema falho de segurança jurídica e tendencialmente incapaz de reduzir a complexidade do próprio sistema." (op. cit., p. 174-175).

[307] No Direito Penal, um importante – senão o mais importante – mecanismo de adequação constitucional da intervenção do Estado é a política criminal. Afirmava-se, antigamente, que a política criminal era o elo de ligação entre a criminologia e a dogmática. Atualmente, isso sofreu uma ampliação: além dessa função, também funciona a política criminal como um elo de *legitimação constitucional* da dogmática frente aos ditames da criminologia, a tal ponto que o delito etiologicamente considerado não mereça um tratamento penal caso os *valores determinados pelos direitos fundamentais* impeçam a intervenção. Por vezes, tais valores encontram guarida em nosso *sistema constitucional-penal*, seja expressa, seja implicitamente. Aqui, denomina-se a política criminal de "interna", ou seja, um instrumento de legitimação (ou deslegitimação) do Direito Penal frente aos *direitos fundamentais* previstos em nosso *sistema constitucional-penal*, que, como tal, possui força *invalidante*.
Em alguns casos, contudo, tal instrumento de legitimação (ou deslegitimação) tenta adequar o Direito Penal aos meios de preservação de *direitos fundamentais* que, embora reconhecidos pela *ideologia penal garantista*, encontram-se expressamente excluídos de nosso *sistema constitucional-penal*. É o que ocorre, por exemplo, com a recomendação da "reserva de código" (v. n. 4.3.1.3, *supra*), com a necessidade de um novo ramo do Direito para o combate à "moderna criminalidade" (v. n. 4.3.3.6, *supra*) etc. Nesses casos, a política criminal denomina-se "externa", ou seja, o conjunto de *princípios programáticos externos*, compatíveis com os *direitos fundamentais*, com eficácia meramente *justificante*. Trata-se de recomendações *políticas*, compatíveis com o Estado Democrático de Direito, que atuam na busca de uma sociedade mais livre, justa e solidária. Jamais poderiam eles acarretar o reconheci-

O neokantismo está marcado, dessarte, por essa nova visão do Direito, que, por um lado, faz com que a superação do positivismo clássico não seja capaz de elidir a visão positiva do Direito, e, por outro, da superação do jusnaturalismo clássico não resulte, necessariamente, o abandono por completo dos *valores jurídicos*.

Daí que se pode concluir, primeiramente, que não há distinção entre normas e princípios, que os princípios são dotados de normatividade e que as normas compreendem regras e princípios. Nesse rumo, pode-se afirmar que os princípios *vigem* em nosso ordenamento jurídico. Mas, em segundo lugar, também se pode destacar a *vigência hegemônica* desses princípios, no sentido de que estão eles colocados no ápice da pirâmide normativa. Tal supremacia não é somente formal, mas, sobretudo, material, e apenas possível na medida em que os princípios são compreendidos, equiparados e até mesmo confundidos com os valores, sendo, na ordem constitucional dos ordenamentos jurídicos, a expressão mais alta da normatividade que fundamenta a organização do poder.[308]

Essa concepção manifesta-se na moderna tendência por um ordenamento jurídico supranacional. Com efeito, a limitação da atividade localizada no cume do ordenamento jurídico, levada a cabo por esse *sistema constitucional*, somente seria possível com o reconhecimento de normas vinculantes de diversos Estados e com controle desempenhado por um órgão que esteja acima destes. A primeira tendência já vem sendo notada pelas Declarações Internacionais de Direitos do Homem, como a Declaração Americana dos Direitos e Deveres do Homem – aprovada na IX Conferência Internacional Americana, em Bogotá, em abril de 1948 – e o Pacto de San José, na Costa Rica, que instituiu, em 1978, a Convenção Americana sobre Direitos Humanos, cuja legitimidade interna encontra-se reconhecida expressamente pelo nosso ordenamento

---

mento de uma inconstitucionalidade, salvo se, ao lado da deslegitimação externa, também ocorra, ao mesmo tempo, uma deslegitimação interna. Exemplifiquemos: a "reserva de código" é uma prescrição orientada para a *segurança jurídica*, na medida em que tal ideal possa ser mais facilmente atingido nos casos de a legislação penal encontar-se contida num diploma legal único. Isso é uma recomendação ao poder constituinte derivado (ou a futuros originários), orientada para uma reforma constitucional nesse sentido. Contudo, caso a ausência dessa "reserva de código" seja prejudicial a tal ponto que a própria lei penal, sequer por uma presunção, poderia ser conhecida no caso concreto, passa a lei penal a estar deslegitimada também "internamente", em virtude dos argumentos antes expostos acerca da inescusabilidade relativa do desconhecimento da lei (v. n. 4.3.1.3, *supra*).

[308] Nesse sentido: BONAVIDES, Paulo. Op. cit., p. 259.

constitucional (art. 5º, § 2º, da CRFB/88). Já a segunda tendência é ainda mais recente, principalmente em matéria penal: em 1998 foi criado, pelo Tratado de Roma, o Tribunal Penal Internacional, embora sua implementação dependa de ratificação por mais de 60 Estados. O Brasil ainda não ratificou este tratado internacional, mas, inobstante isso, pode-se prever que, num futuro não muito remoto, a submissão a essa Corte Internacional será inevitável,[309] até porque o art. 7º do ADCT prevê expressamente que "O Brasil propugnará pela formação de um tribunal internacional de direitos humanos". Quando isso ocorrer, teremos a possibilidade de um Tribunal Internacional exercer o controle de constitucionalidade das próprias decisões do nosso Supremo Tribunal Federal.

Isso tudo acarreta uma profunda modificação na própria Teoria do Ordenamento Jurídico, a começar pelo inter-relacionamento entre vigência, validade e eficácia das normas. Consoante entendem os mais renomados positivistas – Kelsen, Bobbio e Hart –, a validade do ordenamento jurídico identifica-se, qualquer que seja o seu conteúdo, com a sua existência. Uma norma, sempre que editada segundo os mecanismos formais de produção legiferante, é considerada válida, até que seja anulada. Para esses autores, não existem normas nulas, mas sim anuláveis, ou seja, válidas até que sejam desconstituídas.[310]

---

[309] Sobre o assunto, v. o artigo: O Tribunal Penal Internacional já existe. In: *Juízes para a Democracia*, a. 5, nº 16, jan/fev/1999, p. 1.

[310] Para Bobbio, "a validade de uma norma jurídica indica a qualidade de tal norma, segundo a qual existe na esfera do direito ou, em outros termos, existe como norma jurídica. Dizer que uma norma jurídica é válida significa dizer que tal norma faz parte de um ordenamento jurídico real, efetivamente existente numa dada sociedade". Tal afirmação, por certo, demonstra a influência de Kelsen na obra de Bobbio. Basta lembrar que, para Kelsen, "uma 'norma contrária às normas' é uma contradição em termos; e uma norma jurídica da qual pudesse afirmar que ela não corresponde à norma que preside à sua criação não poderia ser considerada como norma jurídica válida – seria nula, o que quer dizer que nem sequer seria uma norma jurídica. O que é nulo não pode ser anulado (destruído) pela via do Direito. Anular uma norma não pode significar anular o ato de que a norma e o sentido. Algo que de fato aconteceu não pode ser transformado em não-acontecido. Anular uma norma significa, portanto, retirar um ato, que tem por sentido subjetivo uma norma, o sentido objetivo de uma norma. E isso significa pôr termo à validade desta norma através de outra norma. Se a ordem jurídica, por qualquer motivo, anula uma norma, tem de – como o mostrará a análise subseqüente – considerar esta norma primeiramente como norma jurídica objetivamente válida, isto é, como norma jurídica conforme ao Direito. (...) Do que acima fica dito também resulta que, dentro de uma ordem jurídica não pode haver algo como a nulidade, que uma norma pertence a uma ordem jurídica não pode ser nula, mas apenas pode ser anulável" (*Teoria Pura*, cit., p. 296 e 306).

Isso revela uma iniqüidade incompatível com o nosso Estado Democrático de Direito, posto que sujeita o mecanismo de produção do Direito, em seus mais altos escalões, somente a limites formais, e não também materiais.[311] Em nosso atual regime de Estado, o sistema jurídico-constitucional estabelece limitações também substanciais, desempenhadas principalmente pelos princípios constitucionais (igualdade, proporcionalidade, legalidade etc.). Admitir-se que uma norma mantém-se válida até que seja desconstituída (e isso agrega ao controle de constitucionalidade apenas a eficácia *ex nunc*) revela, nas palavras de Ferrajoli,[312] uma falaciosa confusão entre anulação e revogação, e o que é mais grave, sobrepõe o *dever ser* ao *ser* do Direito, confirmando, com uma espécie de presunção geral de legitimidade, todas as normas vigentes como válidas. Herbert Hart tenta solucionar tal problemática com a negativa de validade de tais normas, colocando no mesmo plano as normas substanciais sobre a sua produção e as formais em matéria de competência, obtendo o resultado, ainda mais insustentável, de negar existência das normas formais, mas não substancialmente, conformes às que regem sobre a sua produção e, portanto, de sobrepor o *ser* ao *dever ser* do Direito, e de tratar como não-vigentes as normas inválidas e, todavia, aplicadas até intervir a anulação. A existência de normas inválidas só pode ser explicada se se distinguirem duas dimensões da regularidade ou legitimidade das normas: a que podemos chamar "vigência" (existência), que respeita à *forma* dos atos normativos e que depende da sua conformidade com as *normas formais* sobre a sua produção, e a *validade* propriamente

---

[311] Merecem menção as palavras de Lenio Luiz Streck: "no Estado Democrático de Direito, há – ou deveria haver – um sensível deslocamento do centro de decisões do Legislativo e do Executivo para o Judiciário.(...) Pode-se dizer, nesse sentido, que no Estado Liberal, o centro da decisão aponta para o Legislativo (o que não é proibido é permitido, direitos negativos); no Estado Social, a primazia ficava com o Executivo, em face da necessidade de realizar políticas públicas e sustentar a intervenção do Estado na economia; já no Estado Democrático de Direito, o foco de tensão se volta para o Judiciário. Dito de outro modo, se com o advento do Estado Social e o papel fortemente intervencionista do Estado o foco de poder/tensão passou para o Poder Executivo, no Estado Democrático de Direito há uma modificação desse perfil. Inércias do Executivo e falta de atuação do Legislativo passam a poder ser supridas pelo Judiciário, justamente mediante a utilização dos mecanismos jurídicos previstos na Constituição [ação popular, ação civil pública, mandado de injunção etc.] que estabeleceu o Estado Democrático de Direito" (op. cit., p. 37-38).

[312] FERRAJOLI, Luigi. O Direito como Sistema de Garantias. In: OLIVEIRA JÚNIOR, José Alcebíades de [org.].*O novo em Direito e Política*. Porto Alegre: Livraria do Advogado, 1997, p. 95-96.

dita, ou melhor, a "constitucionalidade", que se refere ao seu *significado* ou conteúdo, e que depende de sua coerência com as *normas substanciais* sobre a sua produção. Como bem destaca o Professor da Universidade de Camerino, "O paradigma do Estado Constitucional de Direito – ou seja, o modelo garantista – mais não é do que esta dúplice sujeição do Direito ao Direito que afeta ambas estas dimensões de cada fenômeno normativo: a vigência e a validade, a forma e a substância, os sinais e os significados, a legitimação formal e a legitimação substancial ou, se se quiser, as weberianas 'racionalidade formal' e 'racionalidade material'. Graças à dissociação entre estas duas dimensões e à sua sujeição a dois tipos de regras distintas, já não é verdade que a validade do Direito depende, como entendia Kelsen, unicamente de requisitos formais, nem que a razão jurídica moderna é apenas, como pensava Weber, uma 'racionalidade formal'; nem sequer que ela está ameaçada, como receiam muitos teóricos atuais da crise, pelo contexto de uma 'racionalidade material' orientada para certos fins, como seria a do moderno Estado Social".[313]

Em nosso Estado Democrático de Direito, tais vínculos *substanciais* revelam-se não só nos *direitos de liberdade*, mas, também, nos *direitos sociais*, ou seja, em todos os *direitos fundamentais* legitimadores do ordenamento jurídico. Nesse sentido, um tipo penal incriminador, apesar de vigente (*rectius:* formalmente válido), pode-se apresentar nulo (*rectius:* inconstitucional), posto que atentatório aos *direitos fundamentais* insculpidos em nosso *sistema constitucional-penal*. Tal vício de legalidade é originário, e isso faz com que o reconhecimento de sua nulidade possua sempre eficácia *ex tunc*, seja mediante o controle direto de constitucionalidade, seja pelo controle incidental. Em outras palavras: o positivismo não percebe, e nem tem a pretensão de perceber, que o *ser* do Direito refere-se à sua existência, enquanto o *dever ser*, à sua validade.

Essa limitação substancial do ordenamento jurídico acarreta, ademais, uma limitação substancial da própria democracia, na medida em que se explicita o *que* pode ou não ser decidido pela maioria. Desse modo – ainda fazendo uso das palavras de Ferrajoli[314] – os *direitos fundamentais* apresentam-se como verdadeiros limites impostos à democracia: limites negativos, oriundos dos *direitos de liberdade*, que nenhuma maioria pode violar; limites positivos, baseados nos *direitos sociais*, que nenhuma maioria pode deixar de

---

[313] Id., ibid., p. 97.
[314] Id., ibid., p. 98.

satisfazer. Nenhuma maioria, nem sequer à unanimidade, pode legitimamente decidir a violação de um direito de liberdade, ou não decidir a satisfação de um direito social. Os *direitos fundamentais* apresentam-se, pois, como fatores de legitimação e deslegitimação das decisões e das não-decisões.

Aplicando-se tais conclusões ao Direito Penal, chegaremos à conclusão de que as normas penais, seja em relação à sua produção, seja no que tange à sua aplicação, sujeitam-se a um controle de legalidade não só formal – como acontece em Estados absolutistas –, mas também substancial, característica própria do Estado Democrático de Direito. "O princípio da legalidade é, justamente, a arma que possui o cidadão para limitar formal e substancialmente os atos do Estado e, também, dos próprios indivíduos. Por certo, isso não se concebe com um princípio da legalidade meramente formal, com os seus quatro desdobramentos conhecidos por toda a comunidade jurídica, posto que, aqui, a limitação seria, apenas, quanto à vigência das normas penais. Deve o princípio da legalidade, no Estado Democrático de Direito, sofrer uma ampliação capaz de vincular o conteúdo das decisões, de modo que todos os direitos fundamentais (direitos de liberdade e direitos sociais) passem a estar por ele acobertados. Somente assim poderemos entender claramente a inconstitucionalidade das normas penais, problema esse pouco estudado em nosso país e, ademais, não percebido pelo legislador e pelos operadores do Direito Penal (basta lembrar, para tanto, a absoluta inexistência de Ações Diretas de Inconstitucionalidade dirigidas contra tipos penais incriminadores)".

Nesse sentido, a função do Poder Judiciário, no Estado Democrático de Direito, resulta destacada em relação à dos demais Poderes, posto que, como bem destaca Streck, "através do controle de constitucionalidade das leis, pode servir [o Poder Judiciário] como via de resistência às investidas dos Poderes Executivo e Legislativo, que representem retrocesso social ou a ineficácia de direitos individuais ou sociais".[315] Nesse rumo, o hermeneuta, ao aplicar o Direito, deve sempre atentar para os *direitos fundamentais* enunciados na Constituição, sob pena de sua decisão ser reputada nula, embora até possa, em alguns casos, estar acobertada *provisoriamente* (ao menos no Direito Penal, e desde que a decisão seja desfavorável ao réu) de eficácia sob o manto da coisa julgada. O juiz, valendo-se da metodologia *teleológico-constitucional*, deve "aplicar" o Direito buscando uma *decisão justa* segundo os *princípios*

---

[315] Op. cit., p. 38.

constitucionais, ou seja, segundo a "vontade" do legislador constitucional. Vejamos, agora, as conseqüências desse modelo hermenêutico no Direito Penal.

3.3.2.2. O rompimento do paradigma da filosofia da consciência

Do paradigma liberal-individualista é que decorrem as conhecidas classificações, ainda hoje repetidas nos manuais de Direito Penal, dos mecanismos de interpretação do Direito: quanto ao *sujeito* (autêntica, jurisprudencial e doutrinária); quanto aos *meios empregados* (gramatical, lógica ou teleológica); e quanto aos *resultados obtidos* (declarativa, restritiva e extensiva). Isso poderia nos levar a crer que, no ato de aplicar a lei, o juiz poderia valer-se, em algumas situações, de uma interpretação gramatical; em outras, lógica ou teleológica. Valendo-se de qualquer desses meios, poderia ele obter, conforme o caso, um resultado meramente declarativo ou, em outras hipóteses, restritivo ou extensivo.

Como se pode notar, a dogmática penal "moderna" encarregou-se de estabelecer até mesmo os critérios a serem seguidos pela atividade judicante, como se deles não se pudesse afastar o juiz. É facilmente perceptível a influência sofrida pelo modelo liberal da época da Revolução Francesa, em que o juiz, via interpretação, buscava o verdadeiro sentido do teor da lei já anteriormente posta pelo Poder Legislativo. O texto legal possuiria, nesse contexto, um sentido alcançável de forma essencialista, ou seja, toda norma possui um sentido imanente, como uma espécie de elo que une o significante ao significado, como um objeto que possa ser buscado, por meio um processo interpretativo-objetificante, pelo sujeito cognoscente (intérprete).[316] O intérprete colocar-se-ia numa relação de sujeito-objeto, posto que dotado de capacidade cognitiva suficiente para captar a realidade do fato e compará-lo com o ditame normativo, como se, metafisicamente, fosse admissível que todo fato possuísse uma realidade verdadeira, um sentido ontológico, pré-concebido.

Este paradigma da *filosofia da consciência* trouxe, para o Direito Penal, a conseqüente dogmatização da hermenêutica. Com o uso das classificações, o mito da racionalidade jurídica resta atingido aprioristicamente pelo "sentido comum teórico dos juristas". Obsta-se, com os dogmas hermenêutico-operativos, a atividade do profissional do Direito de eleger e aplicar a interpretação que lhe pareça

---

[316] Cf. STRECK, Lenio Luiz. Op. cit., p. 199.

mais adequada.[317] Ao jurista é dada a capacidade de conhecer de modo acrítico e confortável o significado das palavras, surgindo, pois, um modo trivializado de compreender e julgar os problemas jurídicos.[318] Nesse sentido, afirma Hassemer que "as regras de interpretação só poderiam conseguir uma 'vinculação' do juiz caso não prescrevessem simplesmente um determinado procedimento de interpretação – e isso é o que ocorre –, mas, além disso, ditassem também – e isso não ocorre – em que situações de decisão haveria de seguir uma ou outra regra de aplicação, ou seja, se contivessem uma "meta-regra" de sua aplicação. Essa regra não existe. A tentativa empreendida de relacionar as regras de interpretação de forma razoável, de estabelecer um nível hierárquico entre elas, não é convincente teoricamente, e não tem nenhuma transcendência prática. Por conseguinte, as regras de interpretação não são determinantes no que tange ao resultado, funcionando, apenas, como ofertas para legitimar resultados desejados (e obtidos por outros meios)".[319]

Como bem pondera Streck,[320] em vez de discutirem a lei, os juristas discutiram sobre e a partir da lei, como se esta (a lei) fosse fruto de um legislador racional. Esse deslocamento discursivo, de cunho ideológico, é próprio do *sentido comum teórico* dos juristas, que produz *standards* a serem utilizados pela comunidade jurídica. Resulta disso uma interpretação totalmente alienada/afastada das relações sociais, ou seja, pouco importa ao jurista, inserido no sentido comum teórico, o conteúdo das relações sociais.

Nesse contexto é que surgem, como decorrência do princípio da legalidade, os comandos de vedação da analogia, que, por sua vez, não se confunde com interpretação analógica ou extensiva. Afirma-se que um juiz não poderia aplicar um tipo penal incriminador a fatos que, embora semelhantes, não estão contidos na lei, como se fosse possível afirmar que, ontologicamente, tal dispositivo legal aplicar-se-ia a este fato, mas não também àquele. Ignora-se, nesse paradigma, que um dispositivo legal somente subsume-se a um fato em virtude de um discurso jurídico tolerado pelas fontes de produção do Direito (tribunais, universidades, Ministério Público,

---

[317] Cf. WARAT, Luiz Alberto. Op. cit., p. 45.

[318] Sobre o assunto, v.: FARIA, José Eduardo. *Justiça e Conflito*. São Paulo: Revista dos Tribunais, 1991, p. 91 e segs.

[319] HASSEMER, Winfried. Hermeneutica y Derecho. In: *Anales de la Cátedra Francisco Suarez*. Universidad de Granada, n. 25, 1985, p. 74-75.

[320] Id., ibid., p. 59.

advogados etc.), ou seja, uma "arma de brinquedo" somente transmuda-se em "arma", para fins penais, em razão do "consenso" jurídico (entendimento sumulado) acerca dessa adequação, e não porque uma arma de brinquedo, metafisicamente, corresponda, em sua essência, a uma *idéia de arma*. Nota-se, aqui, que a *linguagem* é um mero instrumento (Platão) de contato entre o intérprete e a essência do objeto (Direito), ou seja, a linguagem é utilizada como elucidação do *espírito da lei* ou do *legislador*.

A quebra do paradigma da filosofia da consciência (ainda não percebida suficientemente em nosso País), pela filosofia da linguagem, tem suas origens em Nietzsche, principalmente quando afirmava que *"basta criar novos nomes e estimativas e· verossimilhanças para, a longo prazo, criar novas coisas"*.[321] A *filosofia da vida* nieztschiana equipara a vida humana a uma potência criativa, a uma "vontade de poder" oriunda da consciência individual. A vida humana desenvolve-se numa direção ou noutra segundo uma vontade consciente, e não determinista. Com isso, arranca-se a "vida" da camisa de força determinista do final do século XIX para devolver-lhe a sua própria liberdade. Quando Nieztsche afirma, *"Quero ser o autor da minha própria vida"*, provoca uma grande mudança estrutural no conceito de verdade, visto que esta é entendida como um modo de ilusão que serve à vida. Não existe verdade no sentido objetivo, assim como não existem os dogmas darwinistas da "adaptação" e "seleção" como lei de evolução da vida. Essas aparentes "verdades objetivas" não passam de projeções de uma moral utilitarista.

Começa-se a perceber que um fato somente se torna um fato por obra de uma prévia e inarredável interpretação. Não se pode mais supor, como no passado ainda recente, que os fatos sejam objetivos, e os valores, subjetivos. "Uma tal perspectiva já denunciara, em si mesma, um flagrante juízo de valor. Com efeito, todas as descrições são ultimadas, quase sempre de modo implícito ou oculto, a partir de uma moldura axiológica sem a qual a realidade em ninguém despertaria qualquer interesse científico. A mente dos pesquisadores não se confunde com uma tela em branco para a qual o mundo exterior, sem nada suprimir, acrescentar ou distorcer, diretamente transfere a sua exata fisionomia. Nos laboratórios ou nos tribunais, cada um carrega consigo valores cuja força faz a força

---

[321] NIETZSCHE, Friederich. A Gaia Ciência. In: *Os Pensadores. Nietzsche*. Trad. por Rubens Rodrigues Torres Filho. São Paulo: Nova Cultural, 1999, p. 181.

propulsora de seus pensamentos, pesquisas e teorias".[322] Nesse equívoco incidiram os positivistas, na sua visão *pura* do Direito, ou seja, em vislumbrar o sistema jurídico como uma estrutura hierarquizada de normas, imune a qualquer contato axiológico, sem perceber, inclusive, que tal afirmação, por si só, já se situa no campo da *deontologia*. Não se deve esquecer, como bem assinala Habermas,[323] que uma ordem jurídica só pode ser legítima quando não contrariar princípios morais. Através dos componentes de legitimidade da validade jurídica, o Direito adquire uma relação com a moral, sem, contudo, subordinar aquele a esta, no sentido de uma hierarquia de normas. A idéia de que existe uma hierarquia de leis faz parte do mundo pré-moderno do Direito. A moral autônoma e o Direito positivo, que depende de fundamentação, encontram-se numa "relação de complementação" recíproca.

Com o surgimento da *filosofia da linguagem*, percebe-se a total ausência de relação metafísica direta entre as palavras e as coisas (Locke[324]), até porque a linguagem somente adquire significado quando se relaciona a algum evento fático (Hume[325]). Não poucos

---

[322] PASQUALINI, Alexandre. *Hermenêutica e Sistema Jurídico. Uma introdução à interpretação sistemática do Direito.* Porto Alegre: Livraria do Advogado, 1999, p. 16. Sobre o assunto, v., também: FREITAS, Juarez. *A Interpretação Sistemática do Direito.* São Paulo: Malheiros, 1995.

[323] HABERMAS, Jürgen. *Direito e Democracia. Entre facticidade e validade.* Trad. Flávio B. Siebebeichler. Rio de Janeiro: Tempo Brasileiro, 1997, vol. I, p. 140-141.

[324] "Somente as proposições é que são capazes de ditar com rigor a verdade ou a falsidade. Por isso, não podemos chamar às idéias falsas, ou verdadeiras, senão em razão de alguma proposição. Se, com efeito, nossas idéias não são senão percepções de nossa alma, não vejo maior razão para lhe chamar verdadeiras, ou falsas, que para chamar verdadeiro, ou falso, um simples nome. Eu não vejo que a idéia de 'centauro', enquanto percepção existente me minha alma, seja mais verdadeira, ou falsa, que esta minha expressão quando pronunciada ou escrita no papel" (LOCKE, John. *Ensaio sobre o Entendimento Humano.* Coimbra: Biblioteca da Universidade de Coimbra, 1951, p. 162).

[325] "Todas as idéias, especialmente as abstratas, são naturalmente fracas e obscuras; o espírito tem sobre elas um escasso controle; elas são apropriadas para serem confundidas com outras idéias semelhantes, e somos levados a imaginar que uma idéia determinada está aí fixada se, o que ocorre com freqüência, empregamos qualquer termo sem lhe dar significado exato. Pelo contrário, todas as impressões, isto é, todas as sensações, externa ou internas, são fortes e vivas; seus limites são determinados com mais exatidão e não é tão fácil confundi-las ou equivocar-nos. Portanto, quando suspeitamos que um termo filosófico está sendo empregado sem nenhum significado ou idéia – o que é muito freqüente – devemos nos perguntar: 'de que impressão é derivada aquela suposta idéia?'. E, se for impossível designar uma, isto servirá para confirmar nossa suspeita. É razoável, portanto, esperar que, ao trazer idéias a uma luz tão clara, removeremos toda discussão que pode surgir sobre sua natureza e realidade" (HUME, David. Investigação acerca

autores, contemporaneamente, vêm percebendo que interpretar é, imediatamente, modificar.[326] Como bem destaca Duarte Jr.,[327] é possível dizer, nessa linha aproximativa, que, se de um lado, o mundo, para mim, circunscreve-se àquilo que pode ser captado por minha consciência, e minha consciência apreende as "coisas" através da linguagem que emprego e que ordena a minha realidade, por outro lado, a realidade será sempre um produto da dialética, do jogo existente entre a materialidade do mundo e o sistema de significação utilizado para organizá-lo. Aplicando-se essa conclusão à *hermenêutica jurídica*, resta incontroverso que não há um sentido na norma que possa ser alcançado de forma essencialista, e, tampouco, há um sentido inerente que funciona como aquele elo de ligação entre o significado e o significante. O que ocorre é que o intérprete está inserido num mundo lingüisticamente constituído, de onde é impossível a emergência de um *cogito* desindexado da tradição. Ao intérprete incumbe, pois, a percepção de que as interpretações já efetivadas sobre textos legais, e que se repetem dia após dia nos tribunais, não passam de dogmas lingüísticos passados de sujeito a sujeito, e não uma realidade passada do objeto para o sujeito. Conseqüentemente, e novamente fazendo uso das palavras de Streck,[328] fazer hermenêutica jurídica é realizar um processo de compreensão do Direito. Fazer hermenêutica é desconfiar do mundo e de suas certezas, é olhar de soslaio, rompendo-se com uma hermenêutica tradicional-objetificante prisioneira do paradigma epistemológico da filosofia da consciência. Com essa nova compreensão hermenêutica do Direito, recupera-se o sentido possível de um determinado texto, e não a re-construção do texto advindo de um significante-primordial-fundante.

Antes, portanto, de se tratar de interpretação em matéria penal, é fundamental que se concretize o total rompimento do intérprete com as regras e classificações interpretativas oriundas da dogmática tradicional, sob pena de escrevermos não aquilo que nos parece razoável, mas sim aquilo que aos "detentores" do discurso jurídico (professores, tribunais, juízes, ministério público, advogados etc.)

---

do Entendimento Humano. In: *Os Pensadores. Hume.* Trad. por Anoar Aiex. São Paulo: Nova Cultural, 1999, p. 38-39).

[326] Apenas a título de exemplificação, temos: HEIDEGGER, Martin. *Ser e Tempo*, cit.; HABERMAS, Jürgen, op. cit. No Brasil: WARAT, Luiz Alberto, op. cit.; FERRAZ JR., Tércio Sampaio. *Direito, Retórica e Comunicação*. São Paulo: Saraiva, 1997; STRECK, Lenio Luiz, op. cit.

[327] *Apud* STRECK, Lenio Luiz. Op. cit., p. 196 e 199.

[328] Id., ibid., p. 200.

parece apropriado para a conservação de seu próprio discurso. "Arma de brinquedo" é "arma" só porque uma súmula conclui; "colher" vira "chave" porque um discurso jurisprudencial tem, reiteradamente, reconhecido isso; interpreta-se gramaticalmente um texto legal só porque alguns "professores" são comodistas em não buscar a função social-constitucional da norma. O hermeneuta moderno é um eterno insatisfeito que, com a Constituição Federal em uma mão e com a linguagem em outra, põe-se a socraticamente perturbar o discurso jurídico predominante.

Nem se afirme que, com base nesse parâmetro, a linguagem será um instrumento legitimante de discursos jurídicos ético-substanciais. Ao intérprete não é dado o poder de, mediante a palavra, distorcer o conteúdo e o alcance da norma. O paradigma da linguagem deve ser complementado por um discurso jurídico garantidor, ou seja, uma linguagem em consonância com os ditames do ordenamento constitucional. Ao cientista penal incumbe estabelecer um *método* de Direito Penal capaz de conciliar a "relação de complementação" entre fatos e valores com as garantias fundamentais, e isso nos conduz à "parcial" separação entre Direito e moral (v. n. 1.3, *supra*). Não que isso seja, em si mesma, uma realidade, mas sim um valor adequado ao nosso Estado Democrático de Direito. A *secularização sistemática do Direito Penal* determina-nos a) que toda restrição da liberdade humana, mediante a positivação das proibições penais, obedeça – ou chegue o mais próximo possível – da separação entre Direito e moral, no sentido de que somente se considere proibido aquilo que a norma estabelecer, e não também a moral; mas, por outro lado, b) que toda ampliação da liberdade humana revista-se o máximo possível da integração entre Direito e moral. Não uma moral qualquer, mas sim *a* moral insculpida no ordenamento constitucional de nosso Estado Democrático de Direito.

Aplicando-se tais princípios à atividade judicante, chegaremos à conclusão de que o juiz, numa sentença penal *condenatória*, não poderá *criar* um direito qualquer, capaz de fundamentar a sua decisão, mas sim, somente, poderá *interpretar* (*rectius: criar através do discurso constitucional*) o Direito positivado segundo os valores constitucionais. Já numa sentença penal *absolutória*, tais limites desaparecem, mas não no sentido de que ao juiz seja dado o poder de *criar* livremente. A inovação poder-se-á verificar mediante uma *interpretação*, ou até mesmo uma *criação*, do *sistema jurídico*.

Mas de que forma poderemos conciliar isso tudo com a atividade judicante? Se aplicar a lei é valorá-la, como deverá o juiz portar-se frente a esse problema? Qual o fronteira entre *interpretar a lei* e *criar a lei*? Essas indagações nos colocam frente ao intrincado problema da *analogia* e da *interpretação do Direito*.

3.3.2.3. A analogia no Direito Penal

A *analogia* é um método de construção do conhecimento empregado pelas mais diversas ciências.[329] A matemática é pródiga em seu uso; a biologia durante muito tempo utilizou-a; e o Direito, como também ciência que é, vale-se dela em algumas circunstâncias, e de forma peculiar.

A questão é pertinente a todos os ramos do Direito, mas, no Direito Penal, recebe respostas peculiares. Com efeito, enquanto os demais ramos não se baseiam num sistema de legalidade estrita, o Direito Penal, ao contrário, erige a adequação típica a um pré-requisito do sancionamento. O exemplo ministrado por Soler é elucidati-

---

[329] O raciocínio por analogia foi empregado por Aristóteles, em seu *Organon* (In: *Os Pensadores. Aristóteles*. Trad. por Pinharanda Gomes. São Paulo: Nova Cultural, 1999, p. 78-140). O exemplo de que parte Aristóteles é o seguinte: "A guerra dos focenses contra os tebanos é um mal; a guerra dos atenienses contra os tebanos é semelhante à guerra dos focenses contra os tebanos; a guerra dos atenienses contra os tebanos é um mal". Como bem assevera Bobbio, a fórmula do raciocínio por analogia, nos moldes aristotélicos, é a seguinte:

M é P
S é semelhante a M
S é P

"Essa formulação deve ser brevemente comentada. Assim com está, ela se apresenta como um silogismo em que a proposição menor exprime uma relação de semelhança em vez de identidade (a fórmula do silogismo é: M é P; S é M; S é P). Na realidade ela esconde o vício dito do quaternio *terminorum*, segundo o qual os termos são aparentemente três, mas, na realidade, são quatro. Tomemos um exemplo: os homens são mortais; os cavalos são semelhantes aos homens; os cavalos são mortais. A conclusão é lícita se os cavalos forem semelhantes aos homens em uma qualidade que seja a razão suficiente para que os homens sejam mortais. Diz-se que a semelhança não deve ser uma semelhança qualquer, mas uma semelhança relevante. Admitamos que essa semelhança relevante entre homens e cavalos com o fim de deduzir a mortalidade dos cavalos é a de que ambos pertençam à categoria dos seres vivos. Resulta então que os termos do raciocínio já não são três (homens, cavalo, mortal), mas quatro (homem, cavalo, mortal e ser vivo). Para tirar a conclusão 'os cavalos são mortais' dos três termos, o raciocínio deveria ser formulado assim: os seres vivos são mortais; os cavalos são seres vivos; os cavalos são mortais. Aqui os termos se tornaram três, porém, como se vê claramente, não se trata de um raciocínio por analogia, mas de um silogismo." (BOBBIO, Norberto. *Teoria do Ordenamento Jurídico*. Trad. por Maria Celeste Cordeiro Leite dos Santos. 10 ed. Brasília: UnB, 1997, p. 152-153). V. também, do mesmo autor: *O Positivismo Jurídico*, cit., p. 216-219.

vo: "Para que um fato seja considerado um contrato, não é preciso que seja um contrato de determinada espécie definida. Um delito, ao contrário, somente pode sê-lo, sendo um delito de determinada espécie, porque não há nenhum conceito genérico de delito que seja válido, prescindindo dessa idéia de tipicidade. Um fato jurídico (ato) que não seja nem uma doação, nem uma compra-e-venda, nem um empréstimo etc., todavia, poderá ser um contrato. Ao contrário, um fato que não seja nem um furto, nem uma defraudação, nem uma extorsão etc., é certo que não poderá ser um delito".[330]

Nesse aspecto, portanto, o art. 4º da LICC possui apenas parcial incidência no Direito Penal, em decorrência do *nullum crimen nulla poena sine lege stricta*. Sendo a liberdade o valor máximo do indivíduo, deve a norma penal ser considerada uma exceção aos casos em que a restrição a essa liberdade se impõe. A lei civil, ao normatizar um contrato, não restringe a liberdade dos contratantes, mas sim, apenas, dita algumas regras que, se assim desejarem, poderão eles seguir. Nesses casos, em que a liberdade não resta tolhida, o emprego da analogia passa a ser absolutamente permitido, o que não ocorre, portanto, no Direito Penal.

O método secularizado de Direito Penal impõe que toda restrição à liberdade somente se dê pelo Direito, e não pela moral, mas que, por outro lado, toda ampliação da liberdade possa ser dada, em harmonia, tanto pelo Direito quanto pela moral (*rectius:* valores constitucionais). Conseqüentemente, a analogia, em Direito Penal, somente pode ser utilizada nesse último caso, e não também no primeiro. As disposições penais são exaustivas, e um código penal não é um produto, senão uma soma, uma justaposição de incriminações fechadas. A zona entre uma e outra incriminação é a zona da liberdade, e as ações que nela caiam são ações penalmente irrelevantes. Portanto, o problema das lacunas do Direito não existe para o Direito Penal, que é um sistema descontínuo de ilicitudes.[331]

A maioria das legislações repudia, expressa ou tacitamente, o emprego da analogia para criminalizar uma conduta, impor ou exasperar uma pena ou, de qualquer forma, restringir a liberdade do cidadão.[332] Trata-se, pois, da vedação absoluta da *analogia in*

---

[330] *Derecho Penal*, cit., p. 147.

[331] Cf. SOLER, Sebastian. Op. cit., p. 145.

[332] No Brasil, apenas o Código Penal de 1890 e a Consolidação das Leis Penais, de 1932, vedaram expressamente o emprego da analogia, empregando, contudo, o termo interpretação extensiva como sinônimo de analogia (v. nota n. 32, *supra*). O Código Penal Espanhol, de 1995, preferiu tratar expressamente da questão, da seguinte forma: "Articulo 4: 1. Las leyes penales no se aplicarán a casos distintos

mallam partem em relação às normas restritivas,[333] fundamentada, por um lado, no *princípio da separação dos poderes*, e, por outro, no

---

de los comprendidos expresamente en ellas. 2. En el caso de que un Juez o Tribunal, en el ejercicio de su jurisdicción, tenga conocimiento de alguna acción u omisión que, sin estar penada por la Ley, estime digna de represión, se abstendrá de todo procedimiento sobre ella y expondrá al Gobierno las razones que le asistan para creer que debiera ser objeto de sanción penal (...)". A história, contudo, relata inúmeras legislações em que a utilização da analogia era admitida. O Código Penal Russo, de 1922, dispunha que "em caso de ausência, no Código Penal, de preceito específico para algum delito em particular, as medidas penais ou de defesa social configurar-se-ão segundo os artigos do Código Penal que que contemplem delitos análogos por sua importância ou qualidade" (Cf. ASÚA, Luis Jiménez. Op. cit., p. 504). Na Alemanha Nazista, o Código Penal do Reich foi modificado em 1935, a fim de ser incluído o § 2º, com a seguinte redação: "Será castigado quem cometa um fato que a lei declara punível ou que mereça castigo segundo o conceito básico de uma lei penal e segundo o são sentimento do povo. Se nenhuma lei penal determinada pode aplicar-se diretamente ao fato, este será castigado conforme a lei cujo conceito básico corresponda melhor a ele" (id., ibid., p. 511-512).

[333] Poderíamos citar os seguintes exemplos: o art. 61, inc. II, "e", do CPB, é inaplicável em relação ao crime praticado contra companheiro; o art. 12, § 1º, inc. II, da Lei n. 6.368/76 é inaplicável ao semeio, cultivo ou colheita de apenas uma planta, e, ademais, também não se aplica à plantação para uso próprio; o art. 138, § 2º, do CPB não possui aplicação aos delitos de difamação e injúria contra os mortos; o art. 198 do CPB não se aplica ao ato de impedir de alguém de celebrar contrato de trabalho; não se pune criminalmente a desobediência praticada por funcionário público, visto que o art. 330 refere-se aos crimes praticados por particular contra a administração pública; a vedação do art. 24, § 1º é inaplicável aos casos em que o sujeito ativo encontra-se obrigado a agir nos moldes do art. 13, § 2º, "b" ou "c"; a admissão da pessoa jurídica como sujeito passivo do crime de difamação (crime contra a pessoa); a equiparação entre "congelamento de preços" e "tabelamento de preços", levada a cabo pelo Decreto-lei (sic) nº 2.284/86, e admitida, inclusive, pelo STF (RHC 64.182-2-RS, rel. Min. Néri da Silveira, DJU de 27.2.87, p. 2.953) etc. Não poucos autores, contudo, são favoráveis à *analogia in malam partem*. Dentre eles, merece destaque o correcionalismo de Dorado Montero, que, por conceber a pena como um tratamento, um bem para o delinqüente, não vislumbrava motivo para que um juiz não pudesse proporcionar tal bem mesmo que não previsto em lei (DORADO MONTERO, Pedro. *Bases para un Nuevo Derecho Penal*. Buenos Aires: Depalma, 1973). No Brasil, Tobias Barreto justificava seu autoritarismo: "Costuma-se alegar, com razão peremptória, que a interpretação ampliativa no direito criminal teria por conseqüência pôr em perigo a liberdade do cidadão, entregue à mercê do capricho individual dos julgadores. Mas é o caso de dizer com Rossirt que a liberdade deve ser protegida por outro modo, que não o simples respeito à letra da lei; porquanto, onde a independência e a integridade dos juízes, a honra do soberano e da nação não são garantias suficientes de justiça, a lei é um instrumento na mão dos mais sábios" (*apud* ANTUNES, Ruy da Costa. *Da Analogia no Direito Penal*. Monografia apresentada à Faculdade de Direito da Universidade do Recife no concurso para Docente Livre de Direito Penal. Recife: [s.e.], 1953, p. 103-104). No mesmo sentido pensava

princípio da taxatividade das proibições, ambos resultantes do *ideal da segurança jurídica* (v. n.2.3, *supra*). Em seu conteúdo, pode-se afirmar, ainda, que a vedação da analogia *in malam partem* decorre do *princípio da lesividade* (v. n. 2.4.3, *supra*), visto que impõe ao Direito Penal a missão de proteger não todos os bens jurídicos, mas sim, apenas, os *fragmentariamente* considerados essenciais.

Já a *analogia in bonam partem*, ao contrário, há de restar admitida como situação descriminalizante ou atenuante de sanções e de efeitos jurídico-penais. O Direito Penal é um instrumento dirigido à salvaguarda das liberdades individuais e à tutela da própria liberdade, mesmo que isso não resulte claro pela inexistência de uma norma eximente específica.[334] Diante disso, ao aplicador da lei é dado o poder de aplicar uma norma benéfica a um caso que nela não se enquadre, mas o é semelhante.[335]

Roberto Lyra, para quem, inclusive, no futuro, a tendência era a da indeterminação dos crimes e das contravenções com a supressão da Parte Especial dos Códigos (id., ibid., p. 105).

[334] Cf. RIBEIRO LOPES, Maurício. Op. cit., p. 123. É de ser destacado o interessante fundamento utilizado por Roxin para fundamentar a possibilidade de analogia em relação a *causas de justificação:* "Com efeito, não são elas [causas de justificação] uma matéria específica do Direito Penal, senão que procedem de todos os campos do Direito. Por conseqüência, nesses campos também são objeto de ulterior ampliação pela via do desenvolvimento judicial do Direito, e freqüentemente são restringidas com independência de seu teor literal externo, conforme aos princípios ordenadores legais em que se baseiam. Por isso, o Direito Penal deve seguir essa orientação em nome da unidade do ordenamento jurídico, pois não é possível que uma mesma causa de justificação tenha pressupostos diferentes em um ramo e outro (...)" (op. cit., p. 157). No entanto, pelo mesmo argumento, a *contrario sensu*, inadmite ele o uso da analogia em relação a causas excludentes da culpabilidade, de extinção da punibilidade ou condições objetivas de punibilidade. Antolisei, ao contrário, concorda com o procedimento analógico, mesmo nestes últimos casos (op. cit., p. 69-70). No mesmo sentido: CEREZO MIR, José. Op. cit., vol. I, p. 174.

[335] São exemplos de *analogia in bonam partem*: pode-se autorizar a vítima de um atentado violento ao pudor a praticar um aborto, caso a gravidez seja resultante do delito (art. 128, inc. II, do CPB); o furto praticado contra companheiro não é passível de punição (art. 181, inc. I, do CPB); no que tange a atenuantes, o art. 66 contempla expressamente a analogia. Questão curiosa foi a solução dada por alguns tribunais em relação à semeadura, cultivo ou colheita de planta destinada à preparação de substância entorpecente *para uso próprio*. Tendo em vista que a Lei nº 6.368/76 somente fez a previsão legal de tal conduta para fins de *tráfico*, algumas decisões, com base na *analogia in bonam parte*, desclassificaram a conduta para o art. 16 do mesmo diploma legal (v. RJTJSP, 109/452). Ora, se o art. 16 não contempla as condutas de semear, cultivar ou colher, tal analogia estaria, isso sim, criando um novo tipo penal. O caso, na verdade, não é de aplicação ou não da analogia, visto que a conduta é evidentemente atípica.

A analogia *in bonam partem*, para que possa ser reconhecida, prescinde de dispositivo legal, posto que a reserva de lei somente se refere a tipos penais incriminadores. Nesse sentido, o art. 4º do Código Penal espanhol de 1995, ao resguardar que *"as leis penais não se aplicarão a casos distintos dos compreendidos expressamente nelas"*, há de ser interpretado em relação, somente, a normas proibitivas, e não também permissivas.[336]

3.3.2.4. A interpretação analógica e sua diferenciação com a analogia segundo o paradigma da filosofia da consciência

Costumam-se classificar as possibilidades interpretativas de diversas formas. Uma delas diz respeito ao resultado da interpretação, podendo ser declarativa, restritiva ou extensiva (ou analógica). Com base nisso, alguns autores costumam afirmar que, na interpretação extensiva, o fato é previsto, subsistindo a disciplina normativa mesmo que a expressão literal defeituosa não deixe suficientemente transparecer. Para Bettiol, "não se trata de dilacerar o tecido conectivo da norma, e sim apenas de reintegrar o conteúdo da vontade da lei".[337] Na interpretação analógica, portanto, o juiz não estaria criando o direito, mas sim adequando a situação fática ao mandado que, interpretado teleologicamente, abrange a sua regulação. Segundo Hungria, o intérprete, para fazer com que as palavras da lei correspondam ao seu espírito, deve ampliar o seu sentido ou alcance.[338]

Por essa razão, boa parte da doutrina vem admitindo a interpretação extensiva ou analógica, ainda que resulte na exasperação do tratamento jurídico a ser dado ao fato interpretado.[339]

A fim de sustentar a legitimidade dessa solução frente ao princípio da legalidade – posto que o que se veda é a analogia, e não

---

[336] Nesse sentido: MUÑOZ CONDE, Francisco *et al.* Op. cit., p. 127. Assim não pensam, contudo, Cobo del Rosal e Vives Anton. Para eles, o art. 4º, unido à expressa formulação do princípio da legalidade, afasta a tese sobre a admissibilidade geral da analogia, até porque "a criação analógica do Direito por parte do juiz só resta legitimada quando o titular do Poder Legislativo expressamente a permite" (*Derecho Penal*, cit., p. 153).

[337] Op. cit., vol. I, p. 136.

[338] Op. cit., p. 70.

[339] Nesse sentido: ASSIS TOLEDO, Francisco de. Op. cit., p. 27; MARQUES, José Frederico. Op. cit., vol. I, p. 215; SOLER, Sebastian. Op. cit., vol. I, p. 157; CEREZO MIR, José. Op. cit., vol. I, p. 171; NAVARRETE, Miguel Polaino. *Derecho Penal. Parte General*. 2 ed. Barcelona: Bosch, 1990, vol. I, p. 412; ASÚA, Luis Jiménez. Op. cit., vol. II, p. 458; MIR PUIG, Santiago. Op. cit., p. 96 etc.

a interpretação analógica –, costuma-se afirmar que a analogia é um processo de criação do Direito. Enquanto alguns autores, nas palavras de Ruy da Costa Antunes, "vêm na autorização da analogia um processo de elaboração de novas normas destinadas a regular situações não previstas pelo legislador, outros estudiosos acentuam que a aplicação da analogia pelo intérprete apenas *revela* o direito *latente*, afastada, assim, a hipótese do aparecimento de uma nova norma".[340]

Predomina o entendimento de que a *analogia* é um método de criação do Direito em relação a um fato não previsto em lei, mas semelhante a uma situação jurídica positivada. Nesse sentido, lembra Jiménez de Asúa, "A analogia consiste na decisão de um caso penal, não contido na lei, argumentando com o espírito latente desta, à base da semelhança do caso estabelecido com outro que a lei definiu ou enunciou em seu texto e, nos casos mais extremos, acudindo aos fundamentos do ordenamento jurídico, tomados em seu conjunto. Mediante o processo analógico, determina-se uma vontade não expressa nas leis que o próprio legislador manifestaria caso houvesse tido a possibilidade de deparar-se com a situação que o juiz deve julgar; ou seja, que se considera 'latente' naquelas".[341]

A interpretação, ao contrário, seria outro mecanismo lógico-dedutivo de delimitação conceitual de convenções determinadas quanto à sua forma, mas não quanto à sua substância. As normas legais somente são passíveis de mutação formal mediante a superveniência de outra lei que a revogue, expressa ou implicitamente, mas, substancialmente, sujeitam-se às constantes mutações sociais. A atividade do intérprete restringe-se a subsumir a realidade a um conceito que, de uma forma ou de outra, contempla a hipótese fática. Na *analogia* isso não ocorre. Na analogia, a hipótese fática, embora com ela guarde semelhanças, não se adequa à convenção legal. Diante disso, costumam ser citadas as seguintes diferenças entre a *interpretação* e a *analogia*: a) quanto à função: a interpretação tem uma função *adaptadora* da norma, visto que supre uma obscuridade ou deficiência da lei; já a analogia tem uma função *complementadora*, pois que supre a omissão da lei. Em outras palavras: lá, a norma existe; aqui, não; b) quanto ao método: a interpretação parte do método *dedutivo*, ou seja, adapta o comando geral da norma à

---

[340] *Da Analogia no Direito Penal*. Monografia apresentada à Faculdade de Direito da Universidade do Recife no concurso para Docente Livre de Direito Penal. Recife: [s.e.], 1953, p. 8.
[341] *Tratado*, cit., t. II, p. 476.

realidade fática; a analogia, ao revés, possui como método, inicialmente, a *indução*, partindo das peculiaridades do caso concreto e, a partir disso, construindo a normatividade, para, após, voltar a *deduzir* dela a solução ao caso concreto.

3.3.2.5. Apreciação crítica da diferenciação entre analogia e interpretação analógica: uma questão lingüística

Em que pese a autoridade daqueles que sustentam essa diferenciação, não podemos nos conformar com ela, por uma razão bem simples: o ponto de partida hermenêutico desses autores deriva-se da possibilidade de um fato, mediante uma interpretação, poder estar dentro ou fora da norma. O intérprete, com seu "conhecimento", possui a capacidade de afirmar que alguns fatos não estão contidos na norma, enquanto que outros, ao menos teleologicamente, estão. Trata-se, na verdade, de uma tentativa de "coisificar" (Streck) algo que não se pode ser objetivo, mas que se torna, por meio de um falacioso discurso cognitivo, objetivizado. Em outras palavras: a diferenciação entre analogia e interpretação analógica somente é sustentável por aqueles que acreditam ser possível captar a *essência* dos fatos como se estes, ontologicamente, possuíssem um significado compatível com um significante metafísico contido na norma. As palavras contidas na lei não são uma espécie de fôrma ou moldura – como pensava Platão acerca de seu *mundo das idéias* – onde os fatos encaixam-se perfeitamente. Pense-se no tipo penal mais objetivo possível de nosso Código Penal, que, há décadas, possui a mesma redação: o homicídio. Baseia-se ele numa conduta de "matar alguém", mas que, com a evolução científica, passou a acarretar dúvidas acerca do exato instante em que a morte se verifica: considerar-se-ia consumado o homicídio quando a vítima encontra-se com morte cerebral, mas não clínica? Que acontecerá com o art. 121 do CPB caso a ciência consiga recobrar a vida de uma pessoa morta? E mais: um hermafrodita poderia ser considerado "mulher" para fins de estupro? A qualificadora da lesão corporal continua a incidir diante de uma cirurgia plástica que recupera a deformidade permanente causada na vítima? Os exemplos poder-se-iam multiplicar ao infinito, mas tais casos bastam para evidenciar que o conteúdo de uma norma sempre estará sujeito a mutações que variam numa relação diretamente proporcional aos novos contornos do discurso jurídico evoluído. Em termos gerais, os fatos podem se aproximar em maior ou menor grau da linguagem contida na norma; quando essa aproximação é maior, costuma-se afirmar que o aplicador da lei a está interpretando (a fôrma de Platão estaria aqui, por certo, furada); quando é menor, estaria ele, para aplicá-la, fazendo uma analogia.

É impossível estabelecer-se uma diferenciação entre analogia e interpretação analógica porque é impossível pensar que uma palavra descreva uma gama limitada de fatos, ficando outros, embora semelhantes, fora dela. A linguagem é o meio de que se vale o aplicador da lei para "subsumir" o fato à norma, e, a partir disso, mostrar ao restante da comunidade jurídica que aquele "é" o discurso "correto". É a linguagem que aproxima ou distancia um fato de uma norma. Nesse caso, tomando-se o "sentido comum teórico dos juristas" como ponto de referência, poderemos tranqüilamente denominar a analogia como um *afastamento lingüístico* desse referencial, e a interpretação extensiva como uma *aproximação lingüística*. Bastaria ao intérprete, diante disso, mover o ponto referencial para, imediatamente, o fato remoto aproximar-se da norma, ou o fato próximo dela afastar-se.

A prova disso encontra-se nos conhecidos vocabulários jurídicos: por vezes, o referencial semântico é estabelecido pela lingüística social, que, coincidentemente, equivale à lingüística jurídica. Em outros casos, contudo, o operador do Direito tem de valer-se de um significado diverso daquele já consolidado socialmente, originando-se, pois, uma linguagem jurídica. Creio que qualquer pessoa, ao ser indagada acerca do significado de uma arma de brinquedo, diria que se trata de um brinquedo, e não de uma arma; um equívoco metodológico, contudo, permitiu um dos nossos mais elevados tribunais afirmar que "arma de brinquedo" é "arma" (Súmula 174 do STJ), ou seja, os juízes (!) daquela corte perceberam que, em sua essência, as duas coisas eram equivalentes. Note-se: o referencial do discurso jurídico distanciou-se do social, aproximando de uma norma um fato, sob o manto da *interpretação extensiva*. Ora, se a norma é um comando dirigido à sociedade (posto que possui como missão intimidar a prática do delito nela descrito), não poderia tal solução prosperar, já que a intimidação almejada pelo entendimento já sumulado não se coaduna com o signo determinado pela linguagem popular.

A linguagem utilizada pelo Direito, ao mesmo tempo em que se reveste de ambigüidade para as pessoas despidas de formação jurídica, passa a comportar, na definição de Warat, uma "variação axiológica"[342] jurisprudencial que, muitas vezes, cria um novo

---

[342] "A variável axiológica proporciona uma escusa valorativa para um deslocamento de significação das palavras da lei.(...) Seu âmbito descritivo, na maior parte das vezes, é semanticamente vazio ou anêmico. Elas proporcionam um

Direito ao caso concreto, mesmo que em prejuízo do réu,[343] revestido de uma "coisificação" do indivíduo camuflada nas vestes da dogmática jurídica, surgindo, pois, uma "fetichização do discurso jurídico".[344] O jurista moderno constrói um discurso de aparência científica, mas que, no fundo, está impregnado de categorias pseudo-explicativas, que encobrem a cosmologia valorativa com a qual

---

esquema formal, sem necessária constância significativa, que depende de processos contextuais de redefinição. Elas operam como desqualificadoras de sentidos normalmente emprestados às expressões que se relacionam com o caso, socorrendo-se de seu próprio significado emotivo. Ilustremos a referência anterior com um exemplo onde a instituição da lacuna aparece como variável axiológica: uma antiga lei argentina dispõe ser proibida a adoção quando o adotante possui filhos legítimos ou naturais; ora, entendeu a jurisprudência local que havia falta de previsão legislativa para resolver a situação de um casal com filhos legítimos ou naturais maiores de idade, quando estes dessem consentimento para a adoção. Nesta hipótese, a maioridade e o consentimento tornaram-se notas de um peso tal que orientaram a exclusão do caso do âmbito das situações proibidas pela norma. Nota-se, entretanto, que em nosso exemplo não se poderia dizer que a lei não contempla uma solução para o problema" (WARAT, Luiz Alberto. Op. cit., vol. I, p. 44).

[343] Sobre o assunto, v. HASSEMER, Winfried. *Crítica al Derecho*, cit., p. 28-32.

[344] Tal expressão é empregada por Lenio Luiz Streck, significando que "através do discurso dogmático, a lei passa a ser vista como uma-lei-em-si, abstraída das condições (de produção) que a engendraram, como se a sua condição-de-lei fosse uma propriedade natural" (op. cit., p. 73). O discurso dogmático é o fruto da crise do paradigma do Estado Liberal, da exclusiva preocupação com os mandados de proibição insculpidos em lei. Tal crise acarreta, como bem destaca Streck – citando Ramos Filho – que "boa parte da magistratura brasileira ainda sustenta que, apenas aplicando o que diz a lei, o Juiz 'não teria responsabilidade', 'não teria culpa', com todas as implicações psicanalíticas que tal expressão possa possuir. Boa parte das elites retrógradas brasileiras ainda tem neste paradigma de juiz 'liberal' (não por sua postura política, mas porque coerente com o capitalismo de corte liberal) seu ideal, até porque estando o parlamento dominado pelas classes dominantes, há que se impor regras rígidas aos magistrados, fixando-os o mais possível à literalidade das leis. Setores dessas elites, ainda não satisfeitas, estão defendendo que as súmulas dos Tribunais Superiores sejam 'vinculantes' das decisões dos inferiores graus de jurisdição, com o mesmo objetivo de controlar a hermenêutica, sempre no interesse da manutenção do status quo, *ou seja, de acordo com os interesses das camadas dominantes*" (op. cit., nota n. 79, p. 63). Este é o cerne de uma crise paradigmática em que está inserida a atividade judicial. Concebê-la como simples "administração da lei por uma instituição tida como 'neutra', 'imparcial' e 'objetiva", em que o aplicador da lei coloca-se numa posição de mero técnico do Direito positivo, é criar um *habitus dogmaticus*, onde ao jurista é oferecida a confortável e acrítica tarefa de aplicar o já pré-concebido significado das palavras, das categorias e das próprias atividades jurídicas, o que do exercício do operador jurídico um modo rotinizado, banalizado e trivializado de compreender, julgar e agir com relação aos problemas jurídicos, e converte o seu saber profissional em uma espécie de "capital simbólico" (id., ibid., p. 50-51).

se pretende a reprodução da ordem social.[345] Pense-se, por exemplo, na admissão de um *clips* (RJD, 6/95; JUTACRIM, 41/24, 30/43, 27/81, 13/290) ou até mesmo de uma ligação direta em veículo automotor (RT, 479/352) para fins de qualificação do furto mediante o emprego de "chave falsa"; isso sem falar em algumas decisões que admitem como falsa a chave verdadeira (RTJ, 99/723) e as armas *impróprias* como qualificadoras do roubo.[346] Pensando-se assim, até mesmo os próprios punhos poderiam ser considerados como tal.

Tanto a analogia quanto a interpretação analógica estão conectadas a uma raiz comum, que as liga à semântica da linguagem jurídica. A lei, a dogmática, a sentença, a interpretação, tudo isso envolve linguagem, e, uma vez que se tenha optado pela *codificação* das leis penais, os problemas sempre surgirão. Dada a impossibilidade de a norma prever todas as situações concretas que, no futuro, se irão verificar,[347] acaba ela por revestir-se do caráter da generalidade, a fim de alcançar, o máximo possível, as situações fáticas futuras, e, nesse aspecto, a lei é um mecanismo de, precariamente, anteceder uma decisão. Nesse rumo, e tendo em vista o poder vinculante estatal que a lei, no Estado de Direito, desempenha, os problemas de subsunção a ela serão tão maiores quanto menor for a precisão técnica do legislador em relação aos conceitos utilizados, e a repercussão disso é evidente: ou a linguagem logra êxito, ou fracassa o princípio da separação dos poderes.[348]

No Direito Moderno, o problema vem se agravando. A velocidade com que os "contatos sociais" vão evoluindo faz com que o legislador moderno, em virtude de sua pouca mobilidade frente a tais mutações – ao contrário da jurisprudência –, acabe valendo-se de uma linguagem não clara, capaz de proporcionar uma adequação formal ao princípio da legalidade das situações que futuramen-

---

[345] Cf. WARAT, Luiz Alberto. Op. cit., vol. II, p. 22-24.

[346] "Pela interpretação extensiva, é possível a equiparação à arma, de utensílios domésticos ou instrumentos de trabalho, desde que potencialmente sejam idôneos a causar lesão à vítima" (JUTACRIM, 89/249). Nesse sentido, foram considerados como "arma" os seguintes instrumentos: chave de fenda (BMJ, 68/15), pá (TACRIM-SP, AC 849.959), faca de cozinha (JUTACRIM, 99/277), garrafa (BMJ, 92/12). Acórdãos extraídos da obra de Silva Franco *et al*, cit., p. 2016-2017.

[347] "A lenta mutabilidade do signo no tempo, determinada por forças sociais e históricas, faz com que o signo penal, com independência da vontade do legislador, submeta-se a gradual e incessante mudança de significação" (CARDOSO DA CUNHA, Rosa Maria. *O Caráter Retórico do Princípio da Legalidade*. Porto Alegre: Síntese, 1979, p. 100).

[348] Cf. HASSEMER, Winfried. *Crítica*, cit., p. 13-17.

te irão surgir e que sequer puderam ser previstas, uma "analogia antecipada", nas palavras de Bricola.[349] E isso faz com que a atividade judicante, hoje, seja mais política do que propriamente jurídica.

Portanto, a vedação da analogia *in malam partem* no Direito Penal é um comando dirigido ao juiz, mas que será tão mais vinculante quanto mais claro for o texto legal. Na verdade, a eficácia do *nullum crimen nulla poena sine lege stricta* dependerá da eficácia de outro desdobramento do princípio da legalidade: o *nullum crimen nulla poena sine lege certa*, que será estudado adiante (v. n. 3.6, *infra*), mas que, de antemão, já nos proporciona algumas reflexões.

A proibição da analogia, nos moldes até então estabelecidos geralmente pela doutrina, tem por finalidade limitar a atividade judicante na *criação* do Direito, mas, por meio da quase-consensual admissão da interpretação extensiva, restaria livre a mesma atividade em *interpretar* a lei. Nesse sentido, a vedação da analogia resta impotente à deslegitimação interpretativa, posto que considerada como algo externo à interpretação.

Ainda que majoritariamente aceita – e esta tem sido a origem da *crise da vedação da analogia in mallam partem* -, tal solução há de ser refutada, pelo simples fato de que toda interpretação é sempre uma analogia. Consoante Hassemer,[350] na conclusão de semelhança da teoria jurídica do método (*argumentum a similibus as similia*, procedimento analógico), comparam-se sempre dois casos entre si em relação a um terceiro, o *tertium comparationis*, sendo este essencial para um dos casos. Se se pode – dentro de uma certa tolerância – ver o *tertium comparationis* igual para ambos os casos, então os dois podem ser tratados como similares entre si (e assim, p. ex., se em relação a um deles está estabelecida sua significação, concluir a significação jurídica não conhecida do outro, *per analogiam*). Se, ao contrário, o *tertium comparationis* não rege ambos da mesma forma, deve-se reconhecer o caminho da conclusão *a contrario* e resolver o caso não conhecido de forma diferente do conhecido.

O exemplo fornecido pelo penalista alemão é elucidativo: o Tribunal Federal Superior, da Alemanha, deparou-se com um furto de madeira, praticado em floresta, fazendo-se uso de um automóvel para o transporte da *res*. Uma lei datada do século XIX admitia

---

[349] BRICOLA, Franco. *La Discrezionalità nel Diritto Penale*. Milao: Giuffrè, 1965, p. 303.
[350] *Crítica*, cit., p. 37.

como qualificado o furto florestal mediante o uso de animais de carga, barcos ou carroças, e, diante disso, apesar da omissão da lei, entendeu o Tribunal como aplicável a causa de aumento de pena, com base em sua *tertium comparationis:* todos os meios previstos na lei possibilitavam uma fuga veloz do autor, facilitavam o transporte e, conseqüentemente, causariam um dano maior ao meio ambiente. Sendo tais características também verificáveis nos automóveis, sobre o fato passaria a incidir a qualificadora. Admitindo-se tal caso como uma *analogia in malam partem* (já que um automóvel está semanticamente afastado de uma carroça), o que se diria, então, *v.g.,* de os punhos de um boxeador como "instrumentos perigosos", de uma fotocópia não autenticada como "documento", de um homicídio contra quem dorme como "à traição"? Em que se diferenciam estes exemplos com o da "carroça"? Nada mais que no *grau de distância semântica entre as palavras da lei e o caso concreto, nas sensações lingüísticas (supostas) da maioria das pessoas: cada interpretação, cada compreensão de uma lei, pressupõe que o caso por resolver seja comparado com outros casos que – pensados ou decididos judicialmente – são indubitavelmente "casos desta lei".* Não existe interpretação sem *tertium comparationis*, ainda que este seja pobre em conteúdo e de resultado necessário. Interpretação e analogia são estruturalmente idênticas entre si.[351]

Portanto, ao contrário do que pensam os "classificadores de hermenêutica", não existe um limite ontológico delimitado à interpretação judicial dos textos legais, passando a *analogia in mallam partem* a funcionar, apenas, como um argumento sustentável nos casos em que tal limite é extrapolado de forma acentuada. Afirmamos que também a interpretação extensiva *in malam partem* deveria

---

[351] Id., ibid., p. 38-40. No mesmo sentido, afirma Bobbio que "a interpretação extensiva é uma forma menor de raciocínio por analogia. Enquanto na *analogia legis* se formula uma nova norma, semelhante a uma já existente, para disciplinar um caso não previsto por esta última, mas similar àquele por ela regulado, na interpretação extensiva amplia-se a hipótese estabelecida por uma norma, isto é, aplica-se esta mesma norma a um caso por ela não previsto, mas similar àquele expressamente regulado" (*O Positivismo,* cit., p. 219. V., também, do mesmo autor: *Teoria do Ordenamento,* cit., p. 15-156). Por fim, Warat assevera que, "quando se diz que duas coisas ou situações têm algumas características comuns, quando se decide a inclusão de um caso a uma classe, incontestavelmente está sendo feita uma operação analógica. Definir é sempre fazer analogia, claro que de uma forma bastante encoberta. E isto é tão encoberto, que a proibição da interpretação analógica é um dos pilares do princípio da reserva legal, esquema axiológico, eixo do processo penal democrático, apesar de que os juízes penais, quando interpretam, definem" (op. cit., p. 48-49).

ser tolhida do Direito Penal, e isto serviria, segundo o nosso raciocínio, como um mecanismo de limitar uma forma de *analogia in malam partem* não muito explícita. Mas a interpretação não comporta delimitações absolutas como estas; poderíamos continuar optando pela vedação da analogia e da interpretação extensiva que, ainda sim, deparar-nos-íamos com casos em que a *tertium comparationis* se faria necessária. Nas palavras de Jescheck, "proibir a interpretação supõe nada menos que impedir que a vida ofereça casos em que o legislador não havia pensado, e ordenar aos juízes que esqueçam das decisões que tomaram anteriormente",[352] posto que, pelo processo interpretativo, o jurista não reproduz ou descobre o verdadeiro sentido da lei, mas sim cria o sentido que mais convém a seus interesses teórico e político.[353]

O problema situa-se, pois, na percepção, pela comunidade jurídica, da crise do paradigma da Filosofia da Consciência em detrimento do paradigma da Filosofia da Linguagem. Isso tudo impõe aos operadores do Direito Penal a incumbência de, ao menos, notarem que a produção do discurso jurídico-penal estará sempre sujeita a contradições, até mesmo porque a tolerância das contradições é uma das leis do discurso. Em relação a isso, o que têm feitos os clássicos dogmatas penais? De que forma têm eles lidado com as contradições do discurso? A resposta nos é dada, com destreza, por Rosa Cunha: "De modo geral, silenciam sobre as contradições existentes, quer se instalem as mesmas na instância das normas, quer na instância dogmática que pretende descrevê-las. Mas elas são aludidas como vimos através de teorias como a do concurso aparente de normas, da interpretação extensiva ou teleológica, da classificação das analogias etc. Aludidas e eludidas, quer dizer, escamoteadas, obscurecidas. Por essa via subverte-se o inalienável caráter contraditório do discurso penal, buscando desconfirmar suas incompatibilidades".[354] Assim, a bem da verdade, as classificações de interpretação, bem como a diferenciação entre analogia e interpretação analógica, afiguram-se como mecanismos de negação do fundamento retórico do princípio da legalidade, ou seja, a doutrina e os tribunais valem-se delas sempre que lhes seja necessário impor determinadas posições como verdadeiras quando, na verdade, somente eles pensam que são. Trata-se de "disfarces" lingüísticos que intentam evitar o reconhecimento de contradições

---

[352] *Tratado*, cit., p. 137.
[353] Cf. STRECK, Lenio Luiz. Op. cit., p. 74.
[354] Op. cit., p. 130.

argumentativas e, com isso, tornar objetivos os mecanismos de relacionamento entre fato-punição, quando, na verdade, esta relação é sempre valorativamente estruturada.

A natureza interpretativa de toda analogia não quer dizer, contudo, que o juiz não esteja vinculado ao teor literal da lei.[355] A igualdade de procedimento de argumentação não nos impede de distinguir entre sua aplicação dentro e fora do limite do teor literal, mas não por razões metafísicas, e sim semióticas. Tal limite não caracteriza nenhuma diferença na estrutura lógica do processo de aplicação do Direito, senão que tem sua justificação em premissas jurídico-políticas e penais independentes dessa estrutura.[356] Nesse caso, todos aqueles que negam a limitação interpretativa pelo teor literal chegam à conclusão de que toda hermenêutica há de ser teleológica, segundo a *ratio legis*. Essa problemática trava-se numa questão que tem recebido pouca importância no meio acadêmico e judicial: a compatibilidade entre a interpretação teleológica e o princípio da legalidade estrita. A finalidade da lei, mediante um raciocínio lógico-dedutivo, pode-nos oferecer um mecanismo de previsão de uma conduta além do explicitado no texto. Um exemplo citado por Roxin[357] é elucidativo: há uma lesão causada "por meio de arma" se o autor joga ácido clorídrico no rosto da vítima? Por uma interpretação teleológico-extensiva, poder-se-ia responder afirmativamente, visto que a finalidade da lei (infraconstitucional) é castigar mais severamente os métodos lesivos especialmente perigosos. Mas isso é impossível. Tendo em vista que a restrição da liberdade, mediante a proibição penal, é uma exceção (posto que a

---

[355] Assim pensa: JAKOBS, Günther. Op. cit., p. 102. Para ele, o teor literal da lei pode ser afastado caso preencham-se quatro requisitos: "1) continuidade da evolução conceitual; 2) arbitrariedade na valoração que do contrário resultaria; 3) igual necessidade de regulação; 4) aptidão para solucionar o problema" (op. cit., p. 105). No exemplo do furto florestal antes mencionado, Jakobs justifica a possibilidade da aplicação da qualificadora com as seguintes palavras: "a) a variação de significado encontra-se ainda dentro da continuidade ordinária, posto que é próprio da interpretação jurídico-penal comum fazer valer a denominação de um objeto também para seu equivalente funcional (substância química como arma, p. ex.), caso faltem supraconceitos usuais; b) se não se realizasse a ampliação, produzir-se-ia arbitrariedade na valoração, posto que os furtos florestais com caminhões são de igual gravidade, e em caso de dúvida inclusive mais graves, que os perpetrados por uma carroça; c) a necessidade de regulação é, ao menos atualmente, mais que equivalente; e d) dita interpretação resolverá o essencial do problema, sendo, portanto, apta" (id., ibid.).

[356] Nesse sentido: ROXIN, Claus. Op. cit., p. 154; CEREZO MIR, José. Op. cit., vol. I, p. 171.

[357] Op. cit., p. 149.

liberdade é a regra), a única interpretação teleológica que poderá ser admitida é a restritiva, ou seja, aquela que vislumbra, como finalidade da *Constituição Federal*, autorizar a intervenção penal só excepcionalmente e nos casos expressos por ela mesma, apesar de o fato ser moralmente reprovável, como é o caso do exemplo.

Diante disso – indaga-se – seria suficiente esse raciocínio para tolher os abusos interpretativos? Tem de ser suficiente, porque não se pode ter mais do que isso; não se encontrou ainda um mecanismo melhor de limitação interpretativa do que a vedação da *analogia in malam partem*. A solução não está na estipulação de barreiras de linguagem – pois, do contrário, chegaríamos ao resultado semelhante do *Allgemein Landrecht*, que continha 1.577 artigos na parte penal –, mas sim na máxima clareza possível do texto legal. Sendo o fundamento da proibição penal a *intimidação da sociedade*, a linguagem utilizada na lei deve aproximar-se o máximo possível da linguagem popular, sem, necessariamente, ter de ser coloquial.

Mas isso só também não basta. Toda expressão gramatical, por mais precisa que seja, sempre esbarrará na peculiaridade de um caso não previsto pela generalidade da norma, e, diante disso, a interpretação impõe-se. Neste caso, uma das alternativas restantes, como assinala novamente Hassemer,[358] reside na organização e formação da justiça penal que faça real a mensagem da proibição da analogia a partir da compreensão de seu valor para uma atuação em conformidade com o Estado Democrático de Direito. O legislador, ao sancionar condutas, pôs as leis nas mãos da justiça. Ele pode, em casos extremos, reformar a sua lei, caso comprovado que a marcha da justiça vai em direção distinta da que havia pensado. Mas tal reforma se faz também pela jurisprudência, mediante a interpretação. Com a proibição da analogia e da interpretação extensiva não ocorre outra coisa: onde não existe a cultura de uma relação equilibrada e conforme ao Estado Democrático de Direito entre legislação e jurisprudência, tampouco poderá ser construída por meio de exercícios lingüísticos, ainda que bem intencionados e eficientes. Tudo irá depender da absorção, pelos profissionais do Direito, do método secularizado e da idéia de mínima intervenção penal. Uma norma de clausura do modelo de Direito Penal Mínimo, informada pela certeza e a razão *secularizadas*, é o critério do *favor rei*, que não só permite, senão que exige intervenções potestativas e valorativas de exclusão ou de atenuação da responsabilidade cada vez que subsiste incerteza quanto aos pressupostos cognoscitivos

---

[358] Id., ibid., p. 41-42.

de uma pena. A este critério são referíveis instituições como a presunção de inocência, o ônus da prova em nome da acusação, o *in dubio pro reo*, a analogia *in bonam partem*, a interpretação restritiva dos supostos típicos penais e a extensiva das circunstâncias eximentes ou atenuantes no caso de dúvidas sobre a verdade jurídica. Nesses casos teremos, certamente, *discricionariedade*. Mas se trata de uma discricionariedade (*rectius:* interpretação) dirigida não a estender, senão a excluir ou reduzir a intervenção penal enquanto não motivada por argumentos cognoscitivos seguros.[359]

Isso tudo será impossível se a cultura jurídica continuar insistindo na admissão de um *direito penal máximo*, de intervenção eficiente a qualquer custo, condizente mais com o Estado Social de Direito do que propriamente com o que vivemos no Brasil. Optando-se por tal viés, teremos um excesso de severidade e de incerteza da intervenção penal, e, conseqüentemente, de nada valerá impedir-se a analogia *in malam partem* e a interpretação extensiva, já que o juiz não se irá conformar, ideologicamente, com tais argumentos. Um juiz que optar por tal sistema, continuará pensando que uma "garrafa" pode ser considerada "arma" para fins de qualificação do roubo, e, frente a tal conclusão, diremos nós: "Mas isso é analogia *in mallam partem!*", enquanto que, dele, virá o argumento: "Não. Isso é interpretação!". Seja como for, tudo irá depender da resposta dada ao "o que proibir?". Alguém que concorde com tudo o que afirmamos no item 2.4, e, ainda assim, continue vendo numa "garrafa" uma espécie de "arma", até poderá ser alertado de sua contradição, dada a falha metodológica de indução fática e dedução jurídica na construção de seu conhecimento. Mas o mesmo não se poderá afirmar daqueles que discordem da nossa *ideologia de Direito Penal*, visto que, aqui, nem a vedação da analogia será capaz de limitar a sua atividade.

Para estes, o único controle possível (além, obviamente, do duplo grau de jurisdição) seria a formação de um sistema jurisprudencial transparente, capaz de proporcionar o seu acompanhamento pela opinião pública. A jurisprudência, nos moldes atuais, está sujeita apenas a si mesmo; as instâncias inferiores, às superiores, e assim por diante. Falta, na verdade, um sistema transparente de informação para quem está fora desse vínculo informal. Um remédio real para uma justiça que abusa da *arte de aplicar o Direito* é a sua observação crítica pela opinião pública interessada. Em decorrência da Constituição, deve a jurisprudência dar mais publicidade à sua

---

[359] Cf. FERRAJOLI, Luigi. Op. cit., p. 105.

atividade, visto que, sob o aspecto político, a crença no sistema só ocorrerá quando a opinião pública não perder de vista a idéia de justiça, segundo os ditames constitucionais.

3.4. *NULLUM CRIMEN, NULLA POENA SINE LEGE SCRIPTA*

A mesma base estrutural-filosófica do *nullum crimen nulla poena sine lege stricta* presta-se a uma outra conclusão, agora, no que tange ao tratamento do *direito consuetudinário* como fonte de Direito Penal.

Em relação ao problema, é comum encontrarmos, hoje, a afirmação de que, em virtude do princípio da legalidade, somente a *lei escrita*, emanada do Poder Público competente, é que poderá ser considerada fonte imediata do Direito Penal, entendido este no que se refere aos tipos penais incriminadores. Mas, assim como na analogia, passaria o direito consuetudinário a ter aplicação sempre que beneficiasse, de alguma forma, o réu, seja para diminuir ou extinguir a pena, seja para descriminalizar a conduta, seja para mitigar os efeitos penais da intervenção.[360] E, diante disso, o *nullum crimen nulla poena sine lege scripta* funcionaria apenas como um limitador da atividade judicante, e não também da legislativa.

A asserção, contudo, esbarra em sua aparente simplicidade. O primeiro problema que se faz necessário enfrentar é a delimitação do objeto de estudo, ou seja, o que se entende por *direito consuetudinário*.

Segundo Wessels, o *direito consuetudinário* nasce através de um exercício duradouro e conduzido por um convencimento jurídico geral de parte da população interessada nas regras jurídicas.[361] Nesse sentido, exige-se, para a formação do *costume*, além do comportamento reiterado, o elemento psíquico consistente na crença de que essa conduta repetida responde a uma necessidade jurídica (*opinio juris et necessitatis*).[362] Jescheck, contudo, acrescenta outro requisito, que, segundo pensamos, também há de ser reputado fundamental, mas não especificamente para a sua existência: a norma deve ser compatível com o ordenamento jurídico.[363]

---

[360] Nesse sentido. p. ex.: ASSIS TOLEDO, Francisco de. Op. cit., p. 25-26.

[361] Op. cit., p. 13.

[362] Cf. MARQUES, José Frederico. Op. cit., vol. I, p. 230. Assim também: ANTOLISEI, Francesco. Op. cit., p. 51.

[363] "Dois pressupostos devem concorrer para o nascimento do Direito consuetudinário: uma norma deve ter encontrado reconhecimento geral como válida no Direito (opinio necessitatis) e a vontade de vigência jurídica por parte da comuni-

Daí exsurge a conclusão inicial no sentido de que o *reconhecimento geral*, capaz de originar um direito consuetudinário, há de ser vislumbrado sob a ótica da sociedade, e não dos tribunais. O consenso do *entendimento jurisprudencial* não gera o *costume*, pelo simples fato de que este se refere a uma normatividade paralela à editada pelo Estado. Vimos (n. 1.1, *supra*) que o indivíduo em sociedade está sujeito a diversos regramentos, tenham eles origem natural (respirar, tossir, espirrar, chover etc.), religiosa (os Dez Mandamentos, p. ex.), social (usos, hábitos, relações interfamiliares etc.) ou, agora sim, estatal (a lei). Desses mecanismos normativos, o mais formal é o oriundo do Estado, até porque é o único dotado da potencialidade legítima de estabelecer sanções aplicáveis à generalidade dos indivíduos numa dada organização política.

Os regramentos estatais, uma vez formalizados mediante o Direito, devem estabelecer, ao menos no bojo de um Estado Democrático de Direito, comandos condizentes com os valores ditados pelos usos e costumes da sociedade, segundo os interesses desta. Mas a recíproca não é verdadeira: nem tudo o que seja desvalorado pela *opinião comum* deve (ou pode) ser passível de tutela pelo ordenamento jurídico.

Nesse ponto é que o segundo requisito passa a ter relevância. Uma conduta humana, valorada ou desvalorada socialmente, passa a ser um *direito consuetudinário* (ou, o que dá no mesmo, uma *obrigação consuetudinária*) sempre que tal juízo, além de prolongar-se no tempo e no espaço, adeque-se ao ordenamento jurídico. A partir disso, a admissibilidade dessa nova "normalidade" irá depender da área do Direito a que sua eficácia se destina. No Direito Civil, resguarda o art. 4º da LICC (Decreto-lei nº 4.657, de 4 de setembro de 1942) que, na omissão da lei, poderá o juiz valer-se dos *costumes* para fundamentar sua decisão.

No Direito Penal, contudo, o *nullum crimen nulla poena sine lege stricta* assegura uma realidade distinta, ao menos no que se refere aos países não fundados na *commom law*.[364] Em razão de seu sistema

---

dade tem de exteriorizar-se claramente por meio de uma prática contínua" (*Tratado*, cit., p. 99).

[364] Tal afirmação, porém, há de ser entendida com ressalvas. Como bem assinala Bobbio, "A *commom law* não é o direito comum de origem romana, do qual falamos no parágrafo anterior, mas um direito consuetudinário tipicamente anglo-saxônico que surge diretamente das relações sociais e é acolhido pelos juízes nomeados pelo Rei; numa segunda fase, ele se torna um direito de elaboração judiciária, visto que é constituído por regras adotadas pelos juízes para resolver controvérsias individuais (regras que se tronam obrigatórias para os sucessivos

de *ilicitude descontínua,* ou seja, da sujeição da ilicitude penal à adequação da conduta a um tipo penal incriminador, todo costume que gera um *desvalor social* de uma conduta, apesar de contemplado pela opinião comum e pelo ordenamento jurídico, sempre estará sujeito ao procedimento legislativo formal como condição de sua existência.[365] Em outras palavras: como norma restritiva da liberdade individual, o máximo que um *costume* poderá desencadear é um argumento de política criminal para a legislação penal futura.

Já o *valor positivo-social* de uma conduta humana, por acarretar a ampliação da liberdade individual, autoriza que o *direito consuetudinário* passe a incidir, posto que, nesse caso, a garantia da reserva legal não se impõe. Daí é que advém a conclusão de que o *costume* deva ser considerado como fonte mediata do Direito Penal, atuando sempre que beneficie o réu.

Dito isso, poder-se-ia exemplificar tal dicotomia da seguinte forma: o apossamento de um objeto alheio, com a exclusiva finalidade temporária de uso, não poderá ser objeto de sanção penal, visto que tal fato, apesar de *desvalorado* pela opinião geral e pelo ordenamento jurídico (ilícito civil), não é objeto de uma *lei penal escrita.* Por outro lado, o constrangimento ilegal (!) oriundo de um "trote" estudantil não pode ser objeto de repressão penal se, apesar de *desvalorado* pela lei, faça parte dos *costumes gerais* da sociedade.

Mas qual seria, assim, a fronteira entre o *valor* e o *desvalor* oriundo do direito consuetudinário? Em outras palavras: até que ponto o costume está abolido do Direito Penal e até que ponto este contempla-o?

A asserção depende, inicialmente, da análise da classificação do relacionamento do direito consuetudinário com o ordenamento jurídico, geralmente oferecida pela doutrina, ao abordar o direito consuetudinário *contra legem, praeter legem* e *secundum legem.*

---

juízes, segundo o sistema do precedente obrigatório). O direito estatutário se contrapõe à *commom law,* sendo ele posto pelo poder soberano" (*O Positivismo,* cit., p. 33). No fim das contas, o Direito, na *commom law,* é muito mais judiciário do que, propriamente, consuetudinário.

[365] O direito romano originou-se do *costume,* sendo esse, inclusive, o parâmetro criador do Direito. Antes do surgimento da *reserva da lei,* o direito consuetudinário era a verdadeira fonte do Direito Penal. Basta lembrar que o direito natural de Aristóteles estava fundamentado nos *costumes,* embora, àquela época, fosse ele entendido como sinônimo de regras seguidas espontaneamente pelos cidadãos, transmitidas de pai para filho, circunstância em que era tido como uma realidade pré-existente. Atualmente, tal conteúdo é inconcebível, já que o direito consuetudinário, assim como o direito positivo, é considerado, pela grande maioria dos filósofos, fruto da criação humana.

3.4.1. Direito consuetudinário *contra legem* e *praeter legem*

Consoante Jiménez de Asúa,[366] trata-se de uma forma de não-aplicação da lei vigente (*desuetudo*), seja pela ineficácia da proibição, seja pelo reconhecimento de uma justificante não prevista. No primeiro caso (*contra legem*), a relação de contrariedade entre o *direito escrito* e o *direito consuetudinário* é expressa; no segundo, implícita (*praeter legem*).

O tratamento dado a ambos os casos, contudo, não é idêntico. Quanto ao primeiro – potencialidade de o *costume* revogar a proibição, dada a sua ineficácia –, a doutrina, de um modo geral, não admite a capacidade revocatória do direito consuetudinário, continuando ele a ser aplicável, apesar de não aplicado.[367] Segundo Cobo del Rosal, o desuso não é costume *contra legem*, visto não possuir ele eficácia revocatória. Ainda quando inaplicável, todo dispositivo sempre poderá ser objeto de uma futura aplicação.[368]

Há quem pense, contudo, que na Parte Especial do Código Penal é possível que os tipos penais acabem sendo derrogados por sua contínua falta de aplicação, caso isso corresponda à convicção jurídica coletiva, e dês que tal situação não configure uma passageira situação de indiferença no que tange à repressão do desvio.[369] Parece tratar-se das exceções percebidas por Schöenke, ao lembrar que a legislação alemã, após a Guerra, foi ab-rogada pelo desuso.[370]

Quanto a esta última situação, é de ser ressaltado que não foi o *desuetudo* que revogou os dispositivos legais vigentes à época do Nacional Socialismo. A situação é semelhante com a ocorrida no Brasil com alguns dispositivos da Lei de Segurança Nacional (p. ex., art. 15 da Lei nº 7.170/83), que, com a promulgação da Constituição da República Federativa do Brasil de 1988, passaram a não guardar adequação ao regime Democrático insculpido no novo ordenamento constitucional. Não se trata, portanto, de uma eficácia revocatória do *direito consuetudinário*, mas sim do próprio regime político.[371]

A solução para tal problemática, a meu ver, reside na correta separação dos planos da existência, validade e eficácia das normas, questão esta que recebe as respostas mais díspares pelas vertentes do *positivismo jurídico*.

---

[366] Op. cit., p. 235.
[367] Nesse sentido: MARQUES, José Frederico. Op. cit., vol. I, p. 232; ASÚA, Luis Jiménez. Op. cit., t. II, p. 240.
[368] Op. cit., p. 147. No mesmo sentido: ANTOLISEI, Francesco. Op. cit., p. 51.
[369] JESCHECK, Hans-Heinrich. Op. cit., p. 100.
[370] *Apud* MARQUES, José Frederico. Id., ibid., p. 232.
[371] Sobre o assunto, v.: ASÚA, Luis Jiménez. Id., ibid., p. 240.

O processo de produção de um diploma legal, um vez completo, determina que seja este considerado em *vigor*, a contar da data de sua publicação (regra geral). Até então, fala-se que a *vigência* apenas fornece à norma o colorido da *existência*, e nada mais. Situação diversa é, contudo, quando se passa à valoração da norma segundo os ditames *formais* e *substanciais* da norma que lhe é superior hierarquicamente. Nesse caso, passa a norma a ser objeto de um juízo de *validade*, cujos parâmetros são fornecidos pelo próprio *sistema constitucional* de que ela faz parte. Por fim, refere-se o plano da *eficácia* à adequação fática da norma, válida ou inválida, aos ditames sociais. Nesse rumo, afirma-se que a norma é *eficaz* sempre que o seu comando, de um modo geral, seja observado pela população diretamente alcançada, e *ineficaz* quando tal não se verifique.

Diante disso, deve-se observar que a *revogação* ou não de uma lei é uma questão abordada no plano da *existência*, problema esse ínsito da sucessão de leis no tempo, e que possui parâmetros operativos cronológicos (*lex posterior derogat priori*), materiais (*lex specialis derogat generali*) e outros selecionados pela doutrina. Ao contrário do que pensavam Kelsen e Bobbio, o fato de uma lei ser considerada em *vigor* não nos dá a certeza de ser ela *válida*, já que tal característica somente ocorrerá nas situações em que haja adequação ao procedimento legislativo estipulado e, ademais, aos valores das normas que lhes são superiores. Uma norma que *vige*, dessarte, pode ser *válida* ou *inválida*.

A realidade fática em que se acha inserido o diploma legal, contudo, é problema diverso desses dois anteriores. Aqui, fala-se no plano da *eficácia* da norma, ou seja, na circunstância fática de ser ela, de um modo geral, observada ou não pela população diretamente regrada. Nesse caso, poderemos afirmar, agora, que uma norma *em vigor*, *válida* ou *inválida*, pode ser *eficaz* ou *ineficaz*, segundo varie a observância concreta da normatividade produzida.

Pois bem. Essa tricotomia de planos (*existência*, *validade* e *eficácia*) vincula não só o Direito posto pelo Estado, como também o próprio direito consuetudinário, fazendo com que o elo de ligação entre ambos dê-se no último destes planos. Assim, no que tange ao Direito Penal, a) quanto à *existência*, o *direito escrito* depende da observância dos ditames constitucionais quanto à forma e à competência de sua produção legiferante, enquanto que o *direito não escrito*, para se considerar *em vigor*, deve contar, como vimos, com a *reiteração* de um comportamento e *admissão* geral de sua necessidade; b) quanto à *validade*, o *direito escrito* depende de sua adequação formal e substancial às normas de hierarquia superior, enquanto que o *direito não escrito* está sujeito, por um lado, a não instituir uma *proibição* não contemplada expressamente pelo ordenamento jurídico[372] (e aqui a causa de sua "invalidação" seria o *nullum crimen nulla poena sine lege scripta*), e, por outro, a deslegitimar a proteção de um bem jurídico a qual a própria sociedade vem dispensando tutela,[373] porque não mais considera a conduta lesiva ou reprovável; por fim, c) quanto à *eficácia*, o *direito estatal* depende da sua observância, em linhas gerais, pela sociedade diretamente tutelada, enquanto que o *direito consuetudinário* está adstrito ao respeito dos comandos não escritos no meio social. Assim como a vigência do *direito positivo* em nada interfere em sua validade e eficácia, também a vigência do *direito consuetudinário* não determina, desde já, a sua validade e eficácia. Ademais, a vigência do *direito escrito* em nada afeta a vigência do *direito não escrito*, e vice-versa (basta lembrar, p. ex., a

---

[372] Assim, por exemplo, o "furto" e o "peculato" de uso, apesar de proibidos pelos costumes, não configuram proibições penais.

[373] Assim, por exemplo: o "consentimento do ofendido", em relação a direitos disponíveis, suprime a ilicitude do injusto penal. O mesmo se afirma de condutas consideradas *adequadas socialmente*, tais como as intervenções cirúrgicas, as lesões produzidas em práticas desportivas, os distúrbios da paz pública por ocasião de festas, a ofensa ao pudor público em homenagem à moda etc. (Cf. MAGGIORE, Giuseppe. *Diritto Penale*. 5 ed. Bologna: Zanichelli, 1961, vol. I, t. I, p. 125). Além disso, o "trote" nos meios estudantis, por exemplo, é um caso em que o constrangimento ilegal praticado resta com sua ilicitude excluída em razão do *exercício regular de um direito consuetudinário*. O mesmo ocorre com as vias de fato, e, eventualmente, as lesões corporais leves produzidas contra alguém que ofende o "direito à fila" de outrem. Pelos costumes *praeter legem*, podem, portanto, surgir nova causas de justificação (ANTOLISEI, Francesco. Op. cit., p. 52). No que tange à contravenção penal de "jogo do bicho" (art. 58 do Decreto-lei nº 6.259/44), afirmou o STJ que a mera omissão das autoridades em reprimir tal jogo clandestino não é capaz de erigi-lo à categoria de direito consuetudinário (Resp. 2.202-SP, DJU de 2.4.90, p. 2.461). Cremos, contudo, que tal argumento, nos dias de hoje, já não se presta para impor a *lesividade social* dessa contravenção penal, visto que a exploração de tal forma de jogo encontra-se reconhecida pela *opinião comum* e, ademais, manifesta-se (mais do que) reiteradamente no meio social (em sentido contrário: ASSIS TOLEDO, Francisco de. *Princípios*, cit., p. 25). Conseqüentemente, não poderia um juiz aumentar a pena base de um delito, com base no art. 59 do CPB, em razão da reprovação da conduta social do réu que promovesse o "jogo do bicho". Por fim, como bem afirma Frederico Marques, "onde também é preponderante o papel dos costumes, é nas regras sobre a aplicação da lei penal no espaço, dado que certas imunidades reconhecidas e proclamadas pelo direito das gentes, além de se basearem no direito consuetudinário, encontram neste certas ampliações comumente aceitas"(op. cit., vol. I, p. 233).

convivência pacífica do direito estatal e do direito de "Pasárgada", relatada por Boaventura Santos[374].

O que a doutrina moderna não tem percebido é que, no Direito Penal, a grande repercussão do *direito consuetudinário* (*praeter legem*) verifica-se na estrutura da *ilicitude e da culpabilidade penais*. Com efeito, sendo a ilicitude considerada, atualmente, como a relação de contrariedade entre uma conduta humana e uma norma, da qual resulte *lesividade* a um bem ou interesse penalmente protegido, e, a culpabilidade, por sua vez, como a *reprovação* de um injusto típico, poderá ocorrer que a ineficácia da norma acabe por deslegitimar a proteção de um bem jurídico a qual a própria sociedade vem dispensando tutela, visto que não mais considera a conduta lesiva ou reprovável. E, nesse sentido, dá no mesmo afirmarmos que o *direito consuetudinário* atua como causa de supressão da *lesividade* ou *reprovabilidade jurídica*, ou como causa de justificação ou exculpação penal, até porque uma exclui a outra. A partir disso, pode-se admitir, agora, o *direito consuetudinário contra legem, não no sentido de que este revogaria ou invalidaria a lei penal, mas sim como fator de supressão da tutela penal sobre bens ou interesses por ela protegidos.*

Chega-se à conclusão, pois, de que a relação entre *direito escrito* e *direito não escrito* trava-se no plano da *eficácia* das normas jurídicas, não se prestando, jamais, a repercutir em relação à vigência ou à validade do ordenamento jurídico. Se os usos e costumes de um determinado povo contrariam os preceitos do ordenamento jurídico a que se encontra sujeito, o máximo que poderemos afirmar é que um é *ineficaz* diante do outro, sem que isso acarrete, contudo, a *invalidade* ou a *revogação* de um deles. Nas palavras de von Liszt, "as leis só se derrogam definitivamente por outras posteriores; mas a eficácia atual, momentânea, de suas sanções – delitos e penas – se perde pelo não-uso...".[375]

No que tange às *proibições penais*, seja como for, os *usos* e *costumes* não passam de uma importante fonte de aconselhamento legislativo, ou seja, funcionam apenas como parâmetros de política criminal, até porque a *opinio juris* do povo geralmente encontra-se impregnada de paixão e ignorância legal, e elevar-se tal opinião social à categoria de fonte de produção – ou de invalidação – normativa, seria regressarmos ao *estado de natureza* concebido pelos contratualistas (Grocio, Hobbes, Locke, Rousseau etc.).

---

[374] SANTOS, Boaventura de Sousa. *O Discurso e o Poder*. Porto Alegre: Sergio Antonio Fabris, 1988.

[375] *Tratado*, cit., t. II, p. 177.

3.4.2. Direito consuetudinário *secundum legem*

Trata-se da função *interpretativa* desempenhada pelos hábitos sociais. Nesse sentido, os costumes desempenham papel fundamental na interpretação daquilo que a lei define como delito.[376] O *pudor público*, sobre o qual recaem as ofensas previstas no art. 61 do Decreto-lei nº 3.688/41 (*importunação ofensiva ao pudor*) e nos arts. 233 e 234 do CPB (*ato obsceno* e *escrito ou objeto obsceno*), é um bem jurídico intimamente ligados aos hábitos e costumes de uma determinada sociedade. A lei penal, nesse caso, reporta-se a um costume social, isto é, à moralidade coletiva em torno dos fatos da vida sexual, ficando subordinada, para o seu entendimento e aplicação, à variabilidade, no tempo e no espaço, desse costume.[377] A abrangência de tais delitos há 20 ou 30 anos atrás, por certo, é diversa da verificada hoje.[378]

Questão que merece análise é se a admissão do *direito consuetudinário* por outros ramos do Direito repercute ou não no Direito Penal. Segundo Roxin, se os *costumes* já exerceram influência interpretativa em outros ramos do Direito, também o Direito Penal há de restar modificado, mesmo que, excepcionalmente, atuem ampliando o âmbito da proibição. É o que ocorre, por exemplo, com a ampliação do conceito de propriedade para abranger os "animais de caça", passando a subtração destes, portanto, a ser objeto de furto.[379]

Tal recurso hermenêutico, contudo, há de ser refutado. A questão é idêntica à tratada no parágrafo anterior, ou seja, se a interpretação extensiva pode ou não ser admitida. Acolhendo o intérprete o *princípio da intervenção mínima do Direito Penal*, e levando sua opção às últimas conseqüências dedutivas, forçoso será

---

[376] MUÑOZ CONDE, Francisco, GARCÍA ARÁN, Mercedes. Op. cit., p. 119.

[377] Nesse sentido, HUNGRIA, Nélson. Op. cit., vol. I, p. 79.

[378] Recentemente tivemos notícia, nos mais diversos meios de comunicação, de um fato extremamente elucidativo para o caso. Em janeiro de 2000, um casal, no Rio de Janeiro, foi preso em flagrante em virtude de a mulher estar expondo seus seios em local público, prática essa conhecida como *topless*. O fato repercutiu nacionalmente, sendo objeto, inclusive de pesquisas na mídia em relação à aceitação ou não, pela sociedade, do autoritarismo policial praticado. Ao final, prevaleceu a opinião pública no sentido da não-reprovação do *topless*, e isso, por certo, é uma decorrência dos *costumes* de um povo que vive num país tropical como é o Brasil. Estamos diante, portanto, de uma *interpretação consuetudinária* do tipo penal do art. 233 do CPB, que, ao final, originou a inadequação típica da conduta.

[379] Op. cit., p. 160.

concluir que os costumes não atuam como argumento ampliativo das proibições penais, mas sim, apenas, restritivo. Assim, a utilização do "cheque pré-datado" é uma prática comercial mais do que difundida no meio social. Contudo, tendo em vista que a legislação contempla-o como uma "ordem de pagamento à vista", impossível será a tipificação do estelionato caso não tenha ele suficiente provisão de fundos quando de sua apresentação, apesar do ardil de seu emitente.

Por fim, é de se ressaltar a opinião de parte da doutrina no sentido de que os costumes são aplicáveis para fundamentar uma condenação, sempre que os pressupostos gerais da punibilidade não estão regulados em lei. Assim, p. ex., no nexo de causalidade, no dolo, na diferença entre atos preparatórios e executórios, na culpa etc., o costume seria aplicável, mesmo que em prejuízo do réu.

A verdade é, porém, que não se trata de uma ampliação do conceito em decorrência da *interpretação consuetudinária*, mas sim da evolução do próprio Direito Penal. Efetivamente, condutas que há anos atrás eram consideradas imprudentes, hoje, inobstante, não podem receber o mesmo tratamento.[380] Nos casos em que a lacuna existe, é propósito do legislador que o Direito Penal evolua cientificamente. Assim, sempre que a jurisprudência decide nestes campos, age como resultado de uma interpretação, e não como uma decorrência do direito consuetudinário, até porque as decisões judiciais dificilmente adentram na aceitação popular, e, ademais, sofrem modificações supervenientes. Uma eventual opção diversa em relação ao nexo causal, p. ex., não se dá em virtude dos costumes, mas sim pela evolução da ciência penal segundo a interpretação jurisprudencial.[381]

3.5. *NULLUM CRIMEN, NULLA POENA SINE LEGE PRAEVIA*

O *ideal da segurança jurídica* determina que a repressão penal somente seja lançada contra aquele que, em tese, tomou conhecimento da lei e, apesar disso, optou pela prática do delito. Nesse

---

[380] Assim também pensa Muñoz Conde: "condutas que há anos podiam ser qualificadas como imprudentes, hoje não só não o são, senão que vem praticamente impostas pelos avanços da tecnologia" (op. cit., p. 118).
[381] Nesse sentido: JESCHECK, Hans-Heinrich. Op. cit., p. 99; ROXIN, Claus. Op. cit., p. 139-140.

caso, toda conduta humana baseada no livre-arbítrio somente poderá ser passível de *reprovação* caso o agente desobedeça conscientemente a regra de conduta, e isso faz com que esta deva preceder a sua atuação. Por conseqüência, uma resposta adequada ao "como proibir?" depende da circunstância de ser a lei penal incriminadora anterior à prática do fato. A isso dá-se o nome de *princípio da anterioridade*, corolário necessário do *princípio da legalidade*.

Sua origem não é recente. Thomas Hobbes, em pleno século XVII, apesar de adotar o modelo de Estado Absolutista, já houvera afirmado que "um dano infligido por um fato antes da existência de uma lei que o proibisse, não é um castigo, senão um ato de hostilidade. Com anterioridade ao estabelecimento da lei, não há transgressão desta, já que o castigo implica que um fato seja julgado como posterior transgressão".[382]

De lá para cá, seu reconhecimento foi praticamente unânime por todas as Cartas de Direitos Humanos,[383] passando a constar na legislação brasileira, desde a Constituição de 1824 e do Código Penal de 1830.[384]

---

[382] *Leviatán*, cit., p. 250.

[383] O art. VIII da Declaração dos Direitos do Homem e do Cidadão, de 1789, estabelecia que "(...) ninguém pode ser punido senão em nome de uma lei estável e promulgada anteriormente ao delito e legalmente aplicada" (FRANÇA. Internet, cit.). Está também presente da Declaração Americana dos Direitos e Deveres do Homem, aprovada em Bogotá, em 1948: "Art. XXV. Ninguém pode ser privado de sua liberdade, a não ser nos casos previstos pelas leis e segundo as praxes estabelecidas pelas leis já existentes" (Internet: http://ribeiro.futuro.usp.br/direitoshumanos/documentos/historicos), pelo art. 7º, n. 2, do Pacto de San José, na Costa Rica, aprovado pelo Brasil mediante o Decreto Legislativo nº 678/92: "Ninguém pode ser privado de sua liberdade física, salvo pelas causas e nas condições fixadas de antemão pelas Constituições Políticas dos Estados partes ou pelas leis ditadas em conformidade a ela" (Internet: http://ribeiro.futuro. usp.br/direitoshumanos/documentos/historicos).

[384] Luiz Luisi, citando Hungria, assinala que a história constitucional do nosso século nem sempre respeitou o postulado em análise. O Decreto-lei nº 4.766/42, que instituiu os crimes contra a Segurança Nacional, dispôs, em seu art. 67, que, em relação aos crimes contra a segurança externa, a retroatividade operar-se-ia à data da ruptura das relações diplomáticas com a Alemanha, a Itália e o Japão (*Os Princípios*, cit., p. 21). Outro caso semelhante é relatado por Nilo Batista: "a imposição, por decreto, da pena de banimento a presos cuja liberdade era reclamada como resgate de diplomatas seqüestrados por organizações políticas clandestinas, durante a ditadura militar. Sem reserva legal e sem processo, os presos – que nada haviam feito – eram atingidos por autêntico *bill of attainder*, impondo-se-lhes uma pena não contemplada previamente em lei" (*Introdução*, cit., p. 69).

Interpretando-se a *anterioridade* às avessas, chega-se a outra garantia fundamental do Direito Penal, a saber, o *princípio da irretroatividade da lei penal incriminadora*, ou seja, toda lei que institua uma proibição penal, ou que, de qualquer forma, agrave as conseqüências penais do fato, somente possui aplicação a contar da data de sua entrada em vigor. Isso faz com que seja conferido ao cidadão, nas palavras de Mantovani, "a segurança ante às mudanças de valorações do legislador, de não ser punido, ou de não ser punido mais severamente, por fatos que no momento de sua comissão, não eram apenados, ou o eram de forma mais branda".[385] Nesse sentido, destaca von Liszt que "O problema da irretroatividade não é um problema ético, nem sociológico, nem de direito natural; é só um problema político, contratual. A lei é a fórmula pública de uma obrigação tácita entre o cidadão e o Estado. Uma obrigação não se pode contratar se não é para o futuro".[386]

Por outro lado, sempre que uma lei mitiga as conseqüências da intervenção penal, seja reduzindo uma pena, seja instituindo uma nova excludente do crime ou da punibilidade, ou, até mesmo, descriminalizando uma conduta, passa ela a ter aplicação *retroativa* aos fatos anteriores, e o fundamento de tal solução encontra-se na conjugação do *utilitarismo penal* com o *princípio da igualdade*. Com efeito, uma vez reconhecida a imprestabilidade do fundamento *retributivo* do Direito Penal (v. n. 2.2, *supra*), há de se admitir que toda intervenção penal legislativa incide para o futuro, e não para o passado. Mas, tratando-se de uma mitigação dos efeitos penais para os delitos contemporâneos (*lex mitior* ou *abolitio criminis*), acaba a nova lei por alcançar também os fatos pretéritos, já que nenhuma *utilidade* existe em considerar-se um fato atual como não reprovável (ou menos reprovável) e os fatos anteriores, dês que idênticos, reprováveis (ou mais reprováveis). Somente valendo-se do fundamento retributivo é que se poderá fundamentar a *irretroatividade* da *lex mitior* ou da *abolitio criminis*, já que, segundo Kant: "Qualquer dano imerecido que ocasionas a outro indivíduo, será também a ti aplicado. Se injurias, serás injuriado; se roubas, serás roubado; se matas, serás morto também. Só a *lei de talião* (*ius talionis*) pode oferecer com segurança a qualidade e a quantidade do castigo, mas, bem entendido, só aplicável por um tribunal (e não perante um juízo privado) (...). Ainda que a sociedade civil viesse a se dissolver

---

[385] MANTOVANI, Ferrando. *Diritto Penale*, 1988, p. 114, *apud* LUISI, Luiz. Op. cit., p. 20.
[386] Op. cit., t. II, p. 170-171.

com o consentimento de todos os seus membros (por exemplo, se decidisse o povo que vive numa ilha dissolver-se e disseminar-se por todo o mundo), antes haveria de ser executado o último assassino que se encontre no cárcere, a fim de que cada qual receba o que merecem seus atos".[387]

Superada essa ideologia penal, teremos as modernas soluções para o problema da *sucessão de leis penais no tempo*, ou seja, a *irretroatividade da lex gravior* e a *retroatividade* da *abolitio criminis* e da *lex mitior*. Tais comandos vinculam não só a atividade do juiz – posto que não será permitido a ele aplicar a lei penal em desconformidade com tais postulados –, como também do legislador – pois não poderá uma lei, sob pena de ser reputada inconstitucional, prever expressamente a retroação de seus efeitos prejudiciais ou, ao contrário, impedir a retroação de seus efeitos benéficos.

3.5.1. Princípio da legalidade e normas processuais

Os arts. 1º e 2º do Decreto-lei nº 3.931, de 11 de dezembro de 1941 (Lei de Introdução do Código de Processo Penal), estabelecem que as disposições do "novo" Código de Processo Penal, então instituído pelo Decreto-lei nº 3.689, de 3 de outubro de 1941, são aplicáveis aos processos em andamento, salvo no que se referem à prisão preventiva e à fiança, caso em que serão aplicados os dispositivos mais favoráveis.

Diante disso, encontramos, comumente, na doutrina, a afirmação no sentido de que o *princípio da anterioridade* regula somente o Direito Penal material, e não também as normas formais, tendo estas aplicação imediata, mesmo aos processos cujo objeto seja uma infração penal anterior à entrada em vigor da nova lei.[388] Tal solução é justificada em razão da ausência de privação da liberdade individual das normas processuais, ao contrário do que ocorre com o Direito Penal material.[389]

---

[387] *La Metafísica*, cit., p. 167, 168-169.

[388] Nesse sentido: ASSI TOLEDO, Francisco de. *Princípios*, cit., p. 39-40.

[389] "Ao contrário, portanto, do que acontece no Direito Penal, o princípio da legalidade dos delitos e das penas, com as suas conseqüências primordiais, não atinge o processo penal brasileiro. É que esse princípio visa impedir a incriminação de fatos e a imposição de penas sem prévia lei, e o processo não cuida de estabelecer figuras delituosas, nem de lhes cominar penas. Trata de normas reguladoras da ação penal" (GARCIA, Basileu. *Instituições*, cit., vol. I, t. I, p. 155). Não é outra a orientação predominante em nossos Tribunais: "O princípio da exigência de anterioridade da lei em relação ao crime e à pena não se estende às normas de processo e de execução, em relação às quais vigora a regra da

Essa simplista solução, contudo, há de ser revista. Uma primeira crítica, de índole eminentemente teórica que pode ser desenvolvida é no sentido da impossibilidade de as normas processuais levarem em consideração a regra do *tempus regit actum* (aplicação imediata) com base num diploma legal datado de 1941 (Lei de Introdução ao Código de Processo Penal), sem que se o conceba à luz da Constituição Federal de 1988. Fundamentar-se a aplicação imediata de uma lei processual com os olhos voltados exclusivamente para a legislação infraconstitucional anterior à Carta de 1998 é o mesmo que negar a exigência de fundamentação das decisões judiciais em conformidade com o *sistema constitucional*.

Uma segunda crítica que merece destaque trava-se em termos políticos. A *ratio essendi* da vedação da retroatividade da *lex gravior* penal deve-se à necessária garantia da qual se deve revestir a sociedade ante a possibilidade de, após uma conduta concretizar-se, vir um tirano qualquer punir tal conduta sem que ao seu autor fosse dada a possibilidade de conhecer o injusto realizado. Não é à toa que o art. 4º do CPB adotou a *teoria da atividade* no que se refere à aplicação da lei penal no tempo, ou seja, a lei penal é aplicável somente às ações ou omissões ainda não perpetradas, pois, do contrário (se fosse adotada a *teoria do resultado*), seria possível, principalmente nos crimes materiais, que alguém praticasse uma ação que, nessa época, era permitida e, em virtude de gerar ela uma ofensa ao soberano, editar este um diploma legal às pressas, antes de o resultado material ter-se verificado, a fim de punir o agente.

Segundo Carrara, a ciência do Direito Criminal tem por missão refrear as aberrações da autoridade social nas *proibições*, nas *repressões* e nos *juízos*, a fim de que esta autoridade se mantenha nas vias da justiça e não degenere em tirania.[390] Todas as garantias penais insculpidas no sistema constitucional, portanto, dirigem-se à limitação estatal no tratamento desses três filões do Direito Penal: a proibição, a pena e o processo.

O grande problema, na verdade, é a percepção de que não só as normas materiais, senão também grande parte das normas processuais e de execução também lesam os direitos de liberdade do processado e do apenado, e, nesse caso, também aqui deve-se garanti-los contra a possibilidade do arbítrio estatal. Como bem pondera Taipa de Carvalho, "os direitos do argüido e do recluso

---

anterioridade da lei frente ao ato processual, não ao fato criminoso" (STJ, HC nº 2.086-3, Rel. Min. Assis Toledo – DJU de 8.11.93, p. 23.569).

[390] *Programa*, cit., vol. I, p. 3.

estão em causa, não deixando, portanto, de estar sempre presente a possibilidade de o poder punitivo tentar servir-se de alterações legislativas posteriores ao *tempus delicti* para agravar retroativamente a situação jurídica dos referidos argüido ou recluso".[391] Pense-se, por exemplo, na possibilidade de aplicação imediata de uma lei que autorize a quebra do sigilo fiscal ou bancário, editada com urgência pelo Estado a fim de suprir as dificuldades probatórias no processo penal instaurado contra um grande sonegador, acalmando, assim, o clamor social decorrente do fato; ou, em outro caso, a sanção de uma lei que veda a progressão de regime para um determinado delito, tendo em vista a iminente possibilidade de um "inimigo do Estado" progredir para o regime aberto ou semi-aberto. Note-se que, nestes dois exemplos, se admitirmos a aplicação absoluta dos arts. 1º e 2º da Lei de Introdução ao Código de Processo Penal, sujeitaremos esses dois cidadãos à restrição abusiva (para não dizer, criminosa) de suas liberdades, acarretando, conseqüentemente, a vulnerabilidade de toda a sociedade ao Poder Punitivo Estatal. Estamos diante, pois, de uma opção política que, uma vez interpretada à luz do Estado Democrático de Direito, não pode autorizar outra solução que não o impedimento de o Poder Punitivo atingir tais limites, mesmo que a mutação legiferante volte-se contra o pior dos criminosos. É necessária, portanto, a refutação de argumentos tradicionalmente empregados para a aplicação imediata das normas processuais e de execução, tais como a localização topológica da norma ou o exclusivo condicionamento do processo penal,[392] para justificar a sua aplicação imediata.

A questão volta-se, agora, para a análise de quais normas processuais e de execução possuem a potencialidade de ofender os direitos de liberdade do cidadão, e quais não detém essa característica, a fim de, após feita a identificação, reconhecer-se a sujeição das primeiras ao *princípio da anterioridade penal* e, das segundas, ao *tempus regit actum*.

Sobre o assunto, afirma Taipa de Carvalho que, "no direito processual penal, há normas que condicionam, positiva (pressupostos processuais que são verdadeiros pressupostos adicionais da

---

[391] TAIPA DE CARVALHO, Américo A. *Sucessão de Leis Penais*. Coimbra: Coimbra, 1990, p. 223.

[392] Maurach, por exemplo, concebia os pressupostos processuais como regras de índole exclusivamente processual, visto que apenas condicionavam o procedimento penal, refutando, a partir disso, a vedação da retroatividade penal (*Tratado*, cit., vol. II, p. 615). No mesmo sentido: JESCHECK, Hans-Heinrich. *Tratado*, cit., p. 186.

punição: p. ex., queixa e acusação particular) ou negativamente (impedimentos processuais que são verdadeiros impedimentos da punição: p. ex., a prescrição do procedimento criminal) a responsabilidade penal; há normas que dizem diretamente respeito aos direitos e garantias de defesa do argüido (p. ex., espécies de prova e valoração da sua eficácia probatória, graus de recurso); há, ainda, normas que afetam direta, incisiva e gravemente o direito fundamental da liberdade (caso da prisão preventiva)".[393] Por outro lado, existem normas processuais cuja aplicação em nada podem restringir os direitos de liberdade,[394] ou seja, normas de regramento de "pura técnica processual", tais como as formas de citação, a oitiva de testemunhas, os prazos recursais etc.

Em relação a esses dois grandes grupos de normas, o mesmo autor denomina as primeiras de *normas processuais penais*, e as

---

[393] Op. cit., p. 210-211.

[394] As normas processuais, nos dias de hoje, não são apenas disposições *formais* que, em nada, limitam a liberdade individual de indiciados e réus. Tal não deveria ser, visto que a CRFB/88 contemplou, dentre as diversas garantias penais, a *presunção de inocência*, dando a entender, pois, que o fato de alguém estar respondendo a um inquérito policial ou a uma ação penal em nada poderia interferir em sua liberdade. A verdade, porém, é que as decorrências da persecução penal não são tão simples quanto parecem ser. O "etiquetamento penal" não se restringe à aplicação da pena, posto que a própria proibição penal, e também o processo, já atuam como mecanismos ameaçadores da liberdade individual, ainda que potencialmente. Assim, por exemplo, a suspensão condicional do processo (em nome dos inconstitucionais "maus antecedentes") é comumente negada com base na pendência de inquéritos ou de ações em nome do beneficiário; a substituição por penas alternativas também é tolhida pelo mesmo motivo; não raras vezes se decreta uma prisão preventiva fundamentada em inquéritos policiais em andamento nos quais o réu consta como indiciado, ou numa viagem feita sem a devida comunicação ao juízo; interceptações telefônicas; quebra de sigilo bancário e tantas outras conseqüências do processo que lesam e continuarão a lesar a liberdade individual. Aliás, o próprio fato de ver-se processado já configura uma restrição à liberdade do réu. A isso tudo, somem-se as conseqüências *extraprocessuais* informais e difusas, tais como impedimento de ingresso em cargos públicos (Magistratura, Ministério Público etc.) e de inscrição junto à Ordem dos Advogados do Brasil; dificuldades de admissão no mercado de trabalho; difusão, pela mídia, dos nomes dos envolvidos em casos ainda sob investigação, provocando, pois, um pré-julgamento social etc. Poder-se-ía concluir, com base nisso, que todas as normas processuais deveriam estar adstritas ao princípio da anterioridade, visto que o processo, em si, já lesa (potencialmente) a liberdade do processado. O argumento, contudo, pecaria por vício metodológico, ou seja, por submeter o *dever ser* da aplicação das normas às conseqüências extraídas pelo *ser* dos fatos. Em outras palavras: todos esses efeitos nefastos do processo devem-se à ineficácia do *princípio da presunção de inocência*, e não, propriamente, à própria natureza do processo.

segundas de *normas processuais formais*, para, após, sujeitar aquelas (bem como as normas materiais propriamente ditas) ao princípio da irretroatividade da *lex gravior*, e as segundas, ao princípio da aplicação imediata. Assim, teríamos de fixar o "momento critério" de aplicação da lei penal no tempo, quanto às normas processuais penais materiais, no *tempus delicti*, ou seja, devem ser aplicáveis as normas processuais – caso sejam elas mais leves – em vigor à época da ação ou omissão delituosa (art. 4º do CPB), prescindindo-se, para tanto, da análise da legislação vigente à época em que o processo penal teve início.[395]

Vejamos alguns exemplos de aplicação irretroativa de normas processuais materiais, em razão de sua natureza de *lex gravior*: o aumento do prazo decadencial para o oferecimento de representação ou de queixa-crime; a transformação de um delito de ação penal pública condicionada em incondicionada; o aumento do prazo prescricional para determinados crimes; a instituição de novas causas interruptivas ou suspensivas da prescrição; a possibilidade da quebra de sigilo bancário, telefônico ou fiscal; a revogação do perdão judicial para um determinado delito; o deslocamento da competência para outro órgão jurisdicional;[396] a ampliação dos casos de medidas assecuratórias, tais como hipoteca, seqüestro ou arresto; a possibilidade de as questões de estado serem provadas sem as restrições da prova civil; a ampliação dos fundamentos para a prisão preventiva; a inclusão de um delito que, em razão de suas características próprias, não autorizava a prisão preventiva, mas, agora, passa a ser possível; a ampliação dos casos de perda ou cassação da fiança etc.

Como se pode notar, em todas essas situações há a possibilidade de, uma vez admitindo-se a aplicação retroativa, verificarem-se abusos estatais em relação aos direitos fundamentais daqueles que estejam sujeitos a um processo penal. Só com o respeito à irretroatividade é que se poderá assegurar a sociedade contra tamanhas restrições.

Já as normas processuais formais podem ser visualizadas nos seguintes casos, todos eles de aplicação imediata, na forma da LICPP: a admissão da citação por hora certa no processo penal; a

---

[395] Nesse sentido: MIR PUIG, Santiago. Op. cit., p. 84: "as normas processuais que restrinjam o conteúdo dos direitos e garantias do cidadão não podem ser retroativas. Este é o caso das reformas que ampliem os prazos de prisão preventiva, instituto processual que, não obstante, afeta o direito à liberdade".

[396] Tal garantia é prevista expressamente na Constituição da Espanha, no art. 24, II: "todos têm direito ao Juiz ordinário predeterminado pela lei".

diminuição do número de testemunhas no procedimento ordinário; a oitiva do acusado após a audiência de instrução; a alteração do procedimento acerca do reconhecimento de pessoas e de coisas, ou da acareação; a diminuição de um prazo recursal etc.

O assunto, por certo, assume grande relevância em nosso País, principalmente em virtude das possíveis mutações legislativas propostas ao nosso Código de Processo Penal. A iminência da reforma legislativo-processual impõe um aprofundamento das questões envolvendo o problema da aplicação da lei processual penal no tempo, até mesmo porque a aplicação das regras aqui estabelecidas poderia acarretar uma verdadeira "colcha-de-retalhos-normativa" em relação aos processos abrangidos pela lei anterior e pela lei nova. Assim, p. ex., estariam os operadores do direito sujeitos à constante análise, antes de qualquer ato processual ser praticado, da natureza processual formal ou material da norma aplicável, ocasionando, não poucas vezes, um verdadeiro regramento híbrido dos processos transitórios.

Diante disso, há de ser pensada a conveniência não só política como, ademais, instrumental, de toda a reforma processual penal (qualquer que seja a natureza das normas) possuir aplicabilidade só aos delitos praticados após a sua entrada em vigor, salvo no que se refira às normas processuais materiais benéficas, caso em que teriam elas aplicação retroativa. Com tal solução, estaríamos preservando a coerência de um processo penal voltado para uma política criminal moderna e, ao mesmo tempo, respeitando os ditames constitucionais do princípio da legalidade.

3.5.2. Princípio da legalidade e execução penal

A Lei nº 7.210/84, em seu Título I, disciplina o Objeto e a Aplicação da Lei de Execução Penal, e, ao longo de quatro dispositivos legais, inexiste norma expressa regulando a aplicação da lei de execução penal no tempo. Tal omissão impõe um tratamento doutrinário adequado à questão, situação esta que não tem recebido os devidos cuidados pela doutrina.

As conclusões extraídas no parágrafo anterior parecem ser inteiramente aplicáveis à Lei de Execução Penal, até mesmo porque a execução da pena encontra-se regulada por normas de direito material (p. ex., as penas de reclusão e detenção), de direito processual material (p. ex., as condições impostas à progressão de regime) e de direito processual formal (p. ex., a expedição de guia de recolhimento como condição necessária ao início do cumprimento da pena privativa de liberdade).

No primeiro caso, o princípio da legalidade, bem como seus desdobramentos, possui inteira aplicabilidade. Assim, se à época da prática do delito (art. 4º do CPB) o fato era punido com pena de detenção, a lei nova que determine a pena de reclusão não se aplica retroativamente, dada a sua natureza de *lex gravior*. Da mesma forma, se o *quantum* de pena autorizava o início de seu cumprimento em regime semi-aberto, a lei superveniente que determina a satisfação inicial da pretensão executória do Estado em regime fechado não pode ser aplicável aos delitos anteriores à sua efetiva entrada em vigor.[397] O mesmo se diga, por fim, no que tange à supressão do regime aberto de cumprimento de pena.

As grandes dificuldades travam-se, contudo, na aplicação das normas processuais (formais e materiais) de execução da pena. Creio perfeitamente cabível a afirmação no sentido de que todos os dispositivos legais da execução penal que tolham diretamente garantias fundamentais do apenado (normas processuais materiais) merecem ponderação à luz do princípio da legalidade, ou seja, são de aplicação irretroativa nos casos de a lei nova ser mais gravosa em relação à vigente *à época da prática do delito*. Isso porque o resguardo dos cidadãos contra os abusos legislativos supervenientes exige que se lhes garanta não só o *quantum*, a espécie e os regimes de pena como, ademais, as próprias restrições decorrentes do cumprimento da reprimenda estatal. Vejamos alguns exemplos de eventuais casos de irretroatividade de leis penais processuais materiais: o aumento de três para cinco o número de dias trabalhados necessários para a remição de um dia da pena; a exigência de 1/3 (e não mais 1/6) da pena para a progressão de regime; a exigência de uma nova condição para a concessão do livramento condicional; a exclusão da prisão domiciliar para os maiores de 70 anos; a possibilidade de regressão de regime no caso de prática de crime culposo; a redução ou supressão das saídas temporárias durante o regime semi-aberto; a exclusão do tempo de remição no cálculo do requisito objetivo para a concessão do livramento condicional e do indulto; a ampliação das hipóteses de revogação obrigatória do livramento condicional etc. Em todos esses casos, se a alteração legislativa prejudica direitos fundamentais do apenado, parece bastante razoável enten-

---

[397] Isso verificou-se com a edição da Lei dos Crimes Hediondos (Lei nº 8.072/90), que determinava o cumprimento integralmente fechado a delitos que, em princípio, autorizavam o regime semi-aberto e, até mesmo, o aberto.

dermos que a lei de execução penal aplicável é aquela em vigor durante a prática da ação ou omissão delituosa. Ao contrário, se a mudança amplia a liberdade do apenado, possui ela aplicação retroativa, mas não em virtude de ser uma norma processual, e sim por tratar-se de uma *lex mitior*.

Ainda em sede de execução penal, outro ponto relevante – que deveria ter sido analisado nos itens 3.3 (*supra*) e 3.6 (*infra*), mas que, por fins didáticos, será aqui desenvolvido – é a necessidade de observância da natureza estrita e da taxatividade das normas de execução penal. Vejamos um caso bastante elucidativo: o art. 49 da Lei nº 7.210/84 estipula que as faltas disciplinares classificam-se em leves, médias e graves, delegando-se ao legislador estadual a especificação das duas primeiras. Já o art. 50 do mesmo diploma legal arrola expressamente as faltas disciplinares consideradas graves. Como explicar, diante disso, a edição de leis estaduais (e no Rio Grande do Sul isso vem ocorrendo) que estipulam faltas graves não previstas no art. 50 da LEP? Parece evidente que ao legislador estadual não está autorizada esta ampliação legiferante, principalmente em virtude da aplicação do princípio da legalidade à execução penal (por óbvio, isso depende da superação da arcaica natureza administrativa que é atribuída ao processo de execução).

E mais: seria compatível com o mandado de taxatividade da lei penal a *polissemia* prevista no inc. I do art. 50? Que atos podem ser considerados como "subversivos da ordem e da disciplina" da execução penal? Vejamos um exemplo bastante elucidativo das possibilidades de abuso que tal norma autoriza: na comarca de Bagé foi instaurado o processo de execução nº 03484698, cujo apenado, em protesto à morosidade do Poder Judiciário em analisar o seu pedido de livramento condicional, colocou-se voluntariamente em isolamento carcerário, não mais saindo de sua cela, sendo tal fato comunicado expressamente ao juízo das execuções. Desse fato resultou a cominação de falta grave, de isolamento punitivo de 30 dias e, ainda, a sua transferência para o estabelecimento penitenciário de Rio Grande, com fundamento em sua tentativa de subverter a ordem e a disciplina no estabelecimento penal. Ora, o isolamento voluntário, agregado à ausência de qualquer lesão concreta, não pode autorizar que se reconheça a sua conduta como "subversão da ordem e da disciplina da prisão". Note-se que a amplitude da norma permite, inclusive, a correção dos princípios morais e pessoais do apenado, a pretexto de serem eles incompatíveis com tais regramentos, e, em razão disso, a conseqüência impõe-se: tal norma é incompatível com o princípio da legalidade, devendo ser reputada inconstitucional.

Outro exemplo semelhante a este verifica-se na previsão, pelo art. 115, da possibilidade de o juiz fixar condições não previstas em lei para a progressão ao regime semi-aberto. Assim como no caso anterior, a possibilidade de arbítrio judicial é ampla, e, por isso, não raro se verifica na vida forense.

Por todas essas razões, devemos ampliar o campo de abrangência do princípio da legalidade, bem como de seus desdobramentos, para as normas processuais materiais, sejam elas persecutórias, sejam executórias. Somente assim teremos um mecanismo de proteção do cidadão (processado ou apenado) capaz de guardar compatibilidade com o Direito Penal Democrático, impedindo-se, conseqüentemente, as arbitrariedades difusas e clandestinas (as quais passam desapercebidas pela sociedade) que comumente verificam-se na ação penal e na execução.

3.5.3. Princípio da legalidade e medidas de segurança

O Código Penal Alemão, em seu § 2º, VI, determina que, "em relação às medidas de segurança, quando legalmente não se determine de forma diversa, decidir-se-á de acordo com a lei vigente no momento da prolação da sentença".[398] Disso resulta que, no que tange ao Direito germânico, as alterações legislativas em matéria de medidas de segurança são aplicáveis imediatamente, salvo a existência de disposição legal em contrário, afastando-se, pois, a incidência do princípio da legalidade.

No Brasil, a matéria foi regulada em termos semelhantes pelo art. 75 do Código Penal de 1940, que dispunha: "As medidas de segurança regem-se pela lei vigente ao tempo da sentença, prevalecendo, entretanto, se diversa, a lei vigente ao tempo da execução". Justificou-se tal posicionamento, na Exposição de Motivos do então Ministro Francisco Campos, nos seguintes termos: "Preliminarmente, é assegurado o princípio da legalidade das medidas de segurança; mas, por isso mesmo que a medida de segurança não se confunde com a pena, não é necessário que esteja prevista em lei anterior ao fato, e não se distingue entre *lex mitior* e a *lex gravior* no sentido da retroatividade: regem-se as medidas de segurança pela lei vigente ao tempo da sentença ou pela que se suceder durante a

---

[398] "Über Maßregeln der Besserung und Sicherung ist, wenn gesetzlich nichts anderes bestimmt ist, nach dem Gesetz zu entscheiden, das zur Zeit der Entscheidung gilt" (loc. cit.).

execução". Assim, tínhamos a conclusão, nas palavras de Nélson Hungria,[399] no sentido de que, em relação às medidas de segurança, exige-se previsão legal, mas não se aplica o princípio da anterioridade da lei.

Tal norma, contudo, não foi objeto de regulação expressa pela Reforma Penal de 1984, e, diante disso, parte da doutrina continuou afirmando que as regras atinentes a essa modalidade de sanção penal possuem aplicação imediata, mesmo quando agravam a situação do inimputável. Nesse sentido, assevera Assis Toledo: "Parece-nos, não obstante, que o tema perde boa dose de importância, entre nós, diante da reformulação da Parte Geral (Lei nº 7.209/84), com a extinção da medida de segurança para os agentes inimputáveis, bem como diante da abolição das medidas de segurança meramente detentivas ou de caráter patrimonial. Tais inovações, por serem induvidosamente mais benéficas, devem mesmo ter aplicação imediata. (...) Em relação às medidas de caráter puramente assistencial ou curativo, estabelecidas em lei para os inimputáveis, parece-nos evidentemente correta a afirmação de sua aplicabilidade imediata, quando presente o estado de perigosidade, ainda que possam apresentar-se mais gravosas, pois os remédios reputados mais eficientes não podem deixar de ser ministrados aos pacientes deles carecedores só pelo fato de serem mais amargos ou mais dolorosos. Aqui, sim, se poderia falar em diferença substancial entre a pena e a medida de segurança, para admitir-se a exclusão da última a exclusão da última das restrições impostas à primeira pelo art. 5º, inc. XXXIX e XL, da Constituição".[400]

A questão, contudo, merece uma análise mais acurada não só em relação a seus fundamentos como, ainda, em seus efeitos. Primeiramente, merece ênfase que as medidas de segurança, assim como qualquer pena privativa de liberdade, tolhem um direito fundamental do cidadão: a liberdade. A diferença consiste em que, enquanto estas últimas dependem de uma conduta culpável de parte do agente, aquelas demandam a periculosidade do autor. Aceitando-se como corretos os argumentos antes mencionados, seríamos obrigados a afirmar que o princípio da anterioridade decorreria diretamente do princípio da culpabilidade, visto que o conhecimento da proibição antes da realização do delito, que é pressuposto da culpabilidade, não seria necessário em relação às medidas de segurança, já que se sujeita apenas à periculosidade do

[399] Op. cit., vol. 1., tomo I, p. 138.
[400] Op. cit., p. 41-42.

agente. Sem embargo, o princípio da legalidade tem um alcance muito mais amplo, já que deve proteger o indivíduo frente a sanções que não foram previsíveis antes da realização do fato, e, entre elas, encontram-se também as medidas de segurança, que podem restringir a liberdade do "apenado" de modo mais grave que as penas. Além disso, se tanto a pena quanto a medida de segurança possuem finalidades preventivas, seria também injustificado, sob o aspecto político criminal, essa diferenciação. É totalmente incongruente admitir-se que o legislador, p. ex., possa converter a sanção penal prevista para um delito de pena privativa de liberdade para medida de segurança e, ao mesmo tempo, autorizar-se a retroatividade da nova lei, mesmo que prejudicial.[401]

Além disso, o argumento segundo a qual a aplicação imediata deve-se à natureza curativa da medida de segurança acabaria por autorizar, também, a aplicação retroativa e incondicionada das penas privativas de liberdade, principalmente para aqueles que admitem a sua função ressocializadora. Em outras palavras: se também a pena almeja "curar" o delinqüente, também poderia ela ser considerada sempre benéfica a ele, possibilitando-se, dessarte, a absoluta aplicação retroativa.

Por essas razões, creio ser notória a submissão das medidas de segurança ao princípio da legalidade, sujeitando-se as alterações legislativas acerca do assunto aos postulados da irretroatividade da *lex gravior* e à retroatividade da *lex mitior*.

3.5.4. Critérios de determinação das leis penal e processual material mais favoráveis. A constitucionalidade da *lex tertia*

A cogente aplicação da lei penal mais favorável, por vezes, não comporta uma solução clara e delimitada. Isso porque, fora dos casos de *abolitio criminis* (de aplicação retroativa notória), a pluralidade de efeitos penais contemplados pela sucessão de leis não se restringe, sempre, a um mero cálculo dosimétrico do *quantum* de pena. Como bem pondera Muñoz Conde, "a eleição da lei penal mais favorável não apresenta problemas quando se despenaliza a conduta ou se comparam penas de igual natureza (p. ex., privativas de liberdade). Mas podem surgir dúvidas quando se trata de penas de conteúdo distinto",[402] ou, até mesmo, quando efeitos da conde-

---

[401] Cf. ROXIN, Claus. Op. cit., p. 164.
[402] Op. cit., p. 159.

nação e conseqüências processuais materiais são hibridamente benéficas entre os diversos diplomas legais.

A solução para tais problemas depende da resposta a ser dada a duas indagações: a ponderação entre as diversas leis deve ser feita em parâmetros *concretos* ou *abstratos*? A ponderação há de ser *unitária* ou *diferenciada*?[403]

A doutrina, de um modo geral, é remansosa em reconhecer a necessidade de ponderação *concreta*, ou seja, o juiz deve apreciar no caso *sub judice* a lei mais favorável ao réu, de nada valendo o discurso jurídico fundamentado exclusivamente em termos genéricos.[404] Por essa razão, a aplicação da *lex mitior* pode variar em situações que guardam característica gerais comuns: assim, p. ex., um crime funcional cuja pena era de 1 a 4 anos de detenção que, posteriormente, passa a receber uma pena de 6 meses a 2 anos, mas a que se agrega o efeito da condenação relativo à perda do cargo público. Note-se que, nessa situação, as condições pessoais do agente podem autorizar tanto a aplicação da lei anterior como a da lei posterior.

Uma boa solução para o caso é apontada pelo art. 2.2 do Código Penal Espanhol: *"En caso de duda sobre la determinación de la Ley más favorable, será oído el reo"*. Se a garantia do princípio da legalidade volta-se ao beneplácito do delinqüente, ninguém melhor do que ele para apontar a norma que mais lhe favorece. É claro que a sua opinião não pode, de forma absoluta, vincular a decisão judicial,[405] mas, por certo, erige-se a uma presunção relativa que só por dados concretos, e devidamente fundamentados, há de ser refutada.

Tal solução, embora não prevista expressamente em nossa legislação penal, pode ser perfeitamente adotada, já que estaríamos, com a sua observância, "filtrando constitucionalmente" (Streck) as normas de aplicação da lei penal à luz da garantia fundamental insculpida no inciso XL do art. 5º da CRFB/88, que determina a retroatividade da lei mais favorável ao réu.

O grande problema, na verdade, apresenta-se na resposta à segunda indagação antes formulada, ou seja, na opção entre a ponderação *unitária* ou *diferenciada*.

---

[403] Cf. TAIPA DE CARVALHO, Américo A. Op. cit., p. 152.

[404] Nesse sentido: TAIPA DE CARVALHO, Américo A. Op. cit., p. 153; MUÑOZ CONDE, Francisco *et al.* Op. cit., p. 159; ROXIN, Claus. Op. cit., p. 168; MORILLAS CUEVA, Lorenzo. Op. cit., p. 112; CEREZO MIR, José. Op. cit., vol. I, p. 188-189.

[405] Nesse sentido: COBO DEL ROSAL, M. *et al.* Op. cit., p. 198.

Insta esclarecer, inicialmente, que por ponderação *unitária* entende-se a completa impossibilidade de combinação entre os preceitos benéficos da lei nova e da lei antiga, rejeitando-se, pois, as frações agravatórias de ambas. Já a ponderação *diferenciada* admite a combinação entre os efeitos benéficos de diversas leis que se sucedem no tempo. Vejamos um exemplo, ocorrido no Brasil, que merece ser citado: em 25 de julho de 1990, foi sancionada a Lei nº 8.072, que regulamentou o art. 5º, inc. XLIII, da CRFB/88, dispondo sobre os *crimes hediondos*. Dentre as inúmeras modificações instituídas, estabeleceu o art. 6º daquele diploma legal que a pena correspondente ao tipo penal de *extorsão mediante seqüestro* (art. 159, *caput*, do CPB), que antes era de reclusão de 6 a 15 anos e multa, passasse a ser de reclusão de 8 a 15 anos, sem, contudo, haver qualquer previsão de pena pecuniária. Nesse caso, como se pode perceber, a lei antiga, no que se refere à pena privativa de liberdade, é mais benéfica ao agente, mas, em relação à multa, mais prejudicial, visto ter sido ela suprimida pela lei posterior. Como aplicar, assim, a regra constitucional segundo a qual *"a lei penal não retroagirá, salvo para beneficiar o réu"* (art. 5º, inc. XL, da CRFB/88)?

A doutrina, de modo majoritário, posiciona-se no sentido da impossibilidade de combinação das leis penais, ou, fazendo uso das palavras de Manzini, da criação de uma *tertia lex*. O principal argumento de que se valem os seus defensores é no sentido de que, caso aceite-se tal possibilidade, estaríamos autorizando um juiz ou um tribunal a compor uma lei nova com fragmentos de outras duas, usurpando, assim, as competências conferidas exclusivamente ao Poder Legislativo. Seria uma quebra do princípio da separação dos poderes, pois somente ao legislador é dada a atribuição de criar as leis.[406]

A tese, contudo, não convence. Segundo tal orientação, seríamos obrigados a, no exemplo antes citado, aplicar, ao que tudo indica, a pena de 6 a 15 anos de reclusão e a multa, visto que a sanção pecuniária parece ser, geralmente, mais leve do que os dois anos adicionados à pena mínima segundo a lei posterior. Note-se,

---

[406] Nesse sentido: COBO DEL ROSAL, M. *et al.* Op. cit., p. 196; MUÑOZ CONDE, Francisco *el al.* Op. cit., p. 159-160; MORILLAS CUEVA, Lorenzo. Op. cit., p. 112; JIMÉNEZ DE ASÚA, Luiz. *Tratado*, cit., vol. II, p. 634; CEREZO MIR, José. Op. cit., vol. I, p. 190; ROXIN, Claus. Op. cit., p. 168; BATAGLINI, Giulio. *Direito Penal. Parte Geral.* Trad. por Paulo José da Costa Júnior e Ada Pellegrini Grinover. São Paulo: Saraiva, 1964, p. 77; VON LISZT, FRANZ. *Tratado*, cit., t. II, p. 103; HUNGRIA, Nelson. *Comentários*, cit., vol. I, p. 96; BRUNO, Aníbal. *Direito Penal.* Rio de Janeiro: Forense, 1967, t. I, p. 256.

contudo, que a imposição da retroatividade da lei benéfica a isso se opõe, visto que a pena de multa, pela lei nova, não mais existe. Como bem alerta Jakobs, a ponderação *unitária* "desrespeita o princípio da legalidade, principalmente quando, por uma parte, a lei vigente no momento de sentenciar é mais favorável no essencial, mas, por sua vez, prevê reações obrigatórias que não existiam na lei do momento do fato. Além disso, a solução criticada infringe o princípio da legalidade quando o cômputo da pena, segundo a lei do momento de ditara sentença, certamente favorece o autor, mas em algumas fases do cálculo o prejudica numa medida excessiva em comparação com a lei do momento do fato. (...) A determinação da lei mais favorável deve ser efetuada separadamente em relação a cada classe de reação e para cada classe de determinação, de modo que pode se possa aplicar, em função de cada reação penal ou da fase de cômputo em questão, distintas leis em parte mais favoráveis".[407]

Isso, de um modo geral, é aceito pela doutrina no que tange à possibilidade de combinação entre o preceito primário e o secundário. Exemplo disso foi a admissão, após amplo debate, da vigência do *caput* do art. 14 da Lei nº 6.368/76, enquanto que a sua pena passou a ser ditada pelo art. 8º da Lei nº 8.072/90, que, por reduzir a sanção, foi considerada *lex mitior*.[408] Qual a razão, pois, para não se admitir a combinação só no caso de preceitos primários?

Na verdade, uma disposição da lei penal pode ser constituída por diversas partes; tal como o preceito primário incriminador, também o preceito sancionatório pode ser constituído por diversas partes, podendo acontecer que, numa parte, seja mais favorável a lei anterior e, noutra, seja mais favorável a lei posterior, e vice-versa.[409] Dizer que o juiz está fazendo lei nova, ultrapassando, assim, suas funções constitucionais – frisa Frederico Marques[410] – é argumento sem consistência, pois o julgador, em obediência a princípios de eqüidade consagrados pela própria Constituição, está apenas movimentando-se dentro dos quadros legais para uma tarefa de integração perfeitamente legítima. O órgão judiciário não está tirando, *ex nihilo*, a regulamentação eclética que deve imperar *hic et nunc*. A

---

[407] *Derecho Penal*, cit., p. 126-127.

[408] Nesse sentido: STJ, Resp nº 30.319-2, Rel. Min. Adhemar Maciel, DJU de 28/06/93, p. 12.903; STJ, Resp nº 112182/SP, Rel. Min. Cid Flaquer Scartezzini, DJU de 13/12/97, p. 51.616.

[409] Cf. ALIMENA, Francesco. *Le Condizioni di Punibilità*. Milano: Giuffrè, 1938, p. 239.

[410] *Tratado*, cit., vol. I, p. 256-257.

norma do caso concreto é construída em função de um princípio constitucional, com o próprio material fornecido pelo legislador. Se ele pode escolher, para aplicar o mandamento da Lei Magna, entre duas séries de disposições legais, a que lhe pareça mais benigna, não vemos porque se lhe vede a combinação de ambas, para assim aplicar, mais retamente, a Constituição. Se lhe está afeto escolher o "todo", para que o réu tenha o tratamento penal mais favorável e benigno, nada há que lhe obste selecionar parte de um todo e parte de outro, para cumprir a regra constitucional que deve sobrepairar a pruridos de lógica formal. Primeiro a Constituição e depois o formalismo jurídico, mesmo porque a própria dogmática legal obriga a essa subordinação pelo papel preponderante do texto constitucional. A verdade é que não estará retroagindo a lei mais benéfica se, para evitar-se a transação e o ecletismo, a parcela benéfica da lei posterior não for aplicada pelo juiz; e este tem por missão precípua velar pela Constituição e tornar efetivos os postulados fundamentais com que ela garante e proclama os direitos do homem. Quando está em jogo a Constituição, o juiz, para cumpri-la, pode até mesmo usar de poderes pretorianos do *adjuvare, supplere, corrigere*, sem que esteja se exorbitando. Assim, assevera Marques, por que lhe cercear a escolha da regra aplicável quando esta é tirada de lei anterior ao julgamento?[411]

Veja-se que, não raro, deparamo-nos com situações que não só recomendam como, ademais, exigem a combinação de leis diversas. É o caso, p. ex., da aplicação do perdão judicial previsto no Código Penal para o homicídio culposo (art. 121, § 5º) em relação ao homicídio culposo praticado na condução de veículo automotor (art. 302 do CTB).

Não bastassem tais argumentos elucidativos da inexistência de lesão ao princípio da separação de poderes, deve-se atentar, somente a título de argumentação, para o fato de que, mesmo que dita lesão houvesse efetivamente ocorrido, ainda assim teríamos de continuar aceitando a combinação de leis penais benéficas. Isso porque se travaria um conflito entre dois princípios constitucionais: a separação de poderes e a retroatividade da lei penal benéfica. A solução, sem dúvida, pode ser obtida pelo princípio da proporcionalidade, que, no Estado Democrático de Direito, obriga o juiz a

---

[411] No sentido da combinação de leis penais: TAIPA DE CARVALHO, Américo A. Op. cit., p. 154-160; BUSTOS RAMÍREZ, Juan J. *Lecciones*, cit., p. 109. No Brasil: ASSIS TOLEDO, Francisco de. *Princípios Básicos*, cit., p. 38; GARCIA, Basileu. *Instituições de Direito Penal*. 4 ed. São Paulo: Max Limonad, 1976, vol. I, t. I, p. 150; BITENCOURT, Cezar Roberto. *Manual*, cit., p. 143.

optar pela preservação do último em detrimento do primeiro, visto que, numa democracia, o interesse legítimo de um cidadão (retroatividade da *lex mitior*) sobrepõe-se ao interesse legítimo do Estado (lesão à competência do Poder Legislativo).

3.5.5. Princípio da legalidade e normas penais híbridas

Vimos, linhas atrás, o conceito de normas processuais materiais. Afora esses casos, vem-se adotando, modernamente, uma técnica legislativa que consiste em atribuir-se uma conseqüência penal a modificações processuais. Denominarei tais situações de "normas penais híbridas", ou seja, comandos cuja aplicação acarreta conseqüências, direta e conjuntamente, processuais e materiais.

Exemplo disso deu-se com a edição da Lei nº 9.271/96, que modificou a redação dos arts. 366 e 368 do CPP,[412] a fim de determinar-se a suspensão do processo e do curso do prazo prescricional nos casos de réu revel citado por edital e desprovido de defensor constituído, e de réu citado por carta rogatória, dada a sua residência no estrangeiro.

Note-se que ambos dispositivos possuem conseqüências processuais (suspensão do processo) e materiais (suspensão da prescrição), dispostas de tal forma que a segunda decorre diretamente da primeira, ou seja, a suspensão do prazo prescricional é uma conseqüência necessária da suspensão do processo naquelas duas situações. Diante disso, indaga-se: de que forma se poderia aplicar coerentemente essas normas, sem que haja a possibilidade de lesão ao princípio da legalidade?

Majoritariamente, firmou-se a doutrina e a jurisprudência no sentido da aplicação irretroativa, na íntegra, do art. 366,[413] tendo em

---

[412] "Art. 366 – Se o acusado, citado por edital, não comparecer, nem constituir advogado, ficarão suspensos o processo e o curso do prazo prescricional, podendo o juiz determinar a produção antecipada das provas consideradas urgentes e, se for o caso, decretar prisão preventiva, nos termos do disposto no art. 312. (...)". "Art. 368 – Estando o acusado no estrangeiro, em lugar sabido, será citado mediante carta rogatória, suspendendo-se o curso do prazo de prescrição até o seu cumprimento."

[413] À exceção da 8ª Câmara Criminal do TJRGS, todas as demais possuem tal entendimento. V.: 4ª Câmara Criminal, Apelação nº 297027310, Rel. Des. Aido Faustino Bertochi, j. em 17/12/97; 2ª Câmara Criminal, RSE nº 698294964, Rel. Des. José Antônio Hirt Preiss, j. em 22/10/98; 6ª Câmara, RSE nº 698560919, Rel. Des. Ivan Leomar Bruxel, j. em 13/05/99; 3ª Câmara Criminal, RSE nº 70000497016, Rel. Des. Saulo Brum Leal, j. em 30/12/99; 1ª Câmara Criminal, RSE nº 70000380352, Rel. Des. Selistre Jasson Ayres Torres, j. em 22/12/99; 7ª Câmara Criminal, HC nº 70000466516, Rel. Des. Aido Faustino Bertocchi, j. em 17/02/00.

vista a impossibilidade de a norma ser fracionada ao meio para atribuir às metades aplicações distintas.

Merece destaque, inicialmente, a ausência de fundamentos plausíveis capazes de ensejar tal quebra. Imagine-se, p. ex., que o legislador houvesse optado por regular a suspensão do prazo prescricional, como decorrência da suspensão do processo, no art. 370. Persistiria o argumento? Ou será que se pretende fundamentar tal opção com base numa interpretação topológica da norma?

Por essa razão, parte da doutrina, em relação ao art. 366, optou pela sujeição da suspensão do processo à regra do *tempus regit actum*, ou seja, aplicação imediata mesmo aos delitos já praticados, mas, ao mesmo tempo, pela impossibilidade de suspensão da prescrição aos fatos anteriores, à luz do princípio da irretroatividade da *lex gravior*,[414] e com razão. Com efeito, ao réu é assegurado o direito de responder ao processo sem apresentar-se pessoalmente, fazendo da revelia, se assim preferir, um instrumento de preservação da sua liberdade, até mesmo porque poderia ele preferir – e arriscar – a provocação da prescrição penal em detrimento da possibilidade do recolhimento à prisão (definitiva ou provisória). Em outras palavras: é um direito subjetivo do réu não comparecer ao processo, devendo, contudo, arcar com os efeitos (constitucionais) da sua opção. Nesse caso, se à época da prática do delito era-lhe assegurado o desenvolvimento do processo à sua revelia, sem que o prazo prescricional sofresse solução de continuidade, continua ele a estar sujeito a tal normatividade, em que pese a mutação verificada no art. 366. Estar-se-ia, assim, garantindo o cidadão contra os abusos da aplicação retroativa desse novo dispositivo em relação a casos que estavam na iminência de uma prescrição penal, suspendendo-se tal prazo até a efetivação da captura do foragido. E isso por uma razão bem simples: o art. 366, por dizer respeito à ampla defesa e à pretensão punitiva do Estado, é [em sua íntegra] uma norma processual material que, como vimos há pouco,

---

[414] No TJRGS, somente a Oitava Câmara Criminal possui tal entendimento: "EMENTA: CORREIÇÃO PARCIAL É A MEDIDA CABÍVEL CONTRA DECISÃO QUE, REVOGANDO ANTERIOR DESPACHO, DETERMINA O PROSSEGUIMENTO DO FEITO E O CURSO DA PRESCRIÇÃO. DECISÃO TUMULTUÁRIA. LEI 9.271/96-RETROATIVIDADE. DIREITO PENAL. DIREITO PENAL PROCESSUAL. A fatos cometidos anteriormente à Lei 9.271/96, que modificou o art. 366 do CPP, deve-se aplicar o referido dispositivo apenas na parte que beneficia o réu (suspensão do processo). Caso concreto em que a aplicação do novo dispositivo importa em prejuízo ao réu. Recursos improvidos." (Correição Parcial nº 70000471466, Rel. Des. Tupinambá Pinto de Azevedo, julgado em 23/02/00).

sujeita-se em tudo ao princípio da legalidade. Nesse caso, a regra processual material da suspensão do processo é uma *lex mitior*, enquanto que a regra processual material da suspensão da prescrição é uma *lex gravior*. O que não se pode admitir é a legitimidade da recusa da suspensão processual frente ao princípio da legalidade, a não ser que se pretenda afirmar que essa disposição configura uma mera norma processual formal, que, segundo pensamos, não é o caso.

A prova da incongruência dessa posição majoritária pôde ser verificada em outro caso semelhante: em 6 de outubro de 1999 foi editada a Medida Provisória nº 1.923, que instituiu o Programa de Recuperação Fiscal de empresas devedoras à União, sendo este diploma legal, em 10 de abril de 2000, convertido na Lei nº 9.964. Dentre as diversas inovações, ficou consignado que as empresas que possuíssem interesse em aderir ao referido programa teriam de fazer a opção até o último dia útil do mês de abril de 2000. Feita a opção, a dívida da empresa restaria consolidada e, a partir disso, fixar-se-ia uma alíquota, incidente sobre o faturamento bruto, que mensalmente corresponderia à parcela a ser abatida do valor total da dívida. Como algumas pendências fiscais caracterizavam também delitos de sonegação fiscal, elegeu-se, como forma de estímulo à adesão ao Programa, a suspensão da pretensão punitiva estatal em relação a tais crimes, durante o período em que a empresa estivesse cumprindo as exigências a ela impostas, e, por conseqüência, também o prazo prescricional seria suspenso.[415]

Tamanha inovação ensejou uma manifestação acerca da aplicabilidade temporal dessa norma penal. Acerca do assunto, manifestou-se o TRF da 4ª Região nos seguintes termos: "*Habeas Corpus*. Não-reco-

---

[415] Veja-se a redação da norma: "Art. 15. É suspensa a pretensão punitiva do Estado, referente aos crimes previstos nos arts. 1º e 2º da Lei nº 8.137, de 27 de dezembro de 1990, e no art. 95 da Lei nº 8.212, de 24 de julho de 1991, durante o período em que a pessoa jurídica relacionada com o agente dos aludidos crimes estiver incluída no Refis, desde que a inclusão no referido Programa tenha ocorrido antes do recebimento da denúncia criminal. § 1º A prescrição criminal não corre durante o período de suspensão da pretensão punitiva. § 2º O disposto neste artigo aplica-se, também: I – a programas de recuperação fiscal instituídos pelos Estados, pelo Distrito Federal e pelos Municípios, que adotem, no que couber, normas estabelecidas nesta Lei; II – aos parcelamentos referidos nos arts. 12 e 13. § 3º Extingue-se a punibilidade dos crimes referidos neste artigo quando a pessoa jurídica relacionada com o agente efetuar o pagamento integral dos débitos oriundos de tributos e contribuições sociais, inclusive acessórios, que tiverem sido objeto de concessão de parcelamento antes do recebimento da denúncia criminal."

lhimento de contribuições previdenciárias. Lei nº 9.964/2000, Art. 15. Parcelamento do débito. Suspensão da pretensão punitiva do estado e da prescrição. Norma mista. Aplicação retroativa. Impossibilidade. 1. Cuidando-se de norma mista, beneficiando o acusado de um lado, mas de outro o desfavorecendo, consolidou-se na jurisprudência do Supremo Tribunal Federal e do Superior Tribunal de Justiça que não pode a mesma ser cindida e aplicada tão-somente a parte que beneficia o agente. 2. Na esteira desse entendimento, as disposições do artigo 15 (suspensão da pretensão punitiva do Estado) e § 1º (suspensão da prescrição) da Lei nº 9.964/00 somente poderão ser aplicadas após o dia 11/04/00, data em que começou a vigorar aquele diploma legal, eis que a suspensão do prazo prescricional é hipótese mais gravosa para o réu (art. 5º, XL, CF/88, e art. 2º, parágrafo único, CP). Como o artigo 1º da referida lei dispõe que o Programa de Recuperação Fiscal (REFIS) é destinado a promover a regularização dos débitos com vencimento até 29/02/00, tornam-se praticamente inaplicáveis os dispositivos referentes à suspensão do processo e do prazo prescricional ali contidos. ..." (HC. nº 2000.04.01.037488-7-PR, Rel. Juiz Élcio Castro, unânime, julgado em 08/06/00).

A solução apontada, em síntese, trouxe como conseqüência a impossibilidade de suspensão do processo penal (e, por conseguinte, da prescrição penal) ao sonegador que, após a prática do delito fiscal, houvesse obtido a homologação de sua adesão ao Programa criado pela Lei nº 9.964/00. Ou seja, este Tribunal entendeu que seria mais benéfico ao sonegador a não-suspensão do processo penal, visto que, do contrário, tal efeito traria consigo a necessária suspensão do prazo prescricional. Aliás, tamanha incongruência fora notada pelos próprios julgadores, ao admitirem expressamente que o diploma legal seria *"praticamente inaplicável"*. A isso acrescentaríamos, somente, a sua *completa* inaplicabilidade, pois o Refis, ao fixar o termo final da opção no último dia útil do mês de abril, somente consolidou dívidas pretéritas, e não futuras.

Talvez sem perceber, os eminentes juízes fundamentaram sua decisão no sentido de que a natureza *benéfica* ou não de uma lei deve levar em consideração o bem da sociedade, e não do delinqüente. Isso fica claro na afirmação de que, *in casu*, a suspensão da prescrição seria prejudicial ao réu, como se fosse possível prever aquilo que melhor atenderia aos interesses deste. Ora, a natureza de *lex mitior* ou de *lex gravior*, como vimos linhas atrás, há de ser apreciada no contexto da mutação legislativa, não se podendo partir do pressuposto de que alguns institutos, por serem *geralmente* prejudiciais ao réu, comportem tal característica em todos as situações possíveis. A instituição de uma causa suspensiva da prescrição é uma medida que, na maioria dos casos, restringe a possibilidade de ampliação da liberdade do delinqüente, mas nada impede que, em outros, seja benéfica. Trata-se, pois, da necessidade de apreciação da *lex mitior* no caso concreto, e não a partir de presunções absolutas, como foi o caso do julgamento mencionado. Ninguém melhor do que o próprio réu para apreciar aquilo que lhe irá favorecer ou não, e, a partir do momento em que lhe é negado tal direito, acabamos por aproximar o julgador da figura de um pai, que sabe aquilo que é melhor para os seus filhos, mesmo que estes não concordem com a medida. Se isso é válido em relações familiares, não pode prevalecer, contudo, no Direito Penal.

O que será melhor ao sonegador (e isso tem de ser válido até mesmo para o pior dos sonegadores, sob pena de abordarmos o Direito Penal a partir de um método indutivo)? Ter a sua dívida parcelada e, ao mesmo tempo, responder a um processo penal cujo objeto seja o delito praticado? Ou ter a sua dívida parcelada e, ao mesmo tempo, o processo penal permanecer em suspenso até que, cumprida a obrigação fiscal, se lhe reconheça a extinção da punibilidade? Parece evidente que a última das alternativas há de ser reputada a mais benéfica, em que pese a necessária suspensão do prazo prescricional. Estamos diante, portanto, de uma norma processual material que, geralmente, possui a natureza de *lex gravior* (suspensão da prescrição), mas que, no contexto da Lei nº 9.964/00, apresenta-se como *lex mitior*.

3.5.6. Princípio da legalidade e leis excepcionais ou temporárias

O art. 3º do CPB ressalva que "a lei excepcional ou temporária, embora decorrido o período de sua duração ou cessadas as circunstâncias que a determinaram, aplica-se ao fato praticado durante sua vigência". Sobre o assunto, grande parte da doutrina afirma que as leis excepcionais e temporárias são leis que vigem por período pré-determinado, pois nascem com a finalidade de regular circunstâncias transitórias especiais que, em situação normal, seriam desnecessárias. Leis temporáriais são aquelas cuja vigência vem previamente fixada pelo legislador e são leis excepcionais as que vigem durante situações de emergência.[416]

---

[416] Cf. BITENCOURT, Cezar Roberto. Op. cit., p. 144.

Nesse sentido, as leis excepcionais ou temporárias são *ultrativas*, ou seja, são aplicáveis mesmo após o término de sua vigência. Costuma-se justificar tal conseqüência porque, nas palavras de Frederico Marques, "se tais leis não fossem dotadas de ultra-atividade, seriam inócuas para grande parte dos infratores, porquanto fácil lhes seria evitar as sanções ali cominadas".[417] Ademais, ressalta Hungria, "Quando uma lei penal ordinária, subseqüente a outra *da mesma espécie*, deixa de incriminar determinado fato ou, mantendo a incriminação, mitiga a pena correspondente, justifica-se a sua retroatividade: mesmo dentro das condições normais da vida coletiva, uma nova concepção ético-social ou uma nova *opinio juris* passou a considerar *intrinsicamente injusta* a incriminação ou a severidade da representação anterior, de sorte que seria iníquo admitir a ultra-atividade da lei precedente. O mesmo, porém, não ocorre quando a lei ordinária retoma seu vigor após a extinção de obrigatoriedade de uma lei temporária ou excepcional. Não há, aqui, como justamente acentuam as dominantes doutrina e jurisprudência alemãs, mudança na *consciência social* ou da *concepção jurídica* no tocante ao fato (como forma de conduta): este, considerado em si mesmo, volta a ser penalmente lícito ou menos rigorosamente punido tão-só e simplesmente porque já não existem as *relações materiais* ou *de fato*".[418]

Assim, vêm-se afirmando que a lei excepcional ou temporária é aplicável mesmo no caso de uma lei posterior tratar do mesmo fato de forma mais benigna,[419] e isso não configuraria uma quebra ao princípio enumerado no inc. XL do art. 5º da CRFB/88. Justifica-se tal solução, segundo Bitencourt, porque "referido dispositivo precisa ser analisado também em seu contexto histórico. Em primeiro lugar, não se pode esquecer que o *princípio da irretroatividade da lei penal* é uma conquista histórica do moderno Direito Penal, que se mantém prestigiado em todas as legislações modernas, como garantia fundamental do cidadão. Essa é a *regra geral* que o constituinte de 1988 apenas procurou elevar à condição de dogma constitucional. Em segundo lugar, deve-se destacar que o enunciado constitucional citado encerra duas premissas: 1ª – a irretroatividade da lei penal constitui-se na premissa maior, um princípio geral histórico

---

[417] *Tratado*, cit., vol. I, p. 266. No mesmo sentido: BETTIOL, Giusepe. Op. cit., vol. I, p. 155; MUÑOZ CONDE *et al*. Op. cit., p. 153; ANTOLISEI, Francesco. Op. cit., p. 77.

[418] *Comentários*, cit., vol. I, p. 115.

[419] Id., ibid., p. 113.

elevado à condição de dogma constitucional; 2ª – a retroatividade da lei penal mais benéfica constitui-se na premissa menor, a exceção. Como se vê, o badalado dispositivo constitucional consagra uma regra geral e uma exceção (...). Assim, como o que precisa vir expresso é a exceção e não a regra geral, não se pode exigir exceção da exceção para excluir da retroatividade benéfica as leis examinadas".[420]

A questão, contudo, merece análise acurada. Inicialmente, é de se refutar o argumento no sentido de que a não-ultratividade das leis excepcionais ou temporárias acarretaria a inocuidade de tais diplomas legais. O argumento padece de vício metodológico, visto extrair conclusões descritivas de premissas prescritivas. Em outras palavras: não será a excepcionalidade de determinadas situações fáticas (uma guerra, p. ex.) que irá justificar, por si só, a validade de um diploma legal capaz de excluir a garantia constitucional da *retroatividade da lei benéfica*. Da mesma forma, a "opinio juris" e a "concepção ético-social" não serão capazes de revestir uma lei excepcional ou temporária sob o manto da legalidade. Do contrário, poderíamos admitir a validade da pena de morte para os crimes hediondos, por exemplo, pelo simples fato de um plebiscito popular votar afirmativamente a ela.

A legalidade de tais diplomas legais há de ser analisada não segundo princípios meramente éticos, mas sim em conformidade com o nosso ordenamento constitucional. Com efeito, a CRFB/88 ressalvou expressamente que *"a lei penal não retroagirá, salvo para beneficiar o réu"*, e disso resulta que a nova lei que atenua as conseqüências da lei excepcional ou temporária (*lex mitior*), ou que descriminaliza a conduta punível durante a situação peculiar (*abolitio criminis*), por beneficiar, em qualquer caso, o réu, devem ser

---

[420] Op. cit., p. 145. Hungria apresenta, ainda, as seguintes justificativas: "Assim, a) seria inútil que a lei temporária ou excepcional cominasse pena por tempo superior ao de sua própria efêmera vigência; b) se dois indivíduos praticam, no mesmo dia, idêntico fato só incriminado pela lei temporal ou excepcional, poderia acontecer que, pela diversa celeridade dos processos in concreto, um viesse a ser punido (pelo menos até a expiração do prazo da lei) e outro ficasse impune; c) na mesma hipótese, se um dos réus fosse capturado antes da expiração da lei e o outro não, o primeiro sofreria a grave pena (que pode ser até a de morte), enquanto que o outro seria mandado em paz; d) os violadores da lei temporária ou excepcional, na derradeira fase da vigência desta, teriam assegurada, ab initio, a imunidade penal ou insenção à maior punibilidade; e) quando breve a duração da lei temporária ou excepcional, que incrimina ex novo determinado fato, não se poderia falar, a respeito deste, em extinção da punibilidade por prescrição, pois a esta precederia necessariamente a abolitio criminis" (op. cit., id., p. 116-117).

aplicadas retroativamente. Que é de toda vantagem propiciar a ultra-atividade da lei excepcional ou temporária, não há dúvida. Se assim não fosse, os processos pelas respectivas infrações e mesmo o cumprimento das penas teriam de iniciar-se e consumar-se antes do término da vigência da lei, o que é quase sempre inexeqüível. Resta averiguar, como bem assinala Basileu Garcia,[421] se o que convém é permitido, e, nesse caso, cremos que a única conclusão plausível é no sentido de que o art. 3º do CPB não foi recepcionado pela CRFB/88.[422]

Quanto ao argumento desenvolvido por Bitencourt, cremos que a retroatividade da lei benéfica não é uma exceção à irretroatividade da lei prejudicial. O fato de o constituinte originário ter ressaltado que "a lei penal não retroagirá, salvo para beneficiar o réu", não nos permite concluir que a *lex gravior* é a regra, enquanto que a *lex mitior*, a exceção. O constituinte poderia ter optado, por uma questão de técnica legislativa, pela afirmação de que a "lei penal retroagirá, salvo se prejudicial ao réu", que, ainda assim, a conclusão seria a mesma, ou seja, trata-se de duas regras distintas para o tratamento da sucessão de leis penais no tempo. Nesse caso, a constitucionalidade da lei excepcional ou temporária dependeria de tratamento expresso na Constituição, ou seja, deveria ser acrescentado um inciso ao art. 5º da CRFB/88 afirmando que "a retroatividade da lei penal benéfica não se aplica aos casos de lei editada

---

[421] *Instituições*, cit., vol. I, t. I, p. 152.

[422] Basileu Garcia, contudo, admite a retroatividade da lei benéfica, em relação à lei excepcional ou temporária, só quando aquela caracterize uma *lex mitior*, e não também uma *abolitio criminis*: "há uma relevante distinção a traçar. Pode-se suceder que, ao período de vigência da lei excepcional ou temporária, não se siga nenhuma lei sobre a matéria, ou, inversamente, que uma sobrevenha, mais favorável. Nessa última hipótese, será impossível impedir a aplicação da *lex mitior*. Se, todavia, como é freqüente, não houver lei ulterior mais benigna, inexistirá razão para negar-se aplicabilidade à lei excepcional ou temporária, com a qual não colide nenhuma lei. (...) Reconhecemos, porém, que todas as dúvidas sobre esta questão se dissipariam se um cuidadoso preceito constitucional dissesse que a lei penal que favorece retroage, 'respeitada, todavia, a ultratividade da lei excepcional ou temporária" (op. cit., id., p. 153). No mesmo sentido: COSTA JÚNIOR, Paulo José da. *Comentários ao Código Penal*. São Paulo: Saraiva, 1993, vol. 1, p. 9: "enquanto o preceito constitucional não proclamar, explicitamente, que a lei ulterior benéfica, ao retroagir, haverá de respeitar a ultratividade da lei excepcional ou temporária, não há como negar a aplicação da *lex mitior*". Zaffaroni e Pierangelli, por fim, restringem-se a colocar em dúvida a constitucionalidade do art. 3º: "esta disposição legal é de duvidosa constitucionalidade, posto que exceção à irretroatividade legal que consagra a CF ('salvo quando agravar a situação do réu'), não admite exceções, ou seja, possui caráter absoluto" (*Manual*, cit., p. 232).

para vigorar em interregno determinado ou durante condições excepcionais".

A isso tudo, some-se um argumento, agora, de índole ideológica. Vimos há pouco (n. 2.3.2, *supra*) que a taxatividade de um diploma legal depende do fato de a lei não comportar uma duração definida de vigência, visto que leis editadas sob situações excepcionais ou emergenciais, ainda que se possam considerá-las necessárias, evidenciam uma manifesta lesão à segurança jurídica da sociedade, elevando ao máximo os custos da utilização do Direito Penal. É cediço que as freqüentes alterações legais abrem facilmente o caminho às iniqüidades.

O grande problema é que o art. 3º do CPB fora criado com o intuito de normatizar situações bélicas ou calamitosas (epidemias, inundações etc.), mas a sua redação, contudo, acabou por servir de base fundamental a leis penais em matéria econômica, principalmente quando os níveis inflacionários da economia brasileira atingiram patamares elevadíssimos. A necessidade urgente de combate à venda, por preços abusivos, de produtos de primeira necessidade acabou por originar o uso do Direito Penal como mecanismo de controle dessa espécie de desvio social, numa falaciosa idéia de que tal meio seria eficaz para reprimir estes distúrbios. Posteriormente, percebeu-se que os "crimes das tablitas", ademais de ineficazes ao fim a que eram propostos, geraram uma insegurança social capaz de incutir a todos os indivíduos severas dúvidas quanto à abrangência das leis penais. É óbvio que a transitoriedade é um adjetivo que o Direito Penal *garantista*, como o é o do Estado Democrático de Direito, jamais irá admitir, restando o seu acolhimento, quando muito, condizente com sistemas ético-políticos do "bem estar geral" ou, até mesmo, do "bom cidadão".

Pode-se concluir, portanto, que toda lei penal (em branco ou não) só se compatibiliza com o *nullum crimen nulla poena sine lege praevia* nos casos em que a retroatividade absoluta da *lex mitior* e da *abolitio criminis*, bem como a irretroatividade absoluta da *lex gravior*, sejam erigidos a dogmas intransponíveis da ciência penal, e isso, por certo, determina que toda norma dessa natureza jamais possa ser editada sob o manto da transitoriedade, sob pena de não oferecermos uma resposta convincente ao "como proibir?".

3.5.7. Princípio da legalidade e jurisprudência

Outra questão que vem ganhando espaço é a implicação do princípio da anterioridade na interpretação jurisprudencial. Segundo Roxin, a proibição da retroatividade prejudicial não vincula a jurisprudência, ou seja, se o tribunal interpreta, em contradição com a jurisprudência anterior, uma norma de modo mais desfavorável para o réu, terá ele de suportá-la, visto que "a nova interpretação não é uma punição ou agravação retroativa, mas sim a realização da vontade da lei, que já existia desde sempre, mas que, só agora, foi corretamente reconhecida".[423]

Argumenta-se que a confiança dos cidadãos, necessária à segurança jurídica, não se deve dar em relação à jurisprudência, mas sim ao teor da lei. A sociedade não tem o dever de conhecer o exato teor das decisões dos tribunais, visto que as mudanças da jurisprudência devem manter-se, *na medida do possível*, dentro do sentido literal da lei, este sim de conhecimento obrigatório de todos.[424]

Contudo, não fosse a ressalva ("na medida do possível"), a asserção seria completamente válida. Ora, é sabido que a atividade judicante não possui o condão de julgar segundo um "silogismo perfeito". Os tipos penais, principalmente em relação às elementares normativas de *valoração de conduta*, comportam uma elasticidade determinável somente *a posteriori*, e, aqui, o teor literal da lei acaba sendo conferido pelos próprios tribunais. Vejamos alguns exemplos: o conceito de "pequeno valor" da *res furtiva* para fins de incidência da privilegiadora prevista no § 2º do art. 155 do CPB: algumas decisões vinculam-no a valores fixos, tais qual o salário mínimo vigente à época do fato, enquanto que, outras, ao efetivo prejuízo segundo as condições pessoais da vítima; no crime continuado, o fator temporal capaz de autorizar a aplicação do art. 71 do CPB varia – conforme o tribunal, a câmara ou a seção – de um mês até mais de seis meses[425] etc.

Imaginemos, agora, que, ao invés de a lei referir-se apenas a "pequeno valor" ou a "circunstâncias de tempo", dissesse ela expressamente que se considera de pequeno valor o bem móvel no valor de até um salário-mínimo, assim como a possibilidade do crime continuado entre delitos praticados dentro de até um mês, e, em data posterior, passasse ela a aumentar tais limites para dois salários-mínimos e dois meses de intervalo entre um crime e outro. Nesse caso, tendo em vista as conseqüências do *princípio da anterio-*

---

[423] Op. cit., p. 165-166.

[424] Id., ibid., p. 166.

[425] Tais variações são facilmente perceptíveis pela análise do *Código Penal e sua Interpretação Jurisprudencial*, cit., de Alberto Silva Franco e outros.

ridade, poderíamos admitir a aplicação dessa suposta *lex mitior* aos fatos pretéritos. Ora, se isso é verdade para as alterações legislativas, o mesmo deverá sê-lo para as variações jurisprudenciais.

De nada vale argumentar que o *princípio da anterioridade* resultaria lesado ante a equiparação entre legislação e jurisprudência. Basta lembrar que a *reserva da lei* é uma garantia do cidadão contra os abusos não só do legislador, mas também dos juízes. Portanto, se o *princípio da legalidade* funciona como um limitador das atividades legiferante e judicante, forçoso é concluir que o inc. XL do art. 5º, ao assegurar que "a lei penal não retroagirá, salvo para beneficiar o réu", também deve ser lido no sentido de que a *"aplicação* da lei penal não retroagirá, salvo para beneficiar o réu".

É óbvio que o que se está a afirmar não autoriza a aplicação retroativa de esporádicos acórdãos benéficos em relação às situações pretéritas. É imprescindível que haja uma certa unanimidade de decisões (p. ex., quando o novo entendimento passa a ser sumulado) para que a *jurisprudentia mitior* passe a ser reconhecível aos casos anteriores. Por conseqüência, teremos as seguintes situações: a) a nova interpretação jurisprudencial atenua as conseqüências do fato (p. ex., reconhecendo-se que o "pequeno valor" está limitado a dois salários-mínimos): nesse caso, cremos necessária a admissão da *retroatividade* da *interpretatio mitior*, autorizando-se aos réus e condenados a utilização de mecanismos processuais (*habeas corpus* e revisão criminal) para verem reconhecidos os seus direitos à nova interpretação; b) a nova interpretação jurisprudencial deixa de considerar criminosa uma conduta anteriormente ilícita:[426] a solução será idêntica à hipótese anterior; c) a nova interpretação agrava as conseqüências do fato (p. ex., diminuindo para salário-mínimo o limite para o "pequeno valor"): aqui, a *interpretatio gravior* somente é aplicável ao caso *sub judice* e aos subseqüentes, e não também àqueles em que o benefício já fora concedido. Neste caso, impossí-

---

[426] Temos um acórdão bem elucidativo para essa situação. O Tribunal de Alçada Criminal de São Paulo, em decisão relatada pelo Juiz Marrey Neto, manifestou-se nos seguintes termos: "É inegável a função da jurisprudência como fonte do Direito, admitindo-se a atividade dos juízes para amenizar, interpretar dispositivos de lei e adequar sua aplicação em determinado momento histórico, temperando seus rigores quando for o caso. É conhecida a jurisprudência deste Tribunal no sentido de que não mais se condena por infração ao limite máximo de juros estipulado na Lei de Usura, pela razão de que o próprio Governo estimula a prática de juros de usura ao institucionalizar a correção monetária e a autorizar a rede bancária a cobrar juros que de muito ultrapassam o teto previsto naquele diploma, vigente de resto" (JUTACRIM, 91/384, in: SILVA FRANCO, Alberto *et al*. Op. cit., p. 34).

vel é o reconhecimento da interpretação jurisprudencial segundo o *tempus regit actum*, visto que, do contrário, jamais seria admissível uma interpretação mais grave.[427]

A mesma solução pode ser apontada para os casos de reconhecimento da inconstitucionalidade de uma determinada norma penal. Nesse caso, o vício de inconstitucionalidade é pré-existente ao seu reconhecimento, e, por conseqüência, seus efeitos – ao contrário do que afirmava Kelsen – são sempre *ex tunc*, independentemente do fato de a declaração dar-se via direta ou incidental. Assim, se a declaração do vício legislativo beneficia o(s) réu(s), há de gerar efeitos também retroativos, reconhecíveis mediante revisões criminais ou *habeas corpus*; ao contrário, se é prejudicial, não pode alcançar os fatos pretéritos já beneficiados com a lei inconstitucional, salvo se o processo ainda não transitou em julgado, e a inconstitucionalidade foi postulada em recurso da acusação. Este último caso, apesar de suas peculiaridades, não é uma situação estranha ao nosso ordenamento jurídico: pense-se na possibilidade de o réu restar absolvido apesar de a sentença ser nula, dada a ausência de recurso da acusação. Ora, se uma sentença nula pode gerar efeitos em benefício do réu, também uma lei nula deve seguir o mesmo caminho.[428]

---

[427] Segundo Cobo del Rosal, "parece discutível que uma mudança jurisprudencial agravatória, produzida como conseqüência de uma decisão do Tribunal Constitucional, possa aplicar-se retroativamente" (op. cit., p. 185). Tal lição há de ser ponderada à luz do ordenamento constitucional espanhol, visto que, naquele país, as decisões do Tribunal Constitucional, acerca de inconstitucionalidade de leis, possuem eficácia vinculante. Adaptada a lição do Direito Penal brasileiro, podemos concordar com a hipótese se está ela a se referir a uma ação direta de inconstitucionalidade, em que o objeto da lide não é uma situação fática, mas sim uma *lei em tese*. Agora, uma nova interpretação constitucional *in gravior*, no que tange a um caso concreto, pode ser aplicada retroativamente, ou seja, mesmo sendo o delito praticado anterior ao julgamento. Do contrário, seria impossível a própria alteração jurisprudencial, visto que a interpretação, se não fosse aplicável ao caso objeto do processo, também não poderia sê-lo aos posteriores, pelo simples fato de não poder extrapolar os limites do processo *sub judice*. É claro, ademais, que a coisa julgada (formal ou material) é o limite da *interpretatio gravior* a outros casos semelhantes ao que originou a nova decisão.

[428] Consoante Antolisei, "a doutrina tem indagado, sem embargo, se o efeito da anulação da lei inconstitucional ou do decreto não convertido resolve-se na aplicação *in toto* da lei anterior, ainda que seja menos favorável ao réu. Isso foi descartado pelos bons autores, para quem a interpretação há de ser sistemática e teleológica entre o art. 136 com o 25 da Constituição, induzindo a estimar que a lei inválida ou o decreto caducado têm de encontrar aplicação quando seja mais favoráveis" (op. cit., p. 79). No Brasil, um caso recente é bem elucidativo acerca do tema: com a edição da Lei nº 9.639/98, reconheceu-se, no art. 11, a anistia de

Por fim, caso a interpretação jurisprudencial acabe por afirmar delitiva uma conduta que anteriormente era considerada lícita, teremos de atribuir ao *princípio da anterioridade* uma nova função: a de *erro de proibição direto*.[429]

3.6. *NULLUM CRIMEN, NULLA POENA SINE LEGE CERTA*

O princípio da legalidade *formal*, por fim, comporta um quarto desdobramento, decorrente não só da *separação dos poderes* (v. n. 2.3.1, *supra*) como, também, da *taxatividade da lei penal* (v. n. 2.3.2, *supra*).

Enunciado básico do *positivismo jurídico*, prescreve o *nullum crimen, nulla poena sine lege certa* que a norma penal seja determinada quanto ao seu conteúdo e abrangência, visto que, do contrário, não será dada a ·possibilidade de o povo tomar conhecimento, *a priori*, do verdadeiro limite da ilicitude penal, além do que o exato alcance da proibição penal acabaria sendo delimitado pelo Poder Judiciário, no momento em que a sentença fosse proferida. Pelo respeito ao *princípio da certeza do Direito*, portanto, os associados podem ter do Direito um critério seguro de conduta, somente conhecendo antecipadamente, com exatidão, as conseqüências de seu comportamento.

---

agentes políticos que tenham sido responsabilizados pela prática dos crimes previstos na alínea "d" do art. 95 da Lei nº 8.212/91 e no art. 86 da Lei nº 3.807/60. Contudo, entre a aprovação e a sanção, foi introduzido, clandestinamente, um parágrafo único ao art. 11; que estendia a anistia para todos os demais responsabilizados pela prática daqueles crimes capitulados no *caput*, sendo que, ao final, houve aprovação integral do dispositivo. Percebido o "equívoco", foi editada, no dia seguinte, uma lei retificadora da Lei nº 9.639/98, suprimindo tal parágrafo. Estamos diante de um caso de *inconstitucionalidade formal*, ou seja, de ilegalidade de uma lei que não obedeceu o procedimento legislativo específico. Neste caso, torna-se bem evidente que um juiz, ao deparar-se com tal aberração jurídica, poderia furtar-se à aplicação do parágrafo único, tendo em vista a sua inconstitucionalidade formal. Imaginemos, contudo, que houvesse sido reconhecida, a algum réu, a extinção da punibilidade num caso concreto, transitando em julgado tal decisão, inobstante a posterior verificação do *vício formal*: aqui, cremos que seria impossível a desconstituição dessa decisão, posto que, do contrário, a garantia da *segurança jurídica*, encontrada também no Estado Democrático de Direito, restaria abalada. Em outras palavras: a extinção da punibilidade, apesar de caracterizar verdadeira injustiça, haveria de ser suportada como um ônus decorrente da intervenção penal secularizada. Do contrário, estaríamos autorizando a quebra da garantia para alguns casos determinados, e isso pode elevar ao máximo os custos do Direito Penal.

[429] Nesse sentido: ROXIN, Claus. Op. cit., p. 166.

Ora, a certeza só é garantida quando existe um corpo estável e claro de leis, e aqueles que devem resolver as controvérsias se fundam nas normas nela contidas, e não em outros critérios. Caso contrário, a decisão se torna arbitrária e o cidadão não pode mais prever com segurança as conseqüências das próprias ações.[430] Nas palavras de Beccaria, "Se a interpretação das leis é um mal, é evidente que outro mal é a obscuridade que essa interpretação acarreta; e ele será ainda maior se as leis forem escritas numa língua estranha ao povo e que o submeta à dependência de uns poucos, sem que possa julgar por si mesmo qual seria o êxito da sua liberdade, ou de seus semelhantes, a não ser que uma língua fizesse de um livro solene e público um outro quase privado e doméstico. Que deveremos pensar dos homens, ao ponderar que é esse o costume inveterado de boa parte da Europa culta e ilustrada? Quanto maior for o número dos que compreendem e tiverem entre as mãos o sagrado código das leis, menos freqüentes serão os delitos, pois não há dúvida de que a ignorância e a incerteza das penas propiciam a eloqüência das paixões".[431]

A *lex certa*, portanto, é um mecanismo de limitação de abusos não só legislativos, mas também judiciais. Com efeito, uma *política criminal garantista* recomenda ao legislador que se valha, somente, de dispositivos legais taxativos, claros e delimitados, visto que a observância de tal conselho é que irá garantir a integridade do *princípio da separação dos poderes*, afastando ao máximo as possibilidades legais de o juiz, *in concreto*, estabelecer o verdadeiro alcance da norma. Mas, por outro lado, além de funcionar como uma recomendação legiferante, possui este desdobramento do princípio da legalidade a eficácia de fornecer ao Poder Judiciário um recurso de controle da correta observância do processo de produção das leis em qualquer Estado de Direito.[432] Vê-se, portanto, que o *nullum crimen, nulla poena sine lege certa* é uma vertente de legitimação tanto externa como interna do ordenamento jurídico.

A taxatividade da lei penal pode ser classificada de duas formas: a *taxatividade formal* e a *taxatividade substancial* da lei.

---

[430] Cf. BOBBIO, Norberto. *O Positivismo*, p. 79-80.

[431] *Dos Delitos*, cit., p. 48.

[432] Como bem assinalam Maurach e Zipf, "a exigência da ótima determinação das normas jurídicas cominatórias emana imediatamente do princípio do Estado de Direito, e tem seu mais importante âmbito de aplicação no Direito Penal" (*Derecho Penal*, cit., vol. I, p. 158).

No primeiro caso, o princípio determina que a todos seja dado o conhecimento da edição da lei, sob pena de a obrigação dela resultante não alcançar a população diretamente interessada. Nas palavras de Hobbes, "se não forem conhecidas, as leis não obrigam, e nem são propriamente leis".[433]

No segundo, o ditame impõe a necessidade de os "súditos" tomarem conhecimento não só da forma do documento legislativo, senão também do exato alcance de seu conteúdo. Já afirmara Bentham[434] que, se a finalidade da lei é dirigir a conduta dos cidadãos, duas coisas serão necessárias para o cumprimento desse fim: primeiro, que a lei seja clara, isto é, que faça nascer na mente uma idéia que represente a exata vontade do legislador; e, segundo, que a lei seja concisa, de modo a se fixar facilmente na memória. Clareza e brevidade são, pois, as qualidades essenciais de toda lei.

Uma lei penal indeterminada ou imprecisa, em suma, não possui o condão de proteger o cidadão da arbitrariedade, porque não implica uma autolimitação do *jus puniendi* estatal. Também é contrária ao *princípio da separação dos poderes*, visto que permite ao juiz fazer qualquer interpretação que queira, e, com isso, invadir a seara do legislador. Não guarnece de forma eficaz o fundamento feuerbachiano da proibição penal, qual seja, a *prevenção geral negativa*, já que o indivíduo não tem condições de reconhecer, *a priori*, o que se quer proibir. E, por conseqüência, sua existência tampouco pode proporcionar a base para a reprovação da conduta.[435] Essa foi a razão de Welzel afirmar que "o verdadeiro perigo que ameaça o princípio do *nulla poena sine lege* não procede da analogia, mas sim das leis penais indeterminadas".[436]

Vejamos, pois, os melhores meios de serem evitados esses efeitos.

3.6.1. Taxatividade e técnica legislativa

Uma vez ultrapassada positivamente a "fase de opção" do legislador, acerca da regulação ou não de fatos que têm gerado tensão social, depara-se ele com a "fase de definição" daquilo que pretende regular. Cada fato e cada conduta são marcados por características peculiares que os fazem diversos de outros fatos e

---

[433] *De Cive*, cit., p. 79.

[434] BENTHAM, Jeremy. *Uma Introdução aos Princípios da Moral e da Legislação.* [s.t.] São Paulo: Abril Cultural, 1974.

[435] No mesmo sentido: ROXIN, Claus. Op. cit., p. 169.

[436] *Derecho Penal Alemán*, cit., p. 27.

outras condutas, e, diante disso, incumbe ao legislador, inicialmente, optar por quais as características que entende como fundamentais para a conotação de um termo, ou seja, deve ele determinar um critério através do qual um rótulo pode ser aplicado a uma classe de objetos. Daí advém a lição de Warat no sentido de que "definir é realizar um processo de classificação",[437] ou seja, é decidir sobre se dois objetos ou dados pertencem a uma mesma classe, é decidir, dar um maior peso às características que esses objetos têm em comum do que às diferentes características que estes apresentam. Classificar é efetuar um processo teórico visando a estruturar coisas, fatos, objetos ou dados, levando em consideração certas prioridades comuns.

As características peculiares de um rótulo, por vezes, já se encontram valoradas pela cultura geral de uma sociedade. Os rótulos "alguém", "mulher", "animal", "fogo", "morte", "cadáver", "sepultura" etc., já possuem, ao menos provisoriamente, características fundamentais próprias ditadas pelo conhecimento popular. Nesse caso, o legislador, ao valer-se de tais termos, não se preocupa em elucidar-lhes o conteúdo, visto ser já preexistente na linguagem popular.

Noutros casos, o objeto a ser rotulado não possui características próprias pré-estabelecidas pela linguagem da cultura geral e da ciência, e, nesse caso, a definição impõe-se. Aqui, é dado ao legislador – segundo pensam os positivistas – o poder de eleger critérios que permitam elucidar a que classe de objetos o rótulo, cujo sentido se desconhece, é aplicado. Há algum tempo atrás, inúmeros penalistas, apegados ao fundamento *preventivo especial* da pena, entenderam que a conduta do delinqüente que, uma vez punido anteriormente, tornasse a delinqüir, deveria ser objeto de uma reprovação ainda maior quando do segundo sancionamento, visto que demonstrou não estar "recuperado" socialmente. Assim, rotulou-se tal objeto como "reincidência", e, por ser o exato conteúdo de tal expressão desconhecido da cultura geral, necessário foi classificarem-se as características fundamentais da "demonstração de ausência de recuperação" do delinqüente, para, a partir disso, definir-se o que vem a ser "reincidência". O conteúdo, hoje conhecido, encontra-se previsto nos arts. 63 e 64 do CPB.

Na maioria das situações, contudo, o termo empregado pelo legislador não encontra-se devidamente *pré-classificado*. Às vezes, as coisas ou objetos apresentam a propriedade dada pelo critério de

---

[437] WARAT, Luiz Alberto. Op. cit., p. 32.

definição e, no entanto, o apresentam em diferentes graus com relação a certos casos que a comunidade aceita como paradigmáticos, surgindo, pois, a dúvida se o rótulo é ou não aplicável. Em outras situações, a palavra não comporta uma genérica definição das características consideradas relevantes para a sua caracterização, fazendo destas um variável nas mãos de quem a utiliza. No primeiro caso, estamos diante da *vagueza* de um termo; no segundo, da *polissemia*.[438]

Na *vagueza*, o termo não está determinado, mas é determinável *genericamente* mediante uma definição explicativa, ou seja, através da reunião de características tidas como fundamentais pelo intérprete, que, naquele ou em outros casos, poderão servir para (re)defini-lo. Já na *polissemia*, o termo também não está determinado, mas é determinável só *especificamente*, mediante uma definição persuasiva, ou seja, por meio da classificação de propriedades consideradas fundamentais *pelo intérprete para aquele caso*. Em outras palavras: uma expressão *vaga* pode ser determinada por características *conotativas*, enquanto que uma expressão *polissêmica*, só por características *denotativas*.

Assim, por exemplo, "velho", "enfermo", "embriaguez", "conjunção carnal", "contrabando", "substância entorpecente", "tributo", "criança" etc., são termos que, embora não determinados pelo senso comum, comportam a definição de características fundamentais que, uma vez delimitadas, podem servir de parâmetro a todos os casos a serem investigados. Bastaria o intérprete definir "velho"

---

[438] Id., ibid., p. 32-33. O autor cita como exemplos de *vagueza*: "gordo", "rico" e "clavo". "Quantos fios de cabelo deve ter um indivíduo para ser considerado calvo? Quantos quilos deve pesar um homem para ser considerado gordo? Quanto dinheiro deve ter um homem para ser considerado rico?". Já os exemplos do segundo são "mulher bonita", "bom pai de família" etc. (op. cit., p. 33). A semelhantes conclusões chega Luigi Ferrajoli: "Diremos que um termo é vago ou indeterminado se sua intenção não permite determinar sua extensão com relativa certeza, ou seja, se existem objetos que não estão excluídos nem incluídos claramente em sua extensão. 'Adulto', por exemplo, é um termo vago, pois estão incluídas certamente as pessoas anciãs e excluídos os recém nascidos, mas resultando incerto, na ausência de uma definição, se estão incluídos ou excluídos os vintenários. (...) Existem também, sem embargo, termos não só vagos, mas também valorativos – como 'bom', 'mal', 'feio', 'obsceno', 'púdico', 'fútil', 'perigoso' e similares – cuja extensão é, além de indeterminada, também indeterminável, visto que não conotam propriedades o características objetivas, senão que expressam as atitudes e as valorações subjetivas de quem as pronuncia" (*Derecho*, cit., p. 120). Sobre o assunto, v. tambem HART, Herbert L. A. Definition and Theory in Jurisprudence. Trad. por G. R. Carrió. In: *Derecho y Moral. Contribuciones a su Análisis*. Buenos Aires: Depalma, 1962, p. 93-138.

como a pessoa com mais de "x" anos; "enfermo", o acometido das moléstias "x" ou "y"; "embriagado", aquele que ingeriu uma quantidade "x" de substância alcoólica; "criança", como a pessoa de até "x" anos de idade, e assim por diante, para que todas essas características pudessem servir de parâmetro de etiquetamento de todos aqueles que se enquadrem na classificação. Portanto, se afirmarmos que fulano é velho porque possui mais de 70 anos, poderemos, como base nisso, afirmar que Sicrano também é velho, pois possui 80 anos. Nessas situações, a classificação pode ser feita *a priori*, pelo legislador,[439] ou *a posteriori*, pelo aplicador da lei.[440]

Já as expressões "motivo torpe", "honesta", "maus-tratos", "ato obsceno", "sofrimento", "temerariamente", "fraudulentamente", "indevidamente" etc., não comportam uma definição indutiva capaz de, a partir dela, transmudar-se em dedutiva. Houve alguém, há bastante tempo atrás, que tentou vincular a honestidade de uma mulher ao fato de ser ela "do lar". Ora, tal característica até pode induzir, mediante uma "definição persuasiva", a honestidade *de uma determinada* mulher, mas não será capaz de deduzir *de todas as demais* tal característica, pelo fato de serem "do lar".

É bem verdade que, também na *vagueza*, da indução não resultará, sempre, a dedução. Bastaria alguém, por exemplo, apresentar-se com 70 anos de idade, mas com "uma saúde de 30", para que o conteúdo do rótulo fosse posto em dúvida. Contudo, a característica agregada posteriormente ("saúde de 30") não goza de *generalidade dedutiva*, não podendo, pois, ser considerada fundamental. Em outras palavras: todos aqueles que possuem mais de 70 anos podem ser, *de um modo geral*, considerados "velhos", mas nem todas aquelas que sejam "do lar" podem ser tidas, *genericamente*, como "honestas". Enquanto a redefinição de um termo *vago* é, em certo grau, estática, a de um termo *polissêmico*, dinâmica.

Nota-se, portanto, que a *segurança* da linguagem depende, no fundo, de o senso comum tolerar como *genérico* o seu conteúdo, e,

---

[439] Assim é o caso de "funcionário público" (art.312 do CPB), em que o complemento é fornecido pelo art. 327; "cheque" (art. 171), em que seu conceito acha-se previsto na Lei nº 7.357/85; "documento público" (art. 297), previsto no § 2º do art. 297; "consumidor" (art. 68 da Lei nº 8.078/90), contido no art. 2º da mesma lei; "criança" (art. 61, II, "h", do CPB), complementada pelo art. 2º da Lei nº 8.069/90; "instituição financeira", cuja definição encontra-se no art. 1º da Lei nº 7.492/86; "pesca", no art. 36 da Lei nº 9.605/98 etc.

[440] Assim, p. ex.: "documento representativo de título ou valor imobiliário" (art. 2º da Lei nº 7.492/86); "representação teatral", (arts. 240 da Lei nº 8.069/90); "violência ou grave ameaça" (art. 157 do CPB) etc.

assim sendo, o mínimo que se poderá esperar do legislador é que utilize, na medida do possível e do necessário, somente termos *vagos*, mas não também *polissêmicos*.[441] Se a segurança jurídica é uma questão de *lingüística*, seremos obrigados a entender que, no Estado Democrático de Direito, a melhor técnica legislativa em matéria penal é aquela que condiciona a punição à subsunção fática de expressões que, se não já determinadas pelos paradigmas comuns, sejam, ao menos, determináveis *genericamente* a todos os associados.[442] A *vagueza* da elementar de um tipo penal incriminador é tolerável sempre que o seu conteúdo possa ser definido – ainda que, posteriormente, pela jurisprudência, pela doutrina ou pelo senso comum – mediante uma *definição explicativa*, ou seja, uma tipificação geral e, portanto, *segura*.[443]

É óbvio que o ideal seria a construção dos tipos penais somente pelo uso de elementares *descritivas*, segundo a mais pura formulação belinguiana.[444] Contudo, isso, além de ser uma "utopia libe-

---

[441] Ferrajoli, contudo, rechaça até mesmo a possibilidade de emprego de termos vagos (op. cit., p. 121), sem, contudo, vislumbrar as conseqüências de sua afirmação. A construção de tipos penais, nesse caso, ficaria praticamente impossibilitada.

[442] Como bem preconiza Juarez Tavares, "o sistema de valores sobre os quais se apóia a norma só pode ser compreendido pelo sujeito, se a linguagem que expressa esse injusto for a linguagem cotidiana e não a linguagem construída por outrem e se os elementos da delimitação da conduta proibida forem traçados por todos, num processo de participação democrática e não a construção efetuada por uma elite" (TAVARES, Juarez. *Teoria do Injusto Penal*. Belo Horizonte: Del Rey, 2000, p. 106).

[443] Segundo essas elementares destaca Muñoz Conde que "o legislador pode valer-se eventualmente de conceitos que necessitem da concreção jurisprudencial, mas cujo significado genérico se desprende da própria lei ou é deduzível de sua finalidade. Assim, em alguns casos opta-se por conceitos amplos, como o da "generalidade das pessoas" (art. 74.2 CP) para evitar recorrer a uma quantia concreta, ou o de "lesões que necessitam de tratamento médico ou cirúrgico" (art. 147 CP), para evitar definir as lesões em função de um número fixo de dias necessários para a cura. Tais conceitos jurídicos indeterminados têm um significado atribuível a grupos de casos, que o juiz deve concretizar, mas que não depende exclusivamente de sua valoração pessoal, e, apesar de amplos, têm limites cognoscíveis" (op. cit., p. 108).

[444] A concepção do tipo penal valorativamente neutro foi estabelecida por Beling, originariamente, em 1906, com a edição de seu *Die Lehre vom Verbrechen*. Em razão das acirradas críticas advindas, principalmente, de Mayer, Hegler, Mezger e Sauer, sua visão do *tatbestand* foi profundamente reestruturada, em 1930, com a edição do *Die Lehre vom Tatbestand*, obra esta traduzida para o espanhol (*Esquema de Derecho Penal. La doctrina de delito tipo*. Trad. por Sebastian Soler. Buenos Aires: Depalma, 1944). Fazendo uso de uma linguagem complexa, tentou fundamentar que da dicotomia entre o *tatbestand* e o *delitstypus* ainda sim seria possível

ral",[445] iria acarretar a fossilização do Direito Penal, visto que não seria ele dotado da potencialidade de adequar-se às mutações sociais.[446] Se um tipo penal eminentemente neutro, por um lado, é o mecanismo mais eficaz de se atingir a *segurança das relações sociais*, por outro, é a solução mais ineficaz para a busca da *justiça social* tutelada pelo art. 3º da CRFB/88. Isso tudo, inobstante, não se pode erigir à categoria de um "cheque-em-branco" dado ao legislador. A inevitabilidade de elementares axiológicas não pode fazer do legislador um fabricante de molduras, que reserva ao juiz a inserção da tela. A essa discricionariedade há de ser dado um freio, um limite semântico à "linguagem do Direito", posto que, nas palavras de Hassemer,[447] onde termina a linguagem, começa a força. O preço da justiça deve restar justificado pela segurança que a lei deve proporcionar, visto que, do contrário, acabaremos regressando aos modelos de estados totalitários.

Nesse rumo, e fazendo uso da expressão aristotélica, o caminho da excelência moral está na *moderação*, ou seja, no equilíbrio necessário dos meios capazes para a conciliação de duas metas antagônicas: *segurança* e *justiça*. No Estado Democrático de Direito, a *justiça social* não é o fim último do Direito Penal, mas sim, apenas,

---

conceber-se o tipo penal, em parte, como valorativamente neutro. O resultado, contudo, não foi bem aceito pela doutrina penal.
Percebeu-se, a partir da formulação de Max Ernst Mayer, em seu *Der Allgemeine Teil des Deutschen Strafrechts*, que o *tatbestand* não poderia ser considerado sempre como valorativamente neutro, como pensava Beling, visto que, em muitos casos, a adequação típica do fato está adstrita a fatores que não se resumem a uma mera constatação causal-objetiva, mas que, ao contrário, comporta elementos valorativos da conduta.
Com Mezger, as elementares normativas passam a ser classificadas de diversas formas. Uma delas, subdivide-as em *elementares normativas típicas* (ou *de valoração de* conduta) e *elementares normativas atípicas* (ou *de mera interpretação conceitual*) (MEZGER, Edmund. *Tratado de Derecho Penal*. Trad. por José Arturo Rodriguez Muñoz. Madrid: Revista de Derecho Privado, 1955, p. 389 e segs.). Exemplos das primeiras são encontrados na nota n. 163, *supra*; das segundas, na nota n. 162.
[445] V. FERRAJOLI, Luigi. Op. cit., p. 38-40.
[446] Segundo Roxin, "de um modo geral, admite-se que o legislador não possa renunciar por completo a ditos preceitos valorativos em forma de cláusulas gerais, porque estes fazem possível a resolução justa do caso individual. Se as lei só pudessem conter conceitos descritivos e não valorativos, então, ou bem teriam de ser infinitamente amplas, ou sua rigidez poderia produzir resultados desafortunados de política criminal. Ademais, existem fenômenos, como as "injúrias", que sensivelmente não se podem descrever mediante formulações menos valorativas. Por outro lado, não nos podemos conformar com uma utilização qualquer de conceitos que precisem complementação valorativa" (op. cit., p. 170).
[447] *Crítica*, cit., p. 13.

um parâmetro operativo que autorize o legislador a agir sempre que esta não se incompatibilize com a *previsibilidade das conseqüências dos movimentos sociais*. Uma lei indeterminada possibilitaria a um juiz coerente, em algumas situações, a maior proximidade possível dos valores de *justiça* enumerados em nosso ordenamento constitucional, mas, a um juiz incoerente, o maior afastamento desses axiomas. Nesse caso, os custos de uma lei penal incerta seriam muito elevados. Basta lembrar, por exemplo, que uma elementar imprecisa necessita de poucas (senão de nenhuma) provas para demonstração – pois que a íntima convicção não é objeto de prova, mas sim de persuasão.[448] Conseqüentemente, mais facilmente uma denúncia seria recebida, uma prisão provisória decretada, e uma sentença proferida, e, portanto, o arbítrio do legislador legitimaria, também, o arbítrio do julgador. Uma técnica legislativa correta deve, assim, fugir tanto dos conceitos excessivamente vagos, nos quais não é possível estabelecer uma interpretação segura, como das enumerações excessivamente casuísticas, que não permitem abarcar todas as matizes da realidade.[449]

A aceitação da *vagueza* de um tipo penal incriminador, como forma de equilíbrio entre tais metas, serve, apenas, para dissipar toda e qualquer *polissemia* da legislação penal, e não, ao contrário, para *autolegitimá-la*. A *vagueza* é tolerável, mas, por também gerar insegurança, não se pode dela abusar.[450] Deve ser ela concebida

---

[448] Vejamos alguns exemplos dessa afirmação. A Lei de Execução Penal estabelece, dentre outras situações, que incidirá em falta grave todo preso que "incitar ou participar de movimento para subverter a ordem ou a disciplina". Na aplicação desse dispositivo *polissêmico*, tivemos notícia de casos em que apenados foram enquadrados nessa falta grave (e, conseqüentemente, foram postos em isolamento celular, além do que não puderam, durante 12 meses, receber benefícios como comutação, indulto, livramento condicional etc.) porque colocaram-se em greve de fome em protesto contra o não-deferimento de sua remoção (Processo nº 21392700361, Passo Fundo/RS, atualmente em Soledade/RS, proc. nº 1.310-062) ou contra a morosidade da Justiça (Processo nº 20216, Comarca de Bagé/RS). Noutro caso, um preso foi punido porque se recusou a cortar os cabelos, caso em que foi obrigado a tanto por decisão judicial (Presídio Estadual de Getúlio Vargas/RS, Sindicância nº 002/96). Já na comarca de Espumoso/RS (Processo de Execução nº 3308) um apenado restou punido disciplinarmente por ter se apresentado no Presídio com sinais de embriaguez. Esses exemplos são suficientes para demonstrar que uma norma indeterminada pode, com um singelo esforço lingüístico, conceber em seu bojo um imensa gama de fatos que, com certeza, não se destinavam à sua aplicação.

[449] Cf. MUÑOZ CONDE, Francisco *et al*. Op. cit., p. 107.

[450] Como bem Larenz, citando Arthur Kaufmann, "a máxima precisão da linguagem só se deixa alcançar com o preço do máximo esvaziamento de conteúdo e

como uma "carta-na-manga" do legislador, que, toda vez que outro caminho semântico não lhe for possível, poderá valer-se dela. Isso evidencia, portanto, o caráter *subsidiário* das expressões vagas, e, quanto a isso, algumas recomendações de política criminal podem ser feitas.

A Lei nº 9.613/98, ao regular os delitos de "lavagem de dinheiro", estabeleceu, em seu art. 1º, inc. V, a punição pelo ato de ocultar ou dissimular a origem ilícita de bens ou valores oriundos de crimes praticados contra a Administração Pública, "inclusive a exigência, para si ou para outrem, direta ou indiretamente, de qualquer vantagem, como condição ou preço para a prática ou omissão de atos administrativos". Temos, aqui, um exemplo de "tautologia legislativa", que, como tal, há de ser evitada. Ora, se a "exigência" ali prevista já diz respeito a um crime contra a Administração Pública, não necessita, então, de tratamento expresso. Jamais deve o legislador construir orações exemplificativas (precedidas, geralmente, de expressões como "inclusive",[451] "qualquer outro meio",[452] "de qualquer forma"[453] etc.), visto que, ou a ambigüidade do termo foi notada de tal forma que se viu ele obrigado a exemplificá-lo, ou está apenas explicitando a "resposta" penal a um fato de grande repercussão social noticiado recentemente pela mídia. Um tipo penal incriminador deve ser uma norma genérica, e isso, por certo, demonstra que o emprego de um termo que necessita de exemplificação é de todo inconveniente, ou por não ser este suficientemente claro, ou por dirigir-se a casos determinadas.

---

sentido. É a conseqüência inevitável da abstração levada ao extremo. Decisões 'próximas da vida' são assim mais naturais de esperar onde o juiz as venha a ater ao tipo. Que o pensamento tipológico permite apenas, enquanto conformação conceptual da previsão normativa (em conexão com a técnica da subsunção), uma escassa medida de segurança, como muitos pretendem, é apenas correto em certos termos. A jurisprudência dos tribunais, como acertadamente observa Kaufmann, acaba sempre, passado algum tempo, por romper os conceitos conformados de modo excessivamente estreito; mas então surge o perigo de ficar fora de controle" (*Metodologia*, cit., p. 190).

[451] Arts. 180, § 2º; 244, parágrafo único; 334, § 2º, todos do CPB.

[452] Arts. 147, *caput*; 171, *caput*; 248, inc. II, todos do CPB.

[453] Arts. 180, § § 1º e 2º; 272, § 1º; 273, § 1º; 276; 278, *caput*; 334, § 1º, c, § 2º; 336, todos do CPB. Quanto aos crimes omissivos impróprios, destaca Luis Luisi que a expressão contida na alínea "b" do art. 13, § 2º ("de outra forma") "amplia desmensuradamente a obrigação de agir. (...) Assiste razão a Paulo José da Costa Júnior quando sustenta, em seus comentários, que a locução em causa conflita com as exigências de certeza do direito, posto que abre desmensuradamente o tipo com uma fórmula ampla e indeterminada" (*Os Princípios Constitucionais Penais*, cit., p. 109).

Ademais, uma atenta leitura da "moderna" legislação penal brasileira demonstra-nos que o nosso poder legiferante tem sido mais *polissêmico* do que, propriamente, *vago*. Uma "crise de semântica" instaurou-se no Brasil a tal ponto que a legislação penal das últimas décadas vem comportando em seu bojo um manto marginal de inconstitucionalidade (que a maioria dos operadores do direito insiste em não perceber), fazendo com que dispositivos atualmente em vigor nos façam recordar antigas arbitrariedades medievais. Vejamos alguns poucos exemplos do que estamos afirmando:

a) *Lei nº 7.170/83:* ao definir os crimes contra a segurança nacional, empregou o legislador termos incondizentes com o *nulum crimen, nulla poena sine lege certa*, tais como "atos de hostilidade contra o Brasil" (art. 8º), "interesse do Estado Brasileiro" (art. 13), "sabotagem" (art. 15), "organizações políticas clandestinas ou subversivas" (art. 20), "rebeldes, insurretos ou revolucionários" (art. 21) etc. No art. 24, encontramos uma interessante situação em que o legislador transmuda um termo *vago* em *polissêmico*, pela simples exclusão de características que, *a priori*, não as considera ele como essenciais. Assim, "organização ilegal de tipo militar" poderia comportar determinação, caso a este rótulo fossem agregadas as características de sua natureza "estrangeira", "armada" e "com fardamento", mas, por expressa exclusão legal, o único elemento interpretativo é a "finalidade combativa".

b) *Lei nº 7.492/86:* nos crimes contra o sistema financeiro, a *polissemia* encontra-se nas expressões "de qualquer modo" (art. 2º), "fraudulentamente" (art. 4º), "temerária" (art. 4º, parágrafo único), "forma disfarçada" (art. 17, parágrafo único, inc. II), "regular funcionamento do sistema financeiro nacional" (art. 23) etc.

c) *Lei nº 8.069/90:* no Estatuto da Criança e do Adolescente, devem ser destacadas as seguintes elementares: "encarregado de serviço" (art. 228), "vexame ou constrangimento" (art. 232), "sem justa causa" (arts. 234 e 243), "injustificadamente" (art. 235), "de qualquer forma" (arts. 242, 243 e 244), "utilização indevida" (arts. 243 e 244), "reduzido potencial" (art. 244) etc.

d) *Lei nº 8.072/90:* "atividade típica de grupo de extermínio" (art. 1º, inc. I).

e) *Lei nº 8.078/90:* "sinais ostensivos" (art. 63), "alto grau de periculosidade" (art. 65), "publicidade... enganosa ou abusiva" (art. 67), "outro procedimento que exponha o consumidor, injustificadamente, a ridículo ou interfira com seu trabalho, descanso ou lazer" (art. 71), "adequadamente preenchido" (art. 74), "grave crise econômica" (art. 76, inc. I), "grave dano individual ou coletivo" (art. 76, inc. II) etc.

f) *Lei nº 8.137/90:* "qualquer outro documento relativo à operação tributável" (art. 1º, inc. III), "documento equivalente" (art. 1º, inc. V), "sem justa causa" (arts. 4º, inc. VII, 5º, inc. IV, e 7º, inc. I), "alteração ...de elementos" (art. 7º, inc. IV, *a*) etc.

g) *Lei nº 8.974/95:* "princípios éticos, tais como o princípio de autonomia e princípio de beneficência" (art. 13, inc. II), "avanços significativos na pesquisa científica e no desenvolvimento tecnológico, respeitando-se princípios éticos, tais como o princípio da responsabilidade e o princípio da prudência" (art. 13, inc. IV) etc.[454]

h) *Lei nº 9.100/95:* "provocar qualquer outro resultado diverso do esperado" (art. 67, inc. VIII), "qualquer espécie de propaganda política", "outros impressos" (art. 67, inc. IX), "qualquer forma de aliciamento ou coação tendente a influir na vontade do eleitor" (art. 67, inc. X) etc.

i) *Lei nº 9.437/97:* "cautelas necessárias" (art. 10, § 1º, inc. I), "simulacro de arma capaz de atemorizar outrem" (art. 10, § 1º, inc. II), "qualquer sinal de identificação" (art. 10, § 3º, inc. I), "equivalente a arma de fogo de uso proibido ou restrito" (art. 10, § 3º, inc. II) etc.

j) *Lei nº 9.455/97:* "sofrimento físico ou mental" (art. 1º, incs. I, II e § 1º).

k) *Lei nº 9.503/97:* "risco pessoal" (art. 302, parágrafo único, inc. III), "por justa causa" (art. 304), "substância de efeitos análogos", "dano potencial" (arts. 306 e 308), "perigo de dano" (arts. 309 e 311), "velocidade incompatível com a segurança" (art. 311) etc.

l) *Lei nº 9.605/98:* "métodos ou instrumentos capazes de provocar destruição em massa" (art. 29, § 4º, inc. VI), "ato de abuso, maus-tratos" (art. 32), "experiência dolorosa ou cruel em animal vivo...quando existirem recursos alternativos" (art. 32, § 1º), "efeito semelhante" (art. 35, inc. I), "dano direito ou indireto" (art. 40), "qualquer espécie de minerais" (art. 44), "qualquer outra exploração"(art. 45), "outros produtos de origem vegetal" (art. 46), "demais formas de vegetação" (arts. 48 e 51), "destruição significativa da flora" (art. 54) etc.

---

[454] Vale a pena comparar estes dispositivos da Lei nº 8.974 com as seguintes palavras de Welzel, dirigidas ao repúdio no Nacional Socialismo nazista: "uma 'lei penal' que 'determina': será castigado aquele que lesiona os princípios da ordem social democrática (ou socialista ou qualquer outro), não é conciliável com a idéia de Estado de Direito; não é uma lei penal em sentido substancial, como pressupõe o art. 103 da lei fundamental" (op. cit., p. 27).

Com base nesses exemplos, podemos notar que o "moderno" Direito Penal brasileiro está estabelecido num modelo penal de legalidade atenuada, onde a elasticidade e a indeterminação das figuras delitivas fazem com que o sistema de definição da desviação penalmente relevante fundamente-se numa epistemologia antigarantista, de sancionamento *quia peccatum*, e não *quia prohibitum*. No plano legislativo, isso importa reconhecer que o objeto do tratamento penal não seja tanto o delito formalmente previsto em lei, mas sim a desviação em si mesma imoral ou anti-social, e isso faz com que o papel da lei, como critério exclusivo e exaustivo de definição dos fatos desviados, acabe por desvalorizar-se.

As conseqüências desse *substancialismo ético* adotado pelo nosso legislador não se esgotam no esvaziamento somente do *princípio da legalidade*, mas sim, também, do *princípio da jurisdicionalidade*. Com efeito, se o objeto da proibição deixa de ser um fato (formalismo), passando a ser um *valor* (substancialismo), também o processo penal não terá por objeto a apuração de um dado empírico (cognoscitivismo processual), mas sim de um *estado* (decisionismo processual).[455] Como bem destaca Ferrajoli,[456] à atenuação ou dissolução do princípio da legalidade se une a mitigação da estrita jurisdicionalidade, ou seja, uma acentuação, até os limites da arbitrariedade, do poder de etiquetamento e de inquisição do juiz, que vem a se apresentar, segundo a ocasião, como inquisitor, psicanalista ou terapeuta social, e, em todos os casos, desvinculado de critérios rígidos e certos de qualificação penal. E isso faz com que o juízo penal degenere em "juízo sem verdade", isto é, uma fundamentação não baseada em juízos de fato, verificáveis ou refutáveis, mas sim em juízos de valor, não verificáveis nem refutáveis, visto que sua natureza não comporta juízos de verdadeiro ou falso.

Resulta claro, disso tudo, que o *método* adotado pelo nosso legislador contemporâneo longe está de adequar-se à *secularização do Direito*, à separação entre Direito e Moral. Tem-se riscado da técnica legislativa a prescrição de que, quanto mais indeterminada for a *proibição penal*, maior será o arbítrio judicial, e, por conseqüência, menor será a *segurança jurídica*.

---

[455] Basta lembrar, como exemplo, a investigação processual acerca da vida social do réu para fins de determinação da pena base.
[456] Op. cit., p. 42-43.

3.6.2. O limite da (in)constitucionalidade e a (in)consciência jurídica

O princípio da determinação taxativa preside a formulação da lei penal, exigindo qualificação e competência do legislador e o uso por este de técnica correta e de uma linguagem rigorosa e uniforme.[457] Nesse sentido, o postulado de precisão da lei penal dá lugar ao chamado "mandado de determinação" – ou, segundo Palazzo,[458] "taxatividade-determinação" – que exige que a lei determine de forma suficientemente diferenciada as distintas condutas puníveis e as penas que podem acarretar. Constitui este um aspecto material do princípio da legalidade, que trata de evitar a burla do significado da segurança e garantia deste princípio, burla que teria lugar se a lei penal prévia se limitasse a utilizar cláusulas gerais absolutamente indeterminadas.[459]

A verdade, porém, é que, em maior ou menor grau, a indeterminação dos tipos penais é uma característica inevitável das proibições legais, visto que até mesmo as elementares objetivas comportam, sempre, uma valoração judicial, e isso faz com que o efetivo cumprimento do "mandado de certeza" seja um dos problemas mais árduos do manejo correto da técnica legislativa.

Uma vez aceita a missão legitimadora do *nullum crimen, nulla poena sine lege certa*,[460] teremos de delimitar critérios capazes de elucidar o exato limite entre a constitucionalidade e a inconstitucionalidade de um tipo penal, ou seja, onde começa e onde termina a *indeterminação* da norma. Sobre o assunto, existem diversos parâme-

---

[457] LUISI, Luiz. *Os Princípios*, cit., p. 18.

[458] PALAZZO, Francesco C. *Valores Constitucionais e Direito Penal*. Trad. por Gérson Pereira dos Santos. Porto Alegre: Sergio Antonio Fabris, 1989, p. 49.

[459] MIR PUIG, Santiago. Op. cit., p. 78.

[460] No Direito Penal alemão, há quem pense que a taxatividade da lei penal seja apenas um comando de política criminal, uma mera recomendação ao legislador que, uma vez inobservada, abale apenas o campo ético da ciência penal. Assim pensa, por exemplo, Günther Jakobs. Para ele, "uma interpretação orientada não à pureza das idéias, mas sim à eficácia prática da norma, deve levar em consideração que o seguinte contexto do princípio: exigir um máximo de taxatividade ou determinação supera o que pode ser feito por qualquer prática legislativa ou interpretativa – não utópica. Por isso, ao seguir-se dita exigência máxima, o princípio degenera em uma mera 'idéia reitora', sem vinculatoriedade ao caso concreto. A boa eficácia só aparece quando a exigência da taxatividade tão só (mas também) se situa tão alta que critica a praxis, sem pô-la em questão globalmente" (*Derecho Penal*, cit., p. 79, 1). Por certo, tal conclusão *funcionalista* advém da fundamentação *preventivo-geral-positiva* do Direito Penal, adotada por este autor.

tros operativos, que não esgotam a matéria, mas que atribuem ao hermeneuta a carga de sua justificação:

a) *a gravidade do delito*. O Tribunal Constitucional Federal da Alemanha (*Bundesverfassungsgerischt*), em algumas decisões, tem afirmado que as exigências de determinação legal crescem junto com a quantidade de pena prevista no tipo, ou seja, quanto mais grave for o delito, mais delimitada deverá ser a norma.[461] O critério, contudo, é falacioso, visto que o "mandado de determinação" impera sobre todo o Direito Penal, qualquer que seja a gravidade do delito, até porque o "etiquetamento penal" verifica-se independentemente do *quantum* de pena imposta. Do contrário, teremos de admitir que a atividade legiferante em matéria de contravenções penais, *verbi gratia*, não se encontra limitada pelo princípio da legalidade.

b) *a interpretação determinante*. Um tipo penal indeterminado – principalmente no que se refere às *elementares normativas* –, não é de ser considerado, por si só, inconstitucional. Sua exata abrangência poderá ser delimitada *a posteriori*, mediante uma interpretação restritiva pela jurisprudência, sanando, pois, a insegurança dele oriunda.[462] Nesse caso, preconiza Muñoz Conde,[463] "a vinculação do juiz à lei consiste, aqui, em que o legislador não permite uma valoração personalíssima, senão que parte da existência de valores ético-sociais de caráter geral, aos quais o juiz há de submeter-se". Em casos limites de reserva da lei, afirma ele, em que há uma remissão a difusos critérios extrajurídicos (p. ex., "reprovável", "bons costumes"), "só cabe cumprir a exigência da vinculação do juiz à lei fazendo com que a valoração responda exclusivamente aos

---

[461] Cf. ROXIN, Claus. Op. cit., p. 171.

[462] Segundo MAURACH, "a problemática atinente ao princípio do Estado de Direito ali subjacente é mitigada relativamente com a aplicação do Direito pela jurisprudência com uma interpretação restritiva das elementares normativas" (*Derecho Penal*, cit., p. 159).

[463] *Derecho Penal*, cit., p. 116. Como bem mostra Ferederico Marques, "nos Estados Unidos, quando há 'vague and indefinide statutes creating crimes', os tribunais, em vez de lhes traçar os limites adequados, preferem declarar nula a norma incriminadora. Podem ser lembrados os seguintes casos: a) a decisão da Corte Superior de Arkansas, em 1885, declarando que a legislatura não podia configurar como crime o fato de se 'cometer um ato perigoso à saúde, à moral pública, ou que possa impedir o funcionamento da Justiça Pública, ou a execução regular da lei' (JACKSON vs. Arkansas, 1885); b) a Corte do Texas recusou uma lei contra o linchamento, por entender muito vaga a expressão 'violência popular' (*mob violence*) (AUGUSTINE vs. Texas, 1899). No entanto, essa orientação, por demais rígida, foi modificada posteriormente, por entenderem os juízes que, para ter eficácia, a lei penal pode muito dificilmente ser precisa e visar a cada caso particular ('be made definide an specific')" (*Tratado*, cit., vol. I, p. 185).

conceitos valorativos da coletividade, e que o conteúdo dos conceitos jurídicos indeterminados possa concretizar-se por via de interpretação".

Tal solução, contudo, também há de ser refutada. Primeiramente, porque a ampla admissão da transferência do encargo de determinação da norma para os tribunais é uma conduta visivelmente ofensiva à *separação dos poderes*.[464] Nesse sentido, não é a jurisprudência quem tem de oferecer, ainda que por uma interpretação restritiva, a segurança que a sociedade espera, mas sim, *na medida do possível* (v. n. 3.3.3.4, *supra*), o próprio poder legislativo. Além disso, a submissão da sociedade à cognição judicial dos *valores ético-sociais* é uma decorrência do Estado Social, mas não do Estado de Direito. Bastaria a um juiz, p. ex., inserir suas próprias convicções na ambigüidade da expressão "justiça social", elencada no art. 3º da CRFB/88, para que a "interpretação" delimitasse o exato conteúdo da norma. Por fim, agora no plano ideológico, tal solução é incondizente com a função *intimidatória* da norma penal.

c) *determinação do núcleo do tipo*. Embora não seja esse propriamente um critério, há quem pense que a conduta nuclear do tipo, uma vez satisfatoriamente descrita, autoriza que os complementos gozem de certa indeterminação. Assim, bastaria que o *verbo* explicitasse uma conduta exata para que as circunstâncias da proibição, a fim de possibilitar uma correta interpretação da norma, não necessitassem de exagerada certeza. Nesse sentido, afirma Marques que "a precisão que se exige da lei penal está no descrever condutas delituosas específicas, sem que se vede, entretanto, a inclusão no conteúdo descritivo de expressões de amplo alcance que aumentam o campo da norma incriminadora. Desde que a parte nuclear do tipo não deixe margem a dúvidas, as expressões que a ele se acrescentam podem depender de interpretação para aplicar-se a norma, e nem por isso se desnatura o caráter incriminador desta".[465]

O argumento, contudo, também é insatisfatório. O princípio da legalidade, dentre outras conseqüências, determina que não só as elementares do *tatbestand*, mas também as circunstâncias, adeqüemse ao "mandado de certeza". Admitir-se tal posicionamento seria equivalente a autorizarmos ao legislador, inclusive, a edição de uma agravante genérica, nos moldes do art. 66 do CPB. Ademais, a reserva legal não teria a eficácia de restringir a certeza também das sanções penais.

---

[464] Nesse sentido: ROXIN, Claus. Op. cit., p. 171.
[465] Op. cit., id., p. 186.

d) *proporcionalidade.* Sustentam Lenckner e Seel[466] que os conceitos necessitados de complementação valorativa serão admissíveis se os interesses de uma justa resolução do caso concreto são preponderantes em relação ao interesse da segurança jurídica protegido pela "taxatividade-determinação".

Essa visão, própria do *funcionalismo* alemão, relativiza o alcance do princípio da legalidade, visto que sobrepõe a ele o princípio da *proporcionalidade (verhältnismässigkeit).* Em outras palavras: o *interesse punitivo do Estado* é superior ao *interesse de segurança individual e social,* e, sempre que o tipo penal não se encontre delimitado quanto ao seu alcance, será ele, inobstante, aplicável, quando o *valor* da repressão penal, no caso concreto, supere o próprio Estado de Direito. Além da notória quebra à *separação dos poderes,* tal posicionamento esbarra na absolutividade da *reserva legal.* Tal garantia constitucional não comporta mitigação, pelo simples fato de estar ela acima do próprio interesse do Estado. Essa *eudemonística* autorização peca pelo vício metodológico, já que concebe como verdadeiro um valor que é, nos moldes do Estado de Direito, *deontologicamente* falso. Os critérios de justiça ou injustiça somente possuem, embora não incondicionadamente, a capacidade de mitigar o princípio da legalidade nos casos de descriminalização de condutas, posto que os *tipos penais permissivos* não são por ele limitados.

e) *a possibilidade de determinação legislativa.* Outros autores vislumbram na *potencialidade de determinação* a verdadeira fronteira da constitucionalidade. A norma será inconstitucional sempre que o legislador edite-a com conteúdo genérico e impreciso, dês que a ele era dada a possibilidade de ser mais exato. Nas palavras de Jakobs, "se uma regulação relativamente imprecisa puder-se determinar com maior precisão, há de ser eleita a variante mais precisa".[467]

Tal parâmetro é necessário, porém não suficiente. Com efeito, sempre que ao legislador fosse dada a possibilidade de ser mais taxativo do que evidentemente foi, o único caminho a ser traçado à norma editada é o da invalidade.[468] Mas, por outro lado, não será o

---

[466] *Apud* ROXIN, Claus. Op. cit., p. 171.

[467] Op. cit., p. 95-96. No entanto, ressalva: "Isso evidentemente não é válido quando a regulação mais precisa só é manejável com tanta dificuldade (tal é o caso de uma regulação muito prolixa) que, ao aplicá-la, se volte a perder a vantagem inicial da exatidão" (id., ibid., p. 96).

[468] Roxin, ao contrário, assevera que "nem toda redação legal menos afortunada pode converter-se num preceito inconstitucional" (op. cit., p. 171).

fato de ele não dispor de outro recurso semântico mais determinado que nos levará a tolerar a norma imprecisa.

f) *a finalidade do legislador*. Por fim, também é ponderada a clareza das normas segundo a efetiva cognição do *fim* protetivo eleito pelo legislador. Seguido por Roxin, tal parâmetro vai buscar nos princípios de interpretação do Direito Penal a verdadeira solução para o caso: "Segundo estes, um preceito será suficientemente preciso e determinado se, e na medida em que, dele se possa deduzir um claro fim de proteção de parte do legislador, e que, de todos os modos, o teor literal siga marcando limites a uma extensão arbitrária da interpretação. Em tal caso, dar-se-á um marco de regulação, cuja concreção poderá seguir considerando a interpretação de uma lei determinada (precisa). E, a esse respeito, os intentos doutrinários de delimitação, que somente resultam problemáticos se se os aceitam de modo unilateral, de todos os modos podem oferecer valiosos pontos de apoio".[469]

O critério, contudo, não satisfaz. É sabido que toda proibição legal está a proteger, expressa ou implicitamente, um bem jurídico, e, diante disso, todo elemento do tipo penal corresponderia à finalidade protetiva em relação ao bem jurídico eleito. Seria sustentável, por exemplo, a constitucionalidade da elementar "ato obsceno" contida no art. 233 do CPB, visto estar evidente a finalidade do legislador de proteger o "ultraje público ao pudor"

É de se ressaltar que o *fim do legislador* (*mens legis*) é um parâmetro hermenêutico há muito abandonado, dada a dinâmica que toda interpretação, hoje, requer. Desde a segunda metade do século XX que se reconhece que a *vontade do legislador* desprende-se da lei quando esta passa a vigorar, e, modernamente, evolui-se ao ponto de afirmar-se que toda lei há de ser interpretada segundo os

---

[469] Op. cit., p. 172. Exemplifica o autor da seguinte forma: "Os requisitos de determinação, que, segundo isto, há que se exigir, cumprem-se, por exemplo, no tipo penal da 'injúria' (§ 185), posto que uma manifestação de desprezo só logrará seu fim se é ela entendida como tal. Do mesmo modo se pode considerar que o conceito de 'outro motivo torpe' (§ 211) segue sendo constitucional, pois está claro que o fim da lei radica em castigar mais duramente os homicídios especialmente reprováveis; e a questão de quais motivos cabe considerar como 'torpes', é algo que se pode averiguar mediante interpretação por equiparação que a lei faz destes como motivos de 'prazer para o assassinato', 'a satisfação do instinto sexual' e a 'ganância'. Ao contrário, a punição do 'abuso grave' (§ 360, n. 11, v.a.) é inconstitucional, pois não está claro o fim perseguido pelo legislador.(...) Cada indivíduo tem a respeito concepções sumamente pessoais (como o prova o uso da linguagem), pelo que as interpretações possíveis do conceito vão até o infinito" (op. cit., p. 172-173).

valores insculpidos no *ordenamento constitucional*. Teríamos, portanto, de adaptar a lição para elegermos como fator limite da "taxatividade-determinação" a clareza da adequação da norma ao *fim constitucional* desta.

Poderíamos afirmar, agora, que os tipos penais previstos nos arts. 233 e 234 do CPB seriam inconstitucionais pela lesão ao *princípio da taxatividade*, posto que a finalidade das elementares "ato obsceno" ou "objeto obsceno" não resta clara em relação à inviolabilidade, constitucionalmente assegurada, da atividade intelectual, da liberdade de consciência e da manifestação do pensamento.

O princípio da determinação taxativa não está vazio de todo conteúdo, mas o certo é, porém, que nenhum tipo de critério será amplamente satisfatório à delimitação da fronteira entre a certeza e a incerteza do tipo penal incriminador. E isso por uma razão bem simples: a taxatividade não comporta demonstração científica,[470] e, nesse caso, tudo irá depender do método e da ideologia de Direito Penal a ser seguida pelo intérprete. Por certo, interpretar-se uma norma tendo por base os princípios decorrentes de um "Direito Penal máximo", redundará, conforme o sistema político adotado, na admissão da taxatividade, até mesmo, do "bom cidadão" ou do "inimigo do povo".[471] Um Direito Penal "funcional", por exemplo, em que a eficácia se sobrepõe ao mandado de certeza, atestará a taxatividade dos "princípios éticos" contidos no art. 13, inc. II, da Lei nº 8.974/95, ou da "temerariedade" do art. 4º, parágrafo único, da Lei nº 7.492/86.

Ao contrário, se for acolhido pela "consciência jurídica" um método *secularizado* de Direito Penal *mínimo*, aí sim a exigência de taxatividade feita ao legislador pelo princípio da legalidade guarnecerá o aplicador da lei, inclusive, de valer-se de todos os critérios

---

[470] Schünemann, por certo, discordaria disso. Pretende ele definir um conceito de determinação no sentido de que a porcentagem dos elementos típicos suficientemente determináveis em relação à delimitação da conduta punível, em todo caso, deve superar 50%, ou seja, se o número de casos determinados supera o dos indeterminados, a norma é constitucional (*Nulla poena sine lege?*, p. 36, *apud* ROXIN, Claus. Op. cit., p. 172). Esquece-se, contudo, que a casuística não comporta solução de continuidade, e que a multiplicação ao infinito dos exemplos enquadráveis na norma faz com que o critério, além de inseguro, seja sempre provisório.

[471] Segundo Welzel, "uma "lei penal" que "determina": será castigado aquele que lesiona os princípios da ordem social democrática (ou socialista ou qualquer outro), não é conciliável com a idéia de Estado de Direito; não é uma lei penal em sentido substancial, como pressupõe o art. 103 da lei fundamental" (*Derecho Penal Alemán*, cit., p. 27).

antes expostos na sua garimpagem pelo vício da imprecisão legal. Sempre que se deparar ele, em virtude da *vagueza* ou da *polissemia* de um termo, com a necessidade de definição ou "redefinição" do alcance de uma norma, encontrará na resposta ao "por que" e ao "como proibir?" o melhor parâmetro operativo de delimitação da constitucionalidade.

A quem objetar que tal solução é muito tímida frente à necessidade de reprimir-se os abusos advindos dos Poderes Legislativo e Judiciário, responderemos que, no Estado Democrático de Direito, a única forma de limitar-se, *a priori*, o procedimento legislativo e judicante é pela persuasão ideológica do próprio Congresso e dos Tribunais. A isso é que se presta a *política criminal garantista*: de nada adiantará tecermos linhas e mais linhas acerca dos adequados critérios de determinação normativa se aqueles que criam e aplicam as leis penais não estiverem convencidos da necessidade de respeito ao *nullum crimen, nulla poena sine lege certa*, nos moldes aqui estabelecidos.

No Brasil, a prova dessa "inconsciência jurídica" encontra-se na inexistência de uma Ação Direta de Inconstitucionalidade fundamentada na imprecisão de um tipo penal incriminador. Vimos, no decorrer da nossa exposição, uma imensa gama de exemplos de normas penais que pecam (segundo uma ideologia de *Direito Penal Mínimo*) pela imprecisão, e o fato de continuarem elas vigendo e sendo aplicadas deve-se, com certeza, ao substancialismo ético adotado pelo nosso legislador e pelos legitimados ao controle de constitucionalidade pela via direta.

Portanto, só uma *educação garantista-humanitária* é que pode ser capaz de fornecer um parâmetro para o "mandado de determinação".

3.6.3. Taxatividade e construção do núcleo da conduta frente à moderna criminalidade. A crise da teoria geral do delito

Outra técnica de que se tem valido o nosso legislador é a da antecipação da consumação do delito mediante a previsão expressa de condutas que, quando muito, diriam respeito a *atos executórios* da resolução criminosa. O art. 12 da Lei nº 6.368/76, por exemplo, ao descrever a conduta de tráfico de entorpecentes, elenca dezessete verbos nucleares caracterizadores do delito, todos eles, de um modo geral, orientados pela proteção da sociedade contra a conduta daquele que fornece ou fabrica a substância tóxica. Nesse caso, em vez de o legislador apenas descrever a conduta com base nessa primordial tutela penal, preferiu ele enumerar verbos que descrevem a normal progressão criminosa do traficante, fazendo com que delitos que seriam meramente tentados, passassem a ser, agora, consumados.

Ainda no exemplo do art. 12, *supra*, pode-se notar que os verbos "importar", "exportar", "remeter", "vender", "expor à venda", "oferecer", "fornecer ainda que gratuitamente", "ter em depósito", "trazer consigo", "guardar", "prescrever", "ministrar" e "entregar", dizem respeito, todos eles, a atos preparatórios ou executórios do *fornecimento* da droga, enquanto "preparar", "produzir", "fabricar", "adquirir" (a matéria-prima) e "ter em depósito" (a matéria-prima), referem-se à *produção* da substância.

Assim sendo, poderia o nosso legislador ter optado pela proibição dos atos de "produzir ou fornecer substância entorpecente destinada ao consumo alheio", deixando as demais condutas para a punição a título de tentativa, caso iniciada a execução. Nesse caso, a redação do tipo penal, além de mais determinada, proporcionaria um apenamento mais eqüitativo das condutas de tráfico, visto que, por óbvio, a atuação daquele que simplesmente tem em depósito a droga é menos grave do que a conduta daquele que vende a substância.[472]

Note-se, ademais, a prescindibilidade das elementares "sem autorização ou em desacordo com determinação legal ou regulamentar", pois, como vimos no item anterior, dizem elas respeito à ilicitude antecipada no tipo penal. Assim, mesmo que não enumeradas expressamente, jamais seria punido o cientista que, para fins medicinais, importasse substância entorpecente, visto agir no *exercício regular de um direito*.

Disso tudo resulta que o art. 12 poderia ser construído com sete ou oito palavras em sua redação (em vez das mais de quarenta que contém), e, ainda assim, tutelaria de forma mais eficaz e justa a proteção da sociedade frente o tráfico de drogas.

Contudo, isso não ocorreu. Preferiu o nosso legislador, mais uma vez arraigado à sua ideologia ético-substancial-não-secularizada, *defender a sociedade* de todos os males oriundos da conduta do traficante, sem perceber, contudo, que tal atitude põe em dúvida a *segurança jurídica* da sociedade (desviada ou não) frente à proibição.

---

[472] Esse é um dos motivos, inclusive, de a pena mínima do art. 12 ser tão distanciada da pena máxima, acarretando, ademais, sérias dúvidas quanto à taxatividade da sanção penal (v. n. 3.6.5, *infra*).

Essa técnica legislativa, conseqüentemente, dá origem a *antinomias* do ordenamento jurídico, fazendo com que situações diversas sejam tratadas da mesma forma, ou, ao contrário, dando tratamento diferenciado a situações idênticas. Pense-se, por exemplo, na submissão, à mesma pena mínima e máxima da conduta de quem simplesmente esconde a droga – não pondo em risco concreto, portanto, a saúde pública – e de quem a vende; ou, por outro lado, de quem realiza um ato executório não previsto no art. 12 – respondendo, pois, pela tentativa –, e outro que pratica um mero ato preparatório previsto expressamente (p. ex., "adquirir"). Isso, por si só, evidencia uma nítida lesão do art. 12 ao *princípio da legalidade*, visto que, além de a norma não ser taxativa, não trata toda a sociedade de forma igual *perante a lei*.

Essa "compulsão legislativa", infelizmente, tende a se confirmar. A "moderna criminalidade", dada a lesividade difusa que geralmente provoca, tem feito com que o legislador, na ânsia de controlar o desvio, redija tipos penais cada vez mais imprecisos.[473] No Brasil, além do art. 12, *supra*, podemos citar como exemplos de vício metodológico-legislativo semelhante os arts. 13 e 16 do mesmo diploma, o art. 273 do CPB, o art. 20 da Lei nº 7.170/83, os arts. 242 a 244 da Lei nº 8.069/90, os arts. 1º, inc. IV, e 4º, inc. IV da Lei nº 8.137/90, o art. 10 da Lei nº 9.437/97, os arts. 29, 42, 56 e 60 da Lei nº 9.605/98[474] etc. Note-se que, em todos esses casos, a descrição das condutas passíveis de punição comportaria um, dois ou, no máximo, três verbos nucleares, restando à figura do delito tentado a tutela das demais situações.

---

[473] Segundo Silva Sánchez, a moderna criminalidade presente na época da globalização e da integração supranacional tende a tornar o Direito Penal menos garantista. Para ele, "o Direito Penal da globalização e da integração supranacional será um Direito desde logo crescentemente unificado, mas também menos garantista, em que se flexibilizam as regras de imputação e em que se relativizam as garantias político-criminais, substantivas e processuais. Nesse ponto, portanto, o Direito Penal da globalização não fará mais que acentuar a tendência que já se percebe nas legislações nacionais, de modo especial nas últimas leis em matéria de luta contra a criminalidade econômica, a criminalizada organizada e a corrupção" (El Derecho Penal ante la Globalización y la Integración Supranacional. In: *Revista Brasileira de Ciências Criminais*. São Paulo: Revista dos Tribunais, a. 6, n. 24, out/dez/98, p. 66).

[474] Situação curiosa encontrada neste diploma legal, e que revela a mais evidente falta de técnica legislativa, encontra-se no art. 30, ao mencionar a conduta de "exportar para o exterior". É óbvio que não poderia ser "exportar para dentro do mesmo país".

Outro vício de construção legislativa que merece destaque é, na terminologia empregada por Moccia,[475] o da "criminalidade por amostragem", encontrada manifestamente na Lei nº 7.716/89. Veja-se que em doze tipos penais distintos (arts. 3º a 14) são empregados quatro verbos nucleares: "impedir", "obstar", "negar", "recusar". Além disso, considerando-se que todos aqueles que "impedem", ao mesmo tempo "obstam", assim como todos aqueles que "recusam", ao mesmo tempo "negam", teríamos, na verdade, dois verbos para regular doze delitos que tutelam os mesmos bens jurídicos: a raça e a cor das pessoas (posteriormente, alcançando também a etnia, a religião e a nacionalidade). A imprecisão dos tipos penais é tamanha que, em nenhum deles, há expressa menção ao intuito discriminatório-racial. Diante disso, as normas ali elencadas passam a ser aplicáveis a todas as condutas que realizem o descrito no tipo penal, mesmo que inexistente o preconceito. Mas o absurdo não pára por aí: uma breve leitura dos primeiros quinze tipos penais incriminadores daquele diploma legislativo nos evidencia que a proteção penal poder-se-ia resumir, no máximo, a um ou dois delitos,[476] e tal casuística legal acaba revelando iniqüidades dignas de publicação: se, por motivos raciais, eu recusar a hospedagem de alguém num hotel (art. 7º), poderei receber uma pena mínima de 3 anos, mas se a recusa se der num bar, a pena mínima passará a ser de 1 ano (art. 8º).

Mais um caso de assistemática legislativa, envolvendo a moderna delinqüência, revela-se no chamado "crime organizado". A Lei nº 9.613/98, ao regular os crimes de "lavagem" de dinheiro, além de instituir verdadeiros casos de responsabilidade objetiva e dupla punição pelo mesmo fato (*bis in idem*), valeu-se de expressões ambíguas e indeterminadas. O art. 1º, inc. VII, proíbe, em linhas gerais, a ocultação da procedência ilícita de bens ou valores adquiridos com a prática de crimes por "organização criminosa". No

---

[475] MOCCIA, Sergio. Emergência e defesa dos direitos fundamentais. In: *Revista Brasileira de Ciências Criminais*. A. 7, nº 25, jan-mar/99, p. 58.

[476] Note-se que os arts. 3º e 4º, por serem normas genéricas, abrangem quase que a totalidade dos demais dispositivos. É injustificável a tutela, com penas praticamente idênticas, de discriminações ocorridas em "estabelecimento de ensino público ou privado de qualquer grau", "hotel, pensão, estalagem", "restaurantes, bares, confeitarias", "estabelecimentos esportivos, casas de diversões ou clubes abertos ao público", "salão de cabeleireiros [sic], barbearias [sic], termas [sic] ou casas de massagem [sic]", "edifícios públicos ou residenciais e elevadores ou escada de acesso [sic] aos mesmos", "aviões, navios, barcas, barcos, ônibus, trens, metrô". De um modo geral, tudo isso poderia ser resumido apenas num tipo penal: "impedir alguém de fazer algo que a lei permite ou determina, em virtude de preconceito de raça, cor, etnia, religião ou procedência nacional".

Brasil, não existe esse tipo penal; o que temos, isso sim, é o delito de quadrilha ou bando (aliás, qual é a diferença entre "quadrilha" e "bando"?), que, em razão de suas diversas espécies (p. ex., art. 288 do CPB; art. 2º da Lei nº 2.889/56; art. 14 da Lei nº 6.368/76; art. 8º da Lei nº 8.072/90 etc.), além de não poderem ser equiparados a "organização criminosa" (sob pena de valermo-nos de uma evidente analogia *in mallam partem*), possuem requisitos de adequação típica distintos entre si, fazendo com que tal norma seja aberrantemente lesiva ao *princípio da legalidade*.

Já no § 2º do mesmo dispositivo temos outro vício de técnica legislativa, aliás muito comum ultimamente, e que iremos denominar de "criminalidade acessória". O art. 31 do CPB determina expressamente que, *salvo disposição em contrário*, o ajuste não é punível se o crime não chega, ao menos, a ser tentado. Em outras palavras: todo concerto, para ser punível, depende do início da execução do delito, visto que, do contrário, estaremos diante da proibição de um *estado*, e não de um *fato*. A lei, contudo, excepcionou a possibilidade de disposição expressa em contrário, e um desses exemplos é o art. 288 do CPB, ou seja, a proibição da "quadrilha ou bando". Nesse caso, contudo, houve a preocupação de serem enumerados os requisitos mínimos do delito, ou seja, número de participantes e intuito criminoso plural. Agora, vem o legislador criminalizar a participação em "grupo", "associação" ou "escritório" destinado à "lavagem de dinheiro". Quantas pessoas devem compor o "grupo"? Uma sociedade de fato pode ser considerada uma "associação"? A que tipos de "escritório" está o legislador a se referir?

Essas indagações revelam uma triste ridicularização da *teoria geral do delito*, conquista árdua de anos e mais anos de lutas contra o processo inquisitivo e que, atualmente, se vê ameaçada. Se a Parte Especial do Código Penal é a "magna carta do delinqüente", a Parte Geral é a "magna carta da sociedade", e a cada exceção que se cria às regras desta, mais se enfraquecem as garantias constitucionais do cidadão. Se o Título IV do Código Penal regula o instituto da *participação*, considerada, regra geral, como uma conduta acessória que adere a outra principal, é porque a evolução da ciência penal demonstrou a inconveniência da proibição de "condutas" incapazes de originar lesões concretas. Vimos que o crime tentado nunca esteve tão "consumado" como atualmente, e, agora, o partícipe é mais "autor" do que nunca.

A esses casos, somam-se o da punição do crime impossível, instituída pelo art. 304, parágrafo único, da Lei nº 9.503/97, e o da extinção da punibilidade pelo arrependimento posterior (art. 34 da Lei nº 9.249/95), que excepcionaram, pois, as regras insculpidas, respectivamente, nos arts. 17 e 16 do CPB. Como bem assinala Moccia, já se começa a perguntar, retoricamente – espera-se –, se o Direito Penal adequado às novas exigências de intervenção tem ainda necessidade de uma Parte Geral: esta última, não por acaso, deve ser considerada a expressão mais significante e densa do valor civil da elaboração dogmático-sistemática.[477] Não se podem aceitar, nesse rumo, tais condutas inquisitivas do nosso legislador penal, sob pena de, em breve, retornarmos aos açoites e aos banimentos das Ordenações Filipinas e Manoelinas.

3.6.4. Taxatividade e elementares normativas

Como vimos há pouco, nosso legislador penal, em diversas situações, valeu-se de expressões axiomáticas para a construção dos tipos penais incriminadores, conhecidas como *elementares normativas*. Dentre elas, figura uma categoria denominada por parte da doutrina como *elementares normativas de antecipação de ilicitude*, ou seja, são componentes do tipo penal que acarretam o exame da antijuridicidade como requisito fundamental para a adequação típica da conduta. Assim, as elementares "indevidamente" (arts. 151, § 1º, inc. II; 162; 192, inc. I; 316; 317 e 319 do CPB), "sem justa causa" (arts. 153; 154; 244; 246 e 248 do CPB), dentre outras, além de suscitarem diversas dúvidas no campo da *teoria do erro*,[478] deparam-se com a necessidade de justificação frente o *princípio da legalidade*.

Poder-se-ia afirmar, inicialmente, que tal técnica legislativa iria de encontro ao *princípio da separação de poderes*, visto que o limite da proibição seria delimitado, *a posteriori*, pelo juiz. Contudo, o uso, pelo legislador, de expressões como "indevidamente" ou "sem justa causa", apesar de tecnicamente não recomendado, não chega a anular a *taxatividade legal*.

Na verdade, tais expressões são de todo prescindíveis, visto que o exame de uma conduta ser devida ou não, ou com ou sem justa causa, é realizado não só nos tipos penais em que tal determinação consta expressamente, mas sim em todos os tipos penais incriminadores. É óbvio que todo juiz somente irá aplicar a pena

---

[477] Op. cit., loc. cit., p. 60.
[478] No Direito Penal brasileiro ver, sobre o assunto: BITENCOURT, Cezar Roberto. *O Erro Jurídico-Penal.* 2 ed. São Paulo: Revista dos Tribunais, 1998; GOMES, Luiz Flávio. *Erro de Tipo e Erro de Proibição.* 2 ed. São Paulo: Revista dos Tribunais, 1994.

prevista no tipo penal do homicídio, se a conduta de matar alguém foi *indevida*, ou *sem justa causa*. Assim, por exemplo, em se verificando um homicídio em legítima defesa, poder-se-ia asseverar que o seu autor "matou outrem", mas "com justa causa".

A ilicitude compõe o injusto penal, e o fato de estar ela prevista expressamente na proibição somente faz do *tatbestand* uma norma tautológica tecnicamente, sem chegar ao ponto, contudo, de torná-lo indeterminado.

Situação de solução garantidora bem mais penosa é o enfrentamento da adequação das elementares normativas de *valoração de conduta* ao princípio da legalidade. Segundo os penalistas clássicos, a estrutura do tipo penal, uma vez superado o esquema objetivo-subjetivo belinguiano, dava-se a partir da construção de elementares objetivas, subjetivas e normativas. Vimos que, de fato, o ideal seria que todos os tipos penais fossem construídos tão-só com elementares objetivamente verificáveis pelos sentidos humanos, até mesmo porque, nesse caso, estaríamos atingindo um grau bastante razoável de segurança jurídica. Isso, contudo, revela uma falácia há muito superada pela hermenêutica moderna.

É sabido, atualmente, que esta tripartição estrutural do *tatbestand* só poderia ser sustentada por penalistas ainda hoje desatentos à superação do paradigma da filosofia da consciência. Acreditar-se na possibilidade de que o aplicador da norma possa, através de provas, constatar a existência de elementares objetivas, seria o mesmo que admitirmos que os fatos possuem uma realidade esgotada e limitada não-modificável pela interpretação humana. Parece evidente a insustentabilidade do esquema tripartido do tipo penal pela simples razão de que a adequação típica da conduta sujeita-se, sempre, a uma atividade interpretativa do hermeneuta, não se podendo esquecer que, nessa operação, nenhum elemento do tipo pode ser cognoscível pela mera percepção sensorial.[479] A bem da verdade, todo tipo penal é composto de elementares normativas pelo simples fato de que a adequação da conduta a uma norma não é resultado de uma subsunção mecânica, mas sim axiomática. Aquilo que a doutrina costuma chamar de elementares objetivas não passa de contextos lingüísticos cuja extensão é consensualmente delimitada e aceita pela comunidade jurídica. Bastaria o surgimento de um novo fato até então não discutido para que a demanda por um novo consentimento hermenêutico imponha-se.

---

[479] V. CARDOSO DA CUNHA, Rosa Maria. *O Caráter Retórico do Princípio da Legalidade*. Porto Alegre: Síntese, 1979, p. 63-67.

O conceito de "casa" é razoavelmente delimitado não só por condições sociais postas como, também, por determinações legislativas antecipadas (art. 150, § 4º, do CP), mas, inobstante isso, bastaria uma situação inusitada verificar-se para que surgisse a possibilidade de uma *viragem lingüística* (p. ex., pode-se considerar que um automóvel seja "casa"? E se o dono do automóvel reside nele? Ou mesmo se não reside, não poderia este bem móvel ser tratado desta forma?). Diante disso, a demanda social passa a exigir dos operadores do direito que aquele conceito, até então visto como "objetivo", deva ser rediscutido até que, operando-se temporalmente um certo consenso, transmude-se essa nova situação em objetivamente concebida. A divisão entre elementares objetivas e normativas sujeita-se à percepção de que a única diferença entre elas é uma aproximação lingüística consensual ou um afastamento lingüístico destoante. Nesse sentido, somente os *dogmas* é que são capazes de convencer alguém da possibilidade de aplicação de uma norma mediante uma singela percepção sensorial.

Isso tudo abala a estrutura do tipo penal formado a partir de sua função garantidora, mas disso não resulta, imediatamente, a conclusão de sua imprestabilidade. O tipo penal, assim concebido, funciona como um ponto de partida lingüístico concedido ao intérprete, de tal forma que o dispositivo legal será tão mais seguro quanto maior for a sua aproximação com a linguagem social (não-jurídica). Por outro lado, de nada adiantará esta aproximação verificar-se caso a liberdade hermenêutica do aplicador da norma não se adeqúe a princípios básicos não-decisionistas, mas sim fundamentais. Em outras palavras: como todas as elementares do tipo penal carregam em si um grau maior ou menor de normatividade, só de poderá vislumbrar no tipo penal uma função garantidora caso o conteúdo da norma seja lingüisticamente tolerado. É sabido que a insegurança de uma norma será crescente em proporção à utilização de elementares que necessitem de um consenso jurídico para se delimitarem (lembre-se do malfadado "homem médio" como critério de determinação da previsibilidade objetiva). Por essa razão é que palavras indeterminadas e indetermináveis, ao gerarem soluções decisionistas do intérprete, afastam-se do ideal da segurança jurídica, a tal ponto que a aplicação da norma, ao menos inicialmente, passa a sujeitar-se a um método indutivo de convencimento.

Essa visão *retórica* do *princípio da legalidade* sobrecarrega o aplicador do direito penal com uma tarefa muito mais política do que, propriamente, jurídica. Uma ideologia política de intervenção máxima, e de exclusivo apego a uma (falsa) finalidade penal exclusivista de proteção social não-fundamentalista (que não pode ser sustentada em consonância à nossa Constituição), concede ao intérprete a possibilidade de gerar insegurança não só quando da apreciação de elementares normativas como, ademais, de "elementares objetivas". A função de garantia do tipo penal, portanto, depende muito mais das *razões político-penais* de seu aplicador do que de um suposto método mecanicista de incidência da norma. Como bem assinala Rosa Maria Cardoso da Cunha, "sempre que um juiz empresta novos sentidos às expressões que integram a descrição típica, e o faz desfavoravelmente ao réu, ou se baseia em critérios ambientais, defrauda o princípio da legalidade na estrita definição hermenêutica que lhe empresta o pensamento dogmático".[480] Assim sendo, somente a adoção de uma política penal *garantista* é que poderá aproximar a ciência penal do tão-falado ideal utópico da segurança jurídica.

3.6.5. Taxatividade e sanção penal

Assim como a proibição abstratamente prevista há de ser o mais taxativa possível, também as conseqüências penais dessa proibição devem comportar um marco delimitado e preciso. Se, por um lado, a norma penal possui como fundamento básico (necessário, mas não suficiente, repita-se – v. n. 2.2, *supra*) a prevenção geral dos delitos, e se esta justifica-se na medida em que *deve* produzir uma "coação psicológica" na sociedade a não realizar a conduta proibida expressamente, por outro, tal *intimidação* é levada a cabo não pela proibição em si (norma primária), mas sim pelos efeitos da proibição. Em outras palavras: a eficácia da proibição como *mal em si* é uma decorrência do *ordenamento moral*, em que o agente evita a realização da conduta exclusivamente em virtude dos princípios éticos que segue, mas, ao contrário, a eficácia da proibição como *mal proibido* depende da previsão de conseqüências que, nas palavras de Hobbes,[481] tornariam a agressão de um contra o outro tão perigosa que ambas as partes fiquem convencidas de que é melhor conter-se do que ir às vias de fato. Portanto, se a sanção penal e os efeitos da condenação têm por finalidade demonstrar ao criminoso que o proveito do delito é menor do que o prejuízo pelo cumprimento da

---

[480] Op. cit., p. 84.
[481] *De Cive*, cit., p. 96.

pena, persuadindo-o, dessarte, a desistir de sua intenção criminosa, impõe-se reconhecer que tal juízo de "pesos e contra-pesos" somente será possível caso também a repressão penal seja previsível.

Dessa necessária determinação da pena e dos efeitos da condenação resulta que, caso o *princípio da taxatividade* fosse levado às sua últimas conseqüências, teríamos uma pena invariável para todos os delitos, posto que essa seria a melhor forma de prover a segurança da sociedade contra os arbítrios do Estado. Assim, todos aos autores de um homicídio sujeitar-se-iam, p. ex., a uma pena de 10 anos de reclusão.

A tal solução opõe-se, contudo, o *princípio da retribuição da pena*,[482] que, como corolário (às avessas) da *igualdade perante a lei*, veda que pessoas em situações distintas recebam o mesmo tratamento legal. Nesse caso, há que se encontrar, na busca da *taxatividade das penas*, um ponto de equilíbrio entre a *segurança jurídica* e a *proporção da pena à medida da culpabilidade*: esse é o fundamento da previsão de sanções mínima e máxima distintas para cada delito.

Adaptada, portanto, a reprimenda penal aos *princípios da isonomia* e da *culpabilidade*, torna a *taxatividade* da lei a exercer influência sobre o novo critério. Uma vez admitido que, em nome da eqüidade, deve a sanção penal ser fixada segundo um limite mínimo e máximo, resguarda o *princípio da legalidade* que tais limites não sejam indeterminados ao ponto de não fornecerem à sociedade a segura previsibilidade das conseqüências de seus atos.

Nas palavras de Beccaria, "se existisse uma escala exata e universal de penas e de delitos, teríamos uma medida provável e comum dos graus de tirania e de liberdade, do fundo de humanidade ou de maldade das diversas nações".[483]

Essa "escala exata", contudo, é impossível de ser delimitada. A dosimetria abstrata da sanção penal não comporta cálculos aritméticos em relação à proporcionalidade da lesão, e, nesse caso, a

---

[482] O termo "retribuição" aqui designado não foi empregado no sentido de fundamento ou finalidade da punição, como pensavam Hegel e Kant, mas sim como um *meio* de se atingir uma determinada finalidade. O *princípio da retribuição da pena* é um dos mecanismos capazes de oferecer uma resposta adequada ao "quando punir?" (e não ao "por que punir?"), no sentido de que toda sanção tem em mira um *fato* praticado *no passado*, mas sua aplicação é feita tendo em vista uma *utilidade para o futuro*.

[483] Op. cit., p. 51. Da mesma forma, destaca Montesquieu que "é essencial que as penas se harmonizem, porque é essencial que se evite um grande crime do que um crime menor, aquilo que agride mais a sociedade do que aquilo que a fere menos" (op. cit., p. 100-101).

determinação do *quantum* de pena, tendo em vista as dificuldades de determinação do que se deve entender por "gravidade" do delito, fica à mercê da exclusiva discricionariedade do legislador. No Brasil, por exemplo, a política legislativa modernamente adotada vem estabelecendo o verdadeiro norte legislativo para a cominação das penas como o clamor social causado pelo novo distúrbio que se manifesta, e isso tem gerado, por um lado, a exasperação severa da reprimenda penal para delitos de reduzido potencial ofensivo,[484] e, por outro, o exagerado distanciamento entre os limites mínimo e máximo das penas abstratamente cominadas. E é dessa segunda "hipertrofia penal" que iremos tratar agora.

O *ideal da segurança jurídica*, além das demais conseqüências já tratadas, resguarda a necessidade de o cidadão prever, antes mesmo de conduzir-se socialmente, o custo/benefício de sua atuação. Não só os delitos, senão também toda a vida em sociedade, está impulsionada, nas palavras de Feuerbach,[485] pela "causa psicológica da sensualidade", na medida em que o desejo do homem é o que o impulsiona, por prazer, a cometer qualquer ação. Este impulso sensual pode ser evitado na condição de que cada um saiba que a seu fato há de seguir, impreterivelmente, um mal que será maior que o desgosto emergente da satisfação de seu impulso ao fato. Conseqüentemente, não só o conteúdo da proibição há de ser determinado, senão também os próprios limites da sanção prevista.

---

[484] Pense-se, por exemplo, nos crimes de falsificação, corrupção, adulteração ou alteração de produto destinado a fins terapêuticos ou medicinais (art. 273, *caput* e § 1º, § 1º-A e § 1º-B, com a redação dada pela Lei nº 9.677, de 2 de julho de 1998), no crime de quadrilha ou bando para a prática de crimes hediondos (art. 8º da Lei nº 8.072/90) etc. Sobre o assunto, vale ressaltar os casos arrolados por Lenio Streck (citando Eunice Nunes): "Mais algumas distorções: adulterar número de chassi é crime punido com 3 a 6 anos de reclusão e multa, pena mínima maior do que a de, por exemplo: a) lesão corporal grave em que a vítima perde, por exemplo, um dos olhos. Neste caso, a punição é de 1 a 5 anos de reclusão; b) instigação ao suicídio, se vier a ocorrer a morte. Neste caso, a pena é de 2 a 6 anos de reclusão; c) infanticídio é castigado com 2 a 6 anos de detenção. Mais: homicídio doloso simples é punido de 6 a 20 de reclusão, pena mínima inferior à de, por exemplo: a) roubo com lesão corporal grave culposa, em que a pena é de 7 a 15 anos de reclusão; b) extorsão mediante seqüestro simples, em que a pena mínima é de 8 a 15 anos de reclusão. Se este crime durar mais de 24 horas, a pena subirá para 12 a 20 anos de reclusão, igual à do homicídio qualificado (considerado hediondo). Ainda: homicídio simples contra criança tem a pena mínima de 8 anos e máxima de 26 anos e 6 meses de prisão. Essa pena mínima é inferior à do atentado violento ao pudor contra criança, que é de 9 anos de reclusão. Aqui, a pena máxima é de 15 anos" (op. cit., nota n. 72, p. 55-56).

[485] *Tratado*, cit., p. 60.

O Princípio da Legalidade Penal
no Estado Democrático de Direito

Inobstante a ausência de parâmetros exatos de medição da *proporcionalidade* da pena abstratamente cominada, algumas diretrizes podem ser destacadas, a fim de tolher o arbítrio legislativo.

A principal, sem dúvida, encontra-se na interpretação do sistema jurídico à luz dos axiomas constitucionalmente previstos. A nossa Constituição Federal, em seu art. 5º, destaca "a inviolabilidade do direito à vida, à liberdade, à igualdade, à segurança e à propriedade", e, por óbvio, a colocação dos valores "vida" e "patrimônio" em pólos opostos da relação não foi à toa. Apesar de não se poder afirmar, com a mais absoluta certeza, a maior relevância do bem jurídico "vida" em relação à "liberdade", pode-se, sem embargo, destacar-se a sua sobreposição em relação aos demais bens arrolados do *caput* do art. 5º, até porque sem "vida" não há nem "igualdade", nem "segurança", nem "patrimônio".[486]

A prova da maior relevância dada à vida humana encontra-se, ademais, em nossa própria legislação infraconstitucional. Até a entrada em vigor do Código Penal de 1940, tínhamos no cabeçalho da Parte Especial do Estatuto Repressivo a previsão dos "crimes contra a existência política do Estado" (Código Penal de 1890, mantida esta ordem na Consolidação das Leis Penais, de 1932). De lá para cá, contudo, os "crimes contra a vida" passaram a introduzir os tipos penais incriminadores, e isso, com certeza, deu-se em virtude não só da iluminista sobreposição dos direitos humanos sobre os "interesses do Estado", mas também da própria valorização do direito à vida em relação ao direito à propriedade. Seria não só ideologicamente coerente, senão também teoricamente correto, afirmarmos que o maior *valor* objeto de tutela penal é o direito à vida.

---

[486] A isso, contudo, o nosso legislador parece não andar muito atento e preocupado. Apenas a título de exemplificação, foi editada, em 14 de julho de 2000, a Lei nº 9.983, que introduziu profundas modificações na Parte Especial do Código Penal. Uma delas consiste na introdução do art. 313-A, prevendo o delito de "Inserção de dados falsos em sistema de informações", cuja redação é a seguinte: "Inserir ou facilitar, o funcionário autorizado, a inserção de dados falsos, alterar ou excluir indevidamente dados corretos nos sistemas informatizados ou bancos de dados da Administração Pública com o fim de obter vantagem indevida para si ou para outrem ou para causar dano:" Veja-se a pena cominada: reclusão, de 2 (dois) a 12 (doze) anos, e multa. Basta uma análise superficial para a percepção da flagrante inconstitucionalidade existente neste dispositivo, não só pelo excessivo espaço da pena entre os limites mínimo e máximo como, ademais, por prever uma sanção que pode ser igual ou até maior do que uma pena concretizada a um delito de homicídio. Na nossa lei penal, pois, é possível que o bem jurídico "vida" valha menos do que o "patrimônio" da União.

Poderíamos encontrar, com isso, no índice de variação entre as penas mínima e máxima do tipo penal do homicídio (art. 121, *caput*, do CPB), o melhor critério para a cominação da pena para os demais tipos penais incriminadores. Nesse caso, tendo em vista que o máximo de pena privativa de liberdade prevista para o delito de homicídio simples[487] (20 anos) corresponde a pouco mais de três vezes o mínimo cominado (6 anos), poderíamos afirmar que toda sanção penal que exceda aproximadamente essa variação há de ser reputada não só inconveniente, mas, também, em alguns casos, ilegal. Com efeito, se a variação entre a pena mínima e a máxima do delito que tutela o mais valioso de todos os bens jurídicos (a "vida humana") estabelece-se à fração intermediária entre o triplo e o quádruplo, toda sanção penal que exorbite o maior desses multiplicadores poderia ser considerada como ofensiva ao *princípio da taxatividade das penas*.

Assim poderiam ser reconhecidas, por exemplo, as penas de 1 a 5 anos (arts. 129, § 1º, 133, § 1º, 171, 175, § 1º, 243, 265, 274, 275 e 276, todos do CPB; arts. 9º, 10 e 11, da Lei nº 7.492/86; arts. 1º e 2º, da Lei nº 8.176/91; arts. 40 e 54, § 2º, da Lei nº 9.605/98), de 1 a 6 anos (arts. 135, 140, 296, 340, 348, 349, do CPB; art. 16 da Lei nº 9.434/97), 1 a 7 anos (art. 317 do CPB), 2 a 10 anos (art. 3º da Lei nº 1.521/51), 2 a 12 anos (arts. 312, 313-A e 316 do CPB) e 3 a 15 anos (art. 12 da Lei nº 6.368/76).[488]

O mesmo se pode afirmar em relação à pena de multa no Brasil. Segundo o sistema adotado pelo nosso Código Penal, o valor da pena pecuniária irá variar de 10 a 360 dias-multa (art. 49, *caput*), sendo que o valor do dia-multa não poderá ser inferior a 1/30 do maior salário mínimo mensal vigente ao tempo do fato, nem superior a 5 vezes (art. 49, § 1º), podendo o juiz aumentá-lo até o triplo (art. 60, § 1º). Assim, poderemos ter um réu que, ante a prática de um estelionato, receba uma pena de multa de 10 dias-multa à razão de 1/30, enquanto que outro autor do mesmo delito poderá ser condenado a 360 dias-multa à razão de 15 vezes o valor do salário mínimo vigente à data do fato. Apenas para elucidar ainda mais, se atribuirmos a esse salário o valor ficto de R$ 1,00, o

---

[487] A pena abstrata do delito de homicídio qualificado (art. 121, § 2º, do CPB) não pode servir de parâmetro, visto que nossa legislação limita em 30 anos o máximo das penas privativas de liberdade. Não existisse esse "teto-de-pena", e adotando-se a proporção do homicídio simples, a pena máxima haveria de ser maior.

[488] Assim também pensa, em relação ao art. 12 da Lei nº 6.368/76: RIBEIRO LOPES, Maurício Antônio. *Princípio da Legalidade*, cit., p. 131.

primeiro seria condenado a uma pena pecuniária de R$ 0,33, enquanto que o segundo, a R$ 5.400,00.

Poder-se-ia argumentar que o sistema de dias-multa possibilita ao juiz uma melhor adequação da reprimenda penal às condições financeiras do condenado, realizando, dessa forma, uma *justiça social* mais *eficaz*. Contudo, quem assim pensa esquece-se de que, em matéria penal, tal valor esbarra no princípio da legalidade *formal*, que, no Estado de Direito, obriga não só a determinação da proibição penal, senão também da própria sanção. Se esse distanciamento entre a pena mínima e a pena máxima pode proporcionar, em algumas situações, um julgamento *justo*, em outras, poderá originar sérios arbítrios quando da aplicação da lei.[489] Nesse sentido, a única forma de adequação (*formal*) da pena pecuniária ao princípio da legalidade é a adoção, de *lege ferenda*, do sistema de "multa tarifada", visto comportar ele a possibilidade de determinação *a priori*, para cada delito, do mínimo e do máximo de sanção pecuniária.

A mesma crítica, por fim, há de ser feita à pena restritiva de direitos prevista no art. 43, inc. I, do CPB (com a redação dada pela Lei nº 9.714/98), qual seja, a "prestação pecuniária". Veja-se que o art. 45, § 1º, além de estipular uma destinação bastante ampla para o valor efetivamente pago, possibilita a ampla variação de 1 a 360 salários mínimos, sem, ademais, fixar qualquer parâmetro para a delimitação do *quantum* pelo juiz. Parece-nos bem óbvia a lesão dessa modalidade de "pena alternativa" ao princípio da legalidade.[490]

---

[489] Nesse sentido: ROXIN, Claus. Op. cit., p. 174.

[490] A constitucionalidade dessa nova modalidade de sanção penal também é posta em dúvida por Cezar Bitencourt. No entanto, sua crítica refere-se, principalmente, à adoção do salário mínimo (e não o dias-multa) como indexador dos valores a serem fixados (*Manual*, cit., p. 514-515).

4. O Princípio da Legalidade (material) no Estado Democrático de Direito

> "Deve ser uma lei honesta, justa, conforme à natureza, de acordo com os costumes pátrios, conveniente, necessária e útil segundo os tempos e lugares; e bem clara para que não vá conter algo duvidoso pela sua obscuridade; escrita não para o proveito de algum particular, mas para o bem comum" (Isidoro).

4.1. DESTINATÁRIOS E ABRANGÊNCIA

A verdade é que a *garantia da legalidade* não se contenta, ao menos em nosso País, com o seu alcance decorrente do tradicional modelo liberal-individualista predominante no clássico Estado Liberal. Nesse sentido, temos apenas um *princípio da legalidade lato sensu*, de conteúdo quase que meramente formal e capaz de legitimar sistemas de Direito Penal Máximo adstritos, apenas, à observância das competências, dos procedimentos legislativos específicos e da prévia e taxativa cominação legal dos crimes, das penas e do processo penal. O Direito Penal, como disciplina, não pode ter somente como objeto a norma – como pensavam muitos positivistas –, pois que esta não tem validade em si mesma. Sua validade provém dos próprios valores político-criminais eleitos pelo Estado Democrático de Direito. As normas penais devem ser expostas à permanente revisão crítica a partir da realidade social, e isso não deve ser alheio ao Direito Penal, particularmente às informações propiciadas pela criminologia. Deve haver, por conseqüência, uma permanente interação entre a criminologia, a política criminal e a dogmática penal.[491]

---

[491] Cf. BUSTOS RAMÍREZ, Juan J. *et al.* Op. cit., p. 31.

Vejamos um exemplo para justificar o afirmado: imaginemos que opte o nosso legislador, ante o clamor social decorrente do acentuado índice de infrações de trânsito, por editar uma proibição nos seguintes termos: *"Estacionar veículo automotor em local proibido. Pena: reclusão de 5 a 15 anos"*. Por certo, tal proibição poderia ser considerada válida caso o sistema político adotado fosse o mero Estado de Direito, nos moldes clássicos até então concebidos, visto que, por um lado, a norma foi editada pelo poder competente, em estrita observância do procedimento legislativo adequado, e, por outro, à sociedade foi dado o devido conhecimento da proibição delimitada. Diante disso, aos juízes seria vedada a não-aplicação dessa norma, nos limites legais da pena, sempre que um fato nela se enquandrasse, restando observado, portanto, o princípio da legalidade *formal*.

Insta ressaltar, contudo, que o princípio da legalidade, num Estado Democrático de Direito, não se contenta, apenas, com a resposta ao "como proibir?" (v. n. 2.3, *supra*) – tolerância essa arcada pelo clássico modelo de Estado de Direito –, senão também ao "o que proibir?" (v. n. 2.4, *supra*). A essa garantia penal é dado o poder determinante não só dos *destinatários* de suas conseqüências, senão também da *abrangência* destas.

Nossa Magna Carta (1988) determinou, em seu art. 1º, que a República Federativa do Brasil constitui-se em Estado Democrático de Direito. Já o seu art. 3º assevera que: "Art. 3º. Constituem objetivos fundamentais da República Federativa do Brasil: I – constituir um sociedade livre, justa e solidária; II – garantir o desenvolvimento nacional; III – erradicar a pobreza e a marginalização e reduzir as desigualdades sociais e regionais; IV – promover o bem de todos, sem preconceitos de origem, raça, sexo, cor, idade e quaisquer outras formas de discriminação."[492]

Será que se poderá considerar a sociedade brasileira como "livre" e "justa" ante a proibição exemplificada linhas acima? Será que somente o asseguramento de direitos individuais (poderes de agir) fará com que essa sociedade possa ser adjetivizada dessa forma, ou será que também os direitos sociais (poderes de exigir) são levados em consideração?

Um Direito Penal moderno, inserido no âmbito de um Estado Democrático de Direito, há de restar legitimado internamente (*rectius*: validado) não só quando respeitadas as *garantias de liberdade*, mas também as *garantias sociais*, e a isso deve-se dar o nome de

[492] BRASIL. *Constituição*, cit., p. 3.

direitos fundamentais, ou seja, limitações negativas, geradas pelos *direitos de liberdade*, e que nenhuma maioria pode violar, e limitações positivas, geradas pelos *direitos sociais*, e que nenhuma maioria pode deixar de satisfazer. Nas palavras de Ferrajoli, "Nenhuma maioria, sequer por unanimidade, pode legitimamente decidir a violação de um direito de liberdade ou não decidir a satisfação de um direito social. Os direitos fundamentais, precisamente porque estão igualmente garantidos para todos e subtraídos da disponibilidade do mercado e da política, formam a *esfera do indecidível que* e do *indecidível que não*; e atuam como fatores não só de legitimação senão também, e sobretudo, como fatores de deslegitimação das decisões e das não-decisões".[493]

Portanto, complementa o mesmo autor italiano, "garantias não são outra coisa que as técnicas previstas pelo ordenamento para reduzir a distância estrutural entre normatividade e efetividade, e, portanto, para possibilitar a máxima eficácia dos direitos fundamentais em coerência com sua estipulação constitucional. Por isso, refletem a diversa estrutura dos direitos fundamentais para cuja tutela ou satisfação foram previstas: as garantias liberais, ao estarem dirigidas a assegurar a tutela dos direitos de liberdade, consistem essencialmente em técnicas de invalidação ou de anulação dos atos proibidos que as violam; as garantias sociais, orientadas como estão a assegurar a tutela dos direitos sociais, consistem, ao contrário, em técnicas de coerção e/ou de sanção contra a omissão das medidas obrigatórias que as satisfazem. Em todos os casos, o garantismo de um sistema jurídico é uma questão de grau, que depende da precisão dos vínculos positivos ou negativos impostos aos poderes públicos pelas normas constitucionais e pelo sistema de garantias que asseguram uma taxa mais ou menos elevada de eficácia a tais vínculos".[494]

Cremos, entretanto, que tais palavras podem ir além do esperado. Trata-se de atribuir às *garantias sociais* uma eficácia que não se restringe apenas a "técnicas de coerção ou de sanção", mas também, assim como as *garantias de liberdade*, como *técnicas de invalidação*, sempre que a inobservância de um direito social acarrete a lesão de um direito de liberdade. O que se está a afirmar não se restringe apenas a uma ideologia, a um tema de Filosofia do Direito, mas sim, verdadeiramente, a uma Teoria de Direito Penal Brasileiro, visto

---

[493] *Derecho y Garantías. La ley del más débil.* Trad. por Perfecto Andrés Ibáñez y Andrea Greppi. Madrid: Trotta, 1999, p. 24.
[494] Id., ibid., p. 25.

que os valores aqui defendidos foram contemplados expressamente em nossa Constituição. Com efeito, se o art. 3º, como vimos, determinou expressamente como objetivo fundamental da República Federativa do Brasil o asseguramento de uma "sociedade livre e justa", e, ademais, em seu art. 4º, estabeleceu como princípio fundamental a "prevalência dos direitos humanos", forçoso é concluir que ambas as regras completam-se de forma harmônica, ou seja, considera-se sociedade livre e justa aquela que se aproxima ao máximo possível do asseguramento dos direitos humanos, e estes, por sua vez, configuram não só os poderes de agir livremente como também os poderes de exigir a melhor manutenção dessa liberdade. O princípio da legalidade, portanto, além de ter a função técnica de construção e interpretação do Direito Penal, também desempenha, agora mais do que nunca, uma função política de realização da *justiça penal*. Sendo a lei uma emanação da vontade popular, as sanções penais estabelecidas por meio da lei devem repousar pacificamente sobre o virtual consentimento dos destinatários.

Voltando ao nosso suposto exemplo daquela proibição editada pelo legislador, poderemos afirmar, agora, que não se coaduna ela com o Estado Democrático de Direito Brasileiro, pois não encontra uma resposta justificada ao "o que proibir?", segundo os ditames da Constituição da República Federativa do Brasil. E o princípio da legalidade, adequado ao nosso *sistema constitucional*, é o mecanismo adequado de limitação do poder estatal ao respeito dos direitos fundamentais. Não apenas um mero princípio da legalidade, mas sim uma garantia superior que, doravante, denominaremos *princípio da legalidade material*, isto é, um instrumento de tutela limitador não só da *forma* como o Direito Penal é utilizado (pela devida resposta ao "como proibir?"), mas também do seu respectivo *conteúdo* (pela asserção ao "o que proibir?"). Uma garantia que não mais protege a sociedade mediante o Direito Penal e do Direito Penal, mas sim *mediante um Direito Penal e de um Direito Penal*. No Estado Democrático de Direito, deve ser destacada a relevância da lei não apenas quanto ao seu conteúdo formal de ato jurídico abstrato, geral, obrigatório e modificativo da ordem jurídica existente, mas também à sua função de regulamentação fundamental, produzida segundo um procedimento constitucional qualificado[495] formal e materialmente pelo regime democrático.

A conseqüência disso é que toda lei penal, qualquer que tenha sido a data de sua entrada em vigor, deve adaptar-se aos objetivos

---

[495] Cf. SILVA, José Afonso da. Op. cit., p. 121-122.

traçados pela Constituição Federal em vigor, fazendo com que, nas palavras de Dometila de Carvalho,[496] o Direito Penal seja um instrumento adequado para o desenvolvimento de uma maior justiça social, desde que respeitados os seus limites e desde que não prevaleça o princípio da autoridade sobre o da legalidade e culpabilidade, vistos, estes, sob uma perspectiva concreta, social, e não meramente formal, sob a capa de uma falsa neutralidade. Se no processo constituinte optou-se por um Estado intervencionista, destaca Streck,[497] visando a uma sociedade mais justa, com a erradicação da pobreza etc., dever-se-ia esperar que o Poder Executivo e o Legislativo cumprissem tais programas especificados na Constituição, mas isso não vem ocorrendo. As normas-programa da Lei Maior não estão sendo implementadas. Por isso, na falta de políticas públicas cumpridoras dos ditames do Estado Democrático de Direito, surge o Judiciário como instrumento para o resgate dos direitos não realizados.

Em suma: o *princípio da legalidade material* é uma garantia limitadora do poder estatal *dirigida* tanto ao Poder Legislativo quanto aos Poderes Executivo e Judiciário, e que possui como *abrangência* a capacidade de vincular não só a *forma* como o Direito Penal é criado e aplicado, mas também o *conteúdo* de sua criação e de sua aplicação. Disso decorre que o *princípio da legalidade*, no Estado Democrático de Direito Brasileiro, passe a compor-se, além dos quatro desdobramentos do princípio da legalidade (formal) vistos no capítulo anterior, de outro: o *nullum crimen nulla poena sine lege necessariae.*[498]

---

[496] LIMA DE CARVALHO, Márcia Dometila. *Fundamentação Constitucional do Direito Penal.* Porto Alegre: Sergio Antonio Fabris, 1992, p. 31.

[497] Op. cit., p. 38.

[498] A ampliação do princípio da legalidade penal já havia sido percebida, dentre nós, por Luiz Luisi: "Destarte, o princípio da legalidade dos delitos e das penas vem sofrendo uma revisão, no sentido de que além da lei penal incriminadora necessitar ser prévia, também mister é que seja precisa. Ao postulado da anterioridade se acresce o da determinação além do da atualidade. Razão porque o princípio da legalidade dos delitos e das penas tem modernamente a seguinte redação: não há crime sem lei prévia, determinada e atual. E não há pena sem prévia cominação legal.
Mas a este princípio, no seu enunciado moderno, entendo, para evitar a deterioração do direito penal, através de sua hipertrofia, mister se faz acoplar o princípio da necessidade ou da intervenção mínima.
O princípio referido da necessidade se encontra previsto inequivocamente na Declaração de Direitos do Homem e do Cidadão de agosto de 1789, em seu art. 8º, ao determinar que só 'a lei deve estabelecer penas estrita e evidentemente necessárias'. Dando-se ao postulado mencionado gabarito constitucional, de for-

4.2. O PRINCÍPIO DA LEGALIDADE MATERIAL COMO COROLÁRIO DO PRINCÍPIO DA PROPORCIONALIDADE

A primeira metade do século XX foi marcada pelo domínio do movimento positivista do Estado de Direito. O grande trunfo dos constitucionalistas baseava-se no *princípio da legalidade*, ou *princípio da reserva da lei*, que, numa manifesta tendência antijusnaturalista, alcançou seu apogeu na Constituição de Weimar. Nesse período, o legislador reinava soberano, agarrado à lei, colocando-se, na maioria das vezes, acima do próprio ordenamento jurídico, posto que apenas limitado formalmente em sua atividade.

Após a Segunda Grande Guerra, surge um movimento jurídico que, sem contradizer o *princípio da legalidade*, vai além dele. Trata-se do surgimento do *princípio da constitucionalidade*, ou seja, um ditame jurídico que coloca os direitos fundamentais no centro do ordenamento jurídico. No período anterior, os direitos fundamentais valiam somente nos limites impostos pelas leis; agora, a lei é que passa a ser considerada válida somente nos limites dos direitos fundamentais. Inaugura-se, pois, uma nova concepção ideológico-constitucional; uma visão que não se contenta com a mera obediência do Estado à lei, mas sim, uma obediência aos valores constitucionais. Acima da lei, e, conseqüentemente, do próprio Estado, está a Constituição, como instrumento de limitação axiológica que faz com que os fins eleitos pelo Estado – principalmente pelo legislador – não mais possam contrariar os valores e princípios constitucionais eleitos pelo *sistema constitucional*.

Concomitantemente a essa tendência é que surge o *princípio da proporcionalidade (Verhältnismässigkeit)*, de origem suíça, mas que, na Alemanha, encontrou a sua maior aplicabilidade. Fora reconhecido sistematicamente, pela primeira vez, na conhecida decisão do Tribunal Constitucional Alemão, no caso *Elfes* (Elfes x Urteil): "As leis, para serem constitucionais, não basta que hajam sido formalmente

---

ma expressa, se viabiliza ao Poder Judiciário apreciar a constitucionalidade das criminalizações, o que impediria a eficácia das tipificações desnecessárias e supérfluas.
Tendo, pois, presente o imperativo de ter o direito penal a eficácia necessária, e como forma de superação de sua crise, dando-lhe uma adequada e exitosa reformulação, ouso propor que na revisão constitucional se dê ao inc. XXXIX do art. 5º a seguinte redação: Não há crime e não há pena sem lei anterior, determinada e necessária" (LUISI, Luiz. Direito Penal e Revisão Constitucional. *Revista dos Tribunais*. A. 85, vol. 729, jul. 1996, p. 373-374).

exaradas. Devem estar também materialmente em consonância com os superiores valores básicos da ordem fundamental liberal e democrática, bem como com a ordem valorativa da Constituição, e ainda hão de guardar, por igual, correspondência com os princípios elementares não escritos da lei maior, bem como com as decisões tutelares da Lei Fundamental, nomeadamente as que entendem como o axioma da estabilidade jurídica e o princípio do Estado Social".[499]

Daí em diante, a comunidade jurídica européia, de maneira quase unânime, não mais negou a dotação constitucional do *princípio da proporcionalidade*, que, em linhas gerais, pode ser definido como o vínculo constitucional capaz de limitar os *fins* de um ato estatal e os *meios* eleitos para que tal finalidade seja alcançada. Apresenta-se ele pela conjunção de três elementos essenciais: a) *adequação teleológica:* todo ato estatal é praticado com um objetivo, com uma finalidade. A partir do *constitucionalismo*, tal finalidade deixa de ser a eleita exclusivamente pelo governante – como acontecia nos Estados absolutistas –, passando a ser a constante nos valores presentes no Ordenamento Máximo. Trata-se, pois, da vedação do arbítrio (*Übermassverbot*); b) *necessidade:* a medida não há de exceder os limites indispensáveis à conservação do fim legítimo que se almeja. Como destaca Xavier Philippe,[500] "dos dois males, há que se escolher o menor", ou seja, pela necessidade não se questiona a escolha operada, mas sim a adequação do meio empregado para se chegar ao fim pretendido. E mais: de todas as medidas que igualmente servem à obtenção de um fim, cumpre eleger aquela menos nociva aos interesses do cidadão, podendo, assim, o princípio da necessidade (*Erforderlichkeit*), ser também chamado de princípio da escolha do meio mais suave (*das Prinzip der Wahl des mildesten Mittels*);[501] c) *proporcionalidade stricto sensu:* consoante Pierre Muller,[502] quem se utiliza do princípio, defronta-se com uma obrigação e uma interdição; obrigação de fazer uso de meios adequados, e interdição quanto ao uso de meios desproporcionados. Em decorrência desse binômio é que o princípio da proporcionalidade tem o seu lugar no Direito, regendo todas as esferas

---

[499] *Apud* BONAVIDES, Paulo. *Curso de Direito Constitucional*, cit., p. 384.

[500] *Le Contrôle de Proportionnalité dans les Jurisprudences Constitutionelle et Administrative Françaises.* 2 ed. Marseille: Aix, 1994, p. 46.

[501] Cf. BONAVIDES, Paulo. Op. cit., p. 361.

[502] Le Principe de la Proportionalité. In: *Revue de Droit Suisse*, Basel, 1979, p. 212, *apud* BONAVIDES, Paulo. Op. cit., p. 361.

jurídicas e compelindo os órgãos do Estado a adaptar, em todas as suas atividades, os meios de que dispõe aos fins que buscam e aos efeitos de seus atos. A proporção adequada torna-se, assim, condição de legalidade.

Com o movimento pela *constitucionalização*, o *princípio da proporcionalidade*, que, inicialmente, afigurava no Direito Administrativo, passou a ser a mais efetiva garantia de todos os ramos do Direito, posto que erigido à categoria de dogma constitucional. No Brasil, a cada dia que passa, a aceitação desse princípio torna-se um *imperativo de congruência do moderno Direito Constitucional*, revelando, pois, que só a mais profunda teimosia positivista pode, contra ele, rebelar-se. Com efeito, a mera análise do expresso princípio constitucional da igualdade já nos faz concluir, obrigatoriamente, pela aceitação do princípio da proporcionalidade, posto que o tratamento desigual sempre é, ao mesmo tempo, um tratamento desproporcional. No mais, o próprio regime democrático, bem como o objetivo fundamental da "sociedade livre, justa e solidária" (art. 3º, da CRFB/88), tornariam um despautério a não-aceitação desse dogma só pelo fato de não constar ele expressamente em lei.

Nesse rumo, a doutrina e os tribunais pátrios, aos poucos, vêm concebendo, ainda de forma tímida, o princípio da proporcionalidade como mecanismo de controle substancial da atividade do Estado. Porém, os poucos casos de que se têm notícia restringem-se a temas de Direito Tributário, Administrativo e Civil, sendo praticamente nulas as incursões em relação ao Direito Penal. Isso talvez ocorra em virtude da possível repercussão social negativa frente o reconhecimento de desproporção da lei penal. Em outras palavras: admitir-se que um tributo seja desproporcional (e, portanto, inconstitucional), na maioria das vezes, irá contar com a aceitação geral da sociedade; agora, reconhecer-se a desproporcionalidade de uma pena, de uma proibição ou de um processo, não redundará, com certeza, na mesma opinião comum.

É aqui que entra o *garantismo penal*. Segundo essa concepção, o regime Democrático de Direito não se estabelece sobre um sistema em que a "voz do povo" deva prevalecer de forma absoluta (pois, nesse caso, teríamos, com certeza, a pena de morte prevista para alguns delitos), mas sim de forma compatível com os direitos fundamentais, até porque integram essa sociedade não só a vítima do delito, como, também, o próprio delinqüente. Essa é a tarefa do Estado brasileiro em matéria penal: adequar a intervenção penal às garantias constitucionalmente asseguradas, e isso só é possível com a observância do *princípio da proporcionalidade.*

É de se frisar, ainda, que tal princípio não é um mero instrumento de *interpretação* do Direito, uma forma de solução justa aos fatos concretos. Uma vez presente no Direito Penal, tal garantia acarreta a possibilidade de uma lei ser reconhecida ilegal por vício de excesso, manifestando, pois, que também contra "lei em tese", e não somente em relação a fatos, atua o *princípio da proporcionalidade*. Sua função, nesse caso, passa a ser *limitativa* da atividade legiferante.

Pois bem. Uma vez admitida a possibilidade desta garantia atuar em matéria penal, seremos obrigados a reconhecer que o próprio *princípio da legalidade*, nos moldes até então concebidos pelo Estado de Direito, há de restar ampliado. Toda atividade penal desenvolvida pelos três Poderes da República deve não só eleger fins legítimos e condizentes com o Estado Democrático de Direito, mas, também, meios necessários e eficazes para tais metas teleologicamente pleiteadas. Sendo o Direito Penal um desses meios, há que se agregar a ele, pois, um quinto desdobramento do princípio da legalidade: o *nullum crimen, nulla poena sine lege necessariae*.

Antes, porém, de analisarmos o conteúdo deste princípio, impõe-se uma rápida análise da conceitualização filosófica de "delito".

4.3. A DEFINIÇÃO DO DELITO: *MALA IN SE* OU *MALA PROHIBITA*?

Pelo princípio formal da legalidade, a existência de todo delito está sujeita à sua previsão normativa expressa. O preceito "não há crime ou pena sem lei", postulado do discurso jurídico iluminista sustentado a partir do século XVIII, expressa uma garantia capaz de afastar completamente a aplicação de uma pena nos casos de lesão a meros princípios "consuetudinários", "divinos", "racionais" ou, de qualquer forma, atinentes a valorações exclusivamente éticas. Com o apogeu do Estado de Direito, a proibição penal passou a sujeitar-se a um requisito fundamental: a expressa previsão em lei.

A grande problemática do Direito Penal de nossos dias trava-se, contudo, na satisfatoriedade desse postulado, ou seja, se o delito, ontologicamente considerado, estaria adstrito somente à sua produção legislativa ou, ao contrário, necessitaria de algo mais do que uma simples *formalização*. Em outras palavras: toda proibição legal, a cuja inobservância comina-se uma sanção penal, poderá ser considerada um delito?

Dos *juspositivistas* – Bentham, Kelsen, Bobbio, Hart etc. – teríamos uma reposta afirmativa, visto que, para esta orientação, todo delito passa a ser considerado como tal somente a partir da existência de uma norma produzida em conformidade com a estrutura piramidal do ordenamento jurídico. Poder-se-ia definir o crime, nesse sentido, como todo ato a que a lei penal comina uma sanção, isto é, todo mal legalmente proibido (*mala prohibita*). A norma, sob o ponto de vista lógico, seria considerada como um enunciado condicional, um antecedente da menção da sanção. Assim, a previsão legal de um fato passível de punição apresenta-se como a condição única e suficiente para a definição do delito, e isso fez que, no Direito Penal contemporâneo, a observância do princípio da legalidade formal – com seus quatro desdobramentos vistos no capítulo anterior – fosse erigido à categoria de *conditio sine qua non* da definição do delito.

O mérito dessa visão *formalista* do delito foi o repúdio pela capitulação do crime como um *mal em si*, próprio da concepção ontológica do *jusnaturalismo clássico*. Com efeito, marca-se por completo o abandono dos critérios substantivistas – próprios da Idade Média – de valoração cognitiva das proibições penais, e isso fez com que tal definição cumprisse um interessante papel na teoria jurídica: a impossibilidade de determinação do caráter delituoso de uma conduta em razão de um particular juízo valorativo que esta mereça. Em suma: o delito não é um fato intrinsicamente mau (*mala in se*),[503] mas uma ação legalmente má (*mala prohibita*).

Percebeu-se, com esse *convencionalismo avalorado*, que inexiste conduta delitiva que não haja sido permitida em outros tempos, nem comportamento lícito que não tenha sido, outrora, proibido. São as condições históricas e geográficas de sociedades concretas, portanto, as responsáveis pelos critérios de definição legal dos delitos, e, nesse sentido, a conclusão *juspositivista* é irrefutável: assim como o homicídio, em tempos idos, era permitido em algumas situações, também o incesto, no passado, era objeto de proibição.

Esta visão, contudo, é insuficiente para embasar um sistema de Direito Penal garantista. A definição de delito como antecedente de

---

[503] Um exemplo dessa modalidade de definição do delito encontra-se na obra de Rafael Garófalo. Para ele, o delito era "a violação dos sentimentos altruístas fundamentais da piedade e da probidade, segundo a média em que se encontram na humanidade civilizada, através de ações prejudiciais à coletividade" (*Criminologia*. Trad. por Júlio Matos. São Paulo: Teixeira & Irmãos, 1983, p. 5).

uma sanção não detém a capacidade de selecionar quais dos seus antecedentes é que devem ser considerados como delituosos. É verdade que muitos atos axiologicamente desvaliosos não possam ser tratados, só por esse motivo, como juridicamente delituosos, mas disso não se pode concluir que toda conduta juridicamente delituosa prescinda de todo valor axiológico. As lembranças do tecnicismo-jurídico italiano, da década de 30, elucidam bem a ineficácia da exclusiva limitação *formal* do Estado, visto que uma lei penal, inobstante seja considerada prévia, estrita, escrita e certa, pode muito bem ser abusiva. Todo tipo penal incriminador, para restar legitimado internamente, há de oferecer uma resposta convincente não só ao "como proibir?", mas, também, ao "o que proibir?".

Nesse rumo, *mutatis mutantis*, é irrefutável a afirmação de Hobbes no sentido de que "todo delito é um pecado, mas nem todo pecado é um delito",[504] dês que entendida no sentido de que a lei, e não a moral, é que cria a figura delitiva, mas que, ao revés, só a imoralidade (mas não toda imoralidade) é que comporta tutela penal. A lei dirige o homem enquanto um ser moralmente livre, e, por isso, a ninguém se pode atribuir uma imputação cuja causa seja meramente física ou fútil, e não também imoral sob o ponto de vista político. Como bem enuncia Carrara,[505] para que um ato possa ser considerado politicamente imputável, não basta que o seja desde o ponto de vista moral, nem que seja em si mesmo imoral. É necessário, ademais, que o ato, moralmente imputável a alguém como *mal*, seja *politicamente danoso*. Ao legislador, em matéria penal, não é dado somente o limite da observância do ideal da *segurança jurídica*, mas sim o da produção legal que, além de *segura*, seja *necessária*.

Estamos tentando elucidar que, no Estado Democrático de Direito, o delito não é, por um lado, um *mal em si*, mas, por outro, também não é um exclusivo *mal proibido*. Em nosso regime político, toda infração penal, para que assim possa ser tratada, há de ser *definida* somente nos casos em que se possa considerá-la *útil* à preservação da *justiça social*. Quando afirmamos que "todo delito é um pecado", estamos, com isso, querendo dizer que a *imoralidade* é a fronteira da *tipicidade*, mas não no sentido de que qualquer moral possa ser dotada dessa incumbência; o "pecado" (ou a "moral") a que nos referimos são os *valores* insculpidos em nosso ordenamento constitucional, e que, como tais, justificam e preservam os *direitos*

---

[504] *Leviatán*, cit., p. 235.
[505] *Programa*, cit., § 13, p. 38.

fundamentais nele previstos. Essa é, segundo pensamos, a única forma de se limitar o legislador também no que tange ao conteúdo das normas penais, pois que, em se erigindo o delito a um *mala prohibita* em sentido absoluto, a ele será dada a mais ampla liberdade legiferante em matéria penal, vinculando-se-o, apenas, no que se refere à *forma* como a norma foi produzida.[506] Assim, só as proibições legais (e não também a moral) poderão estabelecer delitos, mas disso não decorre, diretamente, que toda proibição legal possa originar qualquer delito.[507]

No Estado Democrático de Direito, o princípio da legalidade há de assumir um papel muito além daquele decorrente do Estado de Direito. O regime de governo eleito pela nossa Magna Carta exige, a fim de se consolidar um mecanismo eficaz de proteção do povo, que a atuação do Estado em matéria penal não se veja limitada só *formalmente*, senão também *substancialmente*. Não seria simplesmente o *juízo do legislador*, mas sim o *juízo democrático formalizado pelas mãos do legislador*, o necessário antecedente capaz de fixar o *desvalor* de uma conduta humana passível de proibição penal. Ultrapassada essa etapa, é necessário reconhecer-se, ademais, que não será a *substância* (*moral*) do próprio Estado que o autolimitará – segundo pensava Hegel e, ainda que por via reflexa, Kant, Bobbio e todos os demais positivistas-puros –, mas sim a *do povo*, reconhecida e assegurada nas *garantias* do *sistema constitucional*.

Assim, pode-se afirmar, por um lado, que *nem todo desvalor social pode ser considerado delito, mas sim, somente, aqueles desvalores*

---

[506] Ao tratar do tema, destaca Luiz Alberto Warat que "qualquer ato pode ser um delito, bastando para isso que funcione como antecedente de uma sanção" (*Introdução*, cit., p. 173). A conclusão é verdadeira se tomado o delito no seu sentido exclusivamente *formal*, visto que, nesse caso, somente será considerado delito aquele fato descrito na norma, ao qual se lhe atribui uma sanção. Contudo, sob o aspecto *material*, nem todo antecedente sancionatório pode originar um delito.

[507] Poder-se-ia objetar que tal prescrição seria incompatível com a *secularização do Direito*. Responderemos, a quem assim pensar, que a separação entre Direito e Moral é um mecanismo de preservação da liberdade individual, mas não também de ampliação dessa liberdade. É um corolário do *ideal da segurança jurídica* que só a norma legal, e não também os valores, é que possui a capacidade de restringir a *liberdade externa* dos indivíduos. Disso não decorre, porém, que o Direito Penal, quando não esteja a tratar de *proibições legais*, não possa incidir mediante regulações não expressamente previstas em lei, pois que, nesse caso, a *moral constitucional* atua na ampliação da liberdade, e isso não gera insegurança (ante a existência da proibição). Como decorrência da *sistematização secularizada do Direito*, teremos de admitir que a *norma* não é o requisito único e suficiente para a definição do delito.

que o legislador reconhece expressamente em lei. Por outro, é de ser acrescentado que *nem todos os desvalores que o legislador reconhece expressamente na norma poderão ser tratados como delitos; é necessário, ademais, que haja uma coincidência entre o valor objeto da opção com o valor social constitucionalmente considerado.* Se o delito não é um *mala in se*, também não será qualquer *mala prohibita*. Assim como a uma mera *imoralidade social* não se pode agregar o caráter da *existência* do delito, a uma mera *imoralidade estatal*, ainda que se lha atribua a possibilidade de *criar* delitos, não se poderá dotar da capacidade de *validá-los*. Em outras palavras: a norma penal, editada em conformidade com o procedimento legislativo exigido, somente agrega ao delito o caráter da *existência* (ausente nos atos imorais), mas não, desde já, o da sua *validade*.

Esta última característica, para ser reconhecida, sujeita as atividades legiferante e judicante à observância, além dos quatro desdobramentos antes vistos, de um quinto enfoque: o *nullum crimen nulla poena sine lege necessariae*. Veremos, nas próximas linhas, o seu exato conteúdo.

4.4. *NULLUM CRIMEN, NULLA POENA SINE LEGE NECESSARIAE*

Vim sustentando – principalmente no item n. 2.2.1, *supra* – que *um* Direito Penal garantista encontra fundamentação na *prevenção geral negativa*, de duas formas: na *intimidação normativa* da sociedade a não realizar a conduta descrita, e na necessidade de *evitar-se a repressão desregrada e desinstitucionalizada dos desvios sociais*.

Também tentei, linhas atrás (v. ns. 2.3 e 2.4, *supra*), oferecer uma justificação *externa* para tais fundamentos, destacando que, na busca de sua *utilidade*, deve o Direito Penal (e, mais particularmente, a *norma penal*) responder coerentemente às indagações "como proibir?" e "o que proibir?". Nesse caso, as respostas oferecidas restringiram-se, somente, ao campo *deontológico* do Direito, e, portanto, o objeto a ser explorado encontra suas fronteiras na Filosofia do Direito Penal.

A *fundamentação* desenvolvida, contudo, também recebeu, em parte, uma resposta de *legitimação interna* do nosso ordenamento jurídico. Com efeito, destaquei que toda norma penal, ao buscar a *intimidação* da sociedade, encontra o seu limite justificante na resposta dada ao "como proibir?", e, aqui, o *princípio da legalidade formal* (v. n. 3) atua como mecanismo *teorizante* das garantias penais ligadas à *segurança jurídica*. Nota-se, portanto, que tal indagação, além de comportar uma resposta *prescritiva* a todos os ordenamentos jurídicos (n. 2.3), também recebe uma asserção *descritiva* do nosso ordenamento jurídico, e, neste caso, o campo epistemológico não mais se restringe a uma mera ideologia.

É chegado o momento, agora, de tratarmos da justificação *interna* da resposta dada ao "o que proibir?", e, nesse aspecto, o objeto do estudo restringe-se ao segundo *fundamento* por nós eleito: a *evitação da vingança desregrada*. Nele reside o exato limite do outro fundamento do Direito Penal (*intimidação*), e o desenvolvimento de seu conteúdo proporciona não só ao legislador, mas também ao juiz, um coerente mecanismo de auto-regulação da intervenção penal.

Assim, uma vez afastadas as utópicas ideologias de abolicionismo penal, há de se reconhecer que a *norma penal* é (e sempre será) necessária para *intimidar* a sociedade a não praticar determinadas condutas, sendo, contudo, que tal utilidade somente será possível se esta mesma sociedade veja-se submetida a uma lei com alcance *seguro* e delimitado *a priori*. Essa fundamentação, embora seja necessária para legitimar interna e externamente a *proibição penal* no Estado de Direito, revela-se insuficiente para justificá-la no Estado Democrático de Direito: tendo em vista, como bem assinala Antolisei, que "a pena é a mais grave das sanções", e que é ela "um mal não só para quem a sofre, mas também para o Estado",[508] toda *intimidação* somente deve ser levada a cabo até o limite em que a utilização do Direito Penal seja necessária e útil para reprimir a selvageria das *repressões privadas*. Se os custos da intervenção penal[509] chegarem a cifras tão altas que a omissão do Estado seria

---

[508] *Manual*, cit., p. 118.

[509] Como bem pondera Ferrajoli, "este conjunto de constrições [delito, pena e processo] constitui um custo que tem que ser justificado. Recai não só sobre os culpáveis, senão também sobre os inocentes. Se, de fato, todos estão submetidos às limitações da liberdade de ação prescritas pelas proibições penais, não todos, nem só aqueles que são culpáveis de suas violações, vêem-se submetidos ao processo e à pena; não todos eles, porque muitos se subtraem ao juízo e mais ainda à condenação; não só eles, sendo muitíssimos dos inocentes forçados a sofrer, pela inevitável imperfeição e falibilidade de qualquer sistema penal, o juízo, a prisão preventiva e em outras ocasiões, o erro judicial. Ao custo da justiça, que depende das opções penais do legislador – as proibições dos comportamentos que são considerados delitivos, as penas e os processos contra seus transgressores –, acrescente-se ainda um altíssimo custo das injustiças, que depende do funcionamento concreto de qualquer sistema penal. E ao que os sociólogos chamam de

menos lesiva do que o formal controle do desvio, teremos um custo/benefício desvalorado a tal ponto que a própria norma penal há de ser reputada *inválida por desnecessidade*.[510] A norma penal, portanto, além de proporcionar *segurança jurídica* (que, no plano ideológico, dá-se com a resposta ao "como proibir?", e, no teórico, pelo respeito ao *princípio da legalidade formal*), deve ser *necessária* para o controle do desvio, e, aqui, inteira aplicação passa a ter o *princípio da legalidade material*, delimitado pela resposta ao "o que proibir?". Toda intervenção penal restará deslegitimada (interna e externamente) sempre que outros mecanismos revelem-se mais eficazes ao controle do desvio social, e essa é a fronteira do *abuso penal-material*.

A afirmação, contudo, de que a norma penal, para restar legitimada, deve ser *necessária*, é insuficiente para a fundamentação de um Direito Penal humanitário. Assim como uma bela moldura pode comportar qualquer tela, a mera prescrição de necessidade pode embasar os mais diversos sistemas penais. É imperioso, portanto, que ao *nullum crimen, nulla poena sine lege necesssariae* seja dado um conteúdo, que, em linhas gerais, reveste-se de três parâmetros operativos: a *culpabilidade*, a *lesividade* e a *intervenção mínima*.

4.4.1. A (crise da) culpabilidade como limite da proibição e da repressão penais

Dentre as diversas finalidades do *princípio da culpabilidade*,[511] insere-se uma que merece destaque em nosso trabalho: a culpabili-

---

'cifra negra' da criminalidade – formada pelo número de culpados que, submetidos ou não ao juízo, caem impunes e/ou ignorados – há que se acrescentar uma cifra não menos obscura mas ainda mais inquietante e intolerável: a formada pelo número de inocentes processados e às vezes condenados. Chamarei cifra da ineficiência a primeira dessas cifras, e cifra da injustiça a segunda, em que se incluem: a) os inocentes reconhecidos como tais em sentenças absolutórias após haverem sofrido o processo e, em outras ocasiões, a prisão preventiva; b) os inocentes condenados por sentenças definitivas e posteriormente absolvidos em razão de um processo de revisão; c) as vítimas, cujo número passará sempre sem calcular – verdadeira cifra negra da injustiça –, dos erros judiciais não reparados. Se refletirmos sobre a onerosidades desses custos, compreende-se o lugar central que ocupa o direito penal na caracterização de um ordenamento jurídico e do sistema político de que é expressão"(Derecho, cit., p. 209-210).

[510] A primeira notícia legislativa desse princípio encontra-se no art. 8º da Declaração dos Direitos do Homem e do Cidadão (1789), quando expressava que "a lei não deve estabelecer penas senão estritamente e evidentemente necessárias..." (loc. cit.).

[511] Consoante Morillas Cueva, "a culpabilidade, como conceito geral, ocupa um triplo espaço no Direito Punitivo: a) como limite ao *jus puniendi* estatal, ou seja, como garantia da pessoa contra o intervencionismo estatal; b) como base ou

dade como limitação do *jus puniendi* estatal. Costuma-se afirmar, nas palavras de Nilo Batista, que "não cabe, em Direito Penal, uma responsabilidade objetiva, derivada tão-só de uma associação causal entre a conduta e um resultado de lesão ou perigo para um bem jurídico".[512] Nesse sentido, a limitação proporcionada pelo princípio atinge não só a atividade judicante de aplicação da lei – ao exigir-se, além da análise da *reprovabilidade* da conduta, uma vinculação pessoal do autor com o fato, em forma de dolo ou de culpa[513] –, mas também a legiferante, ou seja, como técnica de construção de tipos penais somente em relação a condutas que comportem, no mínimo, a previsibilidade de parte do agente. Aqui, a maior preocupação, sem dúvida, remete-nos à proibição do "comportamento interior" do indivíduo, ou, nas palavras de Kant,[514] da "liberdade interna" das pessoas. É uma decorrência da *tolerância* do ordenamento jurídico que somente (mas não quaisquer) condutas exteriorizadas, e não também meros estados ou pensamentos, sejam objeto das proibições penais.

Mas não somente isso. O banimento de toda e qualquer responsabilidade objetiva em matéria penal também impede que a alguém se possa atribuir uma pena em virtude de fato praticado por terceiro[515] ou de eventos da natureza. Essa era uma característica marcante dos sistemas penais inquisitoriais, principalmente na Idade Média, em que não poucas penas capitais foram executadas pelo surgimento de fatos completamente alheios à esfera subjetiva do apenado.

Embora a nossa Constituição tenha sido muito tímida a respeito, limitando-se a elencar a *intranscendência da pena* (art. 5º, inc. XLV) e a *presunção de inocência* (art. 5º, inc. LVII), nada impede que, mediante uma *sistematização constitucional*, o *nullum crimen, nulla poena sine culpa* seja erigido à categoria de uma garantia penal não só de *política criminal*, segundo pensa Jescheck,[516] mas, também, de

---

fundamento da pena e como requisito da determinação ou medição dela mesma; c) como elemento da noção do delito. Nenhuma das três possibilidades manifesta-se como um comportamento estanque, isolada entre si; ao contrário, todas elas se entrecruzam, relacionam e apóiam" (*Curso de Derecho Penal Español. Parte General.* Madrid: Marcial Pons, 1996, p. 32-33). V. n. 2.4.1, *supra.*

[512] *Introdução Crítica*, cit., p. 104.

[513] Cf. BUSTOS RAMÍREZ, Juan J., MALARÉE, Hernán Hormazábal. *Lecciones*, cit., vol. I, p. 69.

[514] *La Metafísica*, cit., p. 280 e segs.

[515] Sobre o assunto, v.: PALAZZO, Francesco C. *Valores Constitucionais*, cit., p. 55.

[516] *Tratado*, cit., p. 18-21.

validade da produção legislativa e da aplicação da lei. Nesse sentido, o seu fundamento passa a ser, nas palavras de Palazzo,[517] o "constitucional formal-garantidor", que, agregado à *secularização do Direito*, acarreta algumas conseqüências.

4.4.1.1. *Limitação legislativa: a intranscendência, a responsabilidade pelo fato e a responsabilidade objetiva na legislação penal brasileira*

A limitação do *jus puniendi* estatal, em sede legislativa, dá-se, em primeiro lugar, pela *intranscendência da pena*, que, segundo a nossa Constituição, veda que a sanção penal ultrapasse a pessoa do condenado (art. 5º, inc. XLV). Deverá o legislador penal, diante disso, observar o comando normativo a fim de legitimar, internamente, a política criminal adotada.

Afora os casos de, diretamente, punir-se o ascendente pelos atos do descendente (e vice-versa), que, há muito já foram abolidos da nossa legislação penal, a *personalidade da pena* resta nebulosa quando confrontada às modernas sanções penais e à moderna criminalidade. Nesse aspecto, a discussão poderia travar-se em relação a diversos institutos penais (pena de multa, por exemplo), mas, a fim de não desgastarmos o tratamento despendido (até porque não é nossa finalidade esgotar o assunto), selecionamos um que merece destaque.

A *responsabilidade penal da pessoa jurídica*, ditada pelo art. 3º da Lei nº 9.605/98,[518] além de configurar uma nítida lesão à intervenção penal mínima (v. n. 4.3.2, *infra*), revela-se incompatível com o princípio da culpabilidade. Sim, pois a imposição da pena à pessoa jurídica (multa, restrição de direitos ou prestação de serviços comunitários, segundo dispõe o art. 21 do mesmo diploma) sujeitará todos os sócios e acionistas ao dano pecuniário proveniente da reprimenda penal, mesmo que não se sujeitem eles à responsabilização penal na condição de pessoas físicas. Alguém que, na condição de acionista de uma empresa, proferiu um voto assemblear autorizando-se a exploração de uma atividade que, posteriormente,

---

[517] Op. cit., p. 53.

[518] "Art. 3º. As pessoas jurídicas serão responsabilizadas administrativa, civil e penalmente conforme o disposto nesta lei, nos casos em que a infração seja cometida por decisão de seu representante legal ou contratual, ou de seu órgão colegiado, no interesse ou benefício da sociedade. Parágrafo único. A responsabilidade das pessoas jurídicas não exclui a das pessoas físicas, autoras, co-autoras ou partícipes do mesmo fato."

acarreta um dano ambiental, sujeitar-se-ia aos efeitos do Direito Penal apesar de, no momento de seu ato (voto), não lhe ser, sequer, previsível a produção do evento danoso. Nesse caso, a pena aplicável à pessoa jurídica atinge, impreterivelmente, o patrimônio das pessoas físicas que a compõem, e, assim, além de configurar um verdadeiro caso de *responsabilidade objetiva* – como veremos a seguir –, extrapola os limites da sanção penal à esfera alheia do "sujeito" contra o qual volta-se a reprimenda.[519]

Outra decorrência do princípio da culpabilidade, no que se refere à limitação legislativa, é a impossibilidade da *tutela penal do caráter*. Vem de Aristóteles a idéia de que o homem que se afasta da virtude vai caindo numa vertente de vício que, em determinado momento, já não lhe deixa qualquer liberdade para ser virtuoso, porque, com seus atos anteriores, procedeu como aquele que joga uma pedra e depois não é mais capaz de detê-la.[520] Embora até se possa considerar convincente o argumento no terreno da *ética*, contudo, no Direito Penal é ele insustentável. Tais palavras de Aristóteles, assevera Zaffaroni,[521] não levaram em consideração que "ninguém será obrigado a fazer ou deixar de fazer alguma coisa senão em virtude da lei" (art. 5º, inc. II, da CRFB/88). Este princípio não tem vigência no campo da moral, mas é o fundamento de todo o Direito Penal, de modo que, se o abandonarmos, deixará ele de cumprir sua função de segurança jurídica, passando a pretender cumprir qualquer outra (a defesa da superioridade da raça, da ditadura do proletariado etc.), ainda que, na realidade, esteja cumprindo a função de dar sustento àqueles que detêm o poder conforme o seu arbítrio.

Da *secularização do Direito* resulta, pois, que a *reprovação* penal não deve incidir sobre a "condução de vida", posto que não se pune uma pessoa por aquilo que ela é,[522] mas sim por algo que ela fez. É

---

[519] Já ao final do século XIX, von Liszt já destacava o absurdo da criminalização da pessoa jurídica: "Segundo o Direito imperial vigente, não só têm capacidade jurídica os indivíduos, senão também a possuem as pessoas sociais, as associações; ou seja, que também possam realizar manifestações de vontade, capazes de produzir transcendência jurídica. Sem embargo, sua capacidade jurídica não se estende ao terreno dos atos puníveis. *Societas delinquere non potest*. Unicamente pode exigir-se responsabilidade aos indivíduos que funcionam como representantes, mas nunca ao corpo coletivo a quem representam" (*Tratado*, cit., vol. II, p. 298-299).

[520] Sobre o assunto, v. ARISTÓTELES. *Ética a Nicômacos*, cit.

[521] *Manual*, cit., p. 612.

[522] A *culpabilidade de autor* é encontrada, por exemplo, na obra de von Liszt. Para ele, "o conteúdo material do conceito de culpabilidade radica no caráter a-social do autor, cognoscível pelo ato cometido" (*Tratado*, cit., vol. II, p. 388).

a *tolerância* da lei penal um dos verdadeiros nortes do legislador, pois – repetindo novamente as palavras de Hobbes –, "as leis são postas para regular ações, produto da nossa vontade, e não as opiniões nem a fé, que estão fora do nosso alcance".[523] O objeto da reprovação jurídico-penal da culpabilidade é, somente, a lesão ou colocação em perigo de um bem, materializado no fato cometido. O Direito Penal não pode, sem asfixiar a esfera própria da liberdade individual, valorar, direta ou indiretamente, a pessoa enquanto pessoa. Não pode, pois, reprovar a maneira como a pessoa é, visto que o juízo sobre a essência da personalidade corresponde à Moral, e não também ao Direito.[524]

Não se pense, contudo, que essa foi uma garantia observada em nossa legislação penal. No art. 59 do Decreto-lei nº 3.688/41, por exemplo, temos um caso de punição da *vadiagem*, cominando-se uma pena a alguém pelo fato de ser válido para o trabalho e, no entanto, entregar-se à ociosidade. Já o art. 60 do mesmo diploma reprime da *mendicância* por ociosidade ou cupidez, e, no art. 62, a *embriaguez*, mesmo no caso de ausência de perigo a alguém. Os exemplos não param por aí: pense-se na punição da omissão de socorro (art. 135 do CPB), em que se obriga alguém, senão a ser "bom", a atuar como uma pessoa "boa". Inúmeros outros casos poderiam ser citados, mas, de antemão, merecem ênfase dois casos recentes da nossa legislação penal.

O primeiro encontra-se na Lei nº 9.613/98, que dispôs sobre os crimes de "lavagem de dinheiro". Afora a natureza simbólica e inútil desse diploma legal – fator esse que será analisado posteriormente (v. n. 4.3.3.4, *infra*) –, é de ser destacada a completa falta de técnica legislativa utilizada na lei. Como bem assinala Cervini,[525] a "lavagem" de dinheiro ou bens provenientes da criminalidade organizada desencadeia-se, basicamente, por meio de duas condutas: "converter" ou "transferir". Isso por uma razão bem simples: o que a lei tutela é a *lavagem*, ou seja, a transformação de um bem ou valor de procedência ilícita num bem ou valor que, pela lavagem, passa a ser lícito, já que, uma vez concretizada a operação, a recuperação do proveito ilícito é bem mais remota. Nesse sentido,

---

[523] *Leviatán*, cit., p. 235.

[524] Cf. COBO DEL ROSAL, M., ANTON, T. S. Vives. *Derecho Penal*, cit., p. 493.

[525] CERVINI, Raúl. Primeros comentários a la ley 17.016 de 22.10.1998 en los aspectos atinentes a las nuevas tipificaciones del lavado de dinero y las cargas de vigilnacia de las entidades financeiras. In: *Revista Brasileira de Ciências Criminais.* A. 7, nº 26, abr-jun/99, p. 45.

todos os demais atos deveriam ser erigidos à categoria de *delito tentado*.

Desatento a isso, regulou o nosso legislador condutas que não configuram propriamente uma "lavagem" de dinheiro ou bens. Todos os casos previstos no *caput* do art. 1º referem-se a uma lógica e necessária decorrência da prática de quaisquer crimes nele elencados. Em outras palavras: é óbvio que o autor de um tráfico ilícito de entorpecentes não irá afixar, à frente de sua residência adquirida com o dinheiro do tráfico, um cartaz anunciando a fonte de recursos que possibilitou a aquisição do bem. Punir-se alguém por "ocultar" ou "dissimular" a origem ilícita do proveito configura, além de um *bis in idem* e de um caso de responsabilidade objetiva, um caso de responsabilidade de caráter. O que o legislador pretende com o art. 1º, *caput*, é, em outras palavras, que o criminoso não "esconda" a origem criminosa de seu patrimônio, isto é, que ele seja "bom".

A mesma crítica pode ser feita à punição, a título de delito autônomo, da própria *reincidência penal*, encontrada no abusivo art. 10, § 3º, inc. IV, da Lei nº 9.437/97. Segundo essa norma, considerase criminosa a conduta de quem "possuir condenação anterior por crime contra a pessoa, contra o patrimônio e por tráfico ilícito de entorpecentes e drogas afins". Veja-se que o objeto sobre o qual recai a punição é o fato de o delinqüente ter-se mostrado perverso ao delinqüir novamente. Assim, por exemplo, o autor de um furto (que já cumpriu a sua pena), e que é surpreendido portanto ilegalmente uma arma, será punido não só por este último fato como, ademais, por não se ter "ressocializado". Tal conduta legislativa é flagrantemente lesiva ao próprio princípio da legalidade.[526]

Por fim, a terceira vertente do princípio da culpabilidade refere-se à *responsabilidade penal subjetiva*, garantia que, quase à unanimidade, é reconhecida pelo moderno Direito Penal.[527] Através dela, repudia-se toda e qualquer imputação física do resultado, sem

---

[526] A discussão poderia ir além, colocando em dúvida, inclusive, a constitucionalidade da *reincidência* para fins de agravação da pena imposta. O Tribunal de Justiça do Rio Grande do Sul, no julgamento da Apelação nº 699.291.050, por meio da 5ª Câmara Criminal, em acórdão relatado pelo Des. Amilton Bueno de Carvalho (julgado em 11/08/90), acolheu, por maioria, o parecer do Ministério Público Gaúcho, da lavra do Procurador Lenio Luiz Streck, no sentido da inconstitucionalidade desta agravante, por representar um *bis in idem*. V., sobre o assunto: CARVALHO, Salo de. Reincidência e antecedentes criminais: abordagem crítica desde o marco garantista. In: *Informativo do Instituto Transdisciplinar de Estudos Criminais*. Porto Alegre, a. 1, n. 3, out, nov, dez/99, Separata, p. 5-12.

[527] Nesse sentido, v.: MUÑOZ CONDE, Francisco; GARCÍA ARÁN, Mercedes. Op. cit., p. 96.

que este tenha sido, ao menos, previsível. O Código Penal Espanhol, de 1995, consignou expressamente no art. 5º que "não há pena sem dolo ou imprudência", e, no Direito Penal brasileiro, o último resquício de responsabilidade objetiva fora abolido pelo art. 19 do CPB, introduzido pela Reforma Penal de 1984.

A verdade é, porém, que tal garantia vem assumindo um caráter meramente retórico, principalmente quando se extrapolam os limites da Teoria Geral do Delito. Esqueceu-se que o seu destinatário é não só o juiz (no ato de aplicação da lei), senão também o legislador, sempre que trate de novos delitos, ou novas técnicas de imputação penal. Com efeito, o *nullum crimen sine culpa* é critério limitativo não só de sentenças penais abusivas, mas, também, de leis penais abusivas. Basta lembrar, por exemplo, que a Lei nº 5.250/67, em seu art. 37, refere-se a um verdadeiro critério de imputação baseado em *responsabilidade objetiva*, posto que enumera expressamente os responsáveis *sucessivos* [sic] pelos crimes cometidos através de imprensa. Pela letra fria da lei, chegaríamos ao absurdo de, *v. g.*, punir o redator-chefe do jornal sempre que o autor do escrito "estiver ausente do País, ou não tiver idoneidade para responder pelo crime".

A mesma crítica pode ser feita ao art. 25 da Lei nº 7.492/86,[528] ao art. 75 da Lei nº 8.078/90,[529] ao art. 95, § 3º, da Lei nº 8.212/91[530] e a outros semelhantes. Note-se que, em todos eles, a imputação da "moderna criminalidade" sujeita-se, apenas, ao cargo ocupado pelo autor do delito, independentemente da circunstância de o fato objetivo ter sido desejado pelo agente (em crimes dolosos) ou, em casos excepcionais, ser-lhe previsível (em crimes culposos).

Essa técnica legislativa evidencia bem a tendência criminológica de *proteção social* incrustada em nossa moderna política criminal. Com base nela, recusam-se os critérios gerais estabelecidos nos arts. 18

---

[528] "Art. 25. São penalmente responsáveis, nos termos desta Lei, o controlador e os administradores de instituição financeira, assim considerados os diretores, gerentes".

[529] "Quem, de qualquer forma, concorrer para os crimes referidos neste Código incide nas penas a esses cominadas na medida de sua culpabilidade, bem como o diretor, administrador ou gerente da pessoa jurídica que promover, permitir ou por qualquer modo aprovar o fornecimento, oferta, exposição à venda ou manutenção em depósito de produtos ou a oferta e prestação de serviços nas condições por ele proibidas."

[530] "§ 3º. Consideram-se pessoalmente responsáveis pelos crimes acima caracterizados o titular de firma individual, os sócios solidários, gerentes, diretores ou administradores que participem ou tenham participado da gestão da empresa beneficiada, assim como o segurado que tenha obtido vantagens".

e 29 do CPB, mitigando-se, com isso, não só a investigação policial e judicial – posto que a única demonstração exigível, no que se refere à tipicidade subjetiva, seria a condição de "sócio", "diretor", "gerente" etc. –, como, também, os requisitos para a propositura da ação penal – restaria apenas a *materialidade* – e, por conseqüência, para o decreto condenatório. O crescente interesse político-criminal de produção de conseqüências favoráveis mediante o Direito Penal reduz o alcance do princípio da culpabilidade como *fundamento da proibição penal*, e isso revela uma fissura nas garantias penais do cidadão.[531] A Parte Geral do nosso Código Penal, conquista árdua da sociedade contra os abusos estatais, transmuda-se numa verdadeira "colcha de retalhos", em que o número de exceções a ela é tão grande que a sua própria generalidade passa a ser posta em dúvida.

É verdade que todos esses exemplos revelam a intenção de nosso legislador em reprimir e prevenir a "moderna criminalidade", e, nesse aspecto, seu interesse é louvável. Contudo, deve-se atentar para a circunstância de que os custos da intervenção penal, nesses casos, passam a ser muito elevados frente à possibilidade de abusos no momento da aplicação da lei. A mera possibilidade legal de um diretor de empresa ser responsabilizado pela sonegação realizada *ex officio* por seu contador já deslegitima esse mecanismo de intervenção penal.

E a quem contra-argumentar no sentido de que o juiz, ao sentenciar, continuaria valendo-se das normas contidas nos arts. 18 e 29 do CPB, responderemos que o "etiquetamento penal" não se dá somente com a condenação penal transitada em julgado (garantia hipocritamente inobservada em nosso meio jurídico), mas sim, desde já, com a instauração de um inquérito policial e, até mesmo, de uma ação penal contra alguns dos "criminosos legalmente presumidos": a mídia já noticia o indiciamento do sonegador; a ele será atribuído o tormento de, a todo instante, ver-se detido preventivamente; uma viagem há de ser previamente comunicada ao juízo; seus bens podem ser objeto de medidas cautelares tendentes a assegurar a ação *ex delicto*; e isso sem falar-se, além de outras nefastas conseqüências, na não-submissão do Poder Judiciário à responsabilidade civil objetiva no caso de uma sentença penal absolutória ser precedida de qualquer uma dessas "medidas processuais". Portanto, se é inevitável, nos dias de hoje, que esse acentua-

---

[531] V., sobre essa "erosão" do *princípio da culpabilidade*: HASSEMER, Winfried. Alternativas al princípio de culpabilidade? In: *Persona, Mundo y Responsabilidad*, cit., p. 99-117.

do "etiquetamento" verifique-se antes mesmo do trânsito em julgado da sentença condenatória, que, pelo menos, se restrinja ao máximo as possibilidades de alguém ser vítima infundada dessa intervenção penal arbitrária. Uma política criminal adequada à nossa Constituição deve se preocupar em garantir ao máximo a liberdade dos cidadãos contra a persecução penal, e os dispositivos legais antes citados em nada guarnecem essa meta.

É de se acrescentar, por fim, que a vinculação do *princípio da culpabilidade* à *legalidade material* presta-se à demonstração de sua natureza não só de política criminal, segundo pensam muitos penalistas,[532] mas sim, também, de *legitimação interna* do ordenamento jurídico. Nos moldes comumente apontados pela doutrina, o máximo que se poderia atingir com tal formulação seria um mero *conselho* ao legislador para que não regule determinadas condutas com isenção à responsabilidade penal subjetiva. Cremos, contudo, que sua missão vai muito além disso: a partir do momento em que o art. 5º, inc. III, da CRFB/88, vedou expressamente o tratamento desumano sobre o indivíduo e a coletividade, toda e qualquer norma penal que expresse modalidades de responsabilidade penal objetiva há de ser reputada inconstitucional, e isso, por certo, ficará ainda mais claro se a leitura do *princípio da culpabilidade* passe a ser feita através do *princípio da legalidade*, não apenas formal, mas, agora sim, *material*.

4.4.1.2. Limitação legislativa: a proporcionalidade e a igualdade como parâmetros operativos do legislador na determinação da medida da culpabilidade

A opção quantitativa e qualitativa da sanção penal não comporta critérios objetivos de ponderação, senão que se baseia em juízos éticos de política criminal, e, dessa forma, somente passível de delimitação mediante uma resposta adequada ao "por que punir?". Os três momentos da sanção penal (cominação, aplicação e cumprimento) somente guardarão coerência entre si quando todos eles tomarem como base o mesmo fundamento eleito, e, nesse caso, o problema comporta análise em sede legislativa e judicial. Assim, por exemplo, se a política criminal adotada pelo legislador tem como norte principal a exclusiva idéia de *ressocialização* do delinqüente, as sanções penais tenderão a comportar limites mais amplos

---

[532] Por exemplo: JESCHECK, Heins-Heinrich. *Tratado*, cit., p. 19; HASSEMER, Winfried. *Persona, Mundo y Responsabilidad*, cit., p. 100.

e indeterminados. Se, ao contrário, levar-se ao pé da letra a *intimida-ção*, teremos uma reprimenda penal mais determinada, porém com limite máximo elevado, e assim por diante. Tudo depende, pois, da delimitação dos objetivos políticos do legislador penal,[533] visto que,

---

[533] Uma interessante posição, que merece destaque, é a estabelecida por Ferrajoli. Vimos (n. 2.2.1, *supra*) que, para esse autor, o fundamento *utilitarista* do Direito Penal encontra-se, primeiramente, no impedimento da justiça privada e informal, e, secundariamente, na intimidação proveniente da norma. Partindo do pressuposto de que a missão do Direito Penal moderno é produzir não só o máximo bem-estar possível dos não-desviados, como pensavam Beccaria e Bentham, mas também o mínimo mal-estar possível dos desviados (*Derecho y Razón*, cit., p. 331-332), reconhece ele que o limite da *prevenção geral negativa* encontra-se na pena mínima necessária para tolher a vingança informal, selvagem e espontânea, que se desencadearia caso o Direito Penal não existisse. Assim sendo, não pode a *intimidação* funcionar como parâmetro para a fixação dos *limites máximos* das penas – visto que, do contrário, teríamos como limite da sanção a pena de morte –, mas sim dos seus *limites mínimos*. Na verdade, a cominação da pena máxima abstrata tem como parâmetro (*fim*) a minimização da reação violenta ao delito. O Direito Penal, portanto, encontraria fundamentação numa dupla *prevenção geral negativa*: a prevenção geral dos delitos e a prevenção geral das penas arbitrárias ou desproporcionais. A primeira marca o limite mínimo, enquanto que a segunda, o limite máximo das penas. Uma reflete o interesse da maioria não desviada; a outra, o interesse do réu e de todo aquele de que se suspeita e é acusado como tal. A partir disso, e levando-se em consideração que a "gravidade do delito" há de ser determinada não só pelo grau de dano causado, senão também pelo grau de culpabilidade do autor, pode-se visualizar como parâmetro operativo de determinação do *limite mínimo* da sanção, o *quantum* mínimo necessário para demonstrar à sociedade que o delito sucumbe frente à desvantagem da pena. Se, por um lado, no que se refere às penas pecuniárias, isso seria mais simples, visto que ao delinqüente em potencial seria dado um critério de reflexão determinado, por outro, em relação às penas privativas de liberdade, a demonstração dos *custos do delito* já é bem mais difícil. Neste caso, segundo Ferrajoli, deve-se ponderar para o fato de que também uma pena breve pode, ainda que seja só pelo seu caráter desonroso, proporcionar uma aflição superior à vantagem proporcionada inclusive pelos delitos não-leves. Por essa razão, pensa ele, ao menos para as penas privativas de liberdade, "não está justificada a estipulação de um mínimo legal; seria oportuno confiar ao poder eqüitativo do juiz a eleição da pena até o máximo estabelecida na lei, sem vinculá-lo a um limite mínimo ou vinculando-o a um limite mínimo bastante baixo" (op. cit., p. 400).
Já os *limites máximos* das sanções, continua, seguiriam um critério, estabelecido por Bentham e, modernamente, por Hart, segundo o qual nenhuma pena procure um sofrimento maior que o produzido pela "transgressão incontrolada". Este parâmetro é evidentemente útil para deslegitimar as penas absolutamente desproporcionais para os delitos leves, mas resta insuficiente para limitar a violência punitiva em qualquer caso. A ele deveria ser acrescentado o ideal de que a pena não deve superar a violência informal que, na sua ausência, sofreria o réu pela parte ofendida ou por outras forças mais ou menos organizadas. Nesse caso, teríamos o réu não como "meio" ou "coisa" para fins alheios, mas sim como um "fim em si mesmo", e, assim, possível é uma compensação entre males infligidos e

como bem assinala Ihering, "a tarifa das penalidades é a medida do valor dos bens sociais".[534]

Diferente é a situação, contudo, no nosso ordenamento jurídico. No Brasil, a expressa menção constitucional dos valores atinentes à *justiça social* e à *dignidade da pessoa humana* acarretam, obrigatoriamente, a adoção de uma política criminal de *mínima intervenção penal*, como a que vimos sustentando. Nesse caso, a fixação legislativa das penas deixa de ser um mero juízo ético a ser observado durante a produção das leis, para, ademais, tornar-se uma verdadeira atividade legislativa limitada materialmente: impõe-se ao legislador a obrigação de que os limites das sanções, além de serem determinados de forma não ampla, levem em consideração os valores dos bens jurídicos segundo o nosso *sistema constitucional-penal*. Disso decorre, inicialmente, que, na comparação entre as penas previstas nos tipos penais incriminadores, toda lesão a um *direito humano* comporte uma pena mais grave em relação a uma lesão a um *"interesse do Estado"*. Apesar de não se poder mensurar a gravidade de um delito, pode muito bem o princípio da proporcionalidade, em complementação ao princípio da culpabilidade,[535] funcionar como parâmetro não só de *política criminal*, mas, também, de *legalidade* das proibições penais,[536] visto que a cominação de uma

---

males prevenidos, e uma correlação entre o limite máximo e o limite mínimo das penas. A fim de se evitar uma selvageria também na reação punitiva do Estado, acaba Ferrajoli por optar pelo limite máximo da pena privativa de liberdade, qualquer que seja o delito cometido, de dez anos. Isso porque "a eficácia persuasiva e estigmatizante alcançada, na atual sociedade dos meios de comunicação, pelo processo e condenação públicos, é maior que a execução da pena privativa de liberdade; o progresso cívico e cultural, que faz hoje intoleráveis os sofrimentos inúteis ou, em qualquer caso, excessivos; o fato de que, goste ou não goste, na atual sociedade informática, as funções de segurança e de prevenção geral dos delitos tendem a ser satisfeitas muito mais pelas funções da polícia do que pela ameaça das penas" (id., ibid., p. 414-415). Em nossa legislação, podem ser encontrados os crimes eleitorais (Lei nº 4.737/65), em que a pena mínima não se encontra fixada em lei.

[534] *El Fin en el Derecho*, cit., p. 236.

[535] Isso porque, nas palavras de Mir Puig, "o princípio da culpabilidade não basta, entendido em seus justo termos, para assegurar a necessária proporcionalidade entre delito e pena. Aquele princípio só exige que possa 'culpar-se' o sujeito da lesão pela qual se lhe castiga, o qual requer somente certas condições que permitam *imputar-lhe* a lesão (como sua, como dolosa ou imprudente, e como produto de uma motivação normal). Nada diz isso em relação à *gravidade* da lesão nem, portanto, do que deva ajustar-se a esta a quantia da pena" (op. cit., p. 100).

[536] Nesse sentido, anota Cobo del Rosal que o Tribunal Constitucional Espanhol, "na sentença 65/1986, de 22 de maio, assinalou que o juízo de proporcionalidade corresponde, em princípio, ao legislador. Isso não impede que a proporcionalida-

pena idêntica a dois ou mais delitos indica que o legislador considerou a "tarifa das penalidades" de idêntico valor. Teremos em mãos, com tal *método comparativo*, um mecanismo de unificação dos objetivos do legislador, mas, além disso, um recurso de deslegitimação das sanções penais cominadas abstratamente.

No plano da *política legislativa externa*, o comando estabelecido ao legislador para a fixação das penas mínimas e máximas cominadas pode ser vislumbrado na explícita relevância dada pela Constituição Federal ao valor máximo da vida e da liberdade em relação aos demais bens jurídicos, tais como o patrimônio, a honra etc, principalmente pela leitura do *caput* do art. 5º: "Todos são iguais perante a lei, sem distinção de qualquer natureza, garantindo-se aos brasileiros e aos estrangeiros residentes no País a inviolabilidade do direito à vida, à liberdade, à igualdade, à segurança e à propriedade, nos termos seguintes:(...)". Como vimos anteriormente (v. n. 3.6.5, *supra*), a colocação da "vida" e do "patrimônio" em pólos extremos do dispositivo legal não foi por acaso. Trata-se de um evidente balanceamento valorativo entre tais bens, de extrema utilidade como parâmetro operativo da atividade legiferante em matéria penal.

Já no plano *da legitimidade interna* do ordenamento jurídico (*política criminal interna*), o princípio da proporcionalidade passa a figurar não mais como um dado legitimador das sanções corretamente descritas, mas sim deslegitimador das incorretamente elencadas. A própria validade das penas previstas passaria a sujeitar-se à adequação a essa garantia penal, devendo o operador do Direito furtar-se à aplicação da norma sempre que o *princípio da proporcionalidade* restasse inobservado. Vejamos dois exemplos de penas desproporcionais: a) a pena de 6 meses a 2 anos de detenção, prevista no art. 303 da Lei nº 9.503/97: a lesão corporal culposa praticada na direção de veículo automotor é apenada de forma mais severa que a lesão corporal leve dolosa (art. 129, *caput*, do CPB); b) a qualificadora prevista para o delito de furto, relativa ao concurso de duas ou mais pessoas, acarreta a duplicação da pena, enquanto que, no roubo, a mesma circunstância pode exasperar a sanção em apenas 1/3.[537]

---

de deva ser levada em consideração pelo juiz no processo de individualização da pena. Tampouco exclui que possa plantar-se a questão da inconstitucionalidade ali onde a lei assinala penas exorbitantes" (op. cit., p. 81).

[537] A 5ª Câmara do Tribunal de Justiça do Rio Grande do Sul já vem se manifestando nesse sentido.

Note-se que nos dois exemplos, a proporcionalidade da sanção penal é tomada a partir de uma interpretação comparativa entre duas situações: caso sejam elas idênticas ou semelhantes, devem receber tratamento idêntico ou semelhante; caso sejam elas diferentes, devem receber tratamento diferenciado, na medida de sua desigualdade. Na verdade, trata-se da aplicação do princípio da isonomia, exposto no artigo 5º da nossa Magna Carta, à matéria penal, até porque, segundo a lição de Robert Alexy,[538] deve ser ele entendido e observado obrigatoriamente não só pelos "órgãos que aplicam o direito", mas também na "formulação do direito" pelo legislador.

O grande problema trava-se na identificação daquilo que há de ser reputado igual ou desigual.[539] Isso conduz à observância do princípio da igualdade não estritamente em seu sentido formal, mas também no sentido material, valorativo, segundo as propriedades de cada situação. Nesse sentido, segundo Hesse,[540] "a questão decisiva da igualdade jurídica material é sempre aquela das características a ser consideradas como essenciais, que fundamentam a igualdade de vários fatos e, com isso, o mandamento do tratamento igual". Veja-se o seguinte exemplo: se "a característica 'pessoa' for considerada como essencial, então alemães e estrangeiros devem ser tratados igualmente; se aparece a característica 'nacionalidade' como essencial, então o tratamento desigual é admissível". Assim, será inconstitucional toda norma penal que se basear em característica não-essencial para fundamentar um tratamento diferenciado.

Pode-se perceber, com base nos dois exemplos antes citados, que situações com características essenciais idênticas (no primeiro, a tutela do "integridade física", e, no segundo, do "patrimônio") receberam tratamento legislativo diferenciado. Com efeito, uma lesão corporal culposa (leve) de trânsito, e uma lesão corporal dolosa leve (que até pode ser no trânsito), não comportam sanções cominadas tão díspares. Da mesma forma, o concurso de agentes, ao qualificar dois delitos que, essencialmente, protegem o mesmo bem jurídico, não podem gerar uma exasperação de pena diferen-

---

[538] ALEXY, Robert. *Teoria de los Derechos Fundamentales*. Madrid: Centro de Estudios Constitucionales, 1997, p. 283.

[539] Segundo Konrad Hesse, "o princípio da igualdade proíbe uma regulação desigual de fatos iguais; casos iguais devem encontrar regra igual. A questão é, quais fatos são iguais e, por isso, não devem ser regulados desigualmente" (Elementos de Direito Constitucional da República Federal da Alemanha. Trad. por Luís Afonso Heck. Porto Alegre: Sérgio Antônio Fabris, 1998, p. 232/233).

[540] Op. cit., p. 331.

ciada (1/2 para o furto, 1/3 para o roubo), salvo se a um desses casos seja agregada uma característica essencial inexistente em relação ao outro. É o que ocorre, por exemplo, na pena prevista para o delito de furto (1 a 4 anos de reclusão) e para o delito de peculato (2 a 12 anos de reclusão): aqui, a desproporção é justificável, visto que o último delito, apesar de também tutelar o patrimônio (privado, no furto; público, no peculato), traz em si uma característica essencial que no furto inexiste, qual seja, a qualidade de "funcionário público" do sujeito ativo. Neste caso, deparamo-nos com situações que se desigualam, e que, em virtude disso, podem ser tratadas de forma desigual.

O tema mereceria um tratamento mais aprofundado, mas, sem embargo, tais contornos, ainda que superficiais, já são capazes de elucidar um mecanismo de limitação legislativa nessa matéria.

4.4.1.3. Limitação judicial: a culpabilidade como fundamento da pena e o desconhecimento da lei

Atua também o princípio da culpabilidade, segundo boa parte da doutrina, como *fundamento da pena*.[541] Nesse sentido, exige-se a presença de uma série de elementos (imputabilidade, conhecimento da ilicitude e exigibilidade de conduta diversa) para a aplicação de uma sanção, todos eles considerados como requisitos positivos específicos do conceito dogmático de culpabilidade,[542] resumidos à *reprovabilidade da conduta livre do indivíduo*.[543]

---

[541] Nesse sentido, por exemplo: BITENCOURT, Cezar Roberto. *Manual*, cit., p. 44.

[542] Cf. MUÑOZ CONDE, Francisco. *Derecho Penal*, cit., p. 95.

[543] O conceito de culpabilidade, principalmente com o advento da concepção *teleológica* da ação, está baseado na existência de *livre-arbítrio* do indivíduo. Costuma-se pensar, assim, que a infração das normas jurídicas só será pessoalmente reprovável a seu autor, nas palavras de Cobo del Rosal (op. cit., p. 495-496) "quando este tenha podido atuar de modo diverso do realizado, ou seja, quando houve a possibilidade de atuar de acordo com o seu dever. (...) Onde não há liberdade, não há culpabilidade; onde não há culpabilidade não há possibilidade de pena-castigo. Se essa idéia não pudesse encontrar uma plausível explicação, está claro que não poderíamos continuar mais referindo-nos a conceitos tradicionais.(...) A liberdade é um valor fundamental, de modo que, afirmando-a, o Direito penal toma uma determinada orientação, e, negando-a, move-se a caminho oposto". Tal conceito, contudo, vem sendo posto em dúvida modernamente. A primeira crítica foi laborada por Engisch, ao destacar a "nossa completa ignorância em relação à questão de se um homem concreto, numa situação concreta, podia atuar de modo distinto daquele que efetivamente atuou" (*Die Lehre von der Willensfreiheit in der Strafrechtsphilosophiscen Doktrin der Genenwart, apud* COBO DEL ROSAL, M. Op. cit., p. 496). Esta impossibilidade de constatação científica do *livre-arbítrio* sujeitou a apreciação da culpabilidade a partir do

Sem dúvida, trata-se do tema que mais evoluiu, em matéria penal, nos últimos tempos, sendo que os seus limites extrapolam o objeto desse trabalho. Contudo, apesar de sua vinculação à Teoria Geral do Delito, cremos ser necessária a abordagem de um tópico que, erigido, há muito tempo, à categoria de um dogma, não vem merecendo a devida atenção frente à moderna *garantia da lei penal*, qual seja, o "conhecimento da lei".

Já no Direito Romano vigorava em sua plenitude a regra segundo a qual a *ignorantia juris non escusat*, ou seja, o desconhecimento da lei não pode isentar alguém de uma eventual punição. No Direito moderno, a discussão travou-se, inicialmente, na escusabilidade ou não do *erro de fato* e do *erro de direito*. Ao tempo do *dolo natural*, de von Liszt, predominou o entendimento de que, ao contrário do *error facti*, o *error juris*, salvo em alguns casos de erro extrapenal, não desculpava a conduta realizada.[544]

Com o advento da Teoria Normativa da Culpabilidade, contudo, a introdução, no Direito Penal, da vetusta noção de *dolus malus* fez com que, principalmente pelas mãos de Mezger, o desconhecimento da lei passasse a não se confundir com o desconhecimento da ilicitude do fato. Nesse rumo, exigia-se que o agente, no momento da conduta, além de entender o fato e querer, ainda assim, o resultado, deveria ter a consciência *real* e *inequívoca* de que sua atuação contrariava o ordenamento jurídico.[545] O desconhecimento da lei, considerado inescusável, passou a distanciar-se do desconhecimento da ilicitude da conduta.

De lá para cá, toda a evolução do *erro de direito* travou-se sobre a consciência do injusto – que, pela Teoria Normativa Pura, tornou-se *potencial* –, permanecendo a *ignorantia juris* (*erro de vigência*) descartada completamente do rol de causas justificantes ou exculpantes do delito. Embora o binômio *erro de direito/erro de fato* tenha cedido espaço à dicotomia entre *erro de tipo/erro de proibição*, a

---

"homem-médio" (v. JESCHECK, Hans-Heinrich. Op. cit., p. 369), mas, mesmo nesse caso, pode-se constatar a impossibilidade de estabelecimento de uma reprovação moral de uma pessoa com base em capacidades de outras pessoas (nesse sentido: ROXIN, Claus. Op. cit., p. 800). A partir disso, surgiram conceitos de culpabilidade fundamentados não mais sob o ponto de vista individual, mas sim social. Sobre essa nova abordagem, ver, principalmente, as obras de Figueiredo Dias (*Liberdade, Culpa, Direito Penal*. 2 ed. Coimbra: Biblioteca Jurídica Coimbra, 1983) e Muñoz Conde (*Derecho Penal*, cit., p. 365-379).

[544] V. VON LISZT, Franz. *Tratado*, cit., t. II, p. 417-422.

[545] MEZGER, Edmund. *Derecho Penal. Parte General*. Trad. por Conrado A. Finzi. Buenos Aires: Bibliográfica Argentina, 1955, p. 249.

previsão expressa de que *"o desconhecimento da lei é inescusável"*, inobstante, continuou figurando na maioria dos Códigos Penais então em vigor.

No plano dogmático, a doutrina costuma destacar que a lei é obrigatória, *erga omnes*, tenham ou não os cidadãos conhecimento dela. Sua validade independe do conhecimento. Nada tem que ver a obrigatoriedade da lei penal, que é genérica e abstrata, com o conhecimento profano acerca da ilicitude do fato, que é pessoal e concreto.[546] Nas palavras de Assis Toledo, "lei, em sentido jurídico estrito, é a norma escrita editada pelos órgãos competentes do Estado. Ilicitude de um fato é a correlação de contrariedade que se estabelece entre esse fato e a totalidade do ordenamento jurídico vigente. Se tomarmos, de um lado, a totalidade das leis vigentes e, de outro, um fato da vida real, não será preciso muito esforço para perceber que a eventual ilicitude desse fato não está no fato em si, nem nas leis, mas entre ambos, isto é, na mútua contrariedade que se estabeleceu entre o fato concreto, real, e o ordenamento jurídico no seu todo. Assim, pode-se conhecer perfeitamente a lei e não a ilicitude de um fato, o que bem revela a nítida distinção dos conceitos em exame".[547]

Justifica-se filosoficamente tal posição na segurança jurídica da sociedade, ou seja, a instabilidade dos "contatos sociais" seria freqüente se a alguém fosse dado o poder de, após a prática de uma conduta, escusar-se das sanções penais dela decorrentes com base na mera alegação do desconhecimento da lei. Daí que a presunção contida na primeira parte do art. 21 do CPB tem sido considerada absoluta, e não relativa.

Essa solução simplista, contudo, nos dias atuais, há de ser repensada. Referimo-nos não ao *erro de proibição*, visto que tal problema é atinente à *culpabilidade penal* - e, dessa forma, alheio à esfera de abrangência do princípio da legalidade –, mas sim ao *erro de vigência*. É inadmissível que a antiga inescusabilidade do desconhecimento da lei tenha a mesma aceitação perante o moderno Direito Penal, pois, nas palavras de Munhoz Netto, "nossa legislação não é mais a leis das Doze Tábuas, porém um arsenal que todo dia se renova e se aperfeiçoa, à medida que se aprimora o senso da necessidade civil".[548] Vimos pagando um preço muito alto pela

---

[546] Assim: COSTA JÚNIOR, Paulo José da. *Comentários*, cit., vol. 1, p. 187.
[547] *Princípios*, cit., p. 263.
[548] MUNHOZ NETO, Alcides. *A Ignorância da Antijuridicidade em Matéria Penal*. Rio de Janeiro: Forense, 1978, p. 61.

atribuição a todos da obrigação de informar-se sobre a exata vigência das normas penais no Brasil. Essa presunção *juris et de jure*, além de mitigar bastante o princípio culpabilidade, reforça ao extremo a *segurança jurídica* somente da *maioria não desviada*, abandonando, por completo, a *segurança jurídica* da *minoria (inconscientemente) desviada*. Nos tempos atuais, o Direito Penal de emergência tem assumido patamares tão inflacionários que, mesmo os profissionais do Direito, por vezes, deparam-se com uma verdadeira ignorância acerca de novos tipos penais incriminadores. Contra isso, a doutrina e a jurisprudência, arraigadas ao "dever de informação" estabelecido por Welzel,[549] continuam estabelecendo uma presunção absoluta que era sustentável no início do século, quando a legislação penal era toda *codificada* e, ademais, restrita a poucos tipos penais incriminadores. Não se está a sustentar, aqui, o completo abandono do *ideal da segurança jurídica* dos não-desviados. A certeza do Direito, como bem assinala Cobo del Rosal,[550] desempenha uma "função ideológica", visto que a realidade põe de manifesto, de maneira evidente, que a generalidade dos cidadãos ignora, efetivamente, as leis. Ainda reconhecendo que, no Estado moderno, isso seja assim, e que resulta praticamente impossível alcançar o ideal de que as leis sejam conhecidas por todos (dada a complexidade da organização e funções do Poder público), não parece adequado obter a conclusão de que há que abandonar, por obsoleto, o ideal de certeza. Ao contrário: o mundo atual haveria de tratar de alcançá-lo com maior empenho que nos momentos históricos anteriores, porque a certeza que se possa conseguir, ainda que seja relativa, representa a última salvaguarda da pessoa humana, em um momento em que se encontra ameaçada em sua mesma individualidade. A "crise" da certeza não é senão a crise do mundo pessoal, que há de ser, a todo custo, defendido.

Não se deve esquecer, contudo, do fato de que a presunção de conhecimento da lei penal é explicável somente mediante parâmetros antiliberais. Por um lado, caracteriza verdadeira responsabilidade objetiva no Direito Penal, seja como resultado da busca da certeza do direito a qualquer custo, seja como resultado da confusão entre direito e moral, e, por isso, da idéia de que o delito é, também, um pecado, de modo que a ignorância da lei penal equivale à ignorância da lei moral, isto é, a a-moralidade ou a imoralidade, em todo caso, inescusáveis. Por outro lado, tal presunção, incorporada

---

[549] *Derecho Penal Alemán*, cit., p. 187-188.
[550] *Derecho Penal*, cit., p. 67-68.

por quase todos os ordenamentos contemporâneos, não constitui, de modo algum, um fruto originário do pensamento penal burguês, mas sim uma criação do estatalismo ético que caracteriza o pensamento liberal-reacionário do século passado; não por acaso foi defendida por Hegel,[551] que representa a maior expressão dessa direção da cultura liberal.[552]

Há que se encontrar, pois, um mecanismo de adequação eqüitativa entre o *princípio da legalidade* e as constantes mutações do controle social formalizado. Nesse sentido, a escusabilidade, em algumas circunstâncias, da *ignoratia legis*, depende, inicialmente, de sua adequação à teoria geral do delito, visto que tal erro do agente não pode ter a eficácia de tornar a lei "mal publicada", só por esse motivo, inconstitucional. Por essa razão, o problema do *erro de vigência* deve ser cotejado segundo o *princípio da culpabilidade*, e não também no *princípio da taxatividade*.

Pensamos que a melhor solução a ser apontada, inclusive de *lege lata*, seria a admissibilidade da presunção *juris tantum* do conhecimento da lei, visto não se poder considerar *reprovável*, em algumas situações, que o autor de um injusto penal tenha o *real* conhecimento da proibição legal. Não se pode exigir, dessarte, de algumas pessoas – tendo em vista suas condições pessoais e até mesmo geográficas – que conheçam o Direito Penal, enquanto norma, em sua plenitude, e, com isso, estaremos dando o correto tratamento a situações que a doutrina costuma enquadrar, quando muito, no *erro de proibição direto.*[553]

---

[551] "No terreno da objetividade, o direito de apreciação tanto vale para o lícito como para o ilícito, tais como se representam no direito em vigor, e reduz-se ao sentido mais estreito da palavras: conhecimento como fato de ser informado acerca do que é lícito e, por conseguinte, obrigatório. Com a publicação das leis e a vigência dos costumes, o Estado tira ao direito de exame o aspecto formal e a contingência que para o sujeito o direito ainda conserva ao nível em que nos encontramos. (...) Dizer que o criminoso, no momento do crime, deve ter claramente representado o seu caráter injusto e culpado, para que tal ação lhe possa ser imputada como crime, constitui uma exigência que parece salvaguardar o direito da sua objetividade, mas que nega, na realidade, a sua imanente natureza, inteligente. Não precisa esta, para ser presente, ter a forma da representação clara da psicologia wolfiana, e só no delírio ela se altera até o ponto de se separar das percepções e atos particulares. O terreno em que tais circunstâncias poderão ser consideradas a fim de atenuar a pena não é o direito, mas o da graça" (HEGEL, G. W. F. *Princípios*, cit., p. 117 e 118).

[552] Cf. FERRAJOLI, Luigi. *Derecho*, cit., p. 495.

[553] Essa necessidade já foi notada em outros países. Na Itália, a Corte Constitucional italiana, em duas ocasiões, já classificou como irrealístico e ilegítimo o princípio da inescusabilidade da *ignorantia legis*. A primeira, na sentença nº 74, de 25 de março de

A fim de evitar tais devaneios é que, modernamente, vem-se desenvolvendo uma proposta de cunho eminentemente político, mas de profundas repercussões dogmáticas: trata-se da *reserva de código*, ou seja, uma meta-garantia a ser introduzida no ordenamento constitucional, destinada a imunizar as garantias penais e processuais contra a legislação de emergência, colocando um freio à inflação penal que produziu a regressão inquisitorial do Direito Penal contemporâneo. A *reserva de código* estabeleceria que todas as normas penais e processuais penais deveriam ser introduzidas no corpo dos Códigos, não podendo nenhum dispositivo desta natureza ser criado senão com a modificação do estatuto principal. O sistema orientar-se-ia pelo princípio *"toda matéria penal no Código, nada fora do Código"*, obrigando, pois, o legislador a trabalhar pela unidade e coerência do Direito Penal, restituindo sua credibilidade e sua natureza genealógica de *ultima ratio*.[554] Com a concretização de tal proposta seria possível, novamente, sustentarmos a inescusabilidade da *ignorantia legis*.

4.4.1.4. Limitação judicial: a culpabilidade e a flexibilização do limite mínimo da pena

Por fim, possui também o *princípio da culpabilidade* a função de estabelecer os limites das penas, ou seja, a pena não pode ultrapassar a medida da culpabilidade, o que significa que a fixação da pena há de produzir-se dentro do marco máximo da culpabilidade,[555]

1975, e, atualmente, no julgado de nº 364, de 24 de março de 1988. Sobre o assunto, v.: FERRAJOLI, Luigi. Giurisdizione e Democrazia. In: *AJURIS - Revista da Associação de Juízes do Rio Grande do Sul*. Porto Alegre, set. 1999, vol. 75, p. 442.

[554] Tal proposta – que decorre, na verdade, da obra de Luigi Ferrajoli, *La pena in una società democratica*, p. 538 – vem sendo originariamente defendida no Brasil pelo Instituto Transdisciplinar de Estudos Criminais (ITEC), tal qual consta no editorial intitulado "Reserva de Código Penal e Processual Penal", veiculado no Informativo do Instituto Transdisciplinar de Estudos Criminais, a.1, nº 2, jul/ago/set/1999. Essa tendência foi seguida, já no ano 2000, pelo Grupo de Trabalho Especial do Ministério da Justiça para o Aperfeiçoamento do Sistema Penal, coordenado pelo Prof. Dr. Miguel Reale Jr. Consta, na proposta nº 7, o seguinte: "é necessário que se tome uma posição clara e definitiva sobre a incorporação da vasta legislação extravagante no Código Penal ou sobre sua eventual consolidação, mantido ou não o mesmo sistema de penas" (REALE JR., Miguel [coord.]. Reforma Penal e Processual Penal. In: *Boletim do IBCCRIM*, a. 8, nº 88, mar/2000, p. 2). Para maiores detalhes, v.: CARVALHO, Salo de. Descodificação penal e reserva de código. In: TUBENCHLAK, James (coord.). *Doutrina*, n. 9. RJ: ID, 2000, p. 122-127.

[555] Cf. MORILLAS CUEVA, Lorenzo. *Curso*, cit., p. 33. No mesmo sentido: BITENCOURT, Cezar Roberto. *Manual*, cit., p. 44.

implicando, pois, que, ao lado da idéia negativa de que a pena não pode extrapolar a medida da culpabilidade, também atue positivamente, como proporcionalidade à medida da culpabilidade. Nesse sentido, contudo, não se pode pretender que tenha uma vigência *positiva*, determinista do *quantum* concreto da pena, senão meramente *negativa*, excludente das penas que excedam os limites da reprovação.[556]

Trata-se, portanto, de um problema de *política criminal*, na medida em que o marco da culpabilidade, para fins de fixação da pena, irá depender dos *fundamentos* ("por que proibir, processar e punir?") eleitos não só pelo legislador, como, também, pelo juiz. Assim, por exemplo, se a *prevenção geral negativa* fosse o parâmetro exclusivo do Direito Penal, um juiz estaria autorizado a aplicar, até mesmo, uma pena de morte ao autor de uma sonegação fiscal; se, ao contrário, elegermos a *prevenção especial positiva*, poderemos até deixar de aplicar uma pena ao autor de um homicídio que demonstre que o delito foi um fato isolado de sua vida, e que não mais tornará a delinqüir.[557]

Mas não somente isso. Deve-se recordar que é hábito em nossa legislação a fixação, *a priori*, dos limites mínimo e máximo de sanção penal aplicável a cada delito. Temos, portanto, uma combinação de critérios, em que o juiz deverá fixar, *dentro dos limites legalmente estabelecidos*, o *quantum* de pena necessário ao melhor caminho para se atingir a meta político-criminal estabelecida. Roxin, partindo de seu "sistema racional-final ou teleológico", amplia, com razão, o conceito de culpabilidade para o de *responsabilidade*, visto que "à culpabilidade, como condição iniludível de toda pena, se deve acrescentar sempre a necessidade preventiva (especial ou geral) da sanção penal, de tal modo que a culpabilidade e as necessidades de prevenção limitam-se reciprocamente, e só conjuntamente dão lugar à 'responsabilidade' pessoal do sujeito, que desencadeia a imposição da pena. Essa adaptação da categoria tradicional da culpabilidade com finalidades preventivas, importante para numerosas questões interpretativas, é o correlato dogmático da teoria dos fins da pena aqui desenvolvida, em que a culpabilidade e a necessi-

---

[556] Cf. COBO DEL ROSAL, M., ANTON, T. S. Vives. *Derecho Penal*, cit., nota n. 3, p. 491.
[557] Sobre o assunto, v. MAURACH, Reinhart, ZIPF, Heinz. *Derecho Penal*, cit., p. 109.

dade preventiva apresentam-se como condições certamente necessárias, mas por si só, insuficientes, da pena".[558]

Assim, enquanto a culpabilidade, como *fundamento da pena*, estaria estabelecida com base em seus elementos (imputabilidade, consciência da ilicitude e exigibilidade de conduta diversa), a culpabilidade, como *limite da pena*, seguiria um critério completamente distinto, ou seja, a medida político-criminal de prevenção de delitos (geral ou especial).[559]

O grande problema trava-se, contudo, nas exigências de limitação ou não desse mecanismo preventivo, que é a sanção penal, frente às penas previstas pelo legislador. Encontraremos, num extremo, a ausência completa de limites mínimos e máximos, erigindo-se, nesse caso, a culpabilidade como o *exclusivo* parâmetro operativo de fixação da pena, e, no outro extremo, a pena única e composta de limites *intransponíveis* para cada infração penal. Como bem destaca Cobo del Rosal, no âmbito da aplicação da pena incidem duas exigências contraditórias: de uma parte, os requerimentos de concreção e certeza oriundos do princípio da legalidade, e, de outra, a necessidade de adaptar a pena ao fato concreto e ao delinqüente particular, tanto por razões de utilidade e conveniência, como por imperativos de justiça.[560]

Vejamos um exemplo para tornar a lição mais clara: uma mulher com aproximadamente 70 anos de idade, que jamais delinqüiu, cansada de ser maltratada moralmente por seu marido, decide matá-lo. Numa noite em que este chega embriagado em casa, ministra a ele uma elevada quantidade de veneno, atingindo o seu intento. Caso inexistissem limites pré-estabelecidos de sanção, poderia o juiz, *in casu*, ao fixar a pena, basear-se na *inutilidade* da prevenção geral negativa, posto que o fato não traria consigo um efeito de *imitação*, e, (caso admitida) também de nada valeria a prevenção especial positiva, posto que, em princípio, não cabe esperar da autora do fato a prática de novos delitos.[561] Conseqüen-

---

[558] *Derecho Penal*, cit., p. 204. Maurach, ao contrário, concebe a prevenção não como um *fim* a ser perseguido com a fixação da pena, mas sim como o *motivo* que provoca a persecução penal (o fato punível). As finalidades preventivas seriam buscadas, ao contrário, pela observância do *princípio da proporcionalidade*. Assim, o *princípio da culpabilidade* não representa um *fim* da pena, mas sua função consiste em reduzir a aplicação da finalidade da pena a uma "medida adequada ao fato" (op. cit., p. 110-111).

[559] ROXIN, Claus. Id., ibid., p. 814.

[560] Op. cit., p. 833.

[561] Nesse sentido: MAURACH, Reinhart *et al*. Op. cit., p. 113.

temente, estaria o juiz autorizado, inclusive, a condenar a autora, mas não sujeitá-la a pena alguma.

Ao contrário, em havendo limites intransponíveis pré-estabelecidos (pense-se na pena prevista no art. 121, § 2º, do CPB: reclusão, de 12 a 30 anos), poderia ocorrer que a pena resultasse excessiva em relação às peculiaridades do fato praticado e das medidas de política criminal a serem adotadas.

Note-se que, em ambos, teríamos uma solução injusta para o fato:[562] no primeiro, o custo da *pena justa* seria elevado aos extremos, visto que a fronteira da isenção de pena para casos semelhantes não restaria bem delimitada, gerando, pois, uma *insegurança jurídica* insustentável perante a ciência penal *secularizada*. Já no segundo, o custo da *pena exata* também seria levado a extremos, e, aqui, a lei impossibilitaria o juiz de adequar o fim da *justiça social*, preconizado em nosso Ordenamento Máximo, às nuanças do empirismo social. Assim, as necessidades de prevenção, enquanto tais, não seriam consideradas para a determinação da medida definitiva da pena, senão que, no máximo, seriam contempladas na *fixação limitada* da sanção penal.[563]

Adaptando-se tal problemática aos *fundamentos penais* por nós eleitos (v. n. 2.2, *supra*), bem como à *secularização do Direito* (v. n. 1.3, *supra*), estaremos autorizados a reconhecer que: a) a indeterminação da pena *mínima* cominada, ademais de gerar *insegurança*, não se presta a *intimidar* a sociedade a não realizar a conduta descrita na

---

[562] Consoante Mir Puig, "ainda que a função judicial de determinação da pena esteja acostumada a partir sempre de certos condicionamentos legais, no Antigo Regime o arbítrio judicial era muito amplo. Os juízes podiam não só aumentar e diminuir as penas assinaladas em lei, senão, inclusive, impor outras distintas. A filosofia penal liberal quis acabar com ditas faculdades em nome do princípio da legalidade, por meio do qual viu-se uma garantia de igualdade e de sujeição do juiz à vontade popular. O Código Penal francês de 1791 levou ao extremo o novo parâmetro legalista, e assinalou a cada delito uma pena absolutamente determinada, não suscetível de modificação pelo julgador. Mas isso impediria de levar em consideração as peculiaridades de cada caso concreto, o que acabava vulnerando a mesma exigência de igualdade que se perseguia, posto que a igualdade falta não só quando se tratam desigualmente casos iguais, senão também se se tratam da mesma forma casos desiguais. E, assim, o Código Penal francês de 1810 mudou o critério e conferiu aos juízes um certo arbítrio para que determinassem a pena dentro de um limite máximo e um limite mínimo legalmente previstos" (op. cit., p. 745).
[563] Essa é a solução apontada por Maurach: "é possível constatar como resultado que a valoração da culpabilidade delimita mais estritamente o marco (da culpabilidade), dentro do marco da pena, e que a aplicação dos fins preventivos pode ter lugar no interior daquele" (op. cit., p. 117).

norma – não oferecendo, pois, uma resposta convincente ao "como proibir?" –, posto que a possibilidade da *isenção penal* poderia ser entendida como um estímulo ao delito (pense-se que, pessoas na mesma situação do exemplo há pouco citado, não hesitariam em realizar o mesmo delito[564]); b) a indeterminação da pena *máxima* abstratamente prevista também geraria *insegurança jurídica*, posto que legitimaria a aplicação de penas desproporcionais aos delitos praticados, marcando, pois, um retrocesso semelhante à selvageria da vingança privada; c) a determinação *mínima* inflexível acarretaria, em algumas situações, a incongruência de a repressão informal ao delito, caso não existisse o Direito Penal, ser mais tênue do que aquela aplicada pelo Estado, prescindindo, por conseqüência, de elevados graus de *intimidação*; d) mas, ao contrário destas conseqüências, a determinação *máxima* inflexível restaria legitimada não só pela necessidade de *segurança jurídica* contra os abusos do Estado – ante a possibilidade de penas perpétuas para qualquer delito –, senão, também, pela limitação dos *custos máximos* da intervenção penal.

Conseqüentemente, a conciliação entre o *ideal da segurança jurídica* e os *fundamentos* de um Direito Penal garantista determina, no que se refere aos limites da sanção penal, que ao *legislador* seja imposto o dever de fixar o *quantum* mínimo (suficiente para *intimidar*) e máximo (suficiente para *reprimir a vingança informal*) de sanção penal, e, ao *juiz*, seja imposto, por um lado, o dever de respeitar o limite máximo da pena prevista, e, por outro, o dever de reduzir a pena aquém do mínimo legal sempre que se mostre ele, no caso concreto, além do necessário para *formalizar a intervenção penal*. Assim, por mais grave que fosse o delito, jamais poderia o juiz extrapolar o limite máximo da pena prevista, mas, diante de infrações tênues, poderia ele, frente aos fundamentos de uma política criminal garantista, inobservar os limites mínimos cominados.

Essa situação, no Brasil, já vem sendo, em parte, aplicada. Basta lembrar para o fato de que a doutrina e a jurisprudência majoritárias há muito têm admitido que, em decorrência de *minorantes* previstas em lei, poderá o julgador fixar a pena final aquém dos limites mínimos estabelecidos.[565] Falta, agora, uma pitada de cora-

---

[564] Aqui, portanto, nossa posição destoa da vislumbrada por Ferrajoli, ao conceber a necessidade de a pena mínima abstrata, para todos os delitos, partir sempre do *zero* (op. cit., p. 400).

[565] V., sobre o assunto: BITENCOURT, Cezar Roberto. *Manual*, cit., p. 586.

gem para reconhecer-se a mesma solução para o caso de incidência de *atenuantes*, previstas legalmente (art. 65 do CPB) ou não (art. 66 do CPB), e até mesmo de *circunstâncias judiciais* (art. 59) favoráveis ao réu.[566] É de ser destacado que inexiste fundamentação lógica para autorizar-se tal solução lá, mas não também aqui. Com efeito, tanto nas minorantes quanto nas atenuantes e circunstâncias judiciais favoráveis temos situações que, uma vez verificadas empiricamente, *valoram positivamente* a conduta, ou seja, recomendam que, com base em critérios de *justiça social* constitucionalmente toleráveis, a restrição da liberdade seja menor do que nos casos em que estes não se verificariam. Ademais, é uma decorrência da *isonomia constitucional* que pessoas em situações diversas não possam ser tratadas da mesma forma (fixando a pena no mínimo legal para fatos de gravidade diversa). É uma decorrência da *secularização sistemática do Direito* que os axiomas prestem-se, sempre que ade-

---

[566] Essa solução é apontada pelo art. 71, 1, do CPE, de 1995: "Art. 71. 1. Na determinação da pena inferior em grau, os Juízes ou Tribunais não permanecerão limitados pelas quantias assinaladas na Lei a cada classe de pena, senão que poderão reduzi-las de forma que resulte da aplicação da regra correspondente" (op. cit., p. 75). O limite da redução seria a pena de 6 meses, visto que, abaixo disso, possível passa a ser a substituição por outra penal alternativa (art. 71, n. 2). No Brasil, a vedação de as atenuantes reduzirem a pena aquém do mínimo é matéria, inclusive, já sumulada pelo STJ: "A incidência da circunstância atenuante não pode conduzir à redução da pena abaixo do mínimo legal." (Súmula 231,STJ, DJU 15/10/99, p. 76). No TJRGS, contudo, não poucos acórdão já reconheceram a possibilidade de as atenuantes reduzirem a pena abaixo do mínimo legal: "Ementa: Apelação-Crime. Roubo duplamente circunstanciado (art. 157, par. 2, incs. I e II, do Código Penal). Prova que evidencia autoria e materialidade da hipótese delitiva. Diminuição da pena-base aquém do mínimo legalmente previsto para o fato-crime por incidência de circunstâncias atenuantes. Efetividade da individualização penal de acordo com os mandamentos da *grundnorm* (inteligência dos arts. 5, XLVI, da Constituição Federal e 65, do Código Penal). Normas de cominação e de aplicação penal. Diferenciação. Princípio da reserva legal. Punição *sine lege* em relação ao *quantum* não diminuído por mandamento legal cogente (art. 65 , do Código Penal). Direito Penal da culpabilidade efetiva. Pena estabelecida no mínimo legalmente cominada ao fato-crime. Incidencia das atenuantes da menoridade e da confissão espontânea. Diminuição da pena-base para aquém do mínimo. Possibilidade. Posição da doutrina e da jurisprudência a respeito da possibilidade de a pena-base ser trazida aquém do mínimo pela incidência de atenuantes. pena de multa, que deve guardar correlação de proporcionalidade ao fato-crime e a situação econômica do acusado, mantida. Pretensão ao reconhecimento do *conatus* desacolhida em face a consumação da subtração da *res*. Provimento parcial do apelo tão-somente para reduzir a pena privativa de liberdade". (ACR nº 70000012674, Câmara de Férias Criminal, TJRS, Relator: Des. Carlos Roberto Lofego Canibal, julgado em 27/10/1999).

quados ao *sistema jurídico*, à ampliação da liberdade dos indivíduos, e esse há de ser o rumo do nosso Direito Penal.

4.4.2. A norma penal e o bem jurídico

Da conjugação entre a *secularização* e a *tolerância* do Direito Penal resulta, dentre outros efeitos, o *princípio da lesividade* (v. n. 2.4.3, *supra*), ou seja, o ditame segundo o qual a lei incriminadora não deve ter por objeto modificar moralmente o cidadão, mas sim, apenas, evitar uma lesão ao direito de outro cidadão. Isso porque, ainda hoje, é irrefutável o direito fundamental elencado no art. 10 da Declaração dos Direitos do Homem e do Cidadão, de 1789: "ninguém deve ser inquietado pela suas opiniões, mesmo religiosas desde que sua manifestação não cause problemas de ordem pública estabelecida pela lei".[567] Trata-se, portanto, de estabelecer qual a "verdadeira" missão do Direito Penal.

Sobre o assunto, temos três grandes filões: a) segundo Welzel, a missão do Direito Penal "consiste na proteção dos valores elementares da consciência, de caráter ético-social, e só por inclusão a proteção de bens jurídicos particulares";[568] b) já Günther Jakobs prefere atribuir ao Direito Penal a missão de "proteger a firmeza das expectativas normativas essenciais"[569] frente à prática de um crime, ou seja, a prevenção geral positiva; c) a opinião majoritária, contudo, vislumbra a missão de proteger bens jurídicos de lesões ou de exposição a perigo. Isso porque as duas posições anteriores, que, no fundo, não deixam de ser concomitantes, agregam ao Direito Penal um conteúdo excessivamente ético, capaz de legitimar a criminalização de meros valores sem que tais sequer configurem uma lesão ou um perigo à liberdade e à dignidade humana.

A missão do Direito Penal é e continuará sendo a proteção de bens jurídicos, e a vantagem dessa concepção é a limitação da atividade legislativa no sentido de criminalizar somente comportamentos efetivamente lesivos a tais bens, e não simplesmente uma *razão*. O grande problema, isso sim, encontra-se na exata delimitação do conteúdo daquilo que se pretende chamar "bem jurídico".

Os adeptos do jusnaturalismo, por certo, afirmarão que a lei penal somente poderá tutelar os direitos naturais e imutáveis dos indivíduos, mas a questão, com tal resposta, continuará em aberto,

---

[567] *Internet*, loc. cit.

[568] *Derecho Penal Aleman.* Trad. por Juan Bustos Ramírez y Sergio Yánez Pérez. 4 ed. Santiago: Juridica de Chile, 1997, p. 5.

[569] Op. cit., p. 45.

O Princípio da Legalidade Penal
no Estado Democrático de Direito

visto que tudo irá depender, agora, do que se entende por "direitos naturais".[570] Nesse caso, a legitimidade das proibições estaria meramente adstrita à Filosofia do Direito; a norma penal seria como uma "moldura sem a tela".

Com Hegel, contudo, verifica-se um deslocamento da titularidade dos interesses passíveis de proteção. A idéia da eliminação do delito mediante a retribuição jurídica redunda na proteção não mais dos indivíduos, mas sim do Estado, fazendo com que a "vontade do legislador" impere ilimitada frente os direitos individuais. Por certo, foram nos ensinamentos (talvez até mal interpretados) de von Liszt,[571] em Marburgo, segundo a qual a pena era criação livre da inteligência humana – já que a ciência termina onde começa a metafísica –, que o Código Fascista de 1930, ao adotar o sistema técnico-formalista de derivação positiva, foi buscar fundamento para a tipificação penal de infrações de perigo abstrato ou presumido. Num passe-de-mágica, a criminalização do homicídio deixou de proteger a "vida humana" para tutelar, agora, o "interesse do Estado em preservar a vida dos cidadãos".[572] A função do bem jurídico passou a ser, pois, meramente interpretativa.

Na moderna cultura alemã, até o advento da Segunda Grande Guerra, o conceito de "bem jurídico" simplesmente desaparece como critério limitativo do Direito Penal, influenciado pela experiência do substancialismo da Escola de Kiel. A noção de "valores ético-sociais" ditou a missão de o Direito Penal tutelar os valores elementares da vida em comunidade,[573] e isso permitiu ao legislador criminalizar comportamentos meramente imorais cuja punição, inclusive, prescindia de expressa previsão legal.

Contra isso, o *positivismo jurídico* de Kelsen, Bobbio, Hart, Ross e tantos outros foi impotente. Ao substituir o conceito de *vigência* pelo de *validade* das leis, acabaram muitos juspositivistas por confirmar, na mais evidente ressurreição hobbesiana, que somente os indivíduos estão sujeitos à lei, e não também o legislador. A conseqüência, por demais óbvia, foi o estabelecimento de uma crise no Direito Penal – principalmente em nosso País – propagada em três vertentes principais: por um lado, a crise do próprio sistema

---

[570] Basta lembrar que o conteúdo dos *direitos naturais* era variável nas concepções de Aristóteles, São Tomás, Hobbes, Locke, Rousseau, Kant, dentre outros.

[571] *La Idéia de Fin en el Derecho Penal*, cit., p. 56 e 67.

[572] Nesse sentido: MANZINI, Vincenzo. *Trattato di Diritto Penale Italiano*. 4 ed. Torino: UTET, 1961, vol. VIII, p. 7.

[573] Nesse sentido: WELZEL, Hans. Op. cit., p. 1.

punitivo, oriunda do desprezo pelos direitos fundamentais do indivíduo e da coletividade; por outro, a crise do sistema político, ao vislumbrar no Direito Penal a capacidade de solução de todos os problemas sociais, principalmente em relação aos países de capitalismo periférico, que elegem, como valores tuteláveis, "bens jurídicos" não coincidentes com os interesses do cidadão comum; e, por fim, a conseqüente crise do Poder Judiciário, diante de sua não-disponibilidade (ou, em alguns casos, não-percepção) de mecanismos capazes de isentá-los da aplicação de leis abusivas e totalitárias. Toda essa crise advém da visão exclusivamente dogmática do Direito Penal, decorrente do rebaixamento da Criminologia, da Filosofia do Direito e da Política Criminal à mera categoria de "ciências auxiliares".[574]

Ante as frustrações das concepções jusnaturalistas e juspositivistas, qual será, então, o conceito de "bem jurídico"?

A resposta a esse intrincado problema depende, inicialmente, da observância ao *método secularizado do Direito Penal*. Conseqüentemente, poderá ela receber um delineamento *ideológico*, de legitimação externa, sustentável frente a qualquer ordenamento jurídico, e, também, um contorno *teórico*, de legitimação interna, que assume compromisso com um dado ordenamento jurídico.

---

[574] Filiamo-nos, nesse aspecto, à visão da *ciência penal conjunta*, desenvolvida, dentre outros, por Figueiredo Dias: "cremos saber hoje, por um lado, que é à política criminal que pertence competência para definir, tanto no plano do direito constituído, como do direito a constituir, os limites da punibilidade; como, por outro lado, que a dogmática jurídico-penal não pode evoluir sem atenção ao 'trabalho prévio' de índole criminológica. Mas também este não pode evoluir sem uma *mediação político-criminal* que lance luz sobre as finalidades e os efeitos que se apontam à (e se esperam da) aplicação do direito penal. Política criminal, dogmática jurídico-penal e criminologia são assim, do ponto de vista científico, três âmbitos autônomos, ligados, porém, em vista do integral processo de realização do direito penal, em uma *unidade teleológico-funcional*. É a esta unidade que continua hoje justificadamente a convir o antigo conceito de v. Liszt de 'ciência conjunta do direito penal" (*Questões Fundamentais do Direito Penal Revistadas*. São Paulo: Revista dos Tribunais, 1999, p. 49). Sobre o assunto, v. também: BATISTA, Nilo. Op. cit., p. 24-39; 117-122; ZAFFARONI, Eugenio Raúl, PIERRANGELI, José Henrique. Op. cit., p. 164-173; ROXIN, Claus. *Derecho Penal*, cit., p. 216-231; *Política Criminal y Estrutura del Delito*. Trad. por Juan Bustos Ramírez y Hermán Hormazábal Malarée. Barcelona: PPU, 1992; SILVA SÁNCHEZ, J. M. Política criminal en la dogmática: algunas cuestiones sobre su contenido y límites. In: *Política Criminal y Nuevo Derecho Penal*. Barcelona: Bosch, 1997, p. 17-31; HASSEMER, Winfried, MUÑOZ CONDE, Francisco. *Introducción a la Criminología y al Derecho Penal*. Valencia: Tirant lo Blanch, 1989; NAVARRETE, Polaino. *El Bien Jurídico en el Derecho Penal*. Sevilha: [s.e.], 1974 etc.

No plano *ideológico*, o conceito de "bem jurídico" pode desenvolver-se independentemente da existência de normas jurídicas confirmando a sua eleição. Trata-se, nesse caso, de um problema de política criminal *externa*, incapaz de invalidar os ordenamentos jurídicos, mas sim, somente, de recomendar a sua revisão. Como tal, somente é passível de críticas em nível de critérios de justiça ou injustiça, e não também sob o manto da verdade ou falsidade. Segundo Bustos Ramírez, "Considerando-se que uma política criminal implica que a pessoa não possa ser objeto de manipulações, a seleção dos objetos da proteção há de fazer-se superando emascaramentos ideológicos que possam conduzir a algo que encubra outra realidade, ou simplesmente algo cuja proteção é incompatível com o caráter democrático do Estado. No primeiro caso, o que se protege não é o que se diz, e, no segundo, o protegido não resulta desejável protegê-lo".[575]

Nesse sentido, pode-se considerar legitimado externamente um ordenamento jurídico sempre que este observe quatro diretrizes fundamentais:[576] a) somente deve-se proteger ataques concretos – na forma de *danos* ou de *perigos* – a *direitos fundamentais*;[577] b) nenhum bem jurídico justifica proteção estatal se o seu valor não é maior do que o bem privado em decorrência da pena; c) as proibições devem ser idôneas à proteção do bem jurídico; d) toda tutela penal de bens deve ser subsidiária em relação a políticas extrapenais de proteção dos mesmos bens.

Essas diretrizes resultam da opção feita acerca da dicotomia travada entre bens jurídicos individuais (vida, liberdade, saúde, propriedade etc.) e bens jurídicos universais (segurança do Estado, administração da justiça, ordem econômica etc.). Afastadas as concepções dualistas, que pecam pela sua eficácia meramente pragmática, imperioso é admitir uma visão unitária das duas espécies: ou se concebem os bens individuais e universais sob o ponto de vista do Estado, considerando, nesse caso, os primeiros como simples atribuições jurídicas derivadas das funções do Estado,[578] ou se

---

[575] Op. cit., p. 59-60.

[576] Cf. FERRAJOLI, Luigi. Op. cit., p. 472-474.

[577] Sobre o conceito de *direitos fundamentais*, v. n. 2.1, *supra*.

[578] Nesse sentido: MAURACH, Reinhart, ZIPF, Heinz. *Tratado de Derecho Penal.* Trad. por Juán Córdoba Roda. Barcelona: Ariel, 1962, vol. I, § 19; MIR PUIG. *Op. cit.*, p. 92. Também Beccaria, em 1764, ressalvou que "as reflexões que procedem dão-me o direito de afirmar que a única e verdadeira medida dos delitos é o dano provocado à nação, e por isso erram aqueles que pensavam ser a real medida dos delitos a intenção de quem os comete" (op. cit., p. 53).

concebe sob o ponto de vista da pessoa, considerando-se, então, que os bens jurídicos universais somente restam legitimados dês que se prestem ao desenvolvimento pessoal do indivíduo.

Filiamo-nos, sob esse aspecto, à *teoria personalista do bem jurídico*, de Hassemer e Muñoz Conde, condizente com o nosso Estado Democrático de Direito, segundo a qual "os interesses gerais somente podem ser reconhecidos legitimamente na medida em que sirvam aos interesses pessoais. (...) Só uma teoria personalista do bem jurídico pode invocar com legitimidade uma concepção liberal do Estado, ou seja, uma concepção que legitime a ação do Estado desde o ponto de vista da pessoa. Para esta teoria, os bens jurídicos da comunidade somente podem ser reconhecidos na medida em que – mediatamente – sejam também interesses da pessoa".[579]

Sendo, portanto, a pessoa o centro do sistema penal, dever-se-á, a partir disso, admitir que: somente lesões ou perigos concretos aos bens jurídicos – sejam de conotação individual, sejam de conotação universal – é que serão objeto da tutela; a pena deve ser proporcional ao delito praticado; a tutela penal deve ser idônea e subsidiária à proteção do bem jurídico. Nesse sentido, o conceito de *bem jurídico* entra em extremo contato com o *conceito material de delito*.[580]

Já no plano *teórico*, o conteúdo do conceito de "bem jurídico" depende da contemplação, num dado ordenamento constitucional, dos bens e interesses a serem tutelados por um determinado Estado. Como bem assevera Roxin, "O ponto de partida correto consiste em reconhecer que a única restrição previamente dada para o legislador encontra-se nos princípios da Constituição. Portanto, um conceito de bem jurídico vinculante político-criminalmente só se pode derivar das prescrições, contempladas na Lei Fundamental, de nosso Estado de Direito baseado na liberdade do indivíduo, através dos quais são demarcados os limites ao poder punitivo estatal".[581]

---

[579] *Introducción*, cit., p. 109. Como conseqüência, exemplificam os mesmos autores: "as falsidades documentais não são delitos contra a segurança do tráfico jurídico, mas sim delitos contra a totalidade dos participantes desse tráfico, e, portanto, dos interessados nos meios probatórios; o falso testemunho ou a acusação e denúncias falsas são delitos contra uma Administração da Justiça concebida como uma função para investigar ordenadamente os assuntos que incumbem às pessoas relacionadas a ela; o meio ambiente, no delito ecológico, como o conjunto de condições vitais das pessoas, e não como a pureza da água ou do ar como tais etc." (id., p. 109).

[580] Nesse sentido: MAURACH, Reinhart, ZIPF, Heinz. Op. cit., p. 335.

[581] *Derecho Penal*, cit., p. 55-56. No mesmo sentido: HASSEMER, Winfried, MUÑOZ CONDE, Francisco. Op. cit., p. 114.

É o *sistema constitucional* o responsável pela eleição dos bens jurídicos tuteláveis mediante as proibições penais.[582] Em nosso ordenamento jurídico, não só os Direitos Fundamentais previstos expressamente no Título II da Constituição da República Federativa do Brasil (1988), senão também os princípios decorrentes do Regime Democrático e do restante do Ordenamento Máximo, além dos previstos em tratados internacionais objeto de adesão pelo Brasil – segundo autoriza o § 2º do art. 5º –, é que se poderão considerar *bens jurídicos passíveis e limitadores da tutela pelo Direito Penal*. A isso é que denominaremos, doravante, *sistema constitucional-penal*, ou seja, o conjunto de princípios, positivados ou não, que guardam consonância com o ordenamento constitucional, e que, como tais, vinculam toda a atividade de nosso Estado em matéria penal.

Foi justamente a inobservância do método secularizado de Direito Penal Mínimo e Garantista o fator desencadeante daquilo que denominaremos *crise dos bens jurídicos fundamentais*.[583] Diversos ordenamentos jurídicos mundiais, arraigados à evidente dinamicidade social do conceito de bem jurídico,[584] e, além disso, às dificul-

---

[582] Segundo Maurach e Zipf, "o conteúdo do conceito material do delito proporciona um ideal, segundo a qual o legislador há de dirigir-se sobre a penalização de certas formas de conduta. A discricionariedade legislativa está limitada, assim, por barreiras constitucionais da legislação penal e completada em seu conteúdo pelo conceito material de delito"(*Derecho Penal*, cit., p. 215).

[583] Isso fica bem evidente em relação aos delitos de estupro e atentado violento ao pudor no CPB (arts. 213 e 214). Note-se que, nesses dois delitos, a norma tutela os *costumes*, e não a *liberdade sexual*. Em outras palavras: busca-se proteção da moral pública ("costumes"), e não de um direito fundamental.

[584] Da necessidade de correlação entre a tutela penal e a realidade social é que nasceu a concepção do "bem jurídico", pelas mãos de Birnbaum (1832). À época da predominância do jusnaturallismo, costumava-se admitir como tuteláveis todos os direitos subjetivos naturais da pessoa humana. Nesse sentido, atribuía Feuerbach um sentido meramente formal a esse instituto, definindo-o como um mero direito subjetivo como objeto da agressão (Op. cit., § 23, p. 65). Posteriormente, evoluiu-se tal conceitualização ao ponto de atribuir ao bem jurídico uma função crítica transcendental dos sistemas penais, dotando-o, pois, de substância, e não mais, simplesmente, de forma. É consenso, atualmente, a visão de que a concepção de bem jurídico, em razão de sua natureza eminentemente normativa, é dinâmica, e está intimamente ligada às mudanças sociais e aos "progressos" do conhecimento científico. Assim, por exemplo, bastou ao mundo o convívio com a manipulação genética para que diversos ordenamentos jurídicos passassem a contemplar em seus sistemas repressivos essa nova forma de criminalidade. O tema é por demais instigante, mas, por certo, não se confortaria aos limites do presente trabalho. Diante disso, recomendamos a leitura de alguns autores que magnificamente vêm tratando do tema: HASSEMER, Winfried. *Theorie und Soziologie des Verbrechens*. Frankfurt: Frankfurt del Main, 1973; MALAREÉ, H. Hormazábal. *Bien Jurídico y Estado Social y Democrático de Derecho*. Barcelona: PPU, 1991; ROXIN, Claus. Op. cit., § 2º etc.

dades da exata delimitação do seu conteúdo, vêm ampliando drasticamente as operações de intervenção penal. Diante disso, a função legitimadora (*a priori*) dos sistemas penais, que se atribuía à determinação dos bens jurídicos, cedeu espaço, agora, à sua função negativa, deslegitimadora (*a posteriori*) da intervenção.

Certamente, como bem preconiza Sergio Moccia,[585] o conceito de bem jurídico não está em condições de oferecer uma fórmula com a qual, mediante operações de subsunção e dedução, possa-se delimitar facilmente a conduta punível em relação à que não deve ser punível.[586] Inobstante, assim como se dá em relação às finalidades da pena, fornece-nos condições de avaliarmos aquilo que pode, *legitimamente*, ser tutelado pelo Direito Penal.

Tal função negativa (des)legitimadora do bem jurídico, contudo, também vem atravessando uma crise de eficácia. As constantes "evoluções" econômicas e tecnológicas possibilitam, cada vez mais, o surgimento de lesões difusas a interesses da sociedade, e, com isso, os poderes estatais vêem-se obrigados a lançar mão do Direito Penal – por ser este o ramo do Direito que (aparentemente) melhor "sacia" o alarma social – como forma de tutela antes mesmo de uma efetiva agressão aos bens jurídicos contemplados no ordenamento constitucional. Problemas sociais ligados ao meio ambiente, à saúde, às relações de trabalho, à economia etc., originaram, principalmente na comunidade européia (e, hodiernamente, embora não de forma explícita, no Brasil), a "funcionalização" do Direito Penal, ou seja, a tutela não mais de vítimas contra agressões concretas, mas sim de "novos fenômenos sociais".[587] Diante disso, a afoiteza legis-

---

[585] *De la tutela de bienes a la tutela de funciones: entre ilusiones postmodernas y refluxos iliberales*. In: SILVA SÁNCHEZ, J. M. (org.) *Política Criminal y nuevo Derecho Penal*. Barcelona: Bosch, 1997, p. 114.

[586] Isso fica bem claro no que se refere ao *princípio da insignificância*, vertente do *princípio da lesividade* que repercute na atividade judicante. Trata-se de um comando *garantidor* que determina ao juiz furtar-se à aplicação da lei penal sempre que a conduta produzida, ainda que desvalorada socialmente, não acarrete uma lesão relevante a um bem jurídico protegido. Nos "delitos de pouca monta" (MAURACH, op. cit., p. 216), o fato somente pode ser considerado delituoso em seu aspecto formal, e não também no material.

[587] Um exemplo da doutrina "funcional", capaz de legitimar, ao menos no Brasil, sistemas máximos de intervenção repressiva, é a adotada por Günther Jakobs, que, partindo de sua fundamentação exclusivamente preventivo-geral-positiva do Direito Penal, assevera que "Um comportamento não constitui uma perturbação social somente quando produziu completamente um dano ao bem jurídico, ou o autor abandonou irreversivelmente seu papel, ou quando ocorre por completo um sucesso perturbador da paz pública. Bem *jurídico-penal* é a validade fática das normas, que garantem o devido respeito aos bens e à paz pública. Esta validade

lativa, impregnada por uma irritante falta de técnica jurídico-penal, passou a originar a edição de tipos penais incriminadores com a tripla função de "amansar" o clamor social, superar as dificuldades de redação da norma e, também, facilitar os mecanismos de prova judicial aptos a uma condenação.[588] Em vez de submeterem-se aos limites dos princípios fundamentais (geralmente estáticos), as inovações legislativo-repressivas (estas sim, dinâmicas) passam a modificá-los, a fim de se autolegitimarem.

É verdade que as exigências de tutela estatal vêm sendo renovadas a cada instante. Porém, há que se atentar para o fato de que, nas palavras de Moccia (adaptadas, é claro, para o regime político adotado no Brasil), "a natural adaptação dos princípios da intervenção penal às peculiaridades do fenômeno não pode jamais comportar uma adaptação dos princípios às exigências de controle, senão sempre ao contrário. A relativa 'novidade' da intervenção não pode justificar sua modificação em virtude das exigências do sistema que se veio delineando em torno dos princípios do Estado Social de Direito".[589]

Do contrário, a cada dia que passa, defrontar-nos-emos com mais e mais normas penais em branco, elementares normativas de valoração de conduta, crimes de perigo abstrato e tantos outros artifícios – que tutelam *razões*, e não objetos[590] – capazes de gerar

---

vê-se deteriorada quando pelo comportamento do autor, põe-se de manifesto a correspondente falta de consideração" (op. cit., p. 58). Por óbvio, tal posicionamento merece ponderação em níveis geográficos, políticos, sociais e econômicos, ou seja, o que se pretende criticar, aqui, é a adoção dessa sistemática à realidade atual brasileira, disso não resultando, por si só, a sua deslegitimação frente ao sistema de Direito Penal alemão, que possui uma realidade bem diversa da brasileira.

[588] Pode-se citar, exemplificativamente, o tipo penal previsto no art. 4º da Lei nº 7.492/86: "Gerir fraudulentamente instituição financeira".

[589] Op. cit., loc. cit., p. 119.

[590] Veja-se, por exemplo, a visão ético-substancialista de Antolisei acerca da exclusiva função interpretativa do "bem jurídico": "Isso explica o porquê de na doutrina existir uma tendência a substituir a noção tradicional de objeto da tutela penal pela de *finalidade da norma* (a *ratio* da incriminação), que nos parece, sem dúvida, uma guia mais segura e mais completa para a interpretação da lei" (*Manual de Derecho Penal*, cit., p. 125-126). Tal orientação redunda na edição de tipos penais semelhantes ao previsto no art. 304, parágrafo único, da Lei nº 9.503/97, ou seja, uma omissão de socorro (que, por si só, já é criticável) a cadáver [sic]. Da mesma forma, pecam por *intolerância* todas as infrações penais de perigo abstrato, ou seja, todos os casos a que o legislador atribui uma sanção penal independentemente de o sujeito ativo causar um dano efetivo a um bem jurídico protegido ou, ao menos, um perigo concreto a este.

inúmeras dúvidas acerca de sua exata abrangência aos intérpretes da lei penal; o que se dirá, então, dessas conseqüências em relação a pessoas sem formação jurídica?

O *princípio da lesividade* é, pois, um dos mecanismos de limitação da intervenção penal frente aos desvios sociais eventualmente produzidos. O Estado somente pode editar normas penais em função da proteção de *bens jurídicos*, e não também frente a sentimentos ou valores éticos ou morais,[591] ainda que sejam estes condizentes com os interesses de maiorias não-desviadas ("gestores atípicos da moral", nas palavras de Silva Sánchez[592]) ou, até mesmo, do Estado. É bem verdade que a teoria do "bem jurídico" também funciona em sentido positivo, seja para demonstrar a aparição de novos bens, seja para atuar como esquema interpretativo da norma penal. Contudo, deve-se atentar (tanto o legislador quanto o juiz) para a circunstância de que esta segunda função é secundária e está limitada pela primeira. Com efeito, somente com a observância das garantias individuais e coletivas asseguradas nos *sistemas constitucionais-penais* é que se poderá legitimar a produção legal e jurídico-penal num Estado Democrático de Direito. A inadequação das novas exigências de tutela às garantias constitucionais-penais não permite uma mitigação destas, mas sim evidencia que ao Estado deve incumbir a tarefa de controlar o desvio social fazendo uso de

---

[591] Cf. BUSTOS RAMÍREZ, Juan J, MALARÉÉ, Hermán Harmazábal. Op. cit., p. 61.

[592] "Sem embargo, as coisas não se detiveram nesse ponto, senão que foram além. É nesse contexto que adquiriu todo seu sentido a referência à existência de 'atypische Moralunternehmer', expressão através da qual se designam alguns novos gestores da moral coletiva (e do recurso ao Direito Penal, ao que aqui especialmente interessa). Se tais 'gestores' vinham sendo tradicionalmente determinados estamentos burgueses-conservadores, hoje adquirem tanta ou mais relevância em tal papel as organizações ecológicas, feministas, de consumidores, de vizinhos (contra os pequenos traficante de drogas), pacifistas (contra a propagação de ideologias violentas) ou antidisciplinatórias (contra ideologias racistas ou sexuais, por exemplo). Todas elas encabeçam a tendência até uma progressiva ampliação do Direito Penal em busca da crescente proteção de seus respectivos interesses. Neste ponto, não parece prestar-se demasiada atenção ao fato de que tais demandas de criminalização, por certo em boa medida atendidas, resultam inadequadas, vulneratórias de princípios gerais do Direito Penal (assim, as que se referem à criminalização da pura expressão de idéias) ou inclusive contraproducentes. É significativo que se sublinhe inclusive a contribuição que a criminologia crítica – antes encabeçada pelo abolicionismo – prestou a novos processos de criminalização" (SILVA SÁNCHEZ, Jesús-María. *La Expansión del Derecho Penal. Aspectos de la política criminal en las sociedades postindustriales*. Madrid: Civitas, 1999, p. 47-49).

outros mecanismos de controle *a priori* que não o Direito Penal. Nesse sentido, irrefutáveis são, novamente, as palavras de Hassemer e Muñoz Conde: "Em definitivo, o Direito Penal, na missão protetora de bens jurídicos, intervém conjuntamente com inúmeras outras instituições sociais e estatais. O que, sem embargo, caracteriza o Direito Penal é o modo utilizado especificamente nessa tarefa protetora quando se ocupa das infrações normativas mais graves".[593]

Esse "modo" refere-se, por óbvio, à *institucionalização* (*rectius*: distanciamento do indivíduo afetado) e à *permanência* do mecanismo de controle social, fatores esses desconhecidos pelos demais mecanismos de tutela (família, escola, igreja etc.), que restam justificados sempre que se estabeleçam da forma mais precisa possível – determinando, com clareza e previedade, as conseqüências da intervenção –, e, ao mesmo tempo, menos lesiva – vinculando a intervenção à observância de garantias fundamentais impeditivas de lesões jurídicas desnecessárias. Só assim teremos um "conceito material" de crime que, além de figurar como mero critério de *política criminal externa*, seja um dado legitimador do Direito Penal frente ao nosso Estado Democrático de Direito.

4.4.3. Intervenção penal mínima

A doutrina penal, de um modo geral, costuma referir-se ao *princípio da necessidade* como um sinônimo do *princípio da intervenção mínima*, no sentido de que só se legitima a criminalização de um fato caso seja esta um meio necessário para a proteção de um determinado bem jurídico.[594]

Preferi, contudo, tratar da *necessidade* da lei penal somente como uma prescrição formal a que se agrega o conteúdo da *intervenção mínima*, e isso por uma razão bem simples: o *nullum crimen nulla poena sine lege necessariae* é um recurso de que se pode valer tanto um Direito Penal intervencionista quanto um liberal. Afirmar-se que toda lei penal, para ser reputada *válida*, há de ser *necessária*, redunda na possibilidade de legitimação não só de sistemas de Direito Penal Mínimo, como, também, de Direito Penal Máximo. Em outras palavras: poderia muito bem um Estado, valendo-se de poucas leis, e a pretexto da *necessidade da intervenção*, legitimar internamente proibições penais dirigidas à formação do "bom cidadão", do "amigo do povo" etc.

---

[593] Op. cit., p. 116.
[594] Nesse sentido: LUISI, Luiz. *Os Princípios*, cit., p. 25.

Por isso, cremos imprescindível a percepção de que ao *princípio da necessidade* há de ser agregada uma substância capaz de muni-lo de mecanismos impeditivos de excessos quantitativos e qualitativos da intervenção penal. Nesse sentido, a *intervenção mínima* funciona como um sistema limitador contra a primeira forma de abuso – e só mediatamente contra a segunda –, enquanto que a *necessidade* de *culpabilidade* (n. 4.3.2, *infra*) e de *lesividade* (n. 4.3.3, *infra*) do fato a ser reprimido atuam como um mecanismo de limitação contra o segundo tipo de abuso – e só mediatamente contra o primeiro. Portanto, um Direito Penal tolerante e secularizado depende de o sistema jurídico-repressivo ser *necessário*, horizontal e verticalmente.

A proibição de excesso determina que a configuração legislativa e a aplicação judicial ou administrativa de qualquer classe de medidas restritivas da liberdade deva ajustar-se, primeiramente, à *adequação ao fim a que se propõe*, ou seja, toda medida a ser adotada há de ser apta para alcançar os fins que a justificam, e adequar-se a eles. Certamente, o controle da adequação ao fim, como freqüentemente afirma-se, é cheio de dificuldades, principalmente quando recai na atividade do legislador, dada a liberdade de configuração inerente à atividade potestativo-legislativa. Mas dificuldade não significa impossibilidade. E, certamente, desde o momento em que os direitos fundamentais vinculam todos os poderes públicos, mal poderia admitir-se que o legislador pudesse limitá-los com medidas desvinculadas de sua finalidade justificativa.[595] O Estado, dessarte, vincula-se não ao *fim* da vontade própria do legislador ou do juiz, mas sim ao da *justiça social* – principalmente pela observância da resposta dada ao "por que proibir?".[596]

Além disso, toda medida voltada a essa *finalidade* deve ser reputada *necessária*, no sentido de causar a "menor ingerência possível", ou a "menor intervenção possível". Aqui, não só a proibição abstratamente descrita (principalmente pela *fragmentariedade* e *subsidiariedade* do Direito Penal), mas também a própria pena aplicada, devem encontrar uma justificação suficiente na inevitabilidade da tutela.

---

[595] Cf. COBO DEL ROSAL, M., VIVES ANTÓN, T.S. Op. cit., p. 77.

[596] Como bem destaca Maurach, "não é possível perseguir fins preventivos de forma ilimitada, se se quiser respeitar a vigência do sistema de fato puníveis e do princípio da culpabilidade. As barreiras para uma limitação dessa espécie podem-se obter somente a partir do lado pessoal do processo de sancionamento. Essas barreiras constituem o pólo oposto ao interesse estatal pela sanção. A proibição do excesso e o princípio da culpabilidade são barreiras preventivas dessa espécie" (*Derecho Penal*, cit., p. 109-110). Apenas acrescentaríamos a esta lição final o princípio da lesividade.

E, por fim, da equalização entre a *finalidade* perseguida pela intervenção e a *carga coativa* efetivamente produzida resulta, ainda, uma terceira forma de tolhimento dos excessos estatais: a exigência de *proporcionalidade* entre a pena (cominada e aplicada) e o fato reprovável (previsto ou praticado).

Nota-se, assim, que a vedação do excesso interventivo vincula o poder legiferante e judicante. Com efeito, o *nullum crimen nulla poena sine lege necessariae* determina (além da *culpabilidade* e da *lesividade* do fato reprovável) que todo processo de produção de normas penais incriminadoras observe a *finalidade*, a *minimização* e a *proporcionalidade* da intervenção penal, parâmetros estes que também vinculam o processo de aplicação da pena. Do primeiro deles já nos ocupamos (v. n. 2.2, *supra*), restando, agora, a análise do dois últimos.[597]

4.4.3.1. A fragmentariedade do Direito Penal

Considerando-se o ordenamento jurídico como uma unidade, toda lesão a um bem protegido, seja ele de que natureza for, compõe uma única categoria de ilícito. A relação de contrariedade entre uma conduta ou um fato, e o Direito, é uma decorrência da própria normatividade estatal, incumbindo a cada ramo do ordenamento jurídico estabelecer os efeitos que lhes são próprios em relação a essas situações juridicizadas. Assim, enquanto ao Direito Civil, ao Admininstrativo, ao Tributário, dentre outros, incumbe o estabelecimento das conseqüências atribuíveis a um fato jurídico *lato sensu*, ao Direito Penal também é dado o poder de valorar o mesmo fato, prevendo, contudo, efeitos distintos.

Durante a produção legislativa em matéria penal incumbe ao legislador *classificar* quais as situações que, apesar de contrárias ao Direito, merecem o desencadeamento da tutela repressiva. Dentre os diversos ilícitos possíveis, deverá o legislador selecionar quais os que ficarão, futuramente, sujeitos à sanção penal, posto que, em virtude do princípio da *reserva de lei*, não se poderia fundamentar uma pena simplesmente com base numa cláusula genérica de ilicitude, como a que se encontra prevista no art. 159 do Código Civil Brasileiro. A exigência de *tipicidade*, portanto, fez com que ao legislador fosse dada a tarefa de, *a priori*, prever todas as *hipóteses* de

---

[597] Os princípios da *intervenção mínima* e da *intervenção proporcional*, por óbvio, são objeto do Direito Penal como um todo: norma, pena e processo. Tendo em vista, contudo, os limites do presente trabalho, restringir-nos-emos ao primeiro enfoque.

ilícito contra as quais fosse necessária a intervenção estatal, levada a cabo com a aplicação de uma pena. E, nesse caso, algumas questões devem ser enfrentadas: tal processo seletivo é completamente livre ou, ao contrário, está sujeito a limites? Caso pudéssemos prever com antecedência todas as possíveis situações que contrariassem o Direito, poderia o legislador, só por esse motivo, reduzir todas elas à categoria de *tipos penais incriminadores?*

A resposta a essas indagações nos é dada pelo "caráter fragmentário do Direito Penal",[598] ou seja, as cominações penais não têm por que abranger todas as infrações, posto que nem todos os bens jurídicos precisam da proteção penal. Para que a proteção penal de um bem ou interesse possa estimar-se adequada, o bem ou interesse de que se trate há de ser digno de proteção, suscetível de proteção e, finalmente, necessitado de proteção. Mas, além disso, a proteção penal não se deve referir a todos os ataques que possa sofrer um bem jurídico, senão somente os mais graves e mais intoleráveis.[599] Isso porque o Direito Penal configura a normatividade que mais interfere na liberdade dos indivíduos, incumbindo ao legislador, pois, averiguar os casos em que o custo de tal intervenção reste justificado.

Portanto, a origem do ilícito é uma só. O ordenamento jurídico não nasceu de partes originalmente independentes até formar um todo, senão, pelo contrário, durante seu desenvolvimento, experimentou um processo de diferenciação. Sem embargo, este processo só tende à divisão do trabalho e a um polimento das diversas instituições jurídicas, e não a uma independentização a tal ponto que uma parte do direito possa qualificar de ilícito o que a outra parte estime como lícito; a diversidade de conseqüências jurídicas que cada um dos ramos do direito une ao conceito unitário do ilícito não é mais que a conseqüência de diversos métodos de atuação, não o resultado de uma valoração diferenciada, e isso faz com que também o Direito Penal parta do conceito geral de ilícito. Entretanto, o Direito Penal vai mais além, pois não pretende submeter a suas

---

[598] O "caráter fragmentário" do Direito Penal advém da obra de Binding, que o concebera, contudo, como um "grave defeito" da obra do próprio legislador, posto que submetera este a uma autolimitação. É sabido hoje, entretanto, que a limitação da punibilidade a ações que, por sua periculosidade e reprovabilidade, requerem e merecem claramente, no interesse da proteção geral, a pena pública, aparece como um verdadeiro mérito do Estado liberal de Direito, longe estando, pois, de ser um "grave defeito". Nesse sentido: JESCHECK, Hans-Heinrich. Op. cit., p. 45.

[599] Nesse sentido: COBO DEL ROSAL, M., VIVES ANTÓN, T.S. Op. cit., p. 78.

O Princípio da Legalidade Penal
no Estado Democrático de Direito

normas todos os ilícitos, senão só a um setor especial, constituído pelas formas mais graves e inadmissíveis das condutas antijurídicas, quando elas sejam manifestamente merecedoras de uma pena. O Direito Penal atrai este grupo do ilícito até seu campo de atuação, mediante um procedimento especial de tipificação, isto é, em virtude da criação de tipos que incluem uma ameaça de pena.[600]

Da "fragmentariedade" advém a análise de um problema extremamente relevante à harmonia interna do ordenamento jurídico: o da dependência do Direito Penal com os demais ramos do Direito.

Costuma-se afirmar que o Direito Penal, apesar de diverso dos demais ramos jurídicos em relação aos seus *efeitos*, não o é, também, no que se refere aos seus *pressupostos*. Assim, ao lado dos delitos que estão sujeitos a uma criação genuinamente penal (ex.: homicídio, estupro etc., em que a máxima equiparação somente será atingida com o art. 159 do Código Civil Brasileiro), existem outras infrações penais cujo relacionamento com outros ramos do Direito é

---

[600] Cf. MAURACH, Reinhart, ZIPF, Heinz. Op. cit., p. 39. No Brasil, contudo, entende Assis Toledo que o conceito de ilicitude penal e extrapenal não são unitários: "Enganam-se, pois, os que supõem, sem considerar que a ilicitude penal só existe enquanto típica, que a ilicitude é sempre a mesma para todo o direito. Trata-se de uma conclusão válida somente para a ilicitude penal, não para o que se reputa ilícito, localizadamente, apenas em áreas extrapenais, hipótese em que, na ausência de tipicidade, inexistirá ilicitude penal. Assim, por exemplo, o dano culposo, seguramente um ilícito civil (CC, art. 159), por não estar tipificado como crime em nossa legislação penal, não se considera um ilícito penal" (*Princípios*, cit., p. 165). Cremos, contudo, que inteira razão assiste a Welzel, ao partir da separação entre os conceitos de *injusto* e de *ilicitude*, para, a partir disso, reconhecer que aquele é plúrimo, enquanto que esta é unitária: "Nisso se baseia também a diferença entre os conceitos de antijuridicidade e de injusto. A maior parte das vezes, são utilizados indistintamente, o qual, em grande parte, não é prejudicial. Em alguns casos, sem embargo, pode dar lugar a confusões. A antijuridicidade é uma mera relação (uma contradição entre dois membros de uma relação); o injusto, pelo contrário, é algo substancial: a conduta antijurídica mesma. A antijuridicidade é um predicado, o injusto, um substantivo. O injusto é a forma da conduta antijurídica mesma: a perturbação arbitrária da possessão, o furto, a tentativa de homicídio. A antijuridicidade é uma qualidade dessas formas de conduta e precisamente a contradição em que se encontram com o ordenamento jurídico. Existe, pois, um injusto penal específico, do mesmo modo que há um injusto civil ou administrativo específico (um exemplo do primeiro é a tentativa, e do segundo, a perturbação arbitrária da posse), mas existe só uma antijuridicidade unitária. Todas as matérias de proibição, reguladas nos diversos setores do Direito, são antijurídicas para todo o ordenamento jurídico" (*Derecho Penal Alemán*, cit., p. 61-62). Assim também pensa, no Brasil, Cezar Bitencourt (*Manual*, cit., p. 281).

tão estreito que mal pode o intérprete analisar os seus pressupostos sem valer-se do restante do ordenamento jurídico. A prática de um furto, *verbi gratia*, está insitamente ligada à questão patrimonial da *res*, e a bigamia, ao casamento. Tanto isso é verdade que o Código de Processo Penal Brasileiro autoriza, em seus arts. 92 a 94, a suspensão do processo penal a fim de ser resolvida, no juízo cível, uma *questão prejudicial*.[601]

Nesse caso, segundo Jescheck, tal dependência conceitual "não pode servir de regra geral, senão que responde às circunstâncias de cada caso".[602] Daí é que advém a possibilidade de o delito de furto versar sobre um conceito de "bem móvel" que não se coaduna, inteiramente, com o fornecido pelo Direito Civil (pense-se, p. ex., na possibilidade de furto de um navio, tratado como *imóvel* pela lei privada). Contra isso não costumam ser feitas objeções, posto que, segundo complementa Jescheck, "os conceitos jurídico penais devem orientar-se pelos fins protetores da respectiva proteção do Direito penal", que, por certo, não coincidem com os desenvolvidos pelos demais ramos do Direito.

Situação diversa é, contudo, o tratamento dado pelo Direito Penal à própria ilicitude global. Vimos que o ordenamento jurídico é formado por uma unidade harmônica, e isso determina a formulação de um conceito de ilicitude unívoco para todas as áreas legais.[603] Tendo em vista as maiores exigências a serem cumpridas para que uma sentença penal condenatória possa ser levada a cabo, costuma-se também destacar a submissão das restantes derivações jurídicas

---

[601] Nesse sentido, v.: MUÑOZ CONDE, Francisco, GARCÍA ARÁN, Mercedes. Op. cit., p. 77.

[602] Op. cit., p. 46.

[603] Merecem destque, nesse sentido, as palavras de Juarez Tavares: "Os argumentos para um tratamento unitário do injusto derivam, em primeiro lugar, da unidade de juízo de antijuridicidade, quer dizer, a característica de uma conduta, como injusto, não decorre de sua antinormatividade, mas da contradição entre seu cometimento e a ordem jurídica tomada em sua totalidade. Em segundo lugar, porque a conduta criminosa, quer como ato comissivo ou omissivo, deve subordinar-se ao princípio da legalidade, o qual exige que todos os seus elementos se encontrem definidos legalmente e presentes no caso concreto. A conjugação dessas duas séries de pressupostos, que são mais políticos do que jurídicos, levou a uma configuração unificada do injusto, o qual não pode ser repartido consoante a capacidade de contratar dos seus protagonistas, como ocorre, por exemplo, no direito civil, nem se desprover de informalidades, como se dá no direito administrativo. Se se compreender o injusto de outro modo, poder-se-á chegar ao desmoronamento do sistema de legalidade que deve presidir o direito penal" (op. cit., p. 116-117).

ao *decisum* criminal.[604] Esse é o fundamento, inclusive, da possibilidade de a sentença penal, apesar de os limites objetivos e subjetivos da coisa julgada não serem coincidentes, valer como título executivo no juízo cível para fins de reparação *ex delicto*.

Sem embargo, é totalmente incompatível com a noção unitária da ilicitude a preconizada impotência das decisões proferidas pelas jurisdições não-penais em relação ao delito, e isso mesmo para os casos em que o *pressuposto* deste não se encontra, estritamente, fora do Direito Penal. Pense-se, por exemplo, na eficácia da sentença proferida no juízo cível que, com anterioridade, reconhece, por exemplo, a origem fortuita de um dano patrimonial acarretado: seria um verdadeiro despautério jurídico a admissão de que a sentença penal, por estar sujeita a maiores exigências que a sentença civil, pudesse até condenar o autor do mesmo dano pelo delito doloso por ele praticado.[605] Sendo a ilicitude uma só, é inadmissível que, ainda hoje, estejamos arraigados ao antigo e retórico dogma de que a decisão extrapenal não faz coisa julgada na área penal,[606] até mesmo porque, consoante Juarez Tavares, "todos os atos autorizados pelos outros setores do direito devem obrigatoriamente produzir efeitos justificantes penais, porque a existência dessas circunstâncias autorizadoras da conduta em outros setores do direito, porque menos exigentes do que aquelas que se configuram no injusto penal, está demonstrando a não-necessidade da intervenção estatal no âmbito penal".[607]

---

[604] Vejam-se, novamente, as palavras de Maurach e Zipf: "A tipificação do ilícito geral em formas especiais de delito acarreta que o direito penal, antes de decidir-se pelo uso de seus meios coercitivos, estabelece exigências mais estritas que outros ramos do direito em relação aos fatos constitutivos do ilícito.(...) Uma conseqüência dessa maior restrição do StGB é que, em alguns casos, o efeito da sentença penal pode importar um pré-julgamento na atuação de outros órgãos da administração da justiça. Assim, por exemplo, se um processo penal previu a condenação de um funcionário público a uma pena determinada, não se requer seguir formalmente a um procedimento penal disciplinar, segundo o § 48, BGB, para afastá-lo de seu cargo. Ao contrário, para a sentença civil, o procedimento penal prévio não constitui, em princípio, um pré-julgamento; entretanto, considerando a atividade geralmente mais confiável do juiz penal (para quem não rege o princípio dispositivo), com freqüência será recomendável para o juiz civil ordenar uma suspensão do processo" (op. cit., p. 40).

[605] Embora parta de sua visão plúrima da ilicitude, Assis Toledo chega a essa mesma conclusão (op. cit. , p. 166).

[606] Esse argumento foi utilizado pelo STF, no RHC 59.716-PR, publicado no DJU de 11.06.1982, à p. 5.678.

[607] Op. cit., p. 123.

O mais grave é, contudo, admitir a pluralidade de (i)licitudes quando o delito sujeita-se ao preenchimento de um *pressuposto* extrapenal. Modernamente, tal discussão trava-se em relação aos delitos de sonegação fiscal, ou seja, no que se refere à possibilidade de a sentença penal ser condenatória, apesar de a decisão administrativa reconhecer a não-exigibilidade da exação.

É de ser destacado, inicialmente, que os arts. 1º e 2º da Lei nº 8.137/90 referem-se a "tributo ou contribuição social" como os objetos da sonegação. Quanto a isso, cremos, somente a mais pura teimosia poderia discordar da asserção no sentido de que, por um lado, "tributo" e "contribuição social" são elementos constitutivos do delito mencionado, e, por outro, que os conceitos de "tributo" e "contribuição social" são fornecidos pela *lei tributária*. Diante disso, podemos chegar à primeira conclusão, no sentido de que tais exações, para que possam ser sonegadas, devem ser reconhecidas como tais pela legislação extrapenal, ou seja, não existe sonegação fiscal de um tributo ou de uma contribuição social não prevista na lei tributária. Se assim entendermos, seremos obrigados, também, a admitir que uma *sonegação* somente se poderá verificar em relação a um tributo que *deveria ter* sido recolhido, e que, fora dos casos de mera inadimplência, não o foi. Ora, o tributo somente "deveria ter sido recolhido" quando ele era, efetivamente, devido, posto que, do contrário, chegaremos ao absurdo de admitirmos que o reconhecimento expresso da licitude fiscal do não-pagamento da exação (tendo em vista uma isenção, por exemplo) não impediria o reconhecimento da ilicitude penal desse mesmo "não-pagamento".

Portanto, a decisão administrativa que desconstitui o crédito tributário não só há de repercutir na esfera penal, mas, ademais, há de impedir a própria condenação pelo delito de sonegação. Um fato lícito perante a lei tributária não pode ser tratado como um ilícito pela lei penal, sob pena de o próprio sistema jurídico-constitucional mostrar-se incoerente (*nulla itaque in omnibus praedicti codicis membris antinomia*).[608] De nada vale argumentar, contra essa conclusão,

---

[608] Merece destaque a remissão de Bobbio a Del Vecchio e Perassi: "Lemos no ensaio de Del Vecchio, 'Sobre a necessidade do direito', este trecho: 'cada proposição jurídica em particular, mesmo podendo ser considerada também em si mesma, na sua abstratividade, tende naturalmente a se constituir em sistema. A necessidade de coerência lógica leva a aproximar aquelas que são compatíveis ou respectivamente complementares entre si, e a eliminar as contraditórias ou incompatíveis. A vontade, que é uma lógica viva, não pode desenvolver-se também no campo do Direito, a não ser que ligue as suas afirmações, à guisa de reduzi-las a um todo harmônico'. Perassi, em sua 'Introdução às ciências jurídicas': 'as nor-

no sentido de que o Poder Judiciário estaria colocando-se em posição de inferioridade à Administração Pública, pois o *decisum* fiscal faria coisa julgada perante o processo penal. Não se trata de uma hierarquia entre a Administração e o Judiciário, visto que, ao mesmo tempo que aquela não se sobrepõe a este, também este não se sobrepõe àquela, extraindo-se tal conclusão pela simples leitura do art. 2º da CRFB/88.[609] Ao Judiciário somente é dado o poder de imiscuir-se na seara administrativa quando alguma ilegalidade ou abuso seja constatado na prática do ato administrativo, seja ele vinculado, seja discricionário. Fora disso, há de existir um respeito pelas decisões tomadas pela administração, e, nesse caso, se a desconstituição do crédito tributário é válida, nada mais restará à jurisdição penal do que contentar-se com o reconhecimento da *ausência do elemento constitutivo do tipo penal da sonegação fiscal*.

Some-se ainda outro argumento: o objeto jurídico protegido pelos arts. 1º e 2º da Lei nº 8.137/90 é a *ordem tributária*. Seria impensável, assim, o reconhecimento da sonegação de valores que sequer a *ordem tributária* os considera devidos. Do contrário, poderemos chegar ao caso em que a sentença penal condene o "sonegador" a uma pena privativa de liberdade [sic], sendo que essa sentença penal não terá eficácia alguma na jurisdição extrapenal. Sim, porque a expropriação de bens do devedor não seria cabível ante a inexistência do *débito fiscal* em relação ao Fisco. O sonegador seria um devedor de uma sanção penal, mas não um devedor de tributos.

Também a constitucionalidade da Lei nº 9.613/98, que tratou dos crimes de "lavagem" de bens, direitos e valores, comporta discussão na seara da "fragmentariedade". O art. 2º, inc. II, deste diploma legal, prevê que o processo e julgamento dos crimes ali previstos não dependem do processo e do julgamento dos crimes antecedentes. Trata-se de uma manifesta lesão à *ilicitude jurídica*

---

mas, que entram para constituir um ordenamento, não ficam isoladas, mas tornam-se parte de um sistema, uma vez que certos princípios agem como ligações, pelas quais as normas são mantidas juntas de maneira a constituir um bloco sistemático" (*Teoria do Ordenamento Jurídico*, cit., p. 75). Pois o conceito de ilicitude única advém, justamente, desse "bloco sistemático" que é o Direito.

[609] Outro argumento utilizado para fundamentar a total independência entre a decisão fiscal e a penal refere-se à supressão da jurisdição pela decisão da esfera administrativa. Quem assim pensa – indaga-se – não seria obrigado a chegar à mesma conclusão no caso da previsão administrativa das "substâncias entorpecentes" pata fins de tráfico ilícito? Ou será que se pretende afirmar que o juiz poderia reconhecer como entorpecente qualquer substância, visto que, do contrário, a Portaria administrativa estaria "suprimindo a jurisdição"?

única, a possibilidade de o autor da "lavagem" ser absolvido em relação ao delito originário dos valores ocultados ou dissimulados. Assim, p. ex., não se pode afirmar como lavagem a compra de um imóvel com o dinheiro do tráfico ilícito de entorpecentes se, na verdade, fora o acusado absolvido deste delito. Se os crimes ali previstos dependem da prática (*rectius:* condenação irrecorrível) de outros delitos, forçoso é concluir pela necessidade de condenação pela "lavagem" somente após (ou conjuntamente) a condenação irrecorrível pelos crimes anteriores. Só assim poderemos manter a ilicitude penal como uma ilicitude eminentemente típica.

4.4.3.2. A subsidiariedade do Direito Penal

Outra conseqüência do princípio da intervenção mínima é o caráter "subsidiário" ou "acessório" do Direito Penal, que atua como forma de complementação da "fragmentariedade".

Não basta a afirmação de que o Direito Penal, nas palavras de Mir Puig, "não há de sancionar todas as condutas lesivas dos bens que protege, mas sim, somente, as modalidades de ataque mais perigosas para eles".[610] Pode muito bem ocorrer que, pela *fragmenta-riedade*, seria recomendável a tutela penal de um bem jurídico (tendo em vista a gravidade do ataque a que este se encontra vulnerado), mas, pela análise detida do desvio social, resta cristalino que outro ramo do Direito seria, além de menos lesivo na repressão, mais eficaz para o seu controle. Em outras palavras: a gravidade das constantes lesões sofridas por um bem jurídico de valor elevado (*fragmentariedade*) é um parâmetro necessário, mas não suficiente, à produção legislativa em matéria penal. A esse caractere há de ser somado outro, conhecido como a *subsidiariedade* da norma penal, segundo o qual a reação penal não resulta adequada senão onde o ordenamento jurídico não pode ser protegido por meios menos gravosos que a pena. Se, recorrendo a meios não penais, pode-se garantir uma eficaz proteção do ordenamento jurídico, não se deve acudir à pena. O Direito Penal somente intervém em última instância, quando os restantes meios de que o Direito dispõe fracassaram em sua função de tutela.[611]

O fundamento da "subsidiariedade" encontra-se no moderno *utilitarismo penal*, ou seja, na *razão* de o Direito Penal proporcionar não só a "máxima felicidade compartilhada pela maioria" – como há

---

[610] *Derecho Penal*, cit., p. 90.
[611] Cf. COBO DEL ROSAL, M. *et al.* Op cit., p. 78.

muito pensava Beccaria[612] –, mas, também, o "mínimo sofrimento necessário" para os delinqüentes, segundo pensa, modernamente, Ferrajoli.[613] Isso conduz a uma fundamentação utilitarista do Direito penal, que não tende à maior prevenção possível, senão ao mínimo de prevenção imprescindível. Entra em jogo, assim, o "princípio da subsidiariedade", segundo a qual o Direito Penal há de ser a *ultima ratio*, o último recurso a ser utilizado na falta de outros menos lesivos, e isso faz com que o chamado "caráter fragmentário" constitua uma exigência que, ao lado do "caráter acessório" do Direito Penal, imponham à política legislativa moderna o "princípio de intervenção mínima".[614]

Convém ressaltar, antes de mais nada, a falaciosa diferenciação do Direito Penal, em relação aos demais ramos do Direito, em virtude de sua eficácia sancionatória. A sua *acessoriedade* não advém da pena prevista às proibições, posto que também o Direito Civil, o Administrativo, o Tributário etc. (isso sem falar-se nas informais punições dos Processos Penal e Civil) possuem tal característica.[615] Assim, por exemplo, o Direito Civil conhece uma pluralidade de medidas que previnem ações juridicamente reprováveis, e têm como finalidade eliminar a produção de efeitos prejudiciais: a impossibilidade de exercer certas pretensões, a impugnabilidade e a nulidade de certos negócios jurídicos, a reclamação pelo enriquecimento ilícito, a indenização pela responsabilidade contratual e extracontratual. Já o Direito Administrativo é ainda mais variado. São-lhe conhecidos o estabelecimento de condições coativas, tais como proibições policiais, admoestações com multas, a aplicação destas, a revogação de concessões, aprovações e permissões de conduzir, a possibilidade de perda de cargos e vencimentos.[616] Em matéria Fiscal, basta recordar as exacerbadas multas de mora incidentes sobre os tributos não-recolhidos, os registros cadastrais de contribuintes inadimplentes, a impossibilidade de alguns negócios jurídicos sem a apresentação de certidões negativas.

O que faz o Direito Penal diverso e acessório de todos os demais ramos do Direito é, como vimos alhures (v. n. 2.1, *supra*), a

---

[612] Op. cit., p. 40.

[613] *Derecho y Razón*, cit., p. 331.

[614] Nesse sentido: MIR PUIG, Santiago. Op. cit., p. 89.

[615] Basta lembrar, por exemplo, que Hans Kelsen agregava ao delito a qualidade de ser uma conduta antecedente de uma sanção (*Teoria Pura*, cit., p. 33 e segs.). Sob esse aspecto, poder-se-ia afirmar que um ilícito civil, na forma do art. 159 do CÓDIGO CIVIL BRASILEIRO, sempre seria, também, um delito.

[616] Cf. MAURACH, Reinhart, ZIPF, Heinz. Op. cit., p. 34.

potencialidade de causar lesões legitimadas aos mais valiosos direitos humanos.[617] Toda sociedade controla, como bem assinala Warat,[618] mediante gratificações e punições, o comportamento de seus membros para conseguir que se realizem as condutas socialmente desejadas e evitem as negativamente valoradas. Assim, em alguns casos, uma boa campanha publicitária, a estima ou o elogio constituem uma adequada motivação para atingir tais fins. Outras vezes, o repúdio moral dos membros do grupo, ou o isolamento daquele que realiza uma ação socialmente indesejável, opera como suficiente castigo. Distintamente, em muitas outras oportunidades, supõe-se que o controle da conduta dos membros de uma sociedade exige não somente o repúdio espontâneo e informal, mas, também, o uso ou a ameaça de um castigo institucionalizado, quer dizer, aplicado por um órgão da comunidade (que pode ser tanto o Poder Judiciário como o Executivo). E, a partir disso, quando só o mais grave dos castigos, diante da mais grave das lesões, é que detém a possibilidade de controle do desvio, aí sim estará o Poder Legislativo autorizado a valer-se do Direito Penal.

O que não se pode admitir é que, diante de sua natureza de *ultima ratio*, possa a proibição penal ser editada antes mesmo de a eficácia do Direito Civil, Administrativo, Tributário etc., ser, sequer, cogitada. O custo da intervenção há de ser ponderado e comparado dentro do ordenamento jurídico como um todo, e isso, por certo, estabelece verdadeiros limites ao legislador.

Nesse caso, pode-se considerar vedada a *utilização de proibição ou sanção penal quando a sua finalidade e o seu fundamento sejam coincidentes com os previstos em outros ramos do Direito.* Um fato contrário ao Direito pode acarretar uma pluralidade de sanções das mais diversas naturezas. Assim, por exemplo, a condenação pelo dano moral, oriunda de uma *injúria*, é uma sanção que não se incompatibiliza com a pena privativa de liberdade ou a multa

---

[617] Essa parece ser a opinião, também, de Muñoz Conde e García Arán: "Mas dentro do ordenamento jurídico, ao Direito penal corresponde a tarefa mais ingrata e temível: a de sancionar, com as punições mais graves, os ataques mais intoleráveis aos bens jurídicos mais importantes, e, nesse sentido, pode-se dizer que o Direito penal deve ser subsidiário do resto das normas do ordenamento jurídico, porquanto nisso expressa-se o seu caráter de 'ultima ratio'; ou seja, quando o ataque não seja muito grave ou o bem jurídico não seja tão importante, ou quando o conflito possa ser solucionado com soluções menos radicais que as sanções penais propriamente ditas, devem ser aquelas as aplicáveis" (*Derecho Penal*, cit., p. 73).

[618] *Introdução*, cit., p. 169.

imposta na jurisdição penal, posto que todas essas sanções possuem fundamento e finalidade diversas. O mesmo se pode afirmar da condenação pecuniária pelos prejuízos lucro-cessantes decorrentes de um homicídio e a pena de reclusão imposta ao seu autor, assim como a multa moratória incidente sobre o tributo atrasado e a multa pecuniária a que se sujeita o autor da sonegação fiscal.

Isso não autoriza, contudo, que um mesmo fato possa acarretar sanções com fundamentos e finalidades idênticas ou, até mesmo, semelhantes, mesmo sendo, formalmente, diversas as medidas aplicáveis. A previsão de uma punição extrapenal de contornos substanciais isonômicos à penal evidencia, nitidamente, uma quebra do princípio da intervenção mínima, dado o desrespeito pela *subsidiariedade* do Direito Penal. E, nesse aspecto, a legislação brasileira é bem elucidativa: a prestação pecuniária prevista no art. 45, § 1º, do CPB[619] possui a mesma finalidade (prevenção de novas lesões) e o mesmo fundamento (prática do ilícito) da condenação pecuniária prevista no art. 159 do Código Civil Brasileiro; o mesmo se afirma da pena de multa prevista nos crimes de sonegação fiscal, nos crimes ambientais e nos crimes de trânsito (arts. 1º e 2º da Lei nº 8.137/90, arts. 29 a 69 da Lei nº 9.605/98 e arts. 291-301 da Lei nº 9.503/98) e a multa (que não é moratória) ambiental (art. 75 da Lei nº 9.605/98), incidente sobre o valor do tributo sonegado ou decorrente de infrações que também podem ser tratadas como delituosas; da perda do cargo público oriunda de sanção administrativa (por exemplo, prevista no art. 12 da Lei nº 8.429/92) e da sanção penal, camuflada como "efeito da condenação" (art. 92, inc. I, do CPB);[620] da contravenção penal de falta de habilitação para

---

[619] "Art. 45. (...) § 1º. A prestação pecuniária consistente no pagamento em dinheiro à vítima, a seus dependentes ou a entidade pública ou privada com destinação social, de importância fixada pelo juiz, não inferior a 1 (um) salário mínimo nem superior a 360 (trezentos e sessenta) salários mínimos. O valor pago será deduzido do montante de eventual condenação em ação de reparação civil, se coincidentes os beneficiários".

[620] Merecem destaque as palavras, inteiramente aplicáveis à legislação brasileira, de Muñoz Conde e García Arán acerca desse problema: "Mas o tema não está tão claro no caso das sanções administrativas de caráter disciplinário aplicadas a funcionários. Se o funcionário comete, p. ex., um delito de malversação de patrimônio público, pode ser sancionado penalmente a uma pena de prisão e de inabilitação, mas, ao mesmo tempo, pode ser sancionado disciplinarmente à exclusão definitiva do serviço. A jurisprudência vem defendendo há muito este critério. Assim, p. ex., já dizia a STS de 5 de março de 1955, que as sanções penais e disciplinárias: 'obedecem a valorações jurídicas diversas, posto que a responsabilidade penal persegue a restauração da paz social perturbada pelo delito, enquanto que a disciplinária se inspira, ao contrário, num critério de moralidade,

dirigir veículo (art. 32 do Decreto-lei nº 3.688/41) e da infração administrativa equivalente; os delitos funcionais praticados sem violência ou grave ameaça, e em exclusivo detrimento direto da Administração (arts. 314, 320, 323, 324 etc., do CPB) e as sanções disciplinares previstas nos Regimes Jurídicos dos Servidores da União, de Estados e de Municípios.

Note-se que, em todos esses casos, há uma manifesta infringência a outra limitação material acerca da intervenção, qual seja, a da impossibilidade de uma dupla punição pelo prática da mesma infração, também conhecido como o *non bis in idem*,[621] princípio esse que compatibiliza a produção normativa com a natureza de *ultima ratio* do Direito Penal. A distinção entre o poder sancionador administrativo e o penal é puramente conjuntural, e, desde logo, não se baseia em critérios qualitativos ou de diferenças essenciais entre os ilícitos, administrativos e penais, que estão em sua origem. A distinção é fundamentalmente quantitativa,[622] e, nesse caso, a *subsidiariedade* da norma penal determina ao legislador que este somente selecione as infrações mais graves, ou seja, aquelas que o Direito Administrativo não possui a potencialidade de cumprir com o *fim* da reprimenda. Fora disso, tudo o mais é excesso incondizente com o *princípio da legalidade material*, garantia máxima do Estado Democrático de Direito.

4.4.3.3. Subsidiariedade: um problema de legitimação interna ou externa do Direito Penal?

Uma das mais significativas conseqüências da *subsidiariedade* é o repúdio à *utilização do Direito Penal quando a finalidade da proibição seja perseqüível de forma mais eficaz por outros ramos do*

---

que impõe à Administração a iniludível necessidade de exigir, de seus servidores, lealdade, honra e dignidade no cumprimento de seus deveres, para rodear de prestígio imprescindível a função pública'. (...) Mas o mais grave não é essa nítida infração ao *ne bis in idem*; o mais grave é que a sanção disciplinária pode ser mais severa que a penal. Assim, p. ex., no caso que citamos antes, de malversação de patrimônio público, o funcionário pode ser sancionado penalmente, se reintegra a quantia malversada, a uma pena de multa de seis a doze meses e à suspensão do emprego ou cargo público por tempo de seis meses a três anos (art. 433, CP), mas pode ser separado, pela via disciplinária, definitivamente de seu emprego" (op. cit., p. 75).

[621] Sobre o assunto, v.: MORILLA CUEVA, Lorenzo. *Curso*, cit., p. 41-42; BUSTOS RAMÍREZ, Juán J. *et al, Leciones*, cit., p. 67-68; GARCÍA ALBERO, Ramón. *"Non Bis in Idem" Material y Concurso de Leyes Penales*. Barcelona: Cedecs, 1995.

[622] Nesse sentido: MUÑOZ CONDE, Francisco, GARCÍA ARÁN, Mercedes. Op. cit., p. 76.

Direito. O grande problema, contudo, é determinar-se o alcance de tal preceito.

Sobre o assunto, manifestou-se Maurach da seguinte forma: "o ordenamento jurídico dispõe das mais diversas medidas para procurar-se a autoridade e fazê-la real. Contudo, desde uma perspectiva de política jurídica, a seleção e acumulação de tais medidas estão submetidas ao princípio de que uma medida de maior gravidade é injustificada, enquanto que uma de menor gravidade permita a obtenção do mesmo resultado. *Iure est civiliter utendum*, na seleção dos meios estatais de poder, o direito penal deveria ser uma verdadeira *ultima ratio*, encontrar-se em último lugar e adquirir atualidade só quando isso fosse indispensável para a conservação da paz social. Disso segue-se que a natureza secundária do direito penal é uma exigência político jurídica dirigida ao legislador".[623]

Nesse sentido, pois, a *subsidiariedade* – e, como tal, a própria *intervenção mínima* – seria uma mera medida de *política criminal externa* dirigida ao legislador, uma simples recomendação que, em razão da ausência de limites pré-legislativos, caso inobservada, não chegaria a deslegitimar internamente o dispositivo destoante.

Essa conclusão seria verdadeira frente a um Estado de Direito, em que a *separação entre os Poderes* e o *ideal da segurança jurídica* seriam os únicos limites impostos à intervenção estatal. Contudo, o mesmo não se pode afirmar frente ao nosso Estado Democrático de Direito, em que a *justiça social* é um dos objetivos fundamentais da República Federativa do Brasil (art. 3º, inc. I, da CRFB/88). Aqui, a atividade estatal reveste-se de vinculação não só por normas, mas, também, pelos próprios *valores* eleitos pelo regime de governo. Em nosso País, não é dada, ao legislador, a liberdade substancial de produção normativa, posto que o conteúdo de seus atos, e não só a sua forma, sofrem uma vinculação constitucional. Se o próprio Ordenamento Máximo enuncia expressamente a limitação do Estado ao desenvolvimento de uma *sociedade livre, justa e solidária*, não se podem *legitimar internamente* as normas penais editadas à margem de um exaurimento dos demais mecanismos capazes de controlar o desvio social. Ao legislador – e também ao aplicador da lei, como natural controlador da constitucionalidade das normas editadas por aquele – incumbe o dever de observância da *subsidiariedade do Direito Penal*, sob pena de a própria norma restar, além de ineficaz, inválida.

---

[623] Op. cit., p. 34.

Portanto, o *princípio da intervenção mínima*, formado pela *fragmentariedade* e pela *subsidiariedade* da norma penal, passa a ser um critério de legitimação interna do ordenamento jurídico, vinculando-se, pois, ao *princípio da legalidade (material)*. A adoção do Estado Democrático de Direito faz do Direito Penal Mínimo um parâmetro limitador da atuação dos três Poderes, visto que não se poderá afirmar "livre" uma sociedade que se veja submetida ao respeito de uma norma penal cuja finalidade pode muito bem ser realizada por outro ramo do Direito, menos lesivo à *liberdade* dos indivíduos.

O grande desafio trava-se, contudo, no que se refere à forma de atuação desse critério limitador. Quando poderemos afirmar que outro ramo do Direito é mais eficaz e, ao mesmo tempo, menos lesivo que o Direito Penal? Quais os verdadeiros contornos da *intervenção mínima*, capazes de, após elucidados, munir o operador do Direito de conteúdo para as suas deduções?

As respostas a essas indagações podem ser de duas ordens: de *política criminal externa* e de *política criminal interna*. Só no primeiro caso estaremos, como afirmara Maurach, diante de meras recomendações dirigidas ao legislador. Nesse sentido, algumas medidas poderiam ser observadas a fim de a *subsidiariedade* do Direito Penal restar observada. Um exemplo disso é o desenvolvimento de estatísticas criminológicas efetuadas por órgãos governamentais. Pense-se na possibilidade de a Secretaria de Política Criminal, vinculada ao Ministério da Justiça, desenvolver pesquisas acerca da eficácia de medidas penais e extrapenais no combate à repressão dos desvios. Vejamos um exemplo de como isso poderia ser desenvolvido: em 1999, um grupo de alunos do Mestrado em Ciências Penais da Pontifícia Universidade Católica do Rio Grande do Sul (coordenados pela Dra. Délcia Enricone), no qual tive a honra de participar, entrevistou centenas de pessoas na cidade de Porto Alegre acerca da prevenção geral das normas do Código de Trânsito Brasileiro. Dentre as diversas perguntas efetuadas, constavam duas insitamente ligadas ao nosso tema: a) se, após a edição do CTB, o entrevistado passou a ser mais prudente na condução de veículos automotores; b) e, caso respondesse afirmativamente, se o motivo de tal prudência fora a exasperação do valor das multas administrativas ou, ao contrário, a exasperação das sanções penais a determinadas condutas. Ao final, do universo entrevistado, e que respondeu afirmativamente à primeira indagação, a grande maioria informou que a razão da prudência é a exasperação das sanções administrativas (multas), e não das penais. Isso releva, por si só, que, perante o universo da pesquisa, as disposições administrativas do CTB mostraram-se mais eficazes no combate aos delitos de circulação do que as normas de conteúdo penal. Será que não poderia a Secretaria de Política Criminal realizar, em contexto nacional, pesquisas equivalentes a essa?

Isso é só um exemplo de medidas auxiliares à atividade legislativa em matéria penal. O ideal seria, na verdade, que tais estatísticas fossem desenvolvidas dentro das próprias comissões parlamentares que tratam de um determinado projeto de lei, antes de ser levado a votação. Teríamos, assim, um mecanismo de tolhimento da legislação penal de urgência, capaz de obrigar o legislador a refletir acerca da eficácia de uma norma penal antes mesmo de ela ser editada.

Outra medida que poderia ser adotada é a formulação de estudos e pesquisas acerca do crescimento ou não das práticas delituosas de uma conduta cujo tratamento tenha sido modificado pelo legislador. Por exemplo, verificar, estatisticamente, o índice de homicídios qualificados perpetrados após tal delito ser tratado como crime hediondo. As respostas oferecidas por essa pesquisa, após a adequada tabulação de seus resultados, poderia munir o cientista penal de subsídios capazes de estabelecerem uma política criminal correta no combate à criminalidade.

Em nosso País, infelizmente, o máximo que se tem feito são os censos anuais do sistema penitenciário (o último data de 1995), cuja utilidade presta-se, apenas, para a análise do crescimento na demanda de vagas nos estabelecimentos penais. É preciso uma maior conscientização de parte dos cientistas penais no sentido da importância da criminologia como a ponte que liga a política criminal à dogmática penal. Como bem lembra Hassemer,[624] não só para o legislador, mas também para a investigação policial, a jurisprudência[625] e a Administração penitenciária, é necessário um bom conhe-

---

[624] *Introducción à la Criminologia*, cit., p. 42.

[625] Merecem remissão as palavras de Hassemer e Muñoz Conde acerca dessa influência: "O mesmo ocorre com a praxis dos Tribunais penais. Também eles necessitam, ao menos no instante da determinação da pena aplicável, de um conhecimento seguro acerca de prognósticos, sobretudo se, como sucede no Código Penal Alemão, devem-se levar em consideração os efeitos que a pena pode exercer na vida futura do delinqüente. Sem uma informação fiável da evolução atual da criminalidade ou do efeito que a sentença penal terá sobre essa evolução, não se podem fazer considerações preventivas gerais; mas também as considerações preventivas especiais devem apoiar-se num conhecimento fiável dos danos que pode causar uma condenação no processo de socialização do condenado, dos efeitos que a pena pode ter sobre ele, p. ex., durante o tempo que passe no cárcere, e das conseqüências que pode ter em seu mundo circundante" (id. Ibid., p. 43).

cimento dos danos que produz a conduta delitiva, as cotas de criminalidade na população, a freqüência estatística dos distintos delitos, sua distribuição por idade, sexo, nacionalidade, porcentagem de delitos elucidados etc. Um Direito Penal que queira proteger bens jurídicos deve assegurar-se de que esta proteção pode restar efetiva.

Munido de tais dados, pode o Poder Público, com maior eficácia, combater os "focos onde nascem os crimes" – na expressão de Marx –, prever as melhores medidas a serem tomadas, e elaborar um programa concreto de solução da criminalidade. Isso não só inexiste em nosso País como, ademais, reveste-se de contradições políticas inimagináveis. Num curto espaço de anos, tivemos a adoção de medidas reveladoras de uma política criminal minimizadora, tais como as previstas na Lei nº 9.099/95 (criação dos Juizados Especiais Criminais e das infrações de reduzido potencial ofensivo) e na Lei nº 9.714/98 (ampliação das possibilidades de aplicação de penas restritivas de direitos), e, no mesmo período, medidas penais maximizadoras da intervenção, como a Lei nº 9.503/97 (CTB), a Lei nº 9.605/98 (crimes contra o meio ambiente) e a Lei nº 9.613/98 (crimes de "lavagem" de dinheiro). Isso revela, por si só, a completa ausência de uma política criminal determinada e de um programa de criminologia adequado aos problemas sociais de nosso País.

Ao lado dessas medidas de *política criminal externa*, outras podem ser reconhecidas, agora, com eficácia legitimatória interna do ordenamento jurídico. Aqui, o destinatário passa a ser o aplicador da lei, na medida em que lhe compete a fiscalização da estrita observância da *subsidiariedade* pelo legislador. Sempre que a legislação penal mostre-se evidentemente incompatível com a justificação dos elevados custos da intervenção penal, é dever do operador do Direito, em nome dos objetivos fundamentais de nosso Estado (art. 3º da CRFB/88), insurgir-se contra o excesso legiferante.

É claro que, nesse aspecto, jamais poderemos determinar, *a priori*, todos os parâmetros operativos à legitimação interna do ordenamento penal; tudo irá depender, na verdade, da "consciência jurídica" do aplicador da norma penal. Os detentores de uma ideologia eudemonística, por certo, sempre encontrarão argumentos constitucionais retóricos para fundamentar as suas posições intervencionistas. Ao final, tudo irá depender da *ideologia de Direito Penal* seguida, e, nesse aspecto, a boa vontade e a coerência passam a ser fiéis escudeiras do operador do Direito.

Sem embargo, pode-se desenvolver alguns tópicos legitimadores a serem observados por aqueles que aceitem – não apenas como um discurso meramente retórico – o princípio da *mínima intervenção*. Um exemplo disso verifica-se na percepção de alguns casos de *ineficácia do Direito Penal no combate à "criminalidade de risco"*, senão vejamos.

A expansão técnica da sociedade tem gerado uma nova onda de criminalidade, marcada, por um lado, pela difusão do bem jurídico tutelado, e, por outro, pela gravidade de lesões causadas por uma delinqüência geralmente não intencional. Um exemplo disso são os crimes ambientais, em que ao Estado tem sido dada a difícil tarefa de delimitação da fronteira entre o *risco penalmente relevante* e o *risco permitido* das atividades ligadas ao meio ambiente. Um dos mecanismos de tutela encontrados, no combate a esse tipo de desvio, foi a *responsabilidade penal da pessoa jurídica*, instituída pelo art. 3º da Lei nº 9.605/98. Dentre as medidas penais aplicáveis, fez-se a previsão da *multa*, da *restrição de direitos* (suspensão parcial ou total de atividades; interdição temporária; proibição de contratar com o Poder Público) e da *prestação de serviços à comunidade* (custeio de programas e projetos ambientais; execução de obras de recuperação de áreas degradadas; manutenção de espaços públicos; contribuições a entidades ambientais ou culturais públicas).

Tais medidas, contudo, devem restar justificadas frente à *subsidiariedade* do Direito Penal. Nesse rumo, um dos importantes fatores que não deve ser esquecido é que as *garantias* do cidadão perante a tutela penal são bem mais restritas e formais do que as evidenciadas nos demais ramos do Direito. Parece-nos notório que todas as conseqüências previstas na Lei nº 9.605/98 à repressão da criminalidade de pessoas jurídicas seriam alcançáveis de forma bem mais eficaz por outros instrumentos, que não o processo penal. Pense-se, por exemplo, na possibilidade de uma Ação Civil Pública (Lei nº 7.347/85) cominar liminarmente, mediante antecipação de tutela, as obrigações pecuniárias ou cominatórias previstas na Lei nº 9.605/98, recurso este vedado no Direito Penal, frente à garantia constitucional da *presunção da inocência*. Em vez de aguardar longos anos por uma sentença penal trânsita em julgado que, *verbi gratia*, determine a execução de obras de recuperação na área degradada, poderíamos, de forma mais célere, chegar ao mesmo resultado num curto espaço de tempo,[626] pelo uso da antecipação de tutela prevista

---

[626] Nem se contra-argumente no sentido de que tal antecipação estaria vedada, em razão da sua satisfatividade. Não é de hoje que a doutrina vem admitindo, no caso de dano irreparável recíproco, a possibilidade de a tutela antecipada ser satisfativa. Sobre o assunto, v.: MARINONI, Luiz Guilherme. *A Antecipação de Tutela na Reforma do Processo Civil*. São Paulo: Malheiros, 1995, p. 77-80.

nos arts. 11 e 12 da Lei nº 7.347/85. É sabido que o "poder geral de cautela" previsto na legislação extra-penal é bem mais amplo e informal do que as medidas cautelares previstas para o processo penal.

É de se notar, pois, que a lesão à *subsidiariedade* do Direito Penal, nesse caso, dá-se internamente, tendo em vista a pluralidade de instrumentos, previstos no ordenamento jurídico, capazes de atingir o fim almejado pela norma penal, de forma mais eficaz. Aqui, seria lícito ao juiz recusar-se à aplicação das medidas cabíveis à pessoa jurídica, previstas na Lei nº 9.605/98, posto que lesivas ao *princípio da legalidade material.*

Outro caso de completa ineficácia do Direito Penal frente a essa nova forma de criminalidade é percebida nos delitos de circulação. Uma rápida comparação entre as infrações de trânsito e os delitos previstos na Lei nº 9.503/98 já é suficiente para evidenciar que os campos de atuação entre o Direito Penal e o Administrativo são coincidentes, e tal opção foi levada a cabo pelo legislador antes mesmo de preocupar-se em verificar a suficiência ou não das medidas administrativas no combate às infrações de trânsito. É evidente, p. ex., que a imposição de pesadas multas à condução de veículo automotor em velocidade incompatível para o local (art. 311) revela-se mais efetiva do que a sanção penal, até porque a pena privativa de liberdade prevista para esse delito (detenção, de 6 meses a um ano) comporta *"sursis* processual" e até substituição por penas restritivas de direitos, que, comparadas às sanções administrativas também comináveis, revelam a sua total iniqüidade. Poderia o juiz, também aqui, recusar-se à aplicação da norma penal, posto que não condizente com a *acessoriedade* do Direito Penal.

Por fim, poder-se-ia também destacar a natureza de *prima ratio* de alguns delitos de sonegação fiscal (principalmente os previstos na Lei nº 8.137/90) frente aos mecanismos de *prevenção* desenvolvidos pela Administração. A *política criminal interna* brasileira, desenvolvida contemporaneamente, é bem elucidativa no que se refere ao verdadeiro objeto jurídico tutelado por esses delitos: o desfalque patrimonial causado ao Sistema Tributário. Basta lembrar que a Lei nº 9.249/95, em seu art. 35, revigorou a extinção da punibilidade para os delitos de sonegação fiscal, caso o pagamento do tributo preceda o recebimento da denúncia. Isso fica mais evidente ainda com a edição da Lei nº 9.964/00, que autorizou a suspensão do processo penal em virtude da adesão do contribuinte inadimplente ao Programa de Recuperação Fiscal (REFIS).[627] A pena privativa de liberdade cominada aos delitos de sonegação fiscal, questionável antes mesmo da edição desses diplomas legais, resta deslegitimada frente a essa condução política. Seria completamente desproporcional, hoje, autorizarmos a aplicação de reclusão ou detenção ao sonegador que não tenha condições financeiras de efetuar o pagamento do tributo, pois, do contrário, seremos obrigados a admitir que a liberdade do indivíduo passa a estar sujeita a um preço.[628] Ora, se o próprio Estado enuncia expressamente o seu contentamento com a solvência do débito, seria uma verdadeira incongruência admitirmos que o mesmo Estado autorizaria a aplicação da pena privativa de liberdade apesar de o pagamento ser efetuado.

Não bastasse tal argumento, pode-se ressaltar, ainda, que uma severa sanção (administrativa) pecuniária incidente sobre o patrimônio do sonegador revela-se muito mais eficaz, ao menos no plano teórico, do que a pena privativa de liberdade. Que é melhor? Confiscar o patrimônio do sonegador e deixá-lo em liberdade para "começar a vida do *zero*", ou, ao contrário, restringir a sua liberdade

---

[627] "Art. 15. É suspensa a pretensão punitiva do Estado, referente aos crimes previstos nos arts. 1º e 2º da Lei nº 8.137, de 27 de dezembro de 1990, e no art. 95 da Lei nº 8.212, de 24 de julho de 1991, durante o período em que a pessoa jurídica relacionada com o agente dos aludidos crimes estiver incluída no Refis, desde que a inclusão no referido Programa tenha ocorrido antes do recebimento da denúncia criminal. § 1º A prescrição criminal não corre durante o período de suspensão da pretensão punitiva. § 2º O disposto neste artigo aplica-se, também: I – a programas de recuperação fiscal instituídos pelos Estados, pelo Distrito Federal e pelos Municípios, que adotem, no que couber, normas estabelecidas nesta Lei; II – aos parcelamentos referidos nos arts. 12 e 13. § 3º Extingue-se a punibilidade dos crimes referidos neste artigo quando a pessoa jurídica relacionada com o agente efetuar o pagamento integral dos débitos oriundos de tributos e contribuições sociais, inclusive acessórios, que tiverem sido objeto de concessão de parcelamento antes do recebimento da denúncia criminal."

[628] Não poucas críticas têm sido lançadas contra essa política descriminalizadora da sonegação fiscal. Afirma-se, por exemplo, que um grande empresário, conhecido pelas suas vultosas sonegações, restaria impune frente o recolhimento do tributo, enquanto que o pequeno empresário, que não possui condições financeiras de saldar a dívida, poderia sujeitar-se à pena privativa de liberdade. Quanto ao primeiro argumento, responderíamos que não se pode, com base no "grande sonegador", justificar a pena privativa de liberdade prevista na Lei nº 8.137/90, sob pena de incidirmos em verdadeiro vício metodológico do discurso (confusão entre *ser* e *dever ser*). Quanto ao segundo, já oferecemos a solução: o pequeno empresário não deve se sujeitar à pena privativa de liberdade pelo fato de não possuir condições financeiras de saldar a dívida, posto que tal solução, além de lesiva ao *princípio da proporcionalidade*, não se coaduna com a moderna política criminal adotada pela legislação brasileira.

(na maioria das vezes com um regime semi-aberto ou aberto) sem que a sua atividade comercial reste prejudicada? Será que uma pena privativa de liberdade aplicada ao sonegador – que, em virtude da sanção administrativa, já perdeu todo o seu patrimônio – não teria um fundamento exclusivamente *retributivo*? Qual seria a sua utilidade? Desafio, aqui, uma estatística para provar o contrário.

Esses são apenas alguns exemplos que demonstram como é possível ao aplicador da lei, levando em consideração a *política criminal interna*, adaptar o preceito legal à *subsidiariedade* do Direito Penal, respeitando não só o princípio da legalidade material como, também, os objetivos fundamentais de nossa República, enumerados no art. 3º da CRFB/88.

4.4.3.4. *Direito Penal Mínimo x Direito Penal Máximo: tendências frente à "moderna criminalidade"*

Se admitirmos a visão secularizada do Direito Penal como a base metodológica de sua natureza de *ultima ratio*, veremos que, historicamente, a legislação penal desenvolveu um curso espiraliforme frente a esse princípio basilar, uma "dialética do moderno". Vivenciamos, com o "modelo inquisitivo", uma verdadeira crise da Parte Geral do Direito Penal, e, modernamente, com o "funcionalismo penal", percebemos outra crise, agora em relação à sua Parte Especial. A evolução deste ramo do Direito, com efeito, foi sempre marcada por contradições ideológicas e metodológicas, fazendo com que o tempo apenas fosse o fator determinante para uma *tese* transmudar-se em *antítese*.

À época da Santa Inquisição, encontrava-se a "ciência penal" fundamentada na moral eclesiástica, onde a concepção ontológica do delito (*mala in se*) impregnava-se de um conteúdo substancialista capaz de afastar a possibilidade de princípios básicos limitarem a atividade intervencionista do Estado católico.

Essa tendência de *máxima intervenção desregrada* encontra a sua limitação no Iluminismo, principalmente no século XIX, com a difusão da abordagem dos problemas da *causalidade* e da *imputação penal*. O Direito Penal passa a solidificar-se sobre uma base metodológica, sobre princípios básicos que, erigidos à categoria de Direitos do Homem, dão origem à Parte Geral do Direito Penal: trata-se do paradigma (hoje, já ultrapassado) liberal individualista de produção do Direito. Problemas como "Tício envia Caio à floresta na iminência de uma tempestade, na esperança de que este último seja fulminado por um raio" faziam parte do preferido campo de

O Princípio da Legalidade Penal
no Estado Democrático de Direito

337

investigação dos pensadores daquela época. Mas não somente isso: a partir da *secularização*, também as proibições padecem sob a necessidade de um enxugamento (principalmente com o advento da *reserva de lei*), tendo em vista a inevitável aceitação de que o Direito não tem a pretensão, e nem deve, reforçar a moral. Aqui, a tendência penal, formada principalmente pela *dogmática abstrata*, passa a ser *minimizadora* da intervenção estatal: percebe-se, por um lado, que nem toda conduta socialmente mal é merecedora da pena criminal, e, por outro, que a tarefa principal do Direito Penal é a proteção de bens jurídicos reconhecidos, e não a educação moral dos cidadãos.

O apego exacerbado aos fundamentos teóricos do Direito Penal, e, por conseqüência, o completo desprezo dos dados empíricos da realidade sancionatória ou do desenvolvimento e controle sobre as condutas desviantes, redundou numa nova tendência repressiva. Na Itália, o fascismo floresce, e na Rússia, o comunismo; mas é na Alemanha nazista onde mais se notaram as conseqüências da "cientificização" do Direito Penal. A introdução de conceitos como o de "inimigo do povo", "purificação racial" e "interesses do Estado", rachou ao meio a Parte Geral do Direito Penal: a proibição não necessitava de norma expressa; a imputação prescindia de conduta; a pena aplicava-se à míngua de direitos humanos. Retumbavam, nas salas dos tribunais, decisões fundamentadas num sistema quase-inquisitivo de intervenção máxima, levado a cabo por meio da quebra de princípios fundamentais do cidadão, baseado principalmente no deslocamento da moral: em vez de *eclesiástica*, *estatal*.

Com a queda do regime nazista (e também dos demais regimes totalitários), resplandece uma "nova" concepção de Direito, tão significativa que muitos autores estabelecem aqui o verdadeiro marco divisório da ciência jurídica moderna.[629] Assim como o *jusnaturalismo*, também o Direito Penal clássico ressurge das cinzas para fundamentar um *dogmatismo abstrato supra-positivo*. Problemas como o dos "ilícitos legais" requeriam uma solução convincente depois da Guerra, não só pelo Direito Penal como, também, pela Filosofia do Direito e pela Teoria do Estado. Exemplos dessa reação

---

[629] Impossível falar-se nisso sem relembrarmos as mutações do pensamento filosófico de Radbruch com o pós-Guerra. V., sobre o assunto: *Filosofia do Direito*, cit., principalmente o apêndice intitulado *Cinco Minutos de Filosofia do Direito* (p. 414-423), publicado pela primeira vez como um circular dirigido aos estudantes da Universidade de Heidelberg, em 1945.

foram encontradas na punição dos delatores cujos informes expuseram os denunciados à violência estatal, na punibilidade dos juízes que aplicaram "leis injustas" então vigentes, e nos conhecidos julgamentos (punibilidade do lenocínio e da participação na tentativa de suicídio de outrem, p. ex.), com fundamentação eminentemente jusnaturalista, proferidos pelo Supremo Tribunal Federal alemão.[630]

O exacerbado apego pela limitação do Estado, contudo, custou caro ao Direito Penal. As ciências penais de orientação jusfilosófica do pós-Guerra voaram normativamente alto demais. Seu modo de afirmação do Direito supra-positivo foi excessivamente enfático, ao passo que suas dúvidas no campo da teoria do conhecimento eram excessivamente superficiais. Além do mais, concentraram-se demasiadamente no estudo do Direito Penal material, em detrimento do processo penal e da práxis cotidiana da elaboração de leis penais, da imposição e execução de penas.[631]

Tal vício metodológico – que acarretou, principalmente, o desinteresse pelos efeitos práticos das opções dogmático-penais e a tendência de formular enunciados normativos com a pretensão de solidez e delimitação hermética – acarretou um novo ciclo da ciência penal, principalmente no início dos anos 60. A criminologia e a política criminal aproximam-se da dogmática,[632] dando origem ao *Direito Penal voltado para as conseqüências*. Fundamentações sistêmicas no discurso jurídico-penal não mais são tratadas como verdades inquestionáveis; as sanções e a execução penal convertem-se em objetos centrais da reflexão penal; uma consistente teoria da política criminal começa a desenvolver-se, principalmente pelos subsídios proporcionados pela moderna criminologia; o empirismo, por fim, passa a fundamentar as opções jurídico-penais. Assim, a discussão não mais se interessava pela justificação de princípios e de fins, mas por constatações empíricas. Conseqüentemente, a metodologia jus-

---

[630] Paradigmático nesse aspecto: HASSEMER, Winfried. História das Idéias Penais na Alemanha do Pós-Guerra. In: *Três Temas de Direito Penal*. Porto Alegre: Escola Superior do Ministério Público, 1993, p. 9-56.

[631] Id., ibid., p. 16.

[632] Aqui, a influência de von Liszt é notória. Basta lembrar que o Projeto Alternativo Alemão, durante o pós-Guerra, estava impregnado pelas idéias do penalista austríaco exaradas em seu Programa de Marburgo (Marburger Universitaetsprogramm), publicado posteriormente sob o rótulo *Der zweckgedanke im strafrecht* (*La Idea de Fin en el Derecho Penal*, cit.). Sobre tal influência, v.: ROXIN, Claus. Franz von Liszt e a Concepção Político Criminal do Projeto Alternativo. In: *Problemas Fundamentais de Direito Penal*. 3ª ed. Lisboa: Vega, 1998, p. 49-89.

naturalista e a concentração em questões teóricas fundamentais davam lugar ao utilitarismo penal voltado para a) proteção de interesses humanos ameaçados, b) intimidação das pessoas propensas ao crime e c) recuperação do delinqüente com o menor custo para ele.[633]

Esta visão do Direito Penal como instrumento de proteção social, contudo, decai frente os avanços tecnológicos da pós-modernidade, principalmente na década de 70. A produção científica cede espaço à produção da política e da práxis do Direito Penal, fazendo com que este assuma um caráter eminentemente *funcional*, ou seja, uma inversão paradigmática da legitimação do Direito Penal: as justificações deontológicas cedem espaço à necessidade de demonstração concreta de que o sistema penal funciona e produza conseqüências favoráveis, qualquer que seja o meio utilizado para tanto. As eternas discussões acerca das penas, das medidas de segurança e dos princípios gerais do Direito perdem importância; o assunto do momento, aqui, passa a ser a Parte Especial do Direito Penal, os crimes em espécie, concretizando-se uma tendência febril pela criminalização. Nessa "hipertrofia penal", nas palavras de Maurach,[634] os assuntos de interesse público alcançam dimensões impensáveis, e forçosamente chega-se à utilização estatal do Direito Penal como o fim de obter seu próprio asseguramento. A experiência ensina que para a burocracia é muito mais simples ditar um grande número de confusas leis, ordens e disposições relativas à sua execução, e ameaçar com a aplicação de penas criminais o desrespeito delas, em lugar de proceder com prudência na regulação básica das matérias e cominar com estas penas só nos casos mais graves, sendo recomendável evitar, na medida do possível, o tratamento separado da norma e da ameaça penal. Se com a reforma penal dos últimos anos desapareceram numerosos tipos, ao mesmo tempo surgiram novas normas penais.

Aqui, o objeto de discussão volta-se para problemas ambientais, drogas, criminalidade organizada, economia, tributação, informática, comércio exterior e controle sobre armas bélicas. A opinião pública clama por uma "necessidade de providências" acerca desses problemas. Espera-se, nessas áreas, a intervenção imediata do Direito Penal, não apenas depois que se tenha verificado a inadequação de outros meios de controle não penais. O venerável princípio da subsidiariedade (*ultima ratio*) do Direito Penal é sim-

---

[633] Cf. HASSEMER, Winfried. Op. cit., loc. cit., p. 27- 45.

[634] Op. cit., p. 35-36. V., também: JESCHECK, Hans-Heinrich. Op. cit., p. 46.

plesmente cancelado, para dar lugar ao Direito Penal visto como *sola ratio* ou *prima ratio* na solução social dos conflitos: a resposta penal surge, para as pessoas responsáveis por essas áreas, cada vez mais freqüentemente como a primeira, senão a única saída para controlar os problemas. À criminalidade tradicional (furtos, roubos, homicídios, estelionatos etc.) agrega-se a criminalidade organizada, e, nessa linha, a *prevenção geral* torna-se quase ilimitada. Os problemas de que o Direito Penal passa a se ocupar passam a ser, p. ex., a causação de um dano ambiental decorrente de uma decisão de escassa maioria do conselho fiscal de uma S/A, ou de uma organização desastrada de uma equipe cirúrgica etc.,[635] Surge o "Direito Penal simbólico", ou seja, um instrumento que sabidamente é ineficaz para combater a criminalidade real, mas que revela uma atenção e uma reação imediata, embora infrutífera, do legislador aos problemas sociais contemporâneos. Modernamente, a política criminal volta-se apenas para a eficiência, para o êxito no combate à criminalidade, esquecendo-se completamente da *justificação* e dos *custos* da intervenção.

Em linhas gerais, pode-se caracterizar a "moderna criminalidade" da seguinte forma: a) primazia do interesse de "combater" com celeridade e urgência os problemas mais amplamente difundidos pelos meios de comunicação e que, por isso, são sentidos pela opinião pública como mais ameaçadores; b) crescente emprego dos crimes de perigo abstrato, que prescindem, para a imposição de uma pena, dos requisitos do resultado, do nexo de causalidade e, até mesmo, da própria conduta; c) eliminação dos diversos graus da imputação jurídico-penal, tais como tentativa-consumação, autoria-participação; d) exasperação de penas cujo fim reveste-se, eminentemente, da prevenção geral negativa. Isso tudo decorre, com certeza, da crise do paradigma do bem jurídico como função limitativa da intervenção: os bens jurídicos "universais" sobrepõem-se aos bens jurídicos individuais, caso em que a função negativa do bem jurídico – ou seja, a sua finalidade estratégico-descriminalizadora de supressão de cominações penais que não tinham por objeto a proteção concreta de um bem jurídico – dá lugar à sua função positiva,[636] isto é, a proteção de bens jurídicos transforma-se num mandado de penalização, e não na proibição incondicionada da penalização.[637]

---

[635] Cf. HASSEMER, Winfried. Op. cit., loc. cit., p. 47-48, 52.

[636] HASSEMER, Winfried. *Persona*, cit., p. 30-34.

[637] Id., ibid., p. 48.

Essa atual tendência do Direito Penal foi muito bem analisada por Silva Sánchez, em sua obra *La Expansión del Derecho Penal*.[638] Partindo do moderno conceito de "sociedade de risco", estabelecido por Ulrich Beck, percebe que a sociedade atual vive num constante desenvolvimento tecnológico que, ao mesmo tempo em que proporciona o bem estar individual, produz conseqüências sociais negativas. Uma delas é a configuração do "risco de procedência humana como fenômeno estrutural", tendo em vista que boa parte das ameaças a que os cidadãos se encontram expostos provenham precisamente de decisões que outros cidadãos adotam durante o processo de desenvolvimento tecnológico:[639] riscos para o meio ambiente, para os consumidores ou para os usuários das novas técnicas acerca da biologia, da genética, da energia nuclear, da informática etc. Tudo isso faz com que a vivência subjetiva dos riscos seja claramente superior à própria existência objetiva destes.[640] Nessa "sociedade de insegurança", o grande problema da política criminal moderna transmuda-se à identificação do limite

---

[638] SILVA SÁNCHEZ, Jesús-María. *La Expansión del Derecho Penal. Aspectos de la política criminal en las sociedades postindustriales*, cit.

[639] Essa é a origem do crescimento dos tipos penais omissivos impróprios.

[640] Uma das causas dessa "sensibilidade ao risco" advém das dificuldades de adaptação da sociedade à sua própria evolução. A *revolução dos meios de comunicação* origina uma falta de domínio do curso real dos acontecimentos, que não pode deixar de traduzir-se em insegurança. Como bem destaca Silva Sánchéz, "estes [os meios de comunicação], por um lado, desde a posição privilegiada que ostentam no seio da 'sociedade de informação' e no marco de uma concepção do mundo como 'aldeia global', transmitem uma imagem da realidade em que o próximo e o longínquo têm uma presença quase idêntica na representação do receptor da mensagem. Isso dá lugar, em algumas ocasiões, a percepções inexatas, e, em geral, a uma sensação de impotência" (op. cit., p. 27). Nas palavras de Boudrilard, "o que se perdeu foi a glória do acontecimento, a sua aura, como diria Benjamin.(...) A história reduziu-se pouco a pouco ao campo provável das suas causas e efeitos e, mais recentemente ainda, ao campo da actualidade, dos seus 'efeitos em tempo real'. Os acontecimentos não vão mais longe que o seu sentido antecipado, a programação e a difusão. Apenas essa 'greve dos acontecimentos' constitui uma verdadeira manifestação histórica, essa recusa de significar seja o que for, ou essa capacidade de significar não importa o quê. É aí que reside o verdadeiro fim da história, o fim da razão da história" (*A Ilusão do Fim ou A Greve dos Acontecimentos*. Trad. por Manuela Torres. Lisboa: Terramar, 1992, p. 37-38). Por fim, nunca é demais recordar as modernas palavras de Arthur Kauffmann acerca das conseqüências dessa "evolução": na *pluralistiche risikogesellschaft* ("sociedade pluralista de riscos"), o homem também deverá portar-se de modo arriscado no sentido moral, ou seja, não poderá mais ele contar com parâmetros morais ou imorais de suas condutas (*Grundproblem der Rechtsphilosophie Eine Einführung in das Rechtsphilosophisce Denken*. München: Wandel, 1994, p. 232-235).

entre o *risco penalmente relevante* e o *risco penalmente permitido*,[641] posto que a segurança se converte numa pretensão social a qual se supõe que o Estado e, em particular, o Direito Penal, devem dar uma resposta.[642] Com tal resposta surge a "moderna criminalidade", caracterizada, principalmente, a) pela ausência de vítimas determinadas (o sujeito passivo direto é ou difuso – pensionistas, saúde pública, meio ambiente etc. –, ou é o próprio Estado), b) pela pouca visibilidade dos danos causados (marcando, pois, uma inflação dos crimes de perigo abstrato) e c) pelo novo *modus operandi* do delinqüente (a caneta e o papel substituem as armas).[643] Aqui, a sociedade passa a ser tratada como uma "sociedade de sujeitos passivos". Com a transformação do *unglück* (acidente, fortuito) em *unrecht* (injusto),[644] o modelo penal pós-industrial permite a existência de um protótipo de vítima que não assume a possibilidade de que o fato perpetrado seja devido a uma "culpa sua" ou que, simplesmente, responda-se como um azar. Parte-se do axioma de que sempre há de existir um terceiro responsável pelo risco, e a ele se deve imputar o fato e suas conseqüências, patrimoniais e penais.[645]

Tal difusão de lesividade penal faz com que a sociedade, na "moderna criminalidade", possua uma enorme identificação com o *sujeito passivo* do delito, e isso repercute não só no *Direito Penal subjetivo (jus puniendi)* como, também, no *Direito Penal objetivo:*

---

[641] Basta lembrar que tal limite é a base estrutural da moderna tendência européia pela adoção da Teoria da Imputação Objetiva no Direito Penal. Sobre o assunto, v.: JAKOBS, Günther. *Derecho Penal*, cit., p. 222-308; ROXIN, Claus. *Derecho Penal*, cit., p. 342-411; CANCIO MELIÁ, Manuel. *Conducta de la víctima y imputación objetiva en Derecho Penal*. Barcelona: J. M. Bosch, 1998.

[642] Como bem destaca Prittwitz, seguindo a linha de Franz Xavier Kauffmann, "se bem é certo que os homens nunca viveram tão bem e seguros como atualmente, o certo é que o medo e a insegurança converteram-se no tema do século XX" (*Strafrecht und Risiko. Untersuchnegn zur Krise von Strafrecht und Kriminalpolitik in der Risikogesellschaft*. Frankfurt, 1993, p. 73, *apud* SILVA SÁNCHEZ, Jesús María. Op. cit., p. 30).

[643] Sobre o assunto, v.: HASSEMER, Winfried. Perspectivas de uma política criminal moderna. In: *Três Temas de Direito Penal*, cit., p. 83-97.

[644] Tal relação também foi espiraliforme na evolução do Direito Penal. No Direito Penal primitivo, as *catástrofes* eram equiparadas a delitos, por eles respondendo pessoas, animais e até mesmo coisas. No Direito Penal moderno, a idéia de culpabilidade separa completamente o fortuito do delito, a fim de assegurar o cidadão contra qualquer espécie de responsabilização por aquele. Agora, na segunda metade do século XX, a catástrofe volta a ser tratada como um delito, e, como tal, imputável a alguém.

[645] Cf. SILVA SÁNCHEZ, Jesús-María. Op. cit., p. 34.

naquele, a "espada" do Estado contra o delinqüente poderoso transmuda-se na "espada" da sociedade contra ele; neste, o Direito Penal perde a sua natureza de instrumento de defesa do cidadão contra os abusos do Estado. A *Magna Charta do delinqüente*, como era tratado o Código Penal à época de Liszt, cede espaço à *Magna Charta da sociedade*, e nessa transformação o princípio da legalidade resta gravemente abalado. Com efeito, a interpretação restritiva dos tipos penais, bem como a possibilidade da *analogia in bonam partem*, é uma decorrência de a lei penal ser tratada como uma *garantia do delinqüente*, voltada, por óbvio, contra as abusivas e desregradas vinganças privadas ou informais. Agora, admitindo-se que a lei penal seja muito mais uma *Magna Charta da vítima* - dada a constante insegurança presente no convívio social –, a interpretação teleológica passa a atentar para essa missão protetiva da sociedade, sendo suas conseqüências bem óbvias: as justificantes e as atenuantes é que são interpretadas restritivamente, ao passo que a adequação típica resta justificada, ainda que se valha o intérprete da interpretação extensiva e, até mesmo, da *analogia in mallam parte*, para que esta se concretize.

Dentre as diversas causas dessa nova tendência estão os *atypische moralunternehmer*, ou seja, os novos "gestores atípicos da moral" e, como tais, do próprio Direito Penal. Trata-se de uma moderna "criminologia de esquerda" desempenhada principalmente por organizações (ecologistas, feministas, de consumidores, de vizinhos, pacifistas etc.), associações e sindicatos[646] que, em razão do elevado poder persuasivo que desempenham, postulam por uma expansão do Direito Penal em busca de proteção de seus próprios interesses, mesmo que em detrimento de direitos fundamentais do cidadão "não-representado". Nota-se, portanto, uma inversão nos pólos da produção criminológica: antigamente, o Direito Penal era utilizado pelas classes elitizadas contra as subalternas; hoje, as subalternas reclamam do Direito Penal uma resposta contra a classe burguesa. Estamos diante, na expressão de Silva Sánchez, de uma "fascinação de diversas organizações sociais pelo Direito Penal",[647] de uma "ideologia de lei e ordem na versão da esquerda".[648]

---

[646] Sobre essa moderna tendência "tribalista", v.: MAFESSOLI, Michel. *O Tempo das Tribos: o declínio do individualismo nas sociedades de massa*. Trad. por Maria Lurdes Menezes. Rio de Janeiro: Forense-Universitária, 1987.

[647] Op. cit., p. 46-49.

[648] Id., ibid., p. 51.

O certo é que o combate a essa "moderna criminalidade", nos moldes *funcionais*[649] que se vêm desenvolvendo, é de todo incompatível com as *garantias gerais do cidadão*. É impossível pretender-se manter íntegro e justificado o Direito Penal frente a essa conduta intervencionista do Estado. Como bem destaca Hassemer, "é cristalina que esta moldura é grande demais para os equipamentos tradicionais do Direito Penal".[650] A noção negativa de "bem jurídico individual" (v. n. 2.4.3, *supra*) resta ridicularizada frente os "bens jurídicos universais",[651] as "funções",[652] os "riscos";[653] os crimes de dano cedem lugar aos crimes de perigo abstrato;[654] os atos preparatórios tornam-se, pela "intervenção antecipada", o verdadeiro objeto de tutela;[655] o *in dubio pro reo* resulta incompatível diante da necessidade de resposta à "criminalidade moderna";[656] os conceitos de dolo e culpa,[657] participação e autoria,[658] em vez de atuarem como garantias da sociedade (desviada ou não) contra a intervenção estatal, passam a ser vistos como empecilhos ao desejo de punição;

---

[649] A expressão "funcionalismo", aqui empregada, refere-se à completa supressão da dogmática pela política criminal moderna. Nesse caso, as demandas de segurança social geram no Estado uma tensão de impotência, fazendo com que a melhor forma de se demonstrar uma efetiva reação é pelo uso imediato do Direito Penal. Em outras palavras: opta-se pela intervenção penal em detrimento de medidas mais eficazes, mas, ao mesmo tempo, mais morosas, de controle dos desvios (educação, emprego, sanitariedade etc.). O "funcionalismo" a que nos referimos é aquela política criminal desprovida de fundamentação deontológica; a política criminal em que os fins simbólicos justificam os meios danosos eleitos; uma total superposição da *praxis* frente o próprio Direito Penal. Não se deve esquecer que o Direito Penal deve ser "funcional", mas não de forma desregrada, movido exclusivamente pelo clamor social. Assim como a dogmática não convive sem a criminologia e a política criminal, também esta última não sobrevive sem as anteriores. A crítica desenvolvida ao "funcionalismo" volta-se para essa confusão, e não para o Direito Penal *funcional-utilitarista*.

[650] História das Idéias Penais, cit., loc. cit., p. 56.

[651] Pense-se nos crimes contra o meio ambiente.

[652] P. ex., a criminalização da manipulação genética.

[653] Não seria o caso da moderna criminalização dos "transgênicos"?

[654] Exemplos: art. 74 da Lei nº 8.078/90; art. 1º, parágrafo único da Lei nº 8.137/90; art. 10, § 1º, inc. II, da Lei nº 9.437/97; art. 307 da Lei nº 9.503/97 etc.

[655] Exemplos: art. 2º, inc. V, da Lei nº 8.137/90; art. 12 da Lei nº 6.368/76; art. 10, *caput*, da Lei nº 9.437/97 etc.

[656] Exemplo: art. 2º, inc. II, da Lei nº 9.613/98.

[657] Lembre-se, nesse sentido, a comum utilização, em tipos penais, de expressões como "sabe ou *deveria saber*" (arts. 180, § 1º, e 316, § 1º, ambos do Cp).

[658] Que pensar do moderno conceito de "autoria mediata"? Como é possível, frente a Teoria Geral do Delito, sustentar-se que o dono da empresa responderá como autor da sonegação efetuada pelo contador?

o "mandado de determinação" resta tachado de vetusto e utópico;[659] enfim, a Teoria Geral do Delito, conquista árdua de séculos de história de guerras e abusos, cai por terra frente à moderna criminalidade. Como bem destaca Streck,[660] quando "Caio" e milhares de pessoas sem teto ou sem terra invadem ou ocupam a propriedade de "Tício", ou quando "Caio" participa de uma "quebradeira" de bancos, causando desfalques de bilhões de dólares, os juristas só conseguem "pensar" o problema a partir da ótica forjada do paradigma liberal-individualista de produção do Direito. Conseqüentemente, não se vê mais a sociedade sujeita a conflitos inter-individuais, mas sim transindividuais, e isso acaba redundando numa crise nas práticas jurídicas de nossa doutrina e jurisprudência. A magistratura é treinada para lidar com as diferentes formas de ação, mas não consegue ter um entendimento preciso das estruturas socioeconômicas onde elas são travadas. Há um despreparo técnico para a compreensão dos aspectos substantivos dos pleitos submetidos ao Judiciário, surgindo, pois, dificuldades para interpretar os novos conceitos dos textos legais típicos da sociedade industrial.

Para justificar a quebra de *garantias*, é comum depararmo-nos com afirmações do tipo "os poderosos não necessitam de garantias". Quem assim pensa, esquece-se, todavia, que o Direito Penal é uma ciência eminentemente *dedutiva*, jamais *indutiva*. A moderna mitigação das garantias penais acaba repercutindo não só na "criminalidade organizada", mas, também, na "tradicional criminalidade", no furto, no roubo, no homicídio etc.[661] Um sistema penal só resta justificado se a sua base teórica, da qual toda a sua aplicação será *deduzida*, for unânime para todos os delitos, sob pena de o próprio "estado selvagem", contemplado pelos filósofos contratualistas, ser mais vantajoso que o convívio na sociedade "organizada".[662]

---

[659] Exemplos: art. 13, inc. II, da Lei nº 8.974/95; art. 68 da Lei nº 9.605/98 etc.

[660] Op. cit., p. 33-35.

[661] Pense-se, por exemplo, na Súmula nº 174 do STJ.

[662] Um dos reflexos dessa "moderna criminalidade" revela-se na hipertrofia do *princípio da especialidade* na legislação penal. O surgimento de novos focos de criminalidade incute no legislador a ilusão de que a especialidade da proibição, em detrimento da norma genérica que trataria do mesmo fato, seria dotada de eficácia ao combate do desvio. Esquece-se, contudo, de que "tudo quanto cai sob um mesmo gênero, deve ser medido por uma só unidade, que é a primeira a integrar-se nesse mesmo gênero. Mas se houvesse tantas regras e medidas quantos os casos singulares que se regulam e medem, a regra e medida deixariam de ser úteis, já que estas têm sentido enquanto podem fazer com que muitas coisas se conheçam mediante uma só" (SÃO TOMÁS. *Tratado das Leis*, cit., p. 75). A crescente especialização das normas penais, além de gerar insegurança jurídica, é

um mecanismo incompatível com a *subsidiariedade* do Direito Penal. Vejamos o delito de *apropriação indébita* na legislação brasileira: o CPB faz a previsão genérica desse delito, cominando-o a pena de reclusão, de 1 a 4 anos, e multa (art. 168, *caput*); no art. 11, "a", da Lei nº 4.357/64, a apropriação indébita de imposto de renda descontados pelas fontes pagadoras, com pena idêntica à do CPB; no art. 5º da Lei nº 7.492/86, surge a apropriação indébita de valores percebidos na exploração do sistema financeiro nacional, punida com a pena de reclusão, de 2 a 6 anos, e multa; no art. 2º, inc. II, da Lei nº 8.137/90, temos a apropriação indébita de tributos ou contribuições sociais (menos a contribuição previdenciária), punida com a pena de detenção, de 6 meses a 2 anos [sic], e multa; já no art. 95 da Lei nº 8.212/91, surge a apropriação indébita de contribuições previdenciárias, punida com a pena de reclusão, de 2 a 6 anos [sic], e multa. Tais normas revelam-se, inicialmente, nitidamente lesivas à *acessoriedade* do Direito Penal, posto que todas elas são abrangidas, de uma forma ou de outra, pelo art. 168 do CPB (norma genérica). A intervenção penal mínima repudia toda forma de especialização de normas, posto que os limites sancionatórios do art. 168 permitem, por si só, uma proporcional punição de todas as condutas previstas nos *tipos penais específicos*.

O mesmo pode ser dito em relação ao delito de quadrilha ou bando: no CPB, consta a norma genérica (art. 288), atribuindo uma pena de 1 a 3 anos de reclusão; na Lei nº 2.889/56, tem-se a previsão do mesmo delito, desde que formada a quadrilha para fins de prática de genocidio (art. 2º), punido com a metade da pena prevista para o delito; na Lei nº 6.368/76, o delito de quadrilha ou bando para fins de tráfico ilícito de entorpecentes (art. 14), punido com a pena de reclusão de 3 a 10 anos; na Lei nº 8.072/90, temos o mesmo delito quando destinado à prática de crimes hediondos (art. 8º), punido com a pena de reclusão de 3 a 6 anos.

Para não nos alongarmos muito na análise casuística desse problema, merece destaque, ainda, a maior de todas as incoerências ligadas ao *princípio da especialidade*: trata-se do tratamento dado aos delitos de preconceito de raça ou de cor pela Lei nº 7.716/89, verdadeira "criminalidade por amostragem", nas palavras de Moccia. Temos doze tipos penais distintos (arts. 3º a 14), regulando a mesma conduta, variando, apenas, o local onde se verificou o delito de preconceito: chega-se ao absurdo de punir-se o delito de preconceito praticado em hotel com pena de reclusão de 3 a 5 anos, enquanto que o mesmo delito, se praticado em "casa de massagem" [sic], passa a ser punido com a pena de 1 a 3 anos de reclusão. Bastaria acrescentamos um parágrafo ao art. 146 do CPB, prevendo uma causa de aumento de pena no caso de o constrangimento ilegal dever-se a preconceitos de raça ou cor, para que todos os casos previstos na Lei nº 7.716/89 fossem devidamente enxugados pela norma genérica. Nas palavras de Jescheck: "num sistema com regulação legal completa, há matizes na vinculação que dependem do grau de concreção ou abstração do texto da lei. Inobstante, seria um erro crer que uma lei redigida casuisticamente garantiria a máxima coincidência das resoluções judiciais com o sentido daquela, porque poderia vincular o juiz com a maior força imaginável. É, ao contrário, a redação geral da norma a que vincula a jurisprudência com pleno sentido. O legislador pode consegui-lo destacando os fatores típicos de um grupo de casos. Ao contrário, a casuística, ao conectar com exteriorizações que de modo algum são necessárias em todos os casos merecedores de pena, origina indubitavelmente lacunas que impedem uma decisão correta em casos limites, visto que, com a proibição da analogia, veda-se que o juiz possa completar a lei. O direito vigente segue agora um caminho

É chegada a hora, portanto, de uma nova opção: ou se retorna ao Direito Penal clássico (confirmando, mais uma vez, a evolução espiraliforme da ciência penal), ou se acaba definitivamente com o Direito Penal como instrumento de proteção da sociedade contra a vingança desregrada, incondicional, ilimitada e informal. Como ciência humana que é, não pode o Direito Penal ser aplicado senão a partir de um método *dedutivo-sistemático*, ou seja, de uma Teoria Geral do Delito que, genericamente, tem incidência à maioria das infrações penais concretas. O que não se pode mais admitir é que a estrutura fática do delito, tendo em vista as suas inúmeras particularidades, modifique a tal ponto essa Teoria Geral que a sua própria generalidade seja posta em dúvida. Como bem afirma novamente Hassemer, "ou se renova o equipamento, ou se desiste da esperança de incorporar o Direito Penal na orquestra das soluções dos problemas sociais".[663] Vejamos, nos próximos parágrafos, como a política criminal vem-se postando frente a essa problemática. .

4.4.3.5. A postura da política criminal frente à "moderna criminalidade" e à "criminalidade clássica": as respostas de Hassemer e Silva Sánchez.

Vimos no parágrafo anterior que o Direito Penal moderno depara-se com um conflito de paradigmas: de um lado, a "criminalidade clássica", de estrutura lógico-objetiva, em que o paradigma segue o do Direito Penal clássico, da responsabilidade individual,

---

intermediário, enquanto que, para caracterizar casos especialmente difíceis, serve-se com freqüência dos 'exemplos regrados" (op. cit., p. 115). Portanto, conciliando-se a completa desnecessidade de as leis penais – salvo em alguns casos específicos – especializar a matéria objeto da proteção, com o mandado de determinação dessas mesmas normas, pode-se concluir que os tipos penais incriminadores, por um lado, não podem ser dotados de generalidade exacerbada (pense-se no "são sentimento popular"), porquanto com a nivelação das diferenças materiais podem criar-se *cláusulas gerais* que enfraquecem a função da garantia da lei penal. Mas, por outro, não deve o legislador preocupar-se unicamente em simplificar, senão também em assinalar, mediante específicos conceitos gerais, os elementos distintivos que são determinantes para a delimitação dos tipos penais. Somente através do jogo conjunto de generalização e diferenciação é que cabe assentar as bases para *formar* no Direito Penal os *grupos de tipos* que dão à função da garantia da lei penal a sua importância (*rectius:* necessidade) prática.
[663] Op. cit., loc. cit., p. 56. Elucidativas, nesse aspecto, as palavras de Silva Sánchez: "Pois já proliferam as vozes daqueles que admitem a necessidade de modificar, ao menos em certos casos, as 'regras do jogo'. Nisso influi, sem dúvida, a constatação da limitada capacidade do Direito penal clássico de base liberal (com seus princípios da taxatividade, imputação individual, presunção de inocência etc.) para combater fenômenos da macrocriminalidade" (op. cit., p. 54).

do dano concreto etc.; de outro, a "moderna criminalidade", em que o Direito Penal desenvolve-se a partir de uma estrutura teleológico-valorativa, com paradigma eminentemente *funcional* (responsabilidade coletiva, perigo abstrato, difusão de bens jurídicos etc.).[664] No primeiro, a flexibilização das garantias penais e da responsabilidade penal elevariam os custos da intervenção a patamares inconcebíveis; no segundo, a sujeição a ditas garantias e à responsabilidade individual tornaria a sua incidência ineficaz e ilegítima. Em outras palavras: deparamo-nos com uma criminalidade de "duas velocidades", em que a legitimação do Direito Penal frente a cada uma delas demanda instrumentos diversos de intervenção. O grande problema trava-se, pois, no desenvolvimento de uma adequada política criminal a combater tal dicotomia.

Dentre as diversas respostas dadas a essa situação, merecem destaque as oferecidas por Silva Sánchez ("Direito Penal de duas velocidades") e por Hassemer ("Direito de intervenção").

Para o autor espanhol, o Direito Penal moderno, ao deparar-se com essa dualidade de paradigmas, há de fazer uma opção: ou se promove uma setoralização das regras da Parte Geral do Direito Penal, ou se assume que, devido à poderosa força atrativa da nova criminalidade, também as modalidades clássicas de delinqüência vejam modificadas as regras gerais que até então vinham sendo aplicadas. No primeiro caso, teríamos um "Direito Penal de duas velocidades", ou seja, uma renúncia à teoria do delito como teoria *geral* do ilícito penal; no segundo, uma desativação do sistema geral de regras configurado, com uma mais que óbvia vocação garantista, a partir da constatação da gravidade das conseqüências jurídico penais.[665]

Sobre esse problema, opta o autor pela primeira solução, partindo, inicialmente, daquilo que Palazzo denominou "administrativização do Direito Penal". Com efeito, a diferenciação clássica entre ilícito penal e ilícito administrativo baseava-se no objeto da

---

[664] Aponta Hassemer as características da principal vertente dessa "nova criminalidade", qual seja, o crime organizado: o delito é realizado profissionalmente, por meio de bandos, operando em âmbito internacional, mediante a utilização das modernas tecnologias de comunicação e por meio de consideráveis meios financeiros (Limites del Estado de Derecho para el Combate contra la Criminalidad Organizada. In: *Revista Brasileira de Ciências Criminais*, a. 6, nº 23, jul/set/1998, p. 26).

[665] SILVA SÁNCHEZ, Jesús-María. El Derecho Penal ante la Globalización y la Integración Supranacional. In: *Revista Brasileira de Ciências Criminais*. São Paulo: Revista dos Tribunais, a. 6, n. 24, out/dez/98, p. 71.

tutela: ao primeiro atribuía-se o caráter de lesão eticamente reprovável de um bem jurídico, enquanto que ao segundo, um mero ato de desobediência ético-valorativamente neutro.[666] Posteriormente, foi consolidando-se como doutrina amplamente dominante a tese da diferenciação meramente quantitativa entre ilícito penal e ilícito administrativo, sendo característico deste último um menor conteúdo de injusto.[667] Sobre isso, manifesta-se Silva Sánchez da seguinte forma: "o decisivo na referida diferenciação não é (só) a configuração do injusto, senão os critérios de imputação desse injusto e as garantias de diverso signo (formais e materiais) que rodeiam a imposição de sanções a este. Nesse sentido, é evidente que o submetimento a um juiz é a única diferença qualitativa, como o é a impossibilidade de a Administração impor sanções privativas de liberdade. Tais garantias especiais que rodeiam o penal, e que têm a ver com a repercussão comunicativo-simbólica da afirmação de que decorre uma 'infração penal', melhor abonam a idéia de que procede introduzir uma perspectiva de diferenciação qualitativa que há de ter reflexo na forma de entender a lesividade de uma e outra classe de infração e nos critérios utilizados para sua imputação.(...) Assim, o primeiro [Direito penal] persegue proteger bens concretos em casos concretos, e segue critérios de lesividade e periculosidade concreta e de imputação individual de um injusto próprio. O segundo [Direito administrativo] persegue ordenar, de modo geral, setores de atividade (reforçar, mediante sanções, um determinado modelo de gestão setorial). Por isso, não tem por que seguir critérios de lesividade ou periculosidade concreta, senão de afetação geral, estatística; assim mesmo, não tem por que ser tão estrito na imputação, e nem sequer na persecução (regida por critérios de oportunidade, e não de legalidade)".[668]

Essa diferença, segundo o mesmo autor, percebe-se nos seguintes exemplos: a) na infração de trânsito relativa à condução de veículo automotor em estado de embriaguez (0,5 mg/litro de sangue, no Direito espanhol; 0,8mg/l, no brasileiro), a sanção administrativa justifica-se a partir do aspecto estatístico, ou seja, que o perigo surgiria efetivamente se a grande maioria das pessoas

---

[666] Nesse sentido: GOLDSCHMIDT. *Das Verwaltungsstrafrecht*, Berlin, 1902, p. 539 e segs., 548, 576; SCHMIDT, Eberhardt. *Das neuve westdeutsche Wirtschaftsstrafrecht*, Tübingenm 1950, p. 20 e segs., *apud*, para ambos: SILVA SÁNCHEZ, Jesús-María. *La Expansión*, cit., p. 101.

[667] Nesse sentido: WELZEL, Hans. *Derecho Penal Alemán*, cit., § 1º.

[668] Op. cit., p. 102-103.

circularia nessas condições, apesar de aquele motorista flagrado não causar perigo algum; b) uma só sonegação fiscal, ainda que vultosa, não põe em perigo o bem jurídico protegido, mas sim, somente, a pluralidade de condutas semelhantes. O que justifica a sanção não é a sonegação individual, mas sim a sua cumulação, sua globalização; c) o despejo de detritos no meio ambiente, por uma só pessoa jurídica, em algumas situações, não causa uma efetiva lesão ao bem protegido, mas o somatório de condutas idênticas, sim; d) uma quantidade ínfima de entorpecentes não possui a potencialidade de colocar em risco a saúde pública etc.[669]

Partindo dessa diferenciação, nota Silva Sánchez que o Direito Penal moderno vem-se ocupando de matérias que, quando muito, diriam respeito ao Direito Administrativo, e a isso é que se dá o nome de "administrativização do Direito Penal". Daí é que surgem os *kumulationsdelikte* (delitos de acumulação), cuja relevância penal assenta-se na adoção de uma perspectiva aparentemente alheia ao modo de pensar do penalista: "O que ocorreria se todos fizessem a mesma coisa?", indagam os atuais dogmáticos, posto que as condutas individualmente consideradas não demonstram um *risco relevante.*

Sobre tal problemática, visualiza Silva Sánchez muito mais uma questão de relacionamento entre a sanção prevista e as garantias a serem observadas do que, propriamente, do ramo do Direito que deve tutelar o ilícito, ou seja, o problema não é tanto de expansão do Direito Penal em geral, mas sim, especificamente, da expansão das penas privativas de liberdade. Nesse sentido, a mitigação das garantias e da responsabilidade penais poderia explicar-se e legitimar-se face à "criminalidade moderna" sempre que a sanção prevista fosse pecuniária, privativa de direitos ou até mesmo de "reparação penal", mas, jamais, frente a penas privativas de liberdade. A solução radica-se, pois, em se admitir a perda de rigor das garantias, dentro do próprio Direito Penal, sempre que o modelo sancionatório não se baseie em penas privativas de liberdade. Assim – continua o mesmo autor –, não haveria nenhuma dificuldade em se admitir esse modelo de menor intensidade garantista *dentro* do Direito Penal, *sempre que as sanções previstas para o ilícito não fossem privativas de liberdade.* Contudo, sempre que ilícitos "administrativos" fossem sancionados pelo Direito Penal com penas privativas de liberdade, aí sim impossível seria a abdicação de determinadas garantias. Como destaca Silva Sánchez:

---

[669] Id., ibid., p. 105-107.

"os delitos – muito especialmente os sócio-econômicos – em que se manifesta tal expansão, seguem sendo, pelo contrário, delitos sancionados com penas privativas de liberdade, em ocasiões de duração importante. De modo que, se temos de atentar para a intensidade da sanção, não há outro modo de evitar-se a conclusão de que tais delitos devem integrar-se no núcleo do Direito Penal, com as máxima garantias e as mais rigorosas regras de imputação".[670]

Tal solução comporta duas vertentes: uma de *política criminal externa* e outra de *política criminal interna*. Pela primeira, recomenda-se a utilização da intervenção penal no combate à "moderna criminalidade", mitigando-se as garantias penais, desde que a sanção cominada não seja privativa de liberdade. Pela segunda (e nisso revela-se o seu repúdio à *funcionalização* do Direito Penal), a eleição da pena privativa de liberdade como a correta sanção prevista para o combate à "moderna criminalidade" faz com que a observância das garantias penais clássicas (responsabilidade individual, dolo/culpa, lesividade concreta etc.) seja um parâmetro inarredável de legitimação. Ao conflito entre um Direito Penal amplo e flexível e um Direito Penal Mínimo e rígido deve ser dada uma resposta intermediária, posto que não parece que a sociedade atual esteja disposta a admitir um Direito Penal orientado ao paradigma do "Direito Penal Mínimo", mas isso não significa que a situação nos leve a um modelo de Direito Penal Máximo. A função racionalizadora do Estado sobre a demanda social de punição pode dar lugar a um produto que resulte, por um lado, funcional, e, por outro, suficientemente garantista. Assim, trata-se de salvaguardar o modelo clássico de imputação e princípios para o núcleo rígido dos delitos que têm assinalada uma pena privativa de liberdade, e, além disso, de admitir-se a flexibilização controlada dessas regras de imputação (responsabilidade penal das pessoas jurídicas, unificação entre autoria e participação, ampliação de delitos comissivos por omissão e da vencibilidade do erro de proibição etc.) e dos princípios político-criminais (a taxatividade, a lesividade, a culpabilidade etc.) sempre que o Direito Penal não se valesse das penas "corporais". A isso dá-se o nome de um *"Direito penal de duas velocidades"*, ou seja, um Direito Penal Máximo e flexível, dirigido à "moderna criminalidade", sempre que a sanção prevista fosse restritiva de direitos ou pecuniária, e um Direito Penal Mínimo e rígido, para a "criminalidade tradicional", sempre que a sanção eleita seja a privativa de liberdade.

---

[670] Op. cit., p. 121.

Diversa é a solução apontada por Hassemer. Acerca do problema da postura da política criminal frente a "criminalidade de massa" e a "moderna criminalidade", relata o professor da Universidade de Frankfurt que, no futuro, teremos uma espécie de "Direito interventivo", localizado na fronteira entre o Direito Administrativo, o Direito Penal e a responsabilidade civil por atos ilícitos. Isso porque o Direito Penal deve manter os laços com as mudanças sociais, até porque sua existência condiciona-se ao seu contato com a realidade, sem, contudo, que *topois* mínimos deixem de ser observados. Entre essas bases mínimas inclui-se com destaque a difusão da atitude de ver as garantias penais e processuais penais do Estado de Direito não como relíquias de um formalismo ultrapassado, e sim como requisitos de legitimação do Direito Penal. Penas sem responsabilidade individual, cominações de penas sem um bem jurídico palpável, conseqüências penais sem um padrão de proporcionalidade normativo e condenações sem autênticos direitos do condenado, são vedações existentes em qualquer Direito Penal, independentemente das exigências da modernização. Assim, "O sistema do Direito Penal precisa evitar equívocos e empulhações na teoria e na prática. O Direito Penal moderno é afeiçoado a colher frutos da fachada empírica sem querer arcar com os custos respectivos: quer ser instrumento de efetiva solução de problemas, mas não admite ser questionado em sua eficiência. Em presença do maciço e notório 'déficit de execução' que se observa nos campos mais modernos do Direito Penal, como drogas, sistema econômico e ecologia, resta sempre o perigo de uma eficiência puramente aparente e, portanto, simbólica. É dever das ciências penais observar e apontar se e onde a moderna política criminal ainda é praticada para tutelar sólidos bens jurídicos, em vez de apenas difundir simbolicamente a promessa da eficácia. Por fim, é dever das ciências penais refletir sobre alternativas ao Direito Penal. Não é de maneira alguma pacífico – aliás, não é nem sequer discutido abertamente – que os problemas de uma sociedade moderna poderiam ser eliminados pelo Direito Penal, nem mesmo se ele se ajustasse às exigências da mudança social do modo aqui exposto. É certo que o Direito Penal tradicional continuará sempre tendo com o que se ocupar: com roubo, com corrupção, estupro. Aqui, não vejo ensejo de se falar em 'modernização'. Nesse campo nuclear do Direito Penal, é preciso continuar procedendo com seriedade, exatidão e prudência, caso contrário, os Direitos Fundamentais dos protagonistas do conflito não serão devidamente salvaguardados.

Refiro-me, uma vez mais, à responsabilidade individual, à proporcionalidade da sanção e às garantias processuais".[671]

Cuida-se, pois, de uma postura conservadora do Direito Penal à "moderna criminalidade". Na visão do mestre alemão, a estrutura desses novos delitos é de toda incompatível com a missão e os limites do Direito Penal humanitário, posto que demanda uma prevenção anterior ao próprio início do delito. Um funcionalismo corrupto, por exemplo, há de ser combatido antes mesmo de ele se instalar, mas, nesse campo, os bens e direitos protegidos passam a ser universais. A isso propõe-se um *"Direito de intervenção"*, um Direito onde os direitos coletivos são muito mais importantes que os direitos individuais. É importante que os direitos da coletividade, do funcionalismo, da justiça, da bolsa, dos subsídios, do mercado de capitais, estejam no centro dessa área do Direito, e esse "Direito de intervenção" pode ser orientado pelo mercado, algo que no Direito Penal não cabe.[672]

4.4.3.6. *Uma proposta para a conciliação entre a política criminal moderna e o princípio da legalidade material*

O Direito Penal é um mal que há de ser justificado. Partindo-se dessa premissa básica, pode-se agregar ao Direito Penal, inicialmente, uma função eminentemente *utilitarista*, vale dizer, uma missão de adequação útil de sua normatividade aos acontecimentos sociais próprios da evolução humana. É correto afirmarmos que o Direito Penal deve evoluir com a sociedade – até porque é ele mesmo o fruto de um necessário convívio social –, mas isso não significa, desde já, que a sua intervenção não encontre limites frente a essa dinâmica. Tais limites serão sempre ditados pelo custo-benefício da repressão penal, podendo o resultado dessa relação ser obtido por respostas tanto de legitimação externa quando de legitimação interna do ordenamento jurídico.

No plano ideológico, o melhor caminho a ser seguido pela *política criminal externa*, sem dúvida, é o apontado por Hassemer no parágrafo anterior. Com efeito, o Direito deve reagir frente à "moderna criminalidade", até porque a sociedade concebe o ordenamento jurídico, sempre, como uma fonte de segurança no convívio social, de modo que o seu descrédito redundará na contaminação de todo o sistema. Nesse sentido, é incontestável que a prevenção dos

---

[671] História das Idéias Penais na Alemanha do Pós-guerra, loc. cit., p. 58-59.
[672] Perspectivas de uma Moderna Política Criminal, loc. cit., p. 96.

modernos *riscos não-tolerados*, próprios das sociedades pós-industriais, somente poderá ser desenvolvida mediante o atropelo de conceitos como os de *taxatividade, formalidade, lesividade* e *culpabilidade*, sob pena de o próprio sistema tornar-se meramente "simbólico". Mas, além disso, também há de ser reputado incontestável que, mesmo com tal atropelo, ainda assim tais riscos jamais serão eficazmente combatidos quando tal prevenção seja levada a cabo exclusivamente pelo ordenamento jurídico, e aqui também teremos um controle meramente "simbólico" da perturbação social, cuja eficácia presta-se, apenas, para saciar o clamor social decorrente dos modernos desvios, mas não, propriamente, para o combate efetivo destes. Deve-se atentar para o fato de que a ganância simbólica custa caro e se paga com a perda da credibilidade no Direito Penal, ante a frustração das expectativas dos cidadãos. Portanto, ao Direito Penal deve ser agregado o caráter de "simbólico" frente a essa "moderna criminalidade" não só quando a intervenção penal desenvolve-se em detrimento das garantias penais individuais, mas, também, quando a não-lesão dessas garantias individuais não se faça acompanhar da prestação de garantias sociais.

Chega-se, portanto, a um inicial impasse: a prevenção da "moderna criminalidade" é incompatível com o *princípio da legalidade material*, posto que o aumento e a agravação dos instrumentos jurídicos de combate[673] estão dirigidos contra o "crime organizado", e não contra a "criminalidade tradicional". A demanda social moderna, conhecida como "tolerância zero" frente aos novos desvios, obriga-nos a optar ou pela busca de novos mecanismos eficazes de prevenção, ou pela quebra do *princípio da legalidade material*, embora sendo notória a ineficácia desse sacrifício. Uma vez admitindo-se que a tradicional Teoria Geral do Delito não comporta em seu bojo, de um modo geral, conceitos como os de "lavagem de dinheiro", "crimes ambientais", "manipulação genética", "delitos de circulação" etc. (e, aqui, Hassemer e Silva Sánchez são concordes), há que se optar ou pela quebra do sistema (surgindo, pois, um "Direito Penal de duas velocidades") ou pela remessa de tais problemas a outros ramos do Direito ("Direito de intervenção").

Cremos conveniente a segunda saída, senão vejamos.

---

[673] Tais como: aumento dos marcos penais, criminalização em âmbitos anteriores à comissão dos fatos, novos tipos penais, limitação da presunção de inocência, do princípio da proporcionalidade e dos direitos fundamentais (p. ex., liberdade de informação, inviolabilidade do domicílio, segredo das comunicações, propriedade etc.). Nesse sentido: HASSEMER, Winfried. Limites del Estado de Derecho para el Combate contra la Criminalidad Organizada, loc. cit., p. 25.

Ao contrário dos demais ramos do Direito, o Direito Penal é o único que detém a possibilidade de restringir a liberdade do indivíduo, e essa é a sua diferença com as demais áreas, apesar de, por vezes, as sanções penais e extrapenais confundirem-se em determinadas situações (lembre-se, *v.g.*, na perda do cargo público em virtude da prática do ilícito). Além disso, cremos também incontestável a eficácia que o Direito Penal possui de "comunicação social", de estigmatização do infrator: basta lembrar que, para muitos, é até motivo de orgulho dizer-se multado em razão de uma grave infração de trânsito, o mesmo não ocorrendo quando tal infração transmude-se em delito. Isso revela, pois, que a qualidade dos bens jurídicos que devem ser protegidos, bem como a periculosidade dos instrumentos de que se pode utilizar nessa proteção, colocam o Direito Penal numa relação especial, não só em relação aos direitos fundamentais dos intervenientes no conflito social,[674] mas, também, no que tange aos direitos fundamentais dos alheios ao conflito, mas que, em razão da amplitude da norma, restam por ela permanentemente ameaçados.

Poder-se-ia pensar, com base nisso, que este seria justamente o fator justificante de um "Direito Penal de duas velocidades", já que a preconizada estigmatização poderia ser um mecanismo eficaz de prevenção dirigido ao "moderno criminoso". O argumento, contudo, é falacioso. Pode-se objetar, em primeiro lugar, que tal estigmatização não inibe, e jamais inibirá, a prática de delitos, bastando, para tanto, uma rápida lembrança do acentuado aumento da criminalidade organizada; tal crítica, contudo, pecaria por vício metodológico.

O verdadeiro impedimento reside, em nosso entendimento, na imprecisão dos limites estabelecidos entre a "moderna criminalidade" e a "criminalidade de massa". Não poucas vezes, p. ex., o autor intelectual da sonegação fiscal, ou da "lavagem" de dinheiro, vale-se de subalternos que atuam sem consciência da ilicitude, e, ademais, movidos por necessidades econômico-sociais próprias. Nesse caso, estaríamos aplicando a mesma carga do Direito Penal anti-garantista a sujeitos ativos que se colocam em pólos extremos frente ao problema da responsabilidade penal subjetiva. Dito de outra forma: a quebra das garantias penais para a criminalidade "pós-industrial" acabaria estigmatizando não só aquele que a mereceria (embora não muito se importe com isso), como, também, todos os demais que se apresentam como fruto das condições político-so-

---

[674] Nesse sentido: HASSEMER, Winfried. *Crítica al Derecho Penal de Hoy*, cit., p. 20.

ciais de nosso país. Haveria, pois, uma contaminação do Direito Penal "de massa" pelo Direito Penal "moderno".[675]

Não bastasse isso, também no plano da *legitimação interna* a "moderna criminalidade" revela-se incompatível com o Direito Penal. Basta lembrar que a nossa Constituição Federal de 1988 estabeleceu diversos princípios (expressos e implícitos) em matéria penal, que longe estão de harmonizarem-se à figura da "moderna criminalidade" (humanidade, culpabilidade, lesividade, proporcionalidade, legalidade, devido processo legal, presunção de inocência etc.). Nesse caso, a quebra de garantias penais individuais iria de encontro não só à *política criminal externa*, mas, também, à *política criminal interna*. A melhor solução – embora, por si só, jamais será totalmente eficaz – é a eleição de um "Direito de intervenção" – um instrumento ainda a ser criado – como o melhor caminho ao combate a essa criminalidade. Esse mecanismo poderia recair, inclusive, sobre uma ampliação do Direito Administrativo, considerando-se a sua função explicitada pelo próprio Silva Sánchez: reforçar, mediante sanções não-privativas de liberdade, a ordinária gestão da Administração, recaindo o interesse de sua tutela, pois, na globalidade do modelo, e não na lesividade da conduta singular. É admissível que o Direito Administrativo preveja sanções pecuniárias e privativas de direitos a condutas que apenas abstratamente podem ser consideradas perigosas; da mesma forma, admite ele mecanismos de todo incompatíveis com o Direito Penal garantista, tais como: antecipação de tutela, imputação objetiva, responsabilidade difusa, poder geral de cautela etc. Bastaria, apenas, submetermos a instrumentalização de tais medidas ao crivo do Poder Judiciário para que o "procedimento administrativo judicializado" revelasse-se muito mais eficaz que o processo penal. Pense-se num crime ambiental: uma lesão de grande porte ao meio ambiente jamais poderia autorizar que a sanção pecuniária e a recuperação do ambiente degradado fossem aplicadas logo ao início da ação penal, posto que isso esbarraria no princípio da presunção de inocência; num processo administrativo, isso seria possível. O mesmo se pode afirmar em relação a crimes de sonegação fiscal e contra o sistema financeiro: a "globalização" do dano que tais condutas podem gerar demandam uma resposta eficaz e pronta de parte do Estado, ainda

---

[675] Tal circunstância já é notada modernamente. Basta recordarmos a Súmula 231 do STJ e dos entendimentos jurisprudenciais acerca da possibilidade de uma "garrafa" e de uma "arma de brinquedo" serem consideradas "arma" para fins de aumento da pena do furto e do roubo.

que, ao final do procedimento, reste verificada a não-imputabilidade da lesão ao agente processado.

A esse *tertium genus* material e procedimental poderia ser dada a exclusiva missão beccariana da máxima felicidade da maioria; a esse tipo de Direito poder-se-ia agregar a característica da *Magna Charta da sociedade*; nesse tipo de infração estaria autorizado o máximo rigor da intervenção estatal; em suma: aqui, sim, poderíamos admitir figuras delitivas contrárias ao *princípio da legalidade penal*. Trata-se de uma espécie de "ferradura" a qual se acharia envolvida a sociedade, que, por certo, até poderia ser transposta, mas que, sempre que isso se verificasse, reagiria mediante a escolha da arma mais correta e eficaz contra a agressão do "inimigo". Esta, contudo, jamais poderia ser a pena privativa de liberdade. O custo dessa sanção é tão elevado que somente um Direito dotado de *ultima ratio* poderia justificar a covardia da utilização de tamanho recurso contra um adversário que, além de ser fruto de nossa própria criação, pode ser tolhido com um instrumento menos lesivo. À utilização da pena privativa de liberdade sempre se seguirá o princípio da máxima felicidade da maioria, mas, também, do mínimo sofrimento da minoria; à *Magna Charta da sociedade*, a limitação da *Magna Charta do delinqüente*; à intervenção estatal, o *princípio da legalidade material*.

É irrefutável a conclusão de Hassemer no sentido de que o Direito Penal se legitima precisamente na medida em que *formaliza* o controle social. Possui em comum, com os demais meios de controle (educação, sanitariedade, família, economia etc.), o fato de conter os mesmos três elementos de todo o controle social: norma, sanção e processo. Contudo, o Direito Penal deve manejar esses elementos de modo que, na medida do possível, proteja os direitos fundamentais de todos aqueles que tenham participado dos casos mais graves de desviação. Essa *formalização* significa, por um lado, transparência e clareza (e, com isso, possibilidade de controle) dos instrumentos jurídicos penais, e, por outro, a observância de determinados princípios valorativos.[676] A desformalização do Direito Penal significa não só a perda da sua eficácia limitadora do poder como, ademais, a sobreposição dos interesses estatais em relação aos individuais; numa visão contratualista do Estado, não é o indivíduo quem resta funcionalizado por este, mas sim o Estado quem se funcionaliza em benefício dos indivíduos.

[676] HASSEMER, Winfried. *Persona*, cit., p. 31.

O grande problema, contudo, verifica-se com a moderna obsessão social pela pena privativa de liberdade: ao sonegador, cadeia; ao estelionatário, cadeia; ao "colarinho branco", cadeia; ao usuário de droga, cadeia; ao traficante, cadeia; ao motorista, cadeia; ao comerciante, cadeia; ao empresário, cadeia. Bastaria defrontarmos esses que assim pensam com a socrática pergunta, "por quê?", para que a resposta oferecida jamais fosse dotada de coerência. Se toda intervenção estatal sancionatória tem por finalidade proteger futuras lesões, seremos obrigados a entender que a melhor punição dessas pessoas desencadeia-se com a supressão dos instrumentos de que se valem para a reiteração de suas condutas delituosas. De que adianta "prendermos" o sonegador, o traficante e o empresário se os danos que estes causaram podem ainda ser repetidos à mingua da pena privativa de liberdade? Deve-se punir com rigor tais pessoas, mas de forma eficaz: ao sonegador, expropriem-se imediatamente os seus bens; ao empresário, a sua empresa; ao traficante, desmantele-se o seu cartel, fazendo com que aos seus integrantes seja proporcionada a experiência da vida digna no meio social. Tais recursos, por certo, fogem à seara do Direito Penal garantista.

De nada vale objetar, nesse sentido, que a "sociedade atual não parece estar disposta a admitir um Direito penal orientado ao paradigma do 'Direito Penal mínimo".[677] Tal opinião social tem prevalecido porque a essa mesma sociedade ninguém, jamais, apresentou um programa correto e eficaz de política criminal. A sociedade não conhece outros recursos de combate à "moderna criminalidade" que não a pena privativa de liberdade, até porque o delinqüente só é objeto de notícia (e, como tal, de satisfação social) quando recolhido à prisão, e não também quando recuperado ao convívio social. Que diria um cidadão comum que visse o grande sonegador ou o grande traficante sem a sua empresa ou o seu cartel, tendo de começar a sua vida "do zero"? Será que uma sociedade devidamente instruída pela política criminal – e aqui, a aproximação do Poder Judiciário à realidade social é fundamental – continuaria pensando que a "cadeia" seria a melhor solução para os "modernos" criminosos? Claro, é bastante cômodo afirmarmos que tais medidas são, inicialmente, desvaloradas democraticamente, mas a tarefa do cientista penal – e também do administrador, do político e do operador do Direito – é, justamente, essa: mostrar à sociedade que outros caminhos existem na prevenção dos delitos.

---

[677] Cf. SILVA SÁNCHEZ, Jesús-María. Op. cit., p. 125.

Disso não resulta, contudo, a conclusão de que a tal Direito Administrativo sancionatório fosse dado o poder de regular condutas ao seu bel prazer. Também aqui seriam atribuídas garantias formais e substanciais, menos rigorosas e amplas que as do Direito Penal, mas, por certo, existentes. O objeto do presente trabalho nos impede de aprofundarmos aqui a questão, mas, desde já, pode-se perceber que o seu limite seriam os próprios direitos sociais elencados explícita ou implicitamente na Constituição. Com efeito, o custo de toda intervenção estatal sempre há de restar justificado. Escalonando-se tais custos, poder-se-ia facilmente perceber que seriam eles menores (apesar de a prevenção ser mais cara) sempre que o Estado proporcionasse o asseguramento de um direito social (antes de punir-se um furto, dê-se emprego e educação ao ladrão). Sendo ineficaz o asseguramento do direito social, ai sim estaria autorizado o Estado a valer-se do direito sancionador, ou por meio desse Direito Administrativo "antigarantista", ou por meio, em último caso, do Direito Penal garantista. Nas palavras de Hassemer, "Dever-se-ia distinguir entre prevenção normativa e prevenção técnica, sendo que esta última deveria ser construída a fim de descarregar e aliviar a primeira. Realizamos o combate da criminalidade organizada até agora quase que exclusivamente por meio da prevenção normativa: por meio do atropelo de direitos e pela ampliação das faculdades para os ataques do Estado. Há, também, uma prevenção técnica, que atribui ao delito obstáculos de ordem fática, organizatória e econômica, os quais, em todo caso, descarregam e, em parte, substituem a prevenção normativa. Requer esse tipo de prevenção, desde logo, fantasia, e não é tão barata de obter como as simples agravações normativas".[678]

Em suma: à "moderna criminalidade" deve ser oposto um limite interventivo estribado harmonicamente em três premissas básicas de política criminal: Direito Social Máximo, Direito Administrativo Médio e Direito Penal Mínimo. O primeiro está isento de limites; o segundo está limitado imediatamente pelo primeiro e mediatamente pelo terceiro; o terceiro, imediatamente pelo primeiro e mediatamente pelo segundo. Uma política criminal humanitária determina que todo *risco social* seja combatido, inicialmente, com obrigações positivas de parte do Estado (saúde, trabalho, educação, sanitariedade etc.). Sendo elas insuficientes, poderá o Estado intervir mediante o uso de um Direito Administrativo, sancionador ou não. Só no caso de as duas medidas anteriores não se revelarem

---

[678] Limites del Estado de Derecho, loc. cit., p. 27.

efetivas é que estará autorizado o uso do Direito Penal, dês que respeitadas as garantias fundamentais do cidadão. Em qualquer caso, seja pelo "Direito interventivo", seja pelo Direito Penal, não deve o Estado valer-se de métodos criminosos de combate à criminalidade, já que estaria, a longo prazo, colocando em risco a própria confiança do povo no sistema jurídico. Com efeito, o Estado necessita de uma superioridade moral frente o delito, e não de reações inusitadas e emotivas (tais como a tortura, a exasperação de penas, a quebra da presunção de inocência, a violação da propriedade etc.), que, ao serem concretizadas, mais aproximam o povo da imoralidade do que o criminoso da virtuosidade.

4.4.4. As funções do princípio da legalidade

Em matéria penal, funciona o *princípio da legalidade* como aquela "norma-chave" do *sistema constitucional-penal*, no sentido de que sua normatividade é a responsável por toda a estrutura da qual será *deduzido* o Direito Penal brasileiro. Isso porque o *princípio da legalidade*, como princípio constitucional que é, comporta, na lição de Boulanger,[679] uma série indefinida de aplicações, ao contrário das regras (tipos penais), que contemplam somente atos ou fatos, ou seja, situações jurídicas determinadas.

Este mesmo *princípio da legalidade*, contudo, não possui a eficácia outrora imaginada. Não se deve esperar que a *reserva legal* detenha um poder garantidor absoluto do cidadão contra o abuso estatal, visto que a incerteza das "condições semânticas de sentido" (Warat) proporcionadas pela linguagem em geral somente podem se transmudar em "condições retóricas de sentido" (idem), com um grau razoavelmente seguro, mediante o desenvolvimento de um *método próprio da ciência penal*. A lei, em sentido formal e material, possui um grau bastante elevado de variação lingüística que embebeda o intérprete com um poder argumentativo acentuado.

O mínimo que se pode esperar, entretanto, é que esse mesmo intérprete atue sem descurar de que este *método* próprio do direito penal, uma vez conjugado ao Estado Democrático de Direito, redunda na limitação *ideológica* das possibilidades argumentativas e (re)definitórias durante a produção do discurso. Embora o sentido *ontológico* da linguagem seja eminentemente persuasivo, isso não isenta o hermeneuta (Estado, em todas as suas variações) de atuar,

---

[679] BOULANGER, Jean. Principes Généraux du Droit et Droit Positif. In: *Le Dorit Privé Français au Mileu du Xxe. Siècle, Études offertes à Georges Ripert*, t. I, Paris, 1950, p. 51, *apud* BONAVIDES, Paulo. Op. cit., p. 239-240.

caso pretenda considerar-se legitimado constitucionalmente, em consonância com alguns pressupostos metodológicos e ideológicos de argumentação, e esta é, em meu ver, a primordial função do princípio da legalidade no Estado Democrático de Direito: *vincular o método e a ideologia do e no Direito Penal brasileiro*. Como bem assinala Rosa Maria Cardoso da Cunha, "o princípio da legalidade não cumpre as funções que expressamente o pensamento dogmático lhe assinala: antes, desempenha uma função retórica que orienta a interpretação, a aplicação e a argumentação referida à lei penal. A seu modo, portanto, cumpre o princípio da legalidade uma função sistemática, metodológica e política".[680]

Quanto a esta última função, decorre do princípio da legalidade a obrigação de que ao aplicador do Direito Penal não será dada a possibilidade de afastar-se (ainda que tal vínculo seja um tanto quanto precário) de garantias próprias de nosso regime político, ainda que não concorde com elas. Assim, p. ex., ver-se-á obrigado a conviver argumentativamente com a vedação da analogia *in mallam partem*, o *in dubio pro reo*, a presunção de inocência, a irretroatividade da lei penal agravatória etc. Isso fará dele, querendo ou não, um "operador democrata de direito penal".

Conjugando-se esse fundamento retórico-funcional, teremos, substancialmente, as seguintes atribuições do *princípio da legalidade*:

a) *integração do ordenamento jurídico*: missão já percebida pelo positivismo jurídico, funciona o *princípio da legalidade* como mecanismo retórico de superação de *lacunas* e *antinomias* no ordenamento jurídico, ou seja, como *instrumento argumentativo de coerência e de plenitude do sistema constitucional-penal*.[681] Aqui, sua função é subsidiária, posto que destinada, em virtude da inafastabilidade da *reserva de lei* e da *secularização do Direito*, somente à adequação dessas *lacunas* ou *antinomias* ao asseguramento dos *direitos sociais*, ou à ampliação dos *direitos de liberdade*. Pense-se, por exemplo, nas

---

[680] *O Caráter Retórico do Princípio da Legalidade*, cit., p. 128.

[681] Pondera Ferrajoli que "devido à possível *incoerência* provocada por normas inválidas contraditórias com proibições impostas por normas superiores à esfera do decidível ou, ao contrário, devido à possível *falta de plenitude*, provocada pela não-produção de normas ou decisões impostas à mesma esfera. São estes os dois possíveis vícios do ordenamento: as *antinomias* e as *lacunas*, determinadas respectivamente, em virtude de sua diversa estrutura, pelos *direitos de liberdade*, que consistem em *expectativas negativas* a que correspondem limites negativos, e pelos *direitos sociais*, que, pelo contrário, consistem em *expectativas positivas* a que correspondem vínculos positivos para ao poderes públicos" (O Direito como sistema de garantias, loc. cit., p. 99).

noções de *analogia in bonam partem* e na autorização de reconhecimento de justificantes não previstas em lei (inexigibilidade de conduta diversa fora dos casos arrolados no art. 22 do CPB).

b) *interpretação do ordenamento jurídico:* considerando-se que o Direito Penal é o mecanismo de intervenção estatal que, uma vez incidente, mais suprime *direitos fundamentais* (principalmente a *liberdade*), atua o *princípio da legalidade* como mecanismo de *segurança jurídica* que, por um lado, determina ao legislador o *mandado de certeza*, e, ao juiz, a *interpretação restritiva de tipos penais incriminadores*, ou seja, uma interpretação constitucional do Direito Penal.

c) *limitação da intervenção penal:* enquanto as duas funções anteriores já haviam sido notadas inclusive à época do positivismo jurídico, a função limitativa, ao contrário, somente em parte destacava-se. Com efeito, dada a confusão entre *vigência* e *validade*, o máximo que se reconhecia era a limitação *formal* da lei penal, ou seja, a vinculação do procedimento de produção legiferante. Agora, sob a égide do Estado Democrático de Direito, passa o *princípio da legalidade*, principalmente em sua conotação *material*, a exercer um papel fundamental à democracia: vincular substancialmente não só a aplicação da lei, mas também (e com maior ênfase, posto que se trata da atividade penal mais difícil de ser limitada) o processo legislativo em matéria penal, de modo que ao legislador seja determinada, por um lado, a observância de *direitos fundamentais* que se satisfazem com o *ideal de segurança jurídica*, e, por outro, a observância de *direitos fundamentais* que somente são passíveis de mitigação frente à *necessidade* da proibição, da pena e do processo.

d) *fundamentar a ordem jurídico-penal:* de todas as funções do *princípio da legalidade*, cremos que essa é, além de a mais moderna, a mais relevante para o Direito Penal. Com ela, percebe-se que os valores a serem tutelados com a intervenção penal não dizem respeito ao Estado, mas sim, em primeiro plano, ao benefício individual e social. No Estado Democrático de Direito, todo o processo de intervenção penal (administrativo, judicial e legislativo) deve voltar-se para os objetivos elencados no art. 3º da CRFB/88, e isso determina que um Estado Democrático de Direito deve proteger o indivíduo não só *mediante* o Direito Penal, mas, ademais, *do* Direito Penal. Conseqüentemente, o *utilitarismo penal-democrático* volta-se não só para a máxima felicidade possível da sociedade não-desviada, senão também para o mínimo sofrimento possível da sociedade desviada. Ao Código Penal deve ser dado o adjetivo da *Magna Carta do delinqüente e da sociedade*, no sentido de que o custo da intervenção justifique-se de tal forma que os danos oriundos da lesão a um *direito fundamental* sejam menores do que os danos porventura produzidos caso a intervenção estatal não se verificasse, ou, pelo menos, ocorresse por meio de mecanismos não-penais. Tal fundamento há de ser observado por toda a ciência penal – criminologia, dogmática e, principalmente, política criminal –, sob pena de restar ela não só deslegitimada externamente como, também, internamente. Caso isso não aconteça, entra em ação o terceiro fundamento (limitação da intervenção penal), que autoriza o Poder Judiciário a, valendo-se do *princípio da legalidade* nos moldes aqui desenvolvidos, *declarar* a inconstitucionalidade da intervenção penal contrária aos fundamentos do Direito Penal Democrático.

Considerações finais

Deparamo-nos, já no século XXI, com uma desenfreada evolução da humanidade: a medicina, em busca de uma suposta melhoria da qualidade de vida do homem, avança na busca da cura para as mais variadas doenças, fazendo uso de mecanismos – principalmente a genética – que estão bem próximos de mudar as próprias "regras da natureza"; a economia faz tábua rasa das fronteiras geográficas mundiais, alcançando níveis de unificação capazes de colocar em risco a própria soberania interna dos países; a política vê-se obrigada a uma inevitável integração mundial, fazendo com que os interesses de outras nações, em alguns casos, choquem-se e, até mesmo, sobreponham-se aos interesses internos de cada país; a informática, ao tornar possível a "plugagem" de computadores a uma rede mundial comum, abrevia a história, possibilitando a busca instantânea de informações e de contatos entre todos os usuários da internet; conseqüentemente, a própria sociologia submete-se ao estudo dos mais diversos contrastes sociais decorrentes de toda essa evolução.

Com o Direito não é diferente. Os avanços científicos, tecnológicos, políticos, econômicos e sociais obrigam a ciência jurídica a um posicionamento frente a essas mutações. A eficácia garantidora da Constituição é posta em dúvida; o Direito Civil extrapola os limites do Direito Privado, tornando-se mais público do que nunca; o Direito Administrativo, em razão do aumento da tensão interventiva do Estado, assume uma importância até hoje inédita; e, nesse rumo, acaba o Direito Penal por atravessar uma verdadeira crise institucional, originária da própria crise do clássico Estado de Direito.

Há não muitos anos atrás, deparava-se o cientista penal com problemas envolvendo nexo de causalidade, dolo, culpa, resultado, excludentes de ilicitude, concurso de agentes e tantos outros já consolidados naquilo que se costuma denominar Teoria Geral do

Delito. Aqui, o jurista fazia uso desses institutos na busca da melhor solução aplicável para os delitos de homicídio, furto, roubo, estupro e outros que repousavam tranqüilos sob o manto da tipicidade, da ilicitude e da culpabilidade. Além disso, com o Iluminismo, surge um Direito Penal liberal e garantidor: o Estado não mais podia punir qualquer pessoa em qualquer situação; a lei expressa foi erigida à categoria de *conditio sine qua non* para a imposição de uma pena, fazendo com que a liberdade individual pairasse protegida contra os arbítrios do Estado e da própria sociedade. Nesse contexto é que o princípio da legalidade ganha espaço: o autor de um fato socialmente reprovável, para que seja punido, deve realizar uma conduta contrária a uma lei prévia, escrita, estrita e determinada. Tal princípio, somado à Teoria Geral do Delito, forma uma ferradura garantidora do indivíduo contra o Estado.

Atualmente, na pós-modernidade, depara-se o cientista penal com outra problemática. Os avanços tecnológicos antes mencionados originam uma nova criminalidade, caracterizada, principalmente, pela ausência de vítimas determinadas, pela pouca visibilidade dos danos causados e pelo novo *modus operandi* do delinqüente. Discussões acerca das teorias da ação, do nexo de causalidade, das justificantes penais etc. cedem espaço a institutos como os da co-culpabilidade, da responsabilidade penal de pessoas jurídicas, dos crimes de perigo, do funcionalismo e tantos outros que deslocam o foco metodológico-dedutivo da Parte Geral para o metodológico-indutivo da Parte Especial do Direito Penal. Isso tudo coloca em contradição a já consolidada Teoria Geral do Delito com a necessidade de uma resposta penal às novas modalidades de desvio, e, nesse caso, o moderno cientista penal há que optar: ou continua ele agarrado aos manuais de Direito Penal, que estipulam uma base teórica completamente incompatível com a "moderna criminalidade", fingindo, pois, que nada mudou; ou percebe que essa nova tendência revela-se incompatível com garantias penais fundamentais (legalidade, culpabilidade, lesividade, intervenção mínima, proporcionalidade etc.), ensejando, dessarte, um novo posicionamento acerca da possibilidade – ou não – de o Direito Penal prestar-se a solucionar os problemas surgidos não só com a "moderna criminalidade", mas, ademais, com a "criminalidade clássica".

Isso revela-se ainda mais necessário a partir do instante em que a legislação penal brasileira confere tratamento legal a situações até então impensadas: omissão de socorro a cadáver (art. 304, parágrafo único, da Lei nº 9.503/97); manipulação de genomas humanos em contrariedade a princípios éticos (art. 13, inc. II, da Lei nº 8.974/95); a mera reincidência é tratada como um crime autônomo (art. 10, § 3º, inc. IV, da Lei nº 9.437/97); a fraude da gestão sujeita o controlador e os administradores de empresa do sistema financeiro a, objetivamente, responderem por uma pena privativa de liberdade de 3 a 12 anos de reclusão (arts. 4º e 25 da Lei nº 7.492/86); a lesão corporal culposa é punida mais gravemente que a lesão corporal dolosa (art. 129, *caput*, do CPB e art. 303 da Lei nº 9.503/97); pune-se o sonegador, a título de dolo, quando ele emite um documento fiscal que não sabe, mas que deveria saber falso (art. 1º, inc. IV, da Lei nº 8.137/90); maltratar animal (art. 32, *caput*, da Lei nº 9.605/98) é punido com a mesma pena da lesão corporal leve (art. 129, *caput*, do CPB) etc. Percebendo alguma coisa de errada nesses dispositivos, abrimos os manuais de Direito Penal e, após a leitura, concluímos que as nossas dúvidas aumentam ainda mais. Com efeito, nenhum dos casos mencionados insere-se nos exemplos da "tábua de salvação", ou daquele que é empurrado para dentro de uma pipa de cachaça vindo não só a embriagar-se como, ademais, a praticar um crime nessa condição. Irresignados, dirigimo-nos à análise doutrinária da maior de todas as garantias penais – o princípio da legalidade –, chegando, novamente, à frustrante conclusão de que, ou os limites até então estabelecidos pela doutrina não resolvem as incongruências apresentadas por aquelas normas, ou, quando resolvem, passam elas desapercebidas pelos nossos tribunais.

Diante dessa lacuna é que surge a necessidade de tais problemas, mais do que nunca, serem enfrentados. Com efeito, cremos que ninguém pode ser punido por omitir socorro a um cadáver; ninguém pode sujeitar-se a um delito cuja consumação depende da lesão a "princípios éticos"; ninguém pode ser punido duas vezes pelo mesmo fato; um crime contra o sistema financeiro não pode sujeitar alguém a, objetivamente, responder por uma pena equivalente a de um homicídio; uma lesão dolosa há de ser punida mais gravemente do que uma lesão culposa a um mesmo bem jurídico; não se pode punir alguém a título de dolo com base numa suposta obrigação de que deve saber tudo o que se passa em sua empresa; ninguém pode punido isonomicamente por maltratar um animal e lesionar uma pessoa. A questão é: qual o caminho a ser estabelecido para fundamentar essas conclusões?

Todo cientista, ao deparar-se com o objeto de estudo, necessita, inicialmente, estabelecer o *método* a ser utilizado na estrutura da formação do conhecimento. Não foram poucas as teses que, por partirem de uma base estrutural equivocada, caíram em contradição acerca de suas conclusões finais. Nesse caso, incumbe ao cientista penal, ao enfrentar problemas em sua área de conhecimento, optar pela melhor forma de abordar o objeto, não se podendo esquecer, contudo, de que o Direito é uma vertente das Ciências Humanas. Nesse caso, ao contrário do que ocorre, p. ex., com as Ciências Biomédicas, sujeita-se o jurista ao *método dedutivo-sistemático-constitucionalizado* de formação de suas convicções, ou seja, necessita ele de uma base ideológica da qual serão extraídas todas as suas conclusões, sob pena de fornecer respostas díspares a situações que envolvem o mesmo objeto: o homem.

Por viver em sociedade, está o homem constantemente sujeito às mais diversas normas (religiosas, morais, jurídicas etc.). O convívio com seus semelhantes depende de constante regulamentação. Nesse caso, há que se atentar para o fato de que as normas morais e religiosas obrigam a própria consciência do indivíduo, gerando, pois, relações *intrasubjetivas* de condução de vida. Ao homem foi dado o atributo de pensar – não que isso seja a única condição da sua existência –, estando o conteúdo de seus pensamentos vinculado a limitações que só podem ser impostas pela sua própria consciência. Diferente é, entretanto, a forma como se estabelece a regulação do homem não consigo mesmo, mas sim com seus semelhantes. Aqui, o homem está sujeito a padrões de normalidade no que tange às suas relações com os demais integrantes da sociedade, surgindo, pois, uma relação *intersubjetiva* a ser observada pelos seus atos, e é aqui o campo de atuação do ordenamento jurídico. O convívio numa sociedade organizada submete os integrantes desse meio a uma obrigação de respeito padronizada juridicamente pelo Estado, a fim de que o convívio social aproxime-se o máximo possível da pacificidade necessária para o seu desenvolvimento. Nesse caso, basta que o homem não lese o homem, independentemente de tal respeito ser contra ou segundo a sua vontade. Toda norma jurídica que impõe uma obrigação contenta-se com a observância externa do comando: em matéria penal, tanto faz que "A" não mate "B", voluntariamente ou não; o que interessa é que o evento morte não seja produzido.

Contudo, se o respeito a uma proibição prescinde de qualquer exame moral do indivíduo a ela sujeito, o mesmo não se pode afirmar em relação àquilo que se pretende proibir. Se, por um lado, o homem necessita de regras de conduta, por outro, tais regras de conduta somente devem ser impostas quando o homem delas necessita, ou seja, toda norma jurídica somente deve instituir comandos restritivos a interesses que demandam proteção. Do contrário, seríamos obrigados a admitir normas jurídicas proibindo condutas onde a própria sociedade não clama por proteção, e, nesse caso, é aceitável a hobbesiana conclusão no sentido de que todo delito é uma imoralidade, mas nem toda imoralidade é um delito.

Essa relação entre Direito e moral foi objeto das mais acirradas discussões filosóficas: do jusnaturalismo, em linhas gerais, advém a conclusão no sentido de que o Direito deve estar submetido à moral, posto que deve tutelar os *direitos naturais* do homem; do historicismo, principalmente o hegeliano, surge a asserção no senti-do de que é a moral que deve submeter-se ao Direito instituído pelo Estado; do positivismo jurídico decorre a total separação entre o ordenamento jurídico e o ordenamento moral; do neopositivismo, ressurge uma nova fusão entre Direito e moral, embora aquele sobreponha-se a esta; e, por fim, da tópica-jurídica origina-se a criação de subsistemas jurídicos reguladores de situações concretas, não aplicáveis, necessariamente, a outras situações fáticas. Dito isso, indaga-se: qual será o melhor método para a abordagem do Direito Penal?

A essa indagação, creio que a melhor resposta a ser dada – e isso é uma afirmação de natureza *deontológica*, frise-se – é no sentido da parcial separação entre Direito e moral, nos seguintes termos: a) Direito não se confunde com moral; b) toda restrição à liberdade externa somente pode ser dada pelo Direito, e não também pela moral; c) todo comportamento desvalorado pelo Direito há de ser, também, desvalorado pela moral; mas d) nem todo desvalor moral deve ser proibido pelo Direito. Disso advêm as seguintes conse-qüências: a) toda restrição à liberdade externa deve ser ditada tanto pela moral quanto pelo Direito, mas b) toda ampliação da liberdade externa pode ser efetivada pela moral, ainda que não expressamen-te pelo Direito. A isso denominamos *sistematização secularizada do Direito*, ou *"parcial" separação entre Direito e moral*.

Essa primeira conclusão demanda complementação. Afirmar que, por um lado, o Direito separa-se da moral, mas, por outro, o Direito é integrado pela moral, redunda num vício formal capaz de fundamentar diversas concepções filosóficas. Há que se estabelecer, com efeito, o que se deve entender por *moral* (penal) e o que se deve entender por *Direito* (penal), ou seja, é chegada a hora de darmos conteúdo à nossa moldura.

O homem viveu, vive e sempre viverá em sociedade. Por maiores que sejam os exemplos de isolamento primitivo, a verdade é que o homem integra, atualmente, grupos sociais, que variam substancialmente quanto à organização e à institucionalização. Nesse caso, não devemos esquecer, também, que o ser-humano não possui aspirações, convicções e necessidades idênticas às de seus semelhantes, e, em razão dessas diferenças, a regulação social impõe-se. Nesse sentido é que *deve ser* concebido o Estado, ou seja, como um ente capaz de administrar, da melhor forma possível, as diferenças entre os indivíduos que o integram. A noção de sociedade é uma decorrência da noção de Estado, mas não no sentido de que esta sociedade origine um ente superior de que dependem os indivíduos que a integram, e sim como um ente surgido do simples fenômeno da coexistência necessária. É missão do Estado, pois, administrar essa sociedade da qual ele mesmo faz parte, devendo toda a sua atuação regulativa restar justificada perante o interesse geral.

Na busca dessa legitimação, deve o Estado, primeiramente, abandonar o ideal utópico-abolicionista da sociedade perfeita, posto que o conflito, o litígio, a desavença fazem parte da própria evolução humana, demandando, pois, uma intervenção institucionalizada junto aos "focos" do conflito. Um dos mecanismos de que se vale o Estado para administrar a *felicidade* geral é o Direito Penal, ou seja, o ramo do ordenamento jurídico que possui a potencialidade de, uma vez desrespeitada a obrigação imposta, lesionar o mais valioso de todos os valores da vida humana: a liberdade.

Uma fundamental base metodológico-dedutiva encontra-se na premissa de que o Estado, nessa regulação social, para justificar-se, deve atuar sempre na busca não só da *máxima felicidade possível da sociedade não-desviada, como, ademais, no mínimo sofrimento possível da sociedade desviada.* Isso depende da percepção, pelo cientista penal, de que a sociedade é integrada não só pela vítima do delito como, ademais, pelo próprio delinqüente, sendo que ambos merecem proteção estatal.

A isso tudo deve-se acrescentar, ainda, que o Direito Penal, como mecanismo de regulação social, compreende não só as penas a serem impostas aos delinqüentes, mas, além disso, as proibições e o processo de que se vale para efetivar a sua intervenção. Há que se atentar para a circunstância de que todo o Direito Penal (pena, proibição e processo) deve restar justificado, sob pena de tornar-se prescindível.

Portanto, se o Direito Penal é formado por proibições, pelas penas e pelo processo, se as suas conseqüências são as mais ofensivas a direitos fundamentais do homem, e se, por fim, deve-se considerar titular de tais direitos não só o sujeito passivo da regulação, como, também, o sujeito ativo, impõe-se reconhecer que toda essa relação Estado-sociedade há de ser ponderada sobre um custo, calculado de tal forma que a lesão oriunda da intervenção revele-se menor do que a lesão produzida a essa mesma sociedade (desviada e não-desviada) caso tal intervenção não ocorresse. Disso decorre que todo o Direito Penal deve oferecer uma resposta convincente ao "por que proibir, punir e julgar?", ao "como proibir, punir e julgar?" e ao "o que proibir, punir e julgar?". No presente trabalho ocupamo-nos das três indagações, mas tão-só quanto às proibições penais.

Uma vez adotado o método *secularizado* e *tolerante* de abordagem do Direito, e superados os vetustos argumentos *retribucionistas-penais*, teremos de admitir que o fundamento utilitário de toda proibição legal é a *intimidação* da sociedade a não realizar a conduta descrita no comando, e, nesse caso, merece destaque que esse fundamento coloca-se em termos *deontológicos*, somente passível de críticas também *deontológicas*, ou seja, o fato de uma proibição penal jamais conseguir, efetivamente, intimidar a sociedade não deslegitima o seu fundamento de que *deve* ela continuar buscando essa intimidação. Além disso, mesmo no campo *deontológico*, a *prevenção geral negativa* da proibição resta inabalável. Com efeito, é assaz conhecida a objeção kantiana no sentido de que um homem não pode ser utilizado como meio para a busca de finalidades a ele alheias. Insta ressaltar, contudo, que isso seria válido somente para o fundamento intimidatório da pena e do processo, e não também da proibição, já que, enquanto norma, o Direito Penal atinge a sociedade como um todo, e não um indivíduo especificamente. O único fundamento plausível para a proibição penal, enquanto norma, é coação psicológica, de origem feuerbachiana.

Essa resposta também demanda complementação. Agregar-se ao Direito Penal abstrato a exclusiva finalidade intimidatória redunda na legitimação de sistemas penais de máxima intervenção, dada a ineficácia persuasiva da norma penal, originando, pois, a justificação até mesmo da pena de morte. Com efeito, a prevenção geral negativa, nesses termos, somente é capaz de buscar a máxima felicidade da maioria não-desviada, e não também o mínimo sofrimento da minoria desviada. Também esta fração da sociedade (delinqüente) merece proteção do Direito Penal, e, nesse aspecto, um segundo fundamento torna-se necessário: toda proibição penal está fundamentada, também, na necessária e suficiente intervenção estatal capaz de afastar a punição informal e desregrada. Enquanto que a *intimidação* estipula os limites mínimos da norma penal, a evitação da *vingança informal* estabelece os limites máximos desta mesma norma. Trata-se, pois, de um mecanismo de ação e reação justificadora, no sentido de que a intervenção penal, por meio dos tipos penais incriminadores, deve intimidar a sociedade a não realizar a conduta descrita na norma, até o limite estritamente necessário para obstar a prática de reações informais, arbitrárias e desregradas não só da sociedade como, também, do próprio Estado. Assim, à pergunta "por que proibir?", respondemos: para intimidar e para evitar a vingança informal.

Uma vez estabelecido este fundamento utilitário da proibição penal, resta-nos, agora, estabelecer a melhor forma de essa meta ser atingida.

O convívio em sociedades organizadas demanda regulações. Estas, justamente por terem de ser observadas, dependem do prévio conhecimento, de parte dos "contratantes", não só do exato alcance do seu conteúdo como, ademais, da verdadeira fonte legitimada para editá-las. Sendo o Estado o administrador daquela parcela necessária da liberdade de todos os cidadãos, imprescindível será que eventuais restrições a essa liberdade sejam devidamente esclarecidas ao homem com a antecedência e a clareza necessárias para a manutenção do respeito recíproco. Conseqüentemente, a felicidade dos desviados e dos não-desviados somente poderá ser atingida caso estejam eles seguros dos meios utilizados pelo Estado para atingir esta finalidade, ou seja, o ideal da segurança jurídica, por mais que se tente desvirtuá-lo, ainda é uma prescrição a ser inevitavelmente respeitada pela intervenção penal, e, para tanto, dois princípios reitores assumem relevância: a separação dos Poderes e a taxatividade das proibições. Por meio deles, pode-se facilmente chegar à conclusão de que o ideal da segurança jurídica depende, por um lado, de que o Poder competente para editar as leis penais – que vincularão não só a sociedade como também o próprio Estado – não detenha também a competência para aplicá-las e, ademais, para administrar o ente público, sob pena de o sistema não ser auto-regulativo; por outro, de que a sociedade tenha conhecimento prévio não só do instrumento autêntico de limitação da liberdade como, além disso, do seu verdadeiro alcance e conteúdo.

Assim, ao "como proibir?", respondemos: com segurança.

Mas isso também não basta. São por demais conhecidos os exemplos históricos de atrocidades e abusos praticados pelos mais diversos Estados contra o povo que os integrava, valendo-se eles, inclusive da lei (segura) para atingir as finalidades que lhes eram convenientes. Isso, nos dias de hoje, revela-se insustentável. Da noção de democracia advém a completa eliminação do interesse estatal autônomo, isto é, a *razão* que norteia a convivência política não se instala no ente administrador do povo, mas sim no próprio povo. Ainda que exercida indiretamente, toda democracia demanda uma atividade estatal voltada não para a satisfação dos interesses do soberano, mas sim para o asseguramento da liberdade individual e, além disso, para a realização das necessidades sociais. Inaugura-se, com isso, uma nova forma de governar, em que o Estado passa a ser um ente que se desenvolve a partir de um epicentro indisponível: o homem. Toda atuação estatal deve respeitar e buscar a satisfação dos direitos fundamentais do homem, formados não só pelos direitos de liberdade como, também, pelos direitos sociais.

Se desejarmos prevenir os abusos estatolátricos de outrora, mister se faz o desenvolvimento de um sistema político de limitação do Estado que vai muito além do simples aspecto formal da atividade política. Agora, não se vincula o Estado somente pela *forma* do Direito posto, mas, além disso, pelo *conteúdo* de um Direito intransponível e irrenunciável: o Ordenamento Constitucional.

A isso deve estar atento o Direito Penal. Sendo este o mecanismo que, potencialmente, mais lesiona os direitos fundamentais do homem, não só a forma das proibições penais sujeita-se à vinculação antes respondida com o "como proibir?". Atualmente, também o conteúdo de toda proibição penal resta vinculado axiologicamente pelos valores insculpidos no Ordenamento Constitucional, e a isso é que se pode, hoje, dar o nome de *moral*. Não se trata, pois, de uma moral qualquer, oriunda de qualquer sujeito, mas sim de uma *moral* que adentra no ordenamento jurídico, como mecanismo limitativo do Estado e da sociedade, mas sempre em benefício desta. Nesse rumo, deve o Direito Penal restar justificado com uma resposta convincente também ao "o que proibir?", e, aqui, o princípio da legalidade, nos moldes até então conhecidos, resta impotente, e demanda complementação.

Agregando-se tais premissas à visão *secularizada* e *tolerante* do Direito, teremos de reconhecer que toda proibição penal, em seu conteúdo, somente pode contemplar condutas culpáveis, ou seja, condutas que recaiam subjetivamente no autor de um fato considerado reprovável. Tal proibição, também, somente pode ser ditada quando tal fato reprovável seja lesivo a bens jurídicos protegidos, entendidos como aqueles de que são detentores os próprios cidadãos. Mas não somente isso; toda proibição penal, além de normatizar um fato culpável e lesivo, deve ser editada somente nos casos em que outros mecanismos de controle social (institucionalizados ou não) mostrem-se ineficazes e incapazes de controlar o desvio, e, por conseguinte, legitima-se a intervenção penal nos estritos casos em que pode ela satisfazer a meta desejada por este Direito Penal.

Tudo isso que acabamos de afirmar revela-se, na verdade, como uma ideologia, uma Filosofia de Direito Penal. Contudo, a partir do instante em que o Ordenamento Constitucional brasileiro elege o regime Democrático, prevendo expressamente, em seu bojo, como objetivo fundamental da República Federativa do Brasil, dentre outros, a busca de uma sociedade livre, justa e solidária, e, ademais, direitos fundamentais (individuais, coletivos e sociais) a serem observados, o campo epistemológico muda. Agora, adentramos em valores que não são mais ditados em termos filosóficos, mas sim jurídicos. As lições estabelecidas linhas acima afastam-se da Filosofia do Direito Penal, para, agora, originarem uma Teoria de Direito Penal (Constitucional).

Pois bem. O princípio da legalidade, até então desenvolvido pela doutrina penal, possui quatro desdobramentos elementares: o *nullum crimen nulla poena sine lege stricta*, o *nullum crimen nulla poena sine lege scripta*, o *nullum crimen nulla poena sine lege previa* e o *nullum crimen nulla poena sine lege certa*. Todos eles compõem um princípio da legalidade que, quando muito, vincula apenas formalmente a intervenção penal, prestando-se a fornecer uma resposta necessária, mas não suficiente, apenas ao "como proibir?".

Sob a égide do Estado Democrático de Direito, torna-se necessário o estabelecimento de uma eficácia garantidora ao princípio da legalidade capaz de vincular o conteúdo do Direito Penal, e nesse diapasão é que sugerimos, não de forma original, um quinto desdobramento para o princípio da legalidade: o *nullum crimen nulla poena sine lege necessariae*. A intervenção penal não pode mais estar sujeita à busca de uma finalidade incondicionada axiologicamente, ao mesmo tempo em que os meios de que se vale o Estado para buscar tal finalidade também não podem ser desprovidos de todo valor vinculativo. Também ao responder ao "o que proibir?" deve o Direito Penal restar justificado.

374   *Andrei Zenkner Schmidt*

Acerca dessa nova problemática, assistimos, estarrecidos, a uma dupla crise do princípio da legalidade: uma atinente à sua eficácia e outra, à sua amplitude.

Na primeira, deparamo-nos com um princípio da legalidade (formal), com conteúdo já conhecido, mas que se coloca em pleno choque com o Direito Penal brasileiro. Se a proibição penal limita-se a um instrumento determinado, que, em nosso País, é a lei ordinária, editada pelo Congresso Nacional em atenção ao devido processo legislativo, como explicar, com base nisso, a existência de decretos-leis instituindo penas e proibições? Como explicar que o nosso Poder Executivo tenha, já sob a égide da Constituição Federal de 1988, instituído delitos por meio de medidas provisórias? De que forma podemos admitir que uma lei penal possa ser complementada por normas administrativas capazes de ampliar ou reduzir o seu conteúdo? E mais (agora o recado é para o Poder Judiciário): se a *analogia in mallam partem* é vedada, como é que os tribunais transformam, da noite para o dia, um brinquedo em arma? Poderia um *clips* ser considerado "chave-falsa"? Uma garrafa pode ser considerada arma para qualificação do crime de roubo? Caso afirmativa a resposta, qual o objeto na face da Terra que não pode ser considerado um arma? Onde está escrito que o Direito Penal admite interpretação extensiva? Existirá mesmo uma diferença entre analogia e interpretação analógica? Será que podemos admitir que um juiz, ainda hoje, possua a capacidade de, por meio de seu conhecimento, captar o significado ontológico-metafísico de todo objeto de avaliação? Ou será que tal significado advém da linguagem, e não da cognição do sujeito?

Também temos conhecimento de que os usos e costumes da sociedade não possuem a potencialidade de instituir proibições penais, posto que a moral não se presta a objeto de tutela. Nesse caso, indaga-se: por que a ofensa ao pudor público é punível? Por que atos, escritos e objetos obscenos podem sujeitar alguém a uma pena privativa de liberdade? Qual o fundamento ideológico para a punição da embriaguez e da vadiagem? Como negar-se a liberdade a alguém a pretexto de ser ele reincidente?

E mais: também sabemos que a lei penal deve ser anterior ao delito praticado, e nesse caso, costuma-se afirmar que a lei penal incriminadora é irretroativa, enquanto que a lei penal que descriminaliza ou mitiga a intervenção, retroativa. Diante disso, voltemos às nossas infantis indagações: nos dias de hoje, o simples fato de alguém ser objeto de uma persecução penal já não configura uma restrição à liberdade? O "etiquetamento penal" não ocorre já na fase de inquérito policial? Como sustentar, então, que direitos subjetivos (suspensão condicional do processo, sursis, livramento condicional etc.) sejam negados a pretexto de "maus antecedentes"? Se liberdade resta afetada já durante a persecução penal, será que as normas a elas atinentes, sempre que sejam mais graves, não se devem sujeitar também às conseqüências do princípio da anterioridade? Será que a lei processual mais grave também não deve ser considerada irretroativa, ao menos em algumas situações? Por outro lado, como fundamentar constitucionalmente as leis excepcionais ou temporárias? O novo entendimento jurisprudencial que beneficia os já condenados não pode retroagir para beneficiá-los?

Mas o pior ainda está por vir. Toda lei tem de ser certa e determinada, e isso não há manual de Direito Penal que não diga. Nesse caso, qual a fronteira entre a incerteza e a certeza da norma? Diante do mandado de determinação, como explicar a constitucionalidade de tipos penais que mencionem elementares como "qualquer outro meio", de "qualquer forma" etc.? Que são "atos de hostilidade contra o Brasil", "interesse do Estado Brasileiro", "organizações políticas clandestinas ou subversivas", "organização de tipo militar"? O que é uma "gestão temerária" e uma "gestão fraudulenta"? No que consiste uma "atividade típica de grupo de extermínio"? Nas relações de consumo, qual o alcance de "sinais ostensivos", "alto grau de periculosidade", "publicidade enganosa", "grave crise econômica" e "adequado preenchimento"? O que é, exatamente, "qualquer outro documento relativo à operação tributável", "documento equivalente", "sem justa causa"? Como sujeitar a prática de um delito à contrariedade de "princípios éticos"? Que agressões geram "sofrimento físico ou mental"? No meio ambiente, qual a amplitude de "métodos capazes de provocar destruição em massa", ou de "atos de abuso, maus-tratos", "efeito semelhante", "qualquer espécie de minerais", "qualquer outra exploração" etc.? Parece-nos que todos esses exemplos de elementares constitutivas de tipos penais incriminadores não guardam em si uma compatibilidade com o *nullum crimen nulla poena sine lege certa*.

Diante de todas essas cansativas, mas necessárias, indagações, pode-se perceber que o princípio da legalidade formal, apesar de já conhecido o seu alcance, tem-se revelado ineficaz para tolher esses abusos, e isso por uma razão bem simples: a atual consciência jurídica vem fechando os olhos para o princípio da legalidade. A pretexto de uma defesa social equivocada – que se presta à "proteção" somente da sociedade, e não também do delinqüente – o legislador, o administrador e o julgador dão as costas para a reserva da lei, fingindo, em suas operações, que tal crise de legitimidade não ocorre. Por meio do discurso jurídico, toda ideologia é sustentada, até mesmo em níveis constitucionais, e, diante disso, revela-se fundamental o estabelecimento de uma base ideológica de intervenção penal capaz de minimizar não só a violência social como, também, e principalmente, a violência estatal; uma ideologia capaz de perceber que o Direito Penal é formado por proibições, pelas penas e pelo processo, que as suas conseqüências são as mais ofensivas a direitos fundamentais do homem, e que se deve considerar titular de tais direitos não só o sujeito passivo da regulação, como, também, o sujeito ativo. Se fizermos uma re-leitura do princípio da legalidade sob essa ótica ideológica, chegaremos à conclusão de que o Direito Penal brasileiro atravessa uma crise de justificação, posto que não responde, com amparo constitucional, ao "como proibir?".

Essa é, contudo, somente uma das crises que atravessa o princípio da legalidade. A isso tudo deve somar-se a incapacidade dessa garantia, nos moldes estipulados até então pela doutrina penal, para limitar substancialmente o Direito Penal. Em outras palavras: de nada vale proibir com segurança se o conteúdo da norma, apesar de seguro, protege valores que, ou não demandam proteção, ou que se mostram desproporcionais frente à lesão sofrida com a intervenção penal. Nesse rumo é que a garantia da reserva da lei merece uma ampliação capaz de tutelar substancialmente os direitos de liberdade e os direitos sociais do indivíduo contra a intervenção penal. E isso será alcançado, no que tange à justificação das proibições penais, a partir do instante em que o princípio da culpabilidade, o princípio da lesividade e o princípio da intervenção mínima passem a integrar o conteúdo do *nullum crimen nulla poena sine lege*, formando, pois, um quinto desdobramento: o *nullum crimen nulla poena sine lege necessariae.*

Poder-se-ia objetar que estes três princípios já são conhecidos e aceitos pelo pensamento penal moderno. Contudo, devem eles ser vistos não apenas como recomendações ou conselhos dados aos três Poderes estatais, que, uma vez inobservados, em nada afetam a legalidade da lei penal. A partir do instante em que nossa Constituição Federal, adotando o regime Democrático de Direito, arrola os objetivos a serem perseguidos pela República Federativa do Brasil, e, além disso, descreve expressamente direitos individuais e sociais, sem excluir, também, outros que porventura não tenham sido nela mencionados, acabamos obrigados, constitucionalmente, à observância desses valores, e, com isso, a culpabilidade, a lesividade e a intervenção mínima erigem-se a condições de validade (*rectius:* constitucionalidade) da lei penal.

Dito isso, deparamo-nos com um novo problema: a evolução da sociedade originou uma nova criminalidade, com vítimas difusas, com danos invisíveis e com a substituição das armas pela caneta e pelo papel. Como combater, então, essa nova forma de desvio social, capaz de gerar danos à própria soberania do Estado? Será que o Direito Penal seria um mecanismo eficaz e justificável de controle desse desvio? Seria conciliável a Teoria Geral do Delito e, ademais, o próprio princípio da legalidade (formal e material), com esta moderna demanda social repressiva?

A resposta a essas indagações depende da percepção de que o Direito Penal é o único ramo do ordenamento jurídico capaz de autorizar a cominação de penas privativas de liberdade, mas, afora isso, todas as demais sanções (pecuniárias, restritivas de direitos etc.) podem ser objeto não só do Direito Penal, como, também, de outras áreas do Direito. Além disso, também é necessário atentarmos para a existência de garantias penais fundamentais, previstas na Constituição, que são intransponíveis por qualquer pretensão estatal, embora não sejam elas, em sua integralidade, aplicáveis ao Direito extrapenal. Por fim, impende reconhecer que a intervenção penal (proibição, pena e processo) é o mecanismo de controle social mais ofensivo a direitos fundamentais não só de delinqüentes, mas, também, da própria sociedade a ele sujeita.

Diante disso, deve-se, agora, indagar acerca da necessidade de utilização da pena privativa de liberdade no combate à "moderna criminalidade", isto é, seria justificável a aplicação desse tipo de sancionamento a crimes como os de informática, genéticos, econômicos, tributários, ambientais etc.? A questão mereceria uma investigação muito mais científica do que, propriamente, política, mas, enquanto tal não se dá, podemos afirmar, com a mais absoluta tranqüilidade, que esse novo tipo de desvio social há de ser reprimido com mecanismos eficazes e imediatos. Essas características, contudo, esbarram nas garantias penais constitucionais, além do que a simples pena privativa de liberdade é posta em dúvida no que tange à sua necessidade. Pense-se, por exemplo, nos crimes ambientais: uma das sanções penais aplicáveis à pessoa jurídica, segundo a lei penal brasileira, é a recuperação do meio ambiente degradado. Ora, se tal pena adentra no Direito Penal, passa ela a sujeitar-se à observância do princípio da presunção de inocência, vale dizer, somente após o trânsito em julgado de uma sentença penal condenatória é que a recuperação da degradação ambiental poderia ser determinada. Contudo, tal pena, por não caracterizar uma restrição direta à liberdade individual, poderia muito bem ser imposta por outro ramo do ordenamento jurídico, como, p. ex., o Direito Administrativo. Aqui, o poder de cautela é amplo, as formalidades são menores e a efetividade sobrepõe-se (embora não elimine) a diversas garantias constitucionais. Lembre-se que aquela sanção penal ambiental poderia ser determinada numa ação civil pública, em sede de antecipação de tutela, manifestando, pois, a total imprestabilidade do Direito Penal para solucionar a tensão social.

Isso revela que é chegada a hora de uma opção: ou admitimos que essa "moderna criminalidade" deve ser tratada pelo Direito Penal, e, nesse caso, seremos obrigados a admitir não só a quebra de garantias fundamentais, como, ademais, a contaminação da base teórico-dedutiva aplicável à "criminalidade clássica", ou optamos pela manutenção íntegra dessas garantias tanto em relação às vetustas formas delitivas, como no que se refere às novas necessidades sociais de intervenção, relegando-se, conseqüentemente, esta "moderna criminalidade" a outro ramo do ordenamento jurídico (talvez ainda a ser criado), mais eficaz e menos lesivo a direitos fundamentais do homem.

Acerca desse impasse, cremos que a melhor solução é a segunda. Com efeito, os direitos fundamentais previstos na Constituição originam uma série de princípios constitucionais, expressos ou implícitos, que não podem ser suprimidos nem mesmo pela opção do Estado regularmente constituído. A lei penal deve ser corroborada formal e materialmente pela Constituição, e, nesse caso, garantias como as da presunção da inocência, da humanidade das penas, da culpabilidade, da lesividade, da intervenção mínima etc. impedem que aos modernos delitos econômicos, tecnológicos e genéticos seja aberta uma fissura por onde passa a responsabilidade objetiva, a inversão do ônus da prova, a punição de um mero perigo abstrato e tantos outros recursos necessários ao combate desse novo tipo de desvio social. Até mesmo porque, se a pena privativa de liberdade não é um mecanismo útil a essa luta, não há motivo plausível para que ela continue inutilmente desenvolvendo-se, em alguns casos, num ramo do Direito que é tratado com fragmentário e subsidiário em relação aos demais. Nosso modelo proposto é: *direito social máximo, direito extrapenal médio, direito penal mínimo.*

Ao cientista penal moderno, portanto, incumbem duas tarefas: a primeira consiste em revisar o conteúdo, o alcance e os destinatários do já conhecido princípio da legalidade (formal); a segunda, em perceber que, no Estado Democrático de Direito, o mérito dos atos administrativos, legislativos e judiciais também sofre uma vinculação de legalidade, ao ponto de o conteúdo do ato ver-se obrigado, nas palavras de Streck, a uma "filtragem" constitucional. Em matéria penal, tal controle de constitucionalidade é desempenhado pelo princípio da legalidade material, em dois momentos: *a priori*, ou seja, antes mesmo de a lei penal ser editada pelo Poder Legislativo; e *a posteriori*, após a existência da lei. No primeiro caso, a garantia há de ser observada não só pelo Poder Legislativo como, também, pelo Poder Executivo (mediante a não-lesão a direitos de liberdade e a satisfação de direitos sociais); no segundo, pelo Poder Judiciário e, novamente, pelo Poder Executivo, nos mesmos moldes.

Isso tudo, mais uma vez, também não é capaz de fornecer à sociedade (desviada e não-desviada) uma verdadeira arma contra os abusos formais e substanciais advindos do Estado. Na verdade, o controle *a priori* somente seria possível se existisse um Poder criado especificamente para controlar o Legislativo e o Executivo. Mesmo assim o controle seria burlável, sendo necessária, pois, a criação de outro Poder para também controlar este Poder que fiscaliza o Legislativo e o Executivo, e assim por diante. O mesmo ocorre com o controle *a posteriori*: dada a ausência de um órgão superior ao Supremo Tribunal Federal, o controle dos atos judiciais também está sujeito a uma relação finita, e, a partir disso, nada mais se pode fazer.

Tudo irá depender, na verdade, da consciência jurídica dos operadores do Direito. A solução para a efetividade do princípio da legalidade aqui estabelecido encontra-se, principalmente, na convicção pessoal de que esta é a meta a ser buscada pelo Direito Penal. É sabido que, por meio da linguagem, ao homem é dada a possibilidade de modificar todo objeto. Inexiste uma realidade metafisicamente atribuída à natureza – como pensava Platão –, e, nesse caso, toda existência há de ser concebida como uma questão semiótica. Nesse rumo, se as fontes de produção e aplicação do Direito continuarem adotando uma postura ideológica de máxima intervenção, em que os fins justificam os meios, sempre será possível encontrar uma palavra, um signo, um entendimento capaz de amparar uma solução absurda e ilegítima aos ditames constitucionais.

O problema, portanto, é muito mais uma questão axiológico-educacional do que, propriamente, teórica. O Direito, por não ser uma ciência exata, está sempre sujeito ao juízo, à valoração, à ideologia, à filosofia. Por mais que se tente, impossível é uma completa separação entre os juízos fáticos e os juízos de valor, entre o "ser" e o "dever ser", entre Direito e moral, e, nesse caso, é tarefa do cientista esclarecer à comunidade jurídica a melhor forma de lidar com essa problemática. Esse foi o objetivo do presente trabalho: ou se modifica valorativamente o "senso comum teórico dos juristas", mostrando a eles uma face do Direito que, para muitos, ainda é desconhecida (ficando para um estudo posterior a investigação acerca dos meios capazes de proporcionar tal esclarecimento), ou continuaremos repetindo infrutiferamente todas aquelas indagações que deram origem à presente pesquisa. Trata-se, em suma, de uma questão educativa: a melhor arma contra a delinqüência e contra os abusos do Estado foi, é e continuará sendo a educação humanista, tanto da sociedade quanto dos responsáveis pelo Estado.

Obras consultadas

ALEXY, Robert. *El Concepto y la Validez del Derecho*. 2. ed. Trad. por J. M. Seña. Barcelona: Gedisa, 1997.

——. *Teoria de los Derechos Fundamentales*. [s.t.] Madrid: Centro de Estudios Constitucionales, 1997.

ALIMENA, Francesco. *Le Condizioni di Punibilità*. Milano: Giuffrè, 1938.

ARISTÓTELES. A Política. In: *Os Pensadores. Aristóteles*. Trad. por Therezinha Monteiro Deustsch Baby Abrão. São Paulo: Nova Cultural, 1999, p. 141-251.

——. *Ética a Nicômacos*. Trad. de Mário da Gama Kury. 3 ed. Brasília: UnB, 1999.

——. Organon. In: *Os Pensadores. Aristóteles*. Trad. por Pinharanda Gomes. São Paulo: Nova Cultural, 1999, p. 78-140.

ALEMANHA. Strafgesetzbuch. *Internet:* http://www.lexadin.nl/wlg/legis

——. *Código Penal Alemán. Parte General*. Trad. por Julio César Espínola. Buenos Aires: Depalma, 1976.

ANTOLISEI, Francesco. *Manual de Derecho Penal. Parte General*. Trad. por Jorge Guerrero y Marino Ayerra Redín. 8 ed. Bogotá: Temis, 1988.

ANTUNES, Ruy da Costa. *Da Analogia no Direito Penal*. Monografia apresentada à Faculdade de Direito da Universidade do Recife no concurso para Docente Livre de Direito Penal. Recife: [s.e.], 1953.

ASSIS TOLEDO, Francisco de. *Princípios Básicos de Direito Penal*. 5 ed. São Paulo: Saraiva, 1994.

ASÚA, Luis Jiménez de. *La Ley y el Delito. Princípio de Derecho Penal*. 2 ed. Buenos Aires: Hermes, 1954.

——. *Tratado de Derecho Penal*. 5 ed. Buenos Aires: Losada, 1990, t. II.

BARZOTTO, Luiz Fernando. *O Positivismo Jurídico Contemporâneo*. São Leopoldo: Unisinos, 1999.

BATISTA, Nilo. *Introdução Crítica ao Direito Penal Brasileiro*. 3 ed. Rio de Janeiro: Renavan, 1990.

BAUDRILLARD, Jean. *A Ilusão do Fim ou A Greve dos Acontecimentos*. Trad. por Manuela Torres. Lisboa: Terramar, 1992.

BECCARIA, Cesare. *Dos Delitos e das Penas*. Trad. por Lucia Guidicini e Alessandro Berti Contessa. 2 ed. São Paulo: Martins Fontes, 1997.

BELING, Ernest von. *Esquema de Derecho Penal. La doctrina de delito tipo*. Trad. por Sebastian Soler. Buenos Aires: Depalma, 1944.

BENTHAM, Jeremy. Tratado dos Sofismas Políticos. In: BENTHAM, J. *Teoria das Penas e Tratado dos Sofismas Políticos*. Trad. por Antônio José Falcão da Frota. São Paulo: Cultura, 1943.

——. *Uma Introdução aos Princípios da Moral e da Legislação*. [s.t.] São Paulo: Abril Cultural, 1974.

BETTIOL, Giuseppe. *Direito Penal*. Trad. por Paulo José da Costa Júnior e Alberto Silva Franco. São Paulo: Revista dos Tribunais, 1966.

BITENCOURT, Cezar Roberto. *Manual de Direito Penal. Parte Geral*. 5 ed. São Paulo: Revista dos Tribunais, 1999.

——. *O Erro Jurídico-Penal*. 2 ed. São Paulo: Revista dos Tribunais, 1998.

BOBBIO, Norberto. *A Era dos Direitos*. Trad. por Carlos Nelson Coutinho. 10 ed. Rio de Janeiro: Campus, 1992.

——. *Direito e Estado no Pensamento de Emmanuel Kant*. Trad. por Alfredo Faith. 4 ed. Brasília: UnB, 1997.

——. *Locke e o Direito Natural*. Trad. de Sérgio Bath. Brasília: UnB, 1997.

——. *O Positivismo Jurídico. Lições de Filosofia do Direito*. Trad. por Márcio Pugliesi. São Paulo: Ícone, 1995.

——. *Teoria do Ordenamento Jurídico*. Trad. por Maria Celeste Cordeiro Leite dos Santos. 10 ed. Brasília: UnB, 1997.

——. *Thomas Hobbes*. Trad. por Carlos Nelson Coutinho. Rio de Janeiro: Campus, 1991.

BONAVIDES, Paulo. *Curso de Direito Constitucional*. 6 ed. São Paulo: Malheiros, 1994.

BRUM, Nilo Bairros de. *Requisitos Retóricos da Sentença Penal*. São Paulo: Revista dos Tribunais, 1980.

BURKE, Edmund. *Reflections on the Revolution in France*. Garden City: Dolphin, 1961.

BUSTOS RAMÍREZ, Juan J., MALARÉE, Hérman Hormazábal. *Lecciones de Derecho Penal*. Madrid: Trotta, 1997, vol. 1.

BRASIL. *Código Penal*. São Paulo: Saraiva, 1999.

——. Constituição da República dos Estado Unidos do Brasil, promulgada em 16 de julho de 1934. In: CAMPANHOLE. *Constituições do Brasil*. 11 ed. São Paulo: Atlas, 1994, p. 624-692.

——. Constituição da República dos Estados Unidos do Brazil, promulgada em 24 de fevereiro de 1891. In: CAMPANHOLE. *Constituições do Brasil*. 11 ed. São Paulo: Atlas, 1994, p. 693-754.

——. *Constituição da República Federativa do Brasil*, promulgada em 5 de outubro de 1988. 16 ed. São Paulo: Saraiva, 1997.

——. Constituição do Brasil, promulgada em 24 de janeiro de 1967. In: CAMPA-NHOLE. *Constituições do Brasil*. 11 ed. São Paulo: Atlas, 1994, p. 325-414.

——. Constituição dos Estados Unidos do Brasil, outorgada em 10 de novembro de 1937. In: CAMPANHOLE. *Constituições do Brasil*. 11 ed. São Paulo: Atlas, 1994, p. 537-624.

——. Constituição dos Estados Unidos do Brasil, promulgada em 18 de setembro de 1946. In: CAMPANHOLE. *Constituições do Brasil*. 11 ed. São Paulo: Atlas, 1994, p. 415-538.

——. Constituição Política do Império do Brasil, outorgada em 25 de março de 1824. In: CAMPANHOLE. *Constituições do Brasil.* 11 ed. São Paulo: Atlas, 1994, p. 755-819.

——. Código Criminal do Império do Brasil. In: PIERANGELLI, José Henrique. *Códigos Penais do Brasil. Evolução Histórica.* Bauru: Jalovi, 1980, p. 165-265.

——. Código Penal de 1890. In: PIERANGELLI, José Henrique. *Códigos Penais do Brasil. Evolução Histórica.* Bauru: Jalovi, 1980, p. 267-318.

——. Consolidação das Leis Penais. In: PIERANGELLI, José Henrique. *Códigos Penais do Brasil. Evolução Histórica.* Bauru: Jalovi, 1980, p. 319-408.

——. Código Penal de 1940. In: PIERANGELLI, José Henrique. *Códigos Penais do Brasil. Evolução Histórica.* Bauru: Jalovi, 1980, p. 409-511.

——. Emenda Constitucional nº 1, de 17 de outubro de 1969. In: CAMPANHOLE. *Constituições do Brasil.* 11 ed. São Paulo: Atlas, 1994, p. 197-274.

BRICOLA, Franco. *La Discrezionalità nel Diritto Penale.* Milao: Giuffrè, 1965.

BRITO FILOMENO, José Geraldo. Infrações Penais e Medidas Provisórias. In: *Revista dos Tribunais.* São Paulo: Revista dos Tribunais, a. 79, vol. 659, set. 90, p. 367-370.

CANCIO MELIÁ, Manuel. *Conducta de la víctima y imputación objetiva en Derecho Penal.* Barcelona: J. M. Bosch, 1998.

CANOTILHO, José Joaquim Gomes. *Direito Constitucional.* 6 ed. Coimbra: Almedina, 1993.

CARDOSO DA CUNHA, Rosa Maria. *O Caráter Retórico do Princípio da Legalidade.* Porto Alegre: Síntese, 1979.

CARRARA, Franchesco. *Programa de Derecho Criminal. Parte General.* Trad. por Ortega Torres. Bogotá: Temis, 1956, vol. I.

CARVALHO, Salo de. Descodificação penal e reserva de código. In: TUBENCHLAK, James (coord.). *Doutrina,* n. 09. RJ: ID, 2000, p. 122-127.

——. Reincidência e antecedentes criminais: abordagem crítica desde o marco garantista. In: *Informativo do Instituto Transdisciplinar de Estudos Criminais.* Porto Alegre, a. 1, n. 3, out, nov, dez/99, Separata, p. 5-12.

CEREZO MIR, José. *Curso de Derecho Penal Español. Parte General.* 5 ed. Madrid: Tecnos, 1997.

CERVINI, Raúl. Primeros comentários a la ley 17.016 de 22.10.1998 en los aspectos atinentes a las nuevas tipificaciones del lavado de dinero y las cargas de vigilnacia de las entidades financieras. In: *Revista Brasileira de Ciências Criminais.* A. 7, nº 26, abr-jun/99, p. 42-57.

CHAUÍ, Marilena de Souza. Vida e Obra de Emmanuel Kant. In: *Os Pensadores. Kant.* São Paulo: Nova Cultural, 1999, p. 5-18.

——. Vida e Obra de Jean-Jacques Rousseau. In: *Os Pensadores. Rousseau.* São Paulo: Nova Cultural, 1999, p. 5-21.

COBO DEL ROSAL, M. [Org.] *Curso de Derecho Penal Español.* Madrid: Marcial Pons, 1996.

——, ANTON, T. S. Vives. *Derecho Penal. Parte General.* 4 ed. Valencia: Tirant to Blanch, 1996.

COELHO, Walter. *Teoria Geral do Crime.* Porto Alegre: Sérgio Antonio Fabris, 1991, vol. 1.

COLÔMBIA. Declaração Americana dos Direitos e Deveres do Homem. Resolução XXX, Ata Final, aprovada na IX Conferência Internacional Americana, em Bogotá, em 1948. *Internet:* http://ribeiro.futuro.usp.br/direitoshumanos/documentos/ historicos

COMTE, Augusto. Curso de Filosofia Positiva. In: *Os Pensadores. Augusto Comte.* Trad. por José Arthur Giannotti. 2 ed. São Paulo: Abril Cultural, 1983.

COSSIO, Carlos. *La Teoría del Derecho y el Concepto Jurídico de Libertad.* Buenos Aires: Losada, 1944.

COSTA JÚNIOR, Paulo José da. *Comentários ao Código Penal.* São Paulo: Saraiva, 1993.

COSTA RICA. Pacto de San José. Convenção Americana sobre Direitos Humanos, 1978, aprovado pelo Brasil mediante o Decreto Legislativo nº 678/92. *Internet:* http://ribeiro.futuro.usp.br/direitoshumanos/documentos/historicos

DEL VECCHIO, Giorgio. *Lições de Filosofia do Direito.* Trad. por António José Brandão. 5 ed. Coimbra: Armênio Amado, 1979.

DESCARTES, René. *Discurso sobre o Método.* Trad. por Márcio Pugliesi e Norberto de Paula Lima. 9 ed. São Paulo: Hemus, 1998.

DORADO MONTERO, Pedro. *Bases para un Nuevo Derecho Penal.* Buenos Aires: Depalma, 1973.

DUMONT, Louis. *O individualismo. Uma visão antropológica da ideologia moderna.* Trad. por Álvaro Cabral. Rio: Rocco, 1995.

DWORKIN, Ronald. *Taking Rights Seriously.* Harvard: Harvard University Press, 1978.

ELIAS, Norbert. *A Sociedade dos Indivíduos.* Rio de Janeiro: Jorge Zahar, 1991.

ESPANHA. *El Código Penal de 1995.* 2 ed. Valencia: Tirand lo Blanch, 1998.

ESSER, Josef. *Principio y norma en la elaboración jurisprudencial del Derecho Privado.* Trad. por Eduardo Valenti Fiol. Barcelona: Bosch, 1961.

ESTADOS UNIDDOS DA AMÉRICA. Declaração dos Direitos do Bom Povo de Virgínia, de 16/6/1776. *Internet:* http://ribeiro.futuro.usp.br/direitoshumanos/documentos/historicos

——. Carta de Direitos dos Estados Unidos da América. *Internet:* http://www.embaixada-americana.org.br/cartap.htm

FARIA, José Eduardo. *Justiça e Conflito.* São Paulo: Revista dos Tribunais, 1991.

FERRAJOLI, Luigi. *Derecho y Razón. Teoría del Garantismo Penal.* Trad. por Andrés Ibánez, Alfonso Ruiz Miguel, Juan Carlos Bayón Mohino et al. 3 ed. Madrid: Trotta, 1998.

——. *Derechos y Garatías. La ley del más débil.* Trad. por Perfecto Andrés Ibánez y Andrea Greppi. Madrid: Trotta, 1999.

——. Giurisdizione e Democrazia. In: *AJURIS - Revista da Associação de Juízes do Rio Grande do Sul.* Porto Alegre, set. 1999, vol. 75, p. 424-444.

——. O Direito como Sistema de Garantias. In: OLIVEIRA JÚNIOR, José Alcebíades de [org.].*O novo em Direito e Política.* Porto Alegre: Livraria do Advogado, 1997, p. 89-109.

FERRAZ JR., Tércio Sampaio. *Direito, Retórica e Comunicação.* São Paulo: Saraiva, 1997.

FEUERBACH, Anselm v. *Tratado de Derecho Penal.* Trad. por Eugenio R. Zaffaroni e Irma Hagemeier. Buenos Aires: Hammurabi S.R.L., 1989.

FIGUEIREDO DIAS, Jorge. *Direito Penal*. Coimbra: Universidade de Coimbra, 1975.

———. *Liberdade, Culpa, Direito Penal*. 2 ed. Coimbra: Biblioteca Jurídica Coimbra, 1983.

———. *Questões Fundamentais do Direito Penal Revistadas*. São Paulo: Revista dos Tribunais, 1999.

FRANÇA. Declaração dos Direitos do Homem e do Cidadão, de 5/10/1789. *Internet*: http://ribeiro.futuro.usp.br/direitoshumanos/documentos/historicos/declaracao_dos_direitos_do_homem_cidadao.html

———. Code Pénal. *Internet*: http://www.lexadin.nl/wlg/legis

FREITAS, Juarez. *A Interpretação Sistemática do Direito*. São Paulo: Malheiros, 1995.

GADAMER, Hans-Georg. *Verdade e Método. Traços fundamentais de uma hermenêutica filosófica*. Trad. por Flávio Paulo Meurer. 3 ed. Petrópolis: Vozes, 1999.

GARCÍA ALBERO, Ramón. *"Non Bis in Idem" Material y Concurso de Leyes Penales*. Barcelona: Cedecs, 1995.

GARÓFALO, Rafael. *Criminologia*. Trad. por Júlio Matos. São Paulo: Teixeira & Irmãos, 1983.

GAUER, Ruth Maria Chittó. *A Modernidade Portuguesa e a Reforma Pombalina de 1772*. Porto Alegre: EDIPUCRS, 1996.

GOMES, Luiz Flávio. A Lei Formal como Fonte Única do Direito Penal (Incriminador). In: *Revista dos Tribunais*. São Paulo: Revista dos Tribunais, a. 79, jun. 90, vol. 656, p. 257-268.

———. *Erro de Tipo e Erro de Proibição*. 2 ed. São Paulo: Revista dos Tribunais, 1994.

GOUGH, J. W. Introdução ao Segundo Tratado sobre Governo Civil e outros escritos. In: LOCKE, John. *Segundo Tratado sobre o Governo Civil e outros escritos*. Trad. por Magda Lopes e Marisa Lobo da Costa Petrópolis: Vozes, 1994, p. 9 a 47.

GRAU, Eros Roberto. *A Ordem Econômica na Constituição de 1988*. 5 ed. São Paulo: Malheiros, 2000.

GUIBOURG, Ricardo. *Derecho, Sistema y Realidad*. Buenos Aires: Astrea, 1986.

HABERMAS, Jürgen. *Direito e Democracia. Entre facticidade e validade*. Trad. por Flávio Beno Siebebeichler. Rio de Janeiro: Tempo Brasileiro, 1997.

HART, Herbert L. A. *O Conceito de Direito*. Trad. por Armindo Ribeiro Mendes. Lisboa: Calouste Gulbenkian, 1961.

HASSEMER, Winfried. *Crítica al derecho penal de hoy*. Trad. por Patricia S. Ziffer. Bogotá: Universidad Externado de Colombia, 1998.

———. Limites del Estado de Derecho para el Combate contra la Criminalidad Organizada. In: *Revista Brasileira de Ciências Criminais*, a. 6, nº 23, jul/set/1998, p. 25-30.

———. *Persona, Mundo y Responsabilidad*. Trad. por Francisco Muñoz Conde y Maria del Mar Díaz Pita. Valencia: Tirand lo Blanch, 1999.

———. *Theorie und Soziologie des Verbrechens*. Frankfurt: Frankfurt del Main, 1973.

———. *Três Temas de Direito Penal*. Porto Alegre: Escola Superior do Ministério Público, 1993.

———. Hermeneutica y Derecho. In: *Anales de la Cátedra Francisco Suarez*. Universidad de Granada, n. 25, 1985, p. 68-89.

———, MUÑOZ CONDE, Francisco. *Introducción a la Criñiología y al Derecho Penal*. Valencia: Tirant lo Blanch, 1989.

O Princípio da Legalidade Penal
no Estado Democrático de Direito

HEGEL, G. W. F. *Princípios da Filosofia do Direito*. Trad. por Orlando Vitorino. São Paulo: Martins Fontes, 1997.

HEIDEGGER, Martin. *Ser e Tempo*. Trad. por Márcia de Sá Cavalcante. 9 ed. Petrópolis: Vozes, 2000, Parte I.

HESSE, Konrad. *Elementos de Direito Constitucional da República Federal da Alemanha*. Trad. por Luís Afonso Heck. Porto Alegre: Sérgio Antônio Fabris, 1998.

HOBBES, Thomas. *De Cive*. Trad. por Ingeborg Soler. Petrópolis: Vozes, 1993.

———. Epístola Dedicatória ao Conde Guilherme de Devonshire. In: *De Cive*. Trad. por Ingeborg Soler. Petrópolis: Vozes, 1993, p. 275-279.

———. *Leviatán. La materia, forma y poder de un Estado eclesiástico e civil*. Trad. por Carlos Mellizo. Madrid: Alianza Universidad, 1992.

HUME, David. Ensaios Morais, Políticos e Literários. In: *Os Pensadores. Hume*. Trad. por Anoar Aiex. São Paulo: Nova Cultural, 1999, p. 155-350.

———. Investigação acerca do Entendimento Humano. In: *Os Pensadores. Hume*. Trad. por João Paulo Gomes Monteiro e Armando Mora D'Oliveira. São Paulo: Nova Cultural, 1999, p. 17-154.

———. *Tratado de la Naturaleza Humana/2*. Trad. por Felix Duque. Madrid: Nacional, 1981.

HUNGRIA, Nélson. *Comentários ao Código Penal*. Rio de Janeiro: Forense, 1949, vol. 1.

IHERING, Rudolf von. *A Luta pelo Direito*. [s.t.] 2 ed. Rio de Janeiro: Lumen Juris, 1998.

———. *El Fin en el Derecho*. [s.t.] Buenos Aires: Atalaya, 1946.

INGLATERRA. Magna Cartha Libertatum. *Internet:* http:// ribeiro.futuro.usp.br/ direitoshumanos/documentos/historicos/magna_carta.html

JAKOBS, Günther. *Derecho Penal. Parte General*. Trad. por Joaquin Cuello Contreras e José Luis Serrano Gonzales de Murillo. 2 ed. Madrid: Marcial Pons, 1997.

JESCHECK, Hans-Heinrich. *Tratado de Derecho Penal*. Trad. por José Luis Samaniego. 4 ed. Granada: Comares, 1993.

KANT, Emmanuel. Crítica da Razão Pura. In: *Os Pensadores. Kant*. Trad. por Valerio Rohden e Udo Baldur Moosburger. São Paulo: Nova Cultural, 1999.

———. *La Metafísica de las Costumbres*. Trad. por Adela Cortina Orts y Jesús Conill Sancho. 2 ed. Madrid: Tecnos, 1994.

KAUFMANN, Arthur. *Grundprobleme der Rechtsphilosophie Eine Einführung in das Rechtsphilosophisce Denken*. München: Wandel, 1994.

KELSEN, Hans. *Teoria Geral do Direito e do Estado*. Trad. por Luiz Carlos Borges. São Paulo: Martins Fontes, 1991.

———. *Teoria Pura do Direito*. Trad. por João Baptista Machado. 6 ed. São Paulo: Martins Fontes, 1999.

LARENZ, Karl. *Metodologia da Ciência do Direito*. 2 ed. Trad. por José Lamego. Lisboa: Fundação Calouste Gulbenkian, 1989.

LEFEBVRE, Georges. *A Revolução Francesa*. [s.t.] São Paulo: IBRASA, 1989.

LEGRAND, Gerard. *Dicionário de Filosofia*. Trad. de Armindo José Rodrgiues e João Gama. Rio de Janeiro: Edições 70, 1992.

LIMA DE CARVALHO, Márcia Dometila. *Fundamentação Constitucional do Direito Penal*. Porto Alegre: Sergio Antonio Fabris, 1992.

LOCKE, John. Carta acerca da Tolerância. In: *Segundo Tratado sobre o Governo Civil e outros escritos*. Trad. por Magda Lopes e Marisa Lobo da Costa. Petrópolis: Vozes, 1994, p. 235-289.

——. *Ensaio Filosófico sobre o Entendimento Humano*. Trad. por Francisco José da Costa. Coimbra: Universidade de Coimbra, 1951.

——. Primeiro Tratado sobre o Governo Civil. In: *Segundo Tratado sobre o Governo Civil e outros escritos*. Trad. por Magda Lopes e Marisa Lobo da Costa. Petrópolis: Vozes, 1994, p. 51-78.

——. Segundo Tratado sobre o Governo Civil. In: *Segundo Tratado sobre o Governo Civil e outros escritos*. Trad. por Magda Lopes e Marisa Lobo da Costa. Petrópolis: Vozes, 1994, p. 79-234 .

LUHMANN, Niklas. *Sistema Jurídico y Dogmática Jurídica*. Trad. por Ignácio de Otto Pardo. Madrid: Centro de Estudios Constitucionales, 1983.

LUISI, Luiz. *Os princípios Constitucionais Penais*. Porto Alegre: Sérgio Antonio Fabris, 1991.

——. *O Tipo Penal, A Teoria Finalista da Ação e a Nova Legislação Penal*. Porto Alegre: Sergio Antonio Fabris, 1987.

——. Direito Penal e Revisão Constitucional. *Revista dos Tribunais*. A. 85, vol. 729, jul. 1996, p. 369-376.

MAFFESSOLI, Michel. *O Tempo das Tribos – O Declínio do individualismo nas sociedades de massa*. Trad. por Maria de Lourdes Menezes. Rio de Janeiro: Forense Universitária, 1987.

——. *Dinâmica da Violência*. Trad. por Cristina M. V. França. São Paulo: Vértice, 1987.

MAGGIORE, Giuseppe. *Diritto Penale*. 5 ed. Bologna: Zanichelli, 1961.

MALAREÉ, Hermán Hormazábal. *Bien Jurídico y Estado Social y Democrático de Derecho*. Barcelona: PPU, 1991.

MANZINI, Vincenzo. *Trattato di Diritto Penale Italiano*. 4 ed. Torino: UTET, 1961.

MAQUIAVEL. O Príncipe. In: *Os Pensadores. Maquiavel*. Trad. por Olívia Bauduh. São Paulo: Nova Cultural, 1999, p. 33-157.

MARQUES, José Frederico. *Tratado de Direito Penal*. Campinas: Bookseller, 1997, vol. I.

MARINONI, Luiz Guilherme. *A Antecipação de Tutela na Reforma do Processo Civil*. São Paulo: Malheiros, 1995.

MARIOTTI, Humberto. Autopoise, Cultura e Sociedade. Internet: http://www.lcc.ufmg.br.autopoiese, acesso em 23/07/2000.

MARTÍNEZ, Soares. *Filosofia do Direito*. 2 ed. Coimbra: Almedina, 1995.

MARX, Karl. *La Sagrada Familia*. [s.t.] Madrid: Akal, 1977.

MATURANA, Humberto. *A Ontologia da Realidade*. Belo Horizonte: UFMG, 1999.

MAURACH, Reinhart, ZIPF, Heinz. *Tratado de Derecho Penal*. Trad. por Juán Córdoba Roda. Barcelona: Ariel, 1962.

——, ZIPF, Heinz. *Derecho Penal. Parte General*. Trad. por Jorge Bofill Genzsch y Enrique Aimone Gibson. 7 ed. Buenos Aires: Astrea, 1994.

MEZGER, Edmund. *Derecho Penal. Parte General*. Trad. por Conrado A. Finzi. Buenos Aires: Bibliográfica Argentina, 1955.

——. *Tratado de Derecho Penal*. Trad. por José Arturo Rodriguez Muñoz. Madrid: Revista de Derecho Privado, 1955.

MILL, John Stuart. *Sobre a Liberdade*. Trad. por Alberto da Rocha Barros. São Paulo: Companhia Editora Nacional, 1942.

MIR PUIG, Santiago. *Derecho Penal. Parte General*. 5 ed. Barcelona: Reppertor, 1998.

MOCCIA, Sergio. De la tutela de bienes a la tutela de funciones: entre ilusiones postmodernas y refluxos iliberales. In: SILVA SÁNCHEZ, J. M. (org.) *Política Criminal y nuevo Derecho Penal*. Barcelona: Bosch, 1997, p. 113-142.

——. Emergência e defesa dos direitos fundamentais. In: *Revista Brasileira de Ciências Criminais*. A. 7, nº 25, jan-mar/99, p. 58-92.

MONCADA, L. Cabral de. Prefácio da Primeira Edição da Filosofia do Direito. In: RADBRUCH, Gustav. *Filosofia do Direito*. 6 ed. Coimbra: Arménio Amado, 1997, p. 13-38.

MONTESQUIEU. *O Espírito das Leis*. Trad. por Cristina Murachco. 2 ed. São Paulo: Martins Fontes, 1996.

MORILLAS CUEVA, Lorenzo. *Curso de Derecho Penal Español. Parte General*. Madrid: Marcial Pons, 1996.

MUNHOZ NETO, Alcides. *A Ignorância da Antijuridicidade em Matéria Penal*. Rio de Janeiro: Forense, 1978.

MUÑOZ CONDE, Francisco. *Teoria Geral do Delito*. Trad. por Juarez Tavares e Luiz Regis Prado. Porto Alegre: Sergio Antonio Fabris, 1988.

——, ARÁN, Mercedes García. *Derecho Penal. Parte General*. 2 ed. Valencia: Tirant to Blanch, 1996.

NAVARRETE, Miguel Polaino. *Derecho Penal. Parte General*. 2 ed. Barcelona: Bosch, 1990.

——. *El Bien Jurídico en el Derecho Penal*. Sevilha: Anales de la Universidad Hispalense, 1974.

NIETZSCHE, Friederich. A Gaia Ciência. In: *Os Pensadores. Nietzsche*. Trad. por Rubens Rodrigues Torres Filho. São Paulo: Nova Cultural, 1999, p. 171-207.

O TRIBUNAL Penal Internacional já existe. In: *Juízes para a Democracia*, a. 5, nº 16, jan/fev/1999, p. 1.

PALAZZO, Francesco C. *Valores Constitucionais e Direito Penal*. Trad. por Gérson Pereira dos Santos. Porto Alegre: Sergio Antonio Fabris, 1989.

PARAGUAI. *Código Penal. Internet:* http://www.lexadin.nl/wlg/legis

PASQUALINI, Alexandre. *Hermenêutica e Sistema Jurídico. Uma introdução à interpretação sistemática do Direito*. Porto Alegre: Livraria do Advogado, 1999.

PERELMAN, Chaïm. *Ética e Direito*. Trad. por Maria Ermantina Galvão G. Pereira. São Paulo: Martins Fontes, 1996.

PHILIPPE, Xavier. *Le Contrôle de Proportionnalité dans les Jurisprudences Constitutionelle et Administrative Françaises*. 2 ed. Marseille: Aix, 1994.

POMEAU, René. Introdução ao Tratado sobre a Tolerância. In: VOLTAIRE. *Tratado sobre a Tolerância*. Trad. por Paulo Neves. São Paulo: Martins Fontes, 1993.

PORTUGAL. *Código Penal. Internet:* http: //www.lexadin.nl/wlg/legis

RADBRUCH, Gustav. *Filosofia do Direito*. Trad. por L. Cabral de Moncada. 6 ed. Coimbra: Arménio Amado, 1997.

——. Cinco Minutos de Filosofia. In: RADBRUCH, Gustav. *Filosofia do Direito*. Trad. por L. Cabral de Moncada. 6 ed. Coimbra: Arménio Amado, 1997, p. 415-418.

REALE, Miguel. *Filosofia do Direito*. 3 ed. São Paulo: Saraiva, 1962.

REALE JR., Miguel [coord.]. Reforma Penal e Processual Penal. In: *Boletim do IBCCRIM*, a. 8, nº 88, mar/2000.

RIBEIRO LOPES, Maurício Antonio. *Princípio da Legalidade Penal. Projeções Contemporâneas*. São Paulo: Revista dos Tribunais, 1994.

ROSENFIELD, Denis L. Introdução ao De Cive. In: HOBBES, Thomas. *De Cive*. Trad. por Ingeborg Soler. Petrópolis: Vozes, 1993, p. 19-45.

ROUSSEAU, Jean-Jacques. O Contrato Social. In: *Os Pensadores. Rousseau*. Trad. por Lourdes Santos Machado. São Paulo: Nova Cultural, 1999, vol. 1, p. 27-243.

ROXIN, Claus. *Derecho Penal. Parte General*. Trad. por Diego-Manuel Luzón Peña, Miguel Díaz y García Conlledo e Javier de Vicente Remesal. 2 ed. Madrid: Civitas, 1997.

——. *Política Criminal y Estrutura del Delito*. Trad. por Juan Busto Ramírez y Hermán Hormazábal Malarée. Barcelona: PPU, 1992.

——. *Problemas Fundamentais de Direito Penal*. Trad. por Ana Paula dos Santos Luís Natscheradetz. 3 ed. Lisboa: Vega, 1998.

SANTOS, Boaventura de Sousa. *O Discurso e o Poder*. Porto Alegre: Sergio Antonio Fabris, 1988.

SÃO TOMÁS. *Tratado das Leis*. Trad. por Fernando Couto. Porto: Resjurídica, 1990.

SILVA, José Afonso da. *Curso de Direito Constitucional Positivo*. 10 ed. São Paulo: Malheiros, 1995.

SILVA FRANCO, Alberto. A Pessoa Humana como Centro do Sistema Punitivo. In: *Boletim IBCCRIM*, a. 7, nº 86, jan/2000, p. 4.

——. *Et al. Código Penal e sua Interpretação Jurisprudencial*. 5 ed. São Paulo: Revista dos Tribunais, 1995.

——. *Et al. Leis Penais Especiais e sua Interpretação Jurisprudencial*. São Paulo: Revista dos Tribunais, 1995.

SILVA SÁNCHEZ, Jesús-María. *La Expansión del Derecho Penal. Aspectos de la política criminal en las sociedades postindustriales*. Madrid: Civitas, 1999.

——. Política criminal en la dogmática: algunas cuestiones sobre su contenido y límites. In: *Política Criminal y Nuevo Derecho Penal*. Barcelona: Bosch, 1997, p. 17-31.

——. El Derecho Penal ante la Globalización y la Integración Supranacional. In: *Revista Brasileira de Ciências Criminais*. São Paulo: Revista dos Tribunais, a. 6, n. 24, out/dez/98, p. 66-78.

SCHMIDT, Andrei Zenkner. A Violência na Desconstrução do Indivíduo. In: GAUER, Gabriel J. Chittó, GAUER, Ruth M. Chittó (org.). *Fenomelnologia da Violência*. Curitiba: Juruá, 1999, p. 123-140.

——. As Razões do Direito Penal segundo o Modelo Garantista. In: *AJURIS - Revista da Associação de Juízes do Rio Grande do Sul*. Porto Alegre, set. 1999, vol. 75, p. 136-158.

SOLER, Sebastian. *Derecho Penal Argentino*. 2 ed. Buenos Aires: TEA, 1951.

STRECK, Lenio Luiz. A (necessária) filtragem hermenêutico-constitucional das (novas) penas alternativas In: *AJURIS - Revista da Associação de Juízes do Rio Grande do Sul*. Porto Alegre, mar. 2000, vol. 77, p. 295-313.

——. *Hermenêutica Jurídica (e)m Crise*. Porto Alegre: Livraria do Advogado, 1999.

TAIPA DE CARVALHO, Américo A. *Sucessão de Leis Penais*. Coimbra: Coimbra, 1990.

TAVARES, Juarez. *Teoria do Injusto Penal*. Belo Horizonte: Del Rey, 2000.

URUGUAI. Código Penal. *Internet:* http://www.lexadin.nl/wlg/legis

VOLTAIRE. *Tratado sobre a Tolerância*. Trad. por Paulo Neves. São Paulo: Martins Fontes, 1993.

VON LISZT, Franz. *La Idea de Fin en el Derecho Penal*. [s.t.] Ciudad de México: Universidad Nacional Autónoma de México y Universidad de Valparaíso de Chile, 1994.

——. *Tratado de Derecho Penal*. Trad. por Luis Jimenez de Asua. 4 ed. Madrid: Reus, 1999, t. II.

WARAT, Luiz Alberto. *Introdução Geral ao Direito*. Porto Alegre: Sérgio Antonio Fabris, 1994 (vol. I) e 1995 (vol. II).

WEBER, Max. *Economía y sociedad: esbozo de la sociología compreensiva*. [s.t.] 2 ed. Ciudad del México: Fondo de Cultura Econômica, 1964.

WELZEL, Hans. *Derecho Penal Aleman*. Trad. por Juan Busto Ramírez y Sergio Yánez Pérez. 4 ed. Santiago: Juridica de Chile, 1997.

WESSELS, Johannes. *Direito Penal. Parte Geral*. Trad. por Juarez Tavares. Porto Alegre: Sergio Antonio Fabris, 1976.

ZAFFARONI, Eugenio Raúl, PIERANGELI, José Henrique. *Manual de Direito Penal Brasileiro. Parte Geral*. São Paulo: Revista dos Tribunais, 1997.